"汉学主义"论争集萃

顾明栋 周宪 ◎ 主编

中国社会科学出版社

图书在版编目（CIP）数据

"汉学主义"论争集萃 / 顾明栋，周宪主编. —北京：中国社会科学出版社，2017.4
ISBN 978-7-5203-0105-3

Ⅰ.①汉⋯ Ⅱ.①顾⋯②周⋯ Ⅲ.①汉学—文集 Ⅳ.①K207.8-53

中国版本图书馆 CIP 数据核字（2017）第 067624 号

出 版 人	赵剑英
责任编辑	张 潜
责任校对	冯英爽
责任印制	王 超

出　　版	中国社会科学出版社
社　　址	北京鼓楼西大街甲 158 号
邮　　编	100720
网　　址	http://www.csspw.cn
发 行 部	010-84083685
门 市 部	010-84029450
经　　销	新华书店及其他书店
印　　刷	北京明恒达印务有限公司
装　　订	廊坊市广阳区广增装订厂
版　　次	2017 年 4 月第 1 版
印　　次	2017 年 4 月第 1 次印刷
开　　本	710×1000　1/16
印　　张	22
插　　页	2
字　　数	351 千字
定　　价	89.00 元

凡购买中国社会科学出版社图书，如有质量问题请与本社营销中心联系调换
电话：010-84083683
版权所有　侵权必究

前　言

"汉学主义"（Sinologism）是一个关于汉学、中西研究和中国知识生产的理论，也是一个主要由海内外华人学者提出的文化批评理论。本书是一部对"汉学主义"理论进行构思、介绍、批评和反思的文章集萃，收录的都是国内外已发表的文章和评论。"汉学主义"自 20 世纪末出现至今已有十余年了，但仍然是一个颇有争议的话题，其争议性即意味着这是一个很值得深入探讨的议题，本文集的初衷就是要为进一步探讨这个有争议的话题提供迄今为止最为完备的相关资料。

"汉学主义"的前世今生

为方便读者阅读本书，参加讨论，有必要对"汉学主义"的来龙去脉做一个简要的梳理。作为一个新词或概念，"汉学主义"尚未被收入中外文词典。由于这是一个含义多元而且令人容易混淆的概念，其内涵和外延尚未得到明确的界定，因而在讨论时会引起一定的混乱。根据我们对现有的理论和实践的观察和归纳，这一概念大致涉及八个方面：（1）一个从外部对中国和中华文明进行探索的知识系统；（2）一个由对待中国的意识形态所操控的知识处理系统；（3）中国知识生产中的问题性总体；（4）对汉学研究中的问题进行批判的理论；（5）一种由多个国家和地区的知识分子共同创造的智性产品；（6）中西研究中被异化了的知识和学术；（7）中西研究中的认识论和方法论转化为知性意识形态的产物；（8）一种自觉反思、提倡尽可能客观公正地生产中国知识的批评理论。这八个方面可以归纳成两大类：汉学主义现象和汉学主义理论。

作为一个新的批评范畴和理论，汉学主义在其不断完善的发展过程中大致经历了两个主要阶段：（1）前期阶段，其发展深受东方主义和后殖民理论影响，重视对中西研究中出现的种种问题进行政治性和意识形态性的批判和研究；（2）后期阶段，其发展扬弃了东方主义和后殖民主义的影响，力求超越政治意识形态批判的局限，反思构成汉学主义的认识论和方法论的内在逻辑，挖掘造成汉学主义现象的文化无意识，强调政治和学术的分野，提倡尽可能客观公正的知识生产方式。

"汉学主义"早期思想的逻辑和路径并不完全来自"东方主义"和后殖民理论，而是与新中国成立后的中国研究有着虽不曾谋面却似曾相识的渊源，这尤其表现在中国学界根据马列主义关于殖民主义和帝国主义的理论对汉学和东方学进行的批判性研究。但是"汉学主义"作为一个概念，最早仅出现于20世纪90年代末。1998年，澳大利亚华裔学者雷金庆和德国华裔学者夏瑞春几乎同时使用了该词，尽管他们的用意很不相同。前者认为用汉学来指西方的中国语言文化研究已经过时而又不够准确，应该代之以Sinologism（汉学主义）。后者的概念更接近于现在的"汉学主义"的早期批评理论，因为夏瑞春认为汉学主义与萨义德的东方主义类似，并且，在描述欧洲对中国的构建时比东方主义更为精确。西方还有一些人使用Sinologism一词，但与"汉学主义"理论没有多少关联。在"汉学主义"作为一种有别于后殖民主义的理论被提出之前，多数学者倾向于使用"汉学的东方主义"。2004年，厦门大学的周宁先生发表了题为《汉学或"汉学主义"》的文章，在国内率先使用"汉学主义"一词，并将其发展为一种批评范畴。2010年，国内一下子出现了三篇有关"汉学主义"的文章：《南京大学学报》上的《汉学和汉学主义——中国研究之批判》（2010年第1期），《文学评论》上的《汉学主义：中国知识生产中的认识论意识形态》（2010年第3期）和《学术月刊》上的《汉学、汉学主义与东方主义》（2010年第12期）。其后数年，《清华大学学报》（2011年第2期）、《南京大学学报》（2011年第3期，2013年第3期）、《中山大学学报》（2012年第1期）、《厦门大学学报》（2013年第4期）、《北京师范大学学报》（2013年第3期）、《探索与争鸣》（2013年第2期）、《南国学术》（2014年第1期）、《浙江大学学报》（2014年10月网络版，2015年第1期）等国内学刊陆续刊登了有关"汉学主义"的文章。2011年，《跨文化对话》还发了一组"汉学主义"的文章，主要是刊登2010

年在南京大学召开的《汉学主义：理论探索》研讨会上与会者的文章。2013年，英国路得里奇出版社出版了《汉学主义——东方主义与后殖民主义的替代理论》的专著，对"汉学主义"做了较为系统的理论构建和探讨，2015年，商务印书馆出版了该书的中文版。国外对"汉学主义"也有一定的关注，有关"汉学主义"的英文评论就有9篇，这还不包括其他没有独立成文、只是提及或讨论"汉学主义"的文字。

"汉学主义"理论的提出在国内引起了更多的关注，也出现了相当数量的评论和批评文章，根据我们的不完全统计，国内发表相关文章的报刊有《中华读书报》（2010年12月22日）、《跨文化对话》（2011年第28辑）、《读书》（2012年第2期，2014年第2期）、《励耘学刊》（2012年第2期）、《汉学研究》（2012年第14辑）、《中国图书评论》（2014年第1期）、《国际汉学》（2014年第1期）、《福建论坛》（2014年第3期）、《中国社会科学报》（2014年5月14日）、《上海师范大学学报》（2015年第2期）、《浙江工商大学学报》（2015年第6期一组3篇文章）等。国外发表评论的报刊有《亚洲研究》（Journal of Asian Studies）、《中国现代文学与文化》（Journal of Modern Chinese Literature and Culture）、《中国季刊》（China Quarterly）、《今日中国文学》（Chinese Literature Today）、《书讯》（Book News）、《中国哲学》（Journal of Chinese Philosophy）、《东西方哲学》（Philosophy East and West）（两篇）和《后殖民研究》（Postcolonial Studies）等。国内对"汉学主义"发表过评论的学者有张西平、方维规、周宪、赵稀方、叶隽、钱林森、张伯伟、程章灿、耿幼壮、王宁、曹顺庆、杨慧林、周云龙、严少璗、张博、阎纯德、季进、王柏华、黄卓越、韩振华、任增强、王兵、陈军、刘永纲、龚自强和陈晓明等，其中有的学者还发表过不止一次评论文章。国外发表评论的学者有 J. Hillis Miller, Martin Powers, Jonathan Stalling, T. H. Barrette, Steven Burik, Gang Zhou, Shaoling Ma, Weihua He, Chris Murray, Hans Kuijper, Josef Gregory Mahoney 等。

"汉学主义"和"东方主义"的中国先驱

"汉学主义"自提出以来，人们一般有这样的印象，一是"汉学主义"是"东方主义"的翻版，至少是受东方主义启发而产生的批评话语。

二是"汉学主义"的思想只是出现在 20 世纪末和 21 世纪初的世纪之交。其实，正如笔者在前面提到的那样，汉学主义的早期思想可以追溯至 20 世纪 50 年代的中国，那时，中国就出现了堪称"汉学主义"早期思想的观念和实践。1956 年，《厦门大学学报》第 1 期发表了韩振华（1921—）先生的文章：《为扩张主义服务的美国"汉学"》，全文共 14 页，从马克思主义的意识形态视角对当时美国汉学界诸多著名学者，其中包括费正清在内的汉学家的中国学术研究进行了批判性分析，得出一个反映冷战时期意识形态挂帅的结论：美国汉学研究同东方学一样，是以欧美资产阶级的殖民主义和种族主义的世界观为指导，完全屈从于美国的帝国主义政策，是为美国资产阶级利益服务的学术，而且是西方的东方学学科中最反动的一个分支。[①] 仔细阅读这一洋溢着声讨性檄文意味的文章，我们不难发现，虽然该文既没有使用"汉学主义"的概念，也与"汉学主义"没有直接的联系，但似乎有理由说，它不仅是"汉学主义"的先声，甚至也可以说是东方主义和后殖民批评的先驱。之所以这样说是有这样几个原因：（1）如萨义德所认为的那样，该文也把汉学置于西方的东方学之中；（2）该文将汉学分成苏俄汉学和西方汉学，并推崇苏俄汉学，抨击西方汉学。如果说苏俄汉学代表了东方的学术，我们可以清晰地看出韩文建立了一种东西方二元对立的范式，这正是萨义德东方主义的批评范式，当然后者没有前者无限上纲的做法；（3）虽然韩文上纲上线的分析很容易使人想起"大批判"的做法，而且其对美国汉学所下的结论在今天也已无法让人认同，但在方法论上，其对美国汉学慷慨激烈的政治批判，走的正是意识形态批评的路径，与萨义德的东方主义和后殖民批评只有程度的差异，而无本质的不同。正是有这些根本的相同之处，本书编者认为，尽管该文因打着清晰的时代烙印而显得偏狭，有着大大超过萨义德和后殖民批评的政治意识形态缺憾，而且对当下的"汉学主义"理论也没有直接的影响，但作为东方主义理论和后殖民批评的思想先驱，仍然具有一定的历史价值和认识价值。至少，该文给我们提供了一种警示，就是切切不可把学术和政治混为一谈。该文也从另一个视角佐证了汉学主义后期倡导者的一个核心观点的意义和价值，即超越东方主义和后殖民批评的政治意识形

---

① 韩振华：《为扩张主义服务的美国"汉学"》，《厦门大学学报》1956 年第 1 期，第 59—72 页。

态路径，倡导尽可能客观公正地从事中国研究和跨文化研究。正是由于这些原因，我们把该文列为本书的首篇。

编辑文集的目的

我们编写《"汉学主义"论争集萃》有多方面的目的。其一，"汉学主义"是一个颇有争议的理论问题，有值得深入探讨的必要，需要更多的学者参与。编辑本文集是为了提请学界进一步关注汉学主义这个由海内外中国学者共同提出的理论及其实践。其二，"汉学主义"由于与汉学和中国学直接相关，因而首先是从事汉学、国学和中国知识生产的研究者需要正视的话题。我们想给所有对"汉学主义"有兴趣的学者和读者提供一个比较完备的文集，作为关注探讨这一问题的资料。其三，"汉学主义"的概念和性质仍然是一个有待澄清的问题，有时几个不同命题被混为一谈，使得原来十分复杂的情况变得更加复杂和模糊不清，导致提出的批评有时给人以无的放矢的感觉。我们希望本文集有助于澄清关于汉学主义的种种误读和误解，给有的放矢的批评提供资料。其四，汉学主义理论涉及的不仅仅是汉学、人文科学和社会科学，其对治学认识论和方法论的关注也对自然科学有相当的价值和意义。比如，汉学主义理论所批评的汉学主义心态以及治学方法同样是自然科学和技术领域阻碍中国学术原创性发展的问题。其五，这是至关重要的一点，就是想提请人们注意头脑中的和学术研究中的文化无意识。在国内外的中国研究中有一个广为学界接受的著名观点，就是著名汉学家约瑟夫·利文森（Joseph Levenson）提出的中国现代意识中理智与情感发生的激烈冲突。在其有关中国思想的鸿篇巨制中，利文森认为现代中国知识分子在理智上信奉西方价值观而在情感上留恋或接受中国的传统价值观。这一观点已经被众多学者看成是理解现代中国意识的一把钥匙。此观点虽然已被学界广泛认可，但其实并不够深入，因为现代中国意识的危机并不是理智与情感的冲突可以完全揭示的，其深层的内在逻辑是汉学主义理论揭示的涵盖了第三世界知识界的文化无意识。近代以来，东方社会和学界普遍存在着对自我信心不足、对西方他者盲目崇拜的意识，而且由于西方持久的霸权和东方的积弱不振，这种意识已经深深地浸入人们的无意识之中，以人们没有自觉意识到的方式影响人们的文化活动。因此，第三世界学术界普遍存在着唯西方马首是瞻的心态和做法，而且，往往还对此并无自我察觉，这些现象就是汉学主义批评的"文化无意识"在作祟。毋庸讳言，国内外华人的这种文化无意识十分普遍，在学者中这样的情形也并不少见，有些还是国内的著名学者。由于汉学主义所批评的文化无意识，不少学者在有意识和无意识的心理层面和精神层面已经默认比不上西方人，只能跟在西方人后面走，长此以往，形成了认识论和方法论的惰性，阻碍了国内学术原创性成果的产生。

其六，这也是最后一个目的，就是促进文明、理性、客观、公正、有助于学术进步的学术批评。钱学森先生在临去世前曾提出中国大学为什么出不了创新人才的问题，并自己做了回答。他指出的一个原因就是，在大学里"大家见面都是客客气气，学术讨论活跃不起来。这怎么能够培养创新人才？更不用说大师级人才了。"这正是我们将有关汉学主义的正反两个方面的论述和争论都收入本文集的初衷。我们认为，没有学术争论，就没有新思想，新理论，新方法，新知识。但如何开展学术争论，至今并没有令人满意的理念和方法，更不要说是形成学术界的共识和遵守的做法了。中国学界基本上有一个普遍看法：中国的学术批评大有改进的余地，因为尚有待于建立一个健康可行的学术批评制度，养成文明、理性、负责任的批评习惯。学术批评现状是：一部有影响的论著发表以后，要么是一片喝彩声，即使有明显的偏颇和错误，立场观点相同者也毫不犹豫地大肆拔高；要么是一片喝倒彩声，即使论著是白璧微瑕，也不妨碍立场观点相左者口诛笔伐。结果，学术争鸣往往以喜剧开始，最后以悲剧告终，甚至会以对簿公堂相威胁而收场。有如此种种原因，学者们一般不太愿意公开地对别人的学术问题提出批评，尤其是发表尖锐的反对意见。说到学术批评的尖锐性，全世界各大学鲜有超过芝加哥大学的治学传统。曾记得有一位著名学者到芝加哥大学讲学，本以为学生们会像粉丝那样顶礼膜拜，谁知学生们对其讲座提出尖锐的批评，甚至直言其某某观点偏颇甚至就是错误云云，很让那位学者下不了台。这样的做法并不是诚心要与谁过不去，不过是继承了芝加哥大学的一个传统信念，即对一位学者的最大尊重就是向其提出最难回答的问题。但是，我们认为，学术批评应注意方式方法，最佳的方式也许是用温和的语言提出尖锐的问题。我们认为，学术争论很重要的一点就是要注意争鸣的态度，态度往往反映在表述方式上，因此，我们在争鸣时应该注意遣词造句，切忌使用感情色彩很重的批评词语，因为那样会伤害感情，毒化学术氛围。以前的一些学术批评为什么会不欢而散呢？我们多年的观察结果是，争论的开头双方还能保持冷静和理性，注意遣词造句，但不久以后就出现了含有意气用事的词句，再到后来，感情色彩的词语越来越多，最后蜕变为人身攻击以至于谩骂，而学术问题反而被遗忘了。

令人欣慰的是，围绕《汉学主义》展开的学术争鸣到目前为止基本上是文明、理性的批评。汉学主义理论提出以后，学界的反映有褒有贬，有支持有反对，反对的声音有时还很大，有些负面批评还十分尖锐。但我们感到高兴的是，所有参与讨论的学者都秉持正确的学术批评态度，即使是激烈的思想交锋也不是意气用事，而是围绕学术问题的君子之争。曾记得，在 2010 年在南京大学召开的《汉学主义——理论探索》的国际研讨会上，来自国内外十多位知名学者就汉学主义的问题开展了认真、热烈、甚至是针锋相对的思想交锋，有学者对主旨发言者的观点提出强烈的理性质疑，甚至直言不赞成。但在那次研讨会上，由于质疑者秉承正确的学术争鸣态度，激烈的思想交锋并未沦为意气用事的攻击或文人相轻，争论结果使发言者和与会者都有收益。因此，我们相信，无论是赞扬鼓励还是质疑批评，对"汉学主义"发表看法的学者都对其发展做出了贡献。而且，我们还认为，负面批评往往有着正面批评所不能达到的效果：即不仅有助于提醒学界关注该话题，而且有助于发现新理论的不足，使之更加深入成熟。因此，我们在编辑的过程中，对发表意见的文章一视同仁，即使是提出尖锐批评的文章，甚至是误读、误解、带有成见的文章也一并收入，这不仅是要让读者对争论有一个全面的了解，好作出自己的判断，也想借此反思正确的学术争鸣的途径。我们衷心希望本文集的出版能成为学术批评的一个正面案例。

内容简介及编辑体例

本书分为四个部分。第一部分是"'汉学主义'理论的提出"，一共有 11 篇文章，主要涉及"汉学主义"的缘起和发展。第二部分是"对'汉学主义'理论的评价"，一共有 10 篇文章，都是国内学术刊物上已刊登的对提出汉学主义理论的价值作出的评论。第三部分是"关于'汉学主义'理论争鸣",一共有 10 篇文章,其中 6 篇是对提出汉学主义理论的批评,1 篇对汉学主义理论提出批评并对其发展提出看法,3 篇是针对批评意见作出的反应和反思。三大部分以后有两个附录,附录一列出国外迄今为止已发表的 9 篇针对汉学主义的英文书评。本来我们还想把这些书评都译成中文,但后来考虑到本书的篇幅已经大大超出原定的字数,因此不得不忍痛割爱。另外,国外尚有一些文章涉及"汉学主义"理论,但由于不是独立成篇,我们无法在附录中列出。附录二是本文集的作者简介,名字排列顺序以各篇文章发表的时间先后为据。

关于本书的编排等体例问题,我们根据文章发表的先后采用一种自然的结构方法,按照时间顺序将文章编排成书,这有利于读者对汉学主义有一个时间维度的了解,认识到其理论不是一成不变的,而是有一个不断深化发展的过程。除了一些特殊情况,收录的文章一般只是为了统一体例的需要而稍加文字处理。为了便于排版,出版社要求提供 WORD 文档,但是,在过去出版时,由于编辑处理的需要,各位作者发来的文档与已经出版的文章有一些不同之处,如文章在发表时由于字数限制和刊物编辑的要求有所删改。我们一般情况下尽量保持文章发表时的原貌,个别文章做了适当增减。比如与前言重复的地方,便作了删节。对于增删的地方,尽可能加注予以说明。

目　录

一　"汉学主义"理论的提出

为扩张主义服务的美国"汉学" ……………………… 韩振华(3)
汉学或"汉学主义" ………………………………… 周　宁(20)
文学研究中的"汉学心态" ………………………… 温儒敏(35)
汉学与汉学主义：中国研究之批判 ………………… 顾明栋(44)
什么是汉学主义？
　　——探索中国知识生产的新范式 ……………… 顾明栋(74)
"汉学主义"：反思汉学的知识合法性 ……………… 周　宁(94)
从"西方美人"到"东门之女" ……………………… 张伯伟(99)
汉学主义、中国学主义与国学主义 ………………… 程章灿(108)
关于"汉学主义"的几点思考 ……………………… 耿幼壮(114)
汉学作为方法与西方汉学传统的颠覆
　　——从弗朗索瓦·于连说开去 ………………… 钱林森(119)
"汉学"和"汉学主义"刍议 ………………………… 方维规(126)

二　对"汉学主义"理论的评价

也谈海外汉学与"汉学主义" ……………………… 季　进(137)
"汉学主义"，或思想主体的焦虑 …………………… 周云龙(141)
在知识和政治之间 ………………………………… 周　宪(146)
汉学主义：北美汉学研究新范式 …………………… 周云龙(152)
评《汉学主义》 …………………………………… 赵稀方(156)

同情之理解："汉学主义"与华裔学者的身份焦虑 …………… 任增强（163）
"汉学主义"何以成为夏洛之网？
　　——兼论学术概念的提炼与理论型构过程 …………… 叶　隽（169）
论《汉学主义》的独立价值及其新建范式 ………………… 陈　军（189）
原创性·批判性·理想性
　　——读顾明栋的《汉学主义》 …………………………… 刘勇刚（197）
汉学主义：一种新的批判视野 ………………… 陈晓明　龚自强（200）

三　关于"汉学主义"的争鸣

"汉学主义"及其反思 ………………………………………… 张　博（215）
对所谓"汉学主义"的思考 …………………………………… 张西平（222）
我看汉学与"汉学主义" ……………………………………… 严少璗（236）
为"汉学主义"一辩
　　——与赵稀方、严绍璗、张博先生商榷 ……………… 顾明栋（248）
突破二元对立的汉学主义研究范式
　　——对顾明栋先生的回应 ……………………………… 赵稀方（262）
"汉学主义"理论与实践问题再辨析
　　——走向自觉反思、尽可能客观公正的知识生产 …… 顾明栋（270）
关于"汉学主义"之辨 ………………………………………… 张西平（293）
生不逢时，抑或恰逢其时？
　　——为"汉学主义"把脉 ………………………………… 韩振华（303）
当中国学术遇上西方范式
　　——从"汉学主义"争论谈起 …………………………… 王　兵（308）
"汉学主义"引发的理论之争
　　——与张西平先生商榷 ………………………………… 顾明栋（313）

附录一　国外关于"汉学主义"的评论一览 ……………………… （333）

附录二　作者简介 ………………………………………………… （334）

鸣谢 ………………………………………………………………… （338）

一 "汉学主义"理论的提出

为扩张主义服务的美国"汉学"

韩振华

在汉学这个部门里，存在着两个不同的思想体系的斗争，一个是正在衰亡、崩溃的帝国主义的"汉学"，一个是愈来愈不可战胜的苏维埃汉学。

苏维埃的汉学，是战斗性、思想性很强的一门科学，它的目的是崇高的，它的任务是重大的。诚如格·维·阿斯塔菲耶同志所指出的，"苏维埃汉学这一苏维埃东方学中最重要的部门完成着不仅具有纯科学上的重要性，而且具有政治重要性的重大任务。苏维埃汉学这一部门以研究中国人民的过去和现在来服务于巩固苏中两国人民的友谊这一崇高的目的。同时苏维埃汉学也致力于充分表明中国人民在世界历史上一向所起过的和现在正在起着的巨大作用，揭示中国历史和其他各国人民历史间的联系等工作"，所以说，"苏维埃汉学这一门建立在马克思列宁主义理论不可动摇的坚实基础上的并和其他许多社会科学一起争取以社会主义的原则来改造人类社会的战斗的社会科学，其任务即取决于此"①。

帝国主义的"汉学"尤其是美帝国主义的"汉学"，与苏维埃汉学的目的与任务完全背道而驰。美帝国主义的"汉学"，与资产阶级的东方学一样，是"反映出欧美资产阶级殖民者种族主义的世界观，它从最初出现的时候起，就把所谓"西方"文化（即欧洲文化和后来的美国文化）与"东方"文化对立起来，污蔑东方各族为劣等种族，说东方各族自来是落后的，不能独立决定自己的命运，仿佛只是历史的对象，而不是历史的主体。资产阶级东方学把研究东方一事完全屈从于帝国主义国家的殖民

---

① ［苏联］格·维·阿斯塔菲耶夫：《苏联对中国历史的研究》，《光明日报》1955年7月21日。

政策"①。同样地，美国最反动的东方学当中的"汉学"，也是完全屈从于美国的殖民政策，同时也是替美国垄断资本集团的利益服务。美国的"汉学"，是宣扬了美国的殖民主义、反映了美国的世界主义、歌颂了美国的种族主义；而美国的"汉学"家，是对中国进行间谍活动的文化特务，是破坏、抢劫中国文化艺术的强盗。

一 宣扬殖民主义的美国"汉学"

美国的"汉学"，跟美国的东方学一样，是东方学中最反动的"伪东方学科学。在美国，对东方的研究总是处在极低的水平，它带有最露骨的殖民者的色彩"，"资本主义列强的间谍，殖民机关的官吏，经常以东方学家的身份出现"，他们"抱着间谍的目的来搜集东方各国的各种情报和统计材料"②。美国的"汉学"家，也跟他们的东方学家一样地是抱着间谍的目的来到中国搜集情报和统计材料，也是经常以"汉学"家身份出现而底子里在干间谍的活动并与中国的反革命分子勾勾搭搭，破坏中国的革命事业。美国的"汉学"家柔克义，于一八八四年来到中国，充任美国驻北京公使馆的二等秘书，他挂起"汉学"家的招牌，到处"调查""考察"，尤其对于我国的边疆——西藏大感"兴趣"——搜集我国边疆情报的"兴趣"。为了他的情报工作搞得不坏，1905年他被提升为美国驻华的公使，到了1909年才卸任。辛亥革命以后，袁世凯窃国，并在帝国主义的帮助下，阴谋策划"登基""称帝"，就在袁世凯准备称帝的前一年——1914年，柔克义以"汉学家""中国通"的身份，接受窃国大盗袁世凯的邀请而为他的顾问。所谓美国的"汉学"家，他不做中国革命者的朋友，却做了中国反革命者的朋友。哈佛大学的历史教授费正清，也是一个有名的间谍活动家，他是"美帝派来的文化特务，是抗战期间美帝侵华头目之一"③。这一类的美国"汉学"家，正是替美帝国主义对中国进行殖民侵略的间谍活动家，无论他们在中国用什么身份出现。

以前美国驻中国海关的税务司摩尔斯，可以说是美国的"殖民官

---

① 苏联大百科全书《东方学》，第2页（人民报）。
② 同上书，第6—7页（人民版）。
③ 周一良：《西洋"汉学"与胡适》，《历史研究》1955年第2期。

吏",同时又是美国的"汉学"家,他曾经著述一本书,名叫"中华帝国的国际关系"①,洋洋三大巨册,姑且不谈其内容的空疏浅陋,光看这本书的编写目的与步骤,就已经彻头彻尾地表现出带有极其浓厚的美国殖民主义者的色彩。摩尔斯在这一本书中,把中国近百年的对外关系,分成三个时期:第一个时期,1830—1860年,名叫"斗争时期";第二时期,1861—1893年,名叫"屈服时期";第三时期,1894年以后,名叫"服从时期"。他把中国人民近百年来的反抗帝国主义列强的革命斗争,全部抹杀,并且蓄意歪曲事实,说什么这是"屈服时期"那是"服从时期"。其实,在事实面前,中国人民压根儿就没有向外国帝国主义"屈服"过,或是"服从"过。中国人民历来就是赋有反对外来侵略斗争的优良传统。中国人民在反侵略的斗争中,从来没有"屈服"过,更从来没有"服从"过,只有帝国主义的"汉学",尤其是美国的"汉学",才会做出这种蓄意歪曲事实、捏造历史的勾当。

即使在介绍中国古代名著的翻译工作上,亦处处暴露了美国的"汉学",是如何毒辣地放进了宣扬殖民主义的毒素。美国哥伦比亚大学的汉学教授夏德与后来曾任美国火奴鲁鲁大学的汉学教授柔克义,曾经合译南宋赵汝适所编撰的《诸蕃志》②,他们两人虽然在选译之余,也做了一些注释的工作,在一定范围之内对于阐扬当时中国南海的海上交通历史,尤其是有关南海诸国的古今地名的考释工作上,是有若干的帮助的,这种迻译工作,如果能够忠实于原作品,老老实实地把原著的内容、精神传达出来,并帮助人家对于原作品作了一些比较容易明白、了解的注释,这不但不是一件坏事情,而且也是在汉学的研究工作上,是一件有意义的工作。但是,诸蕃志的英文译本的两位译者,却不从这方面多多努力,反而利用选译工作上的便利,随时随地歪曲原著的内容与精神,从而替殖民主义捏造一些历史。事情是这样的,今本的诸蕃志,原为永乐大典的传抄本,一般的刊本,都把它分成为两卷本,上卷志国,下卷志物,另于卷末,附上海南岛的记载一条,作为附录,以记述海南岛的风俗物产。原书卷次体例,本来无可非议,因为海南岛自汉代以来,就是中国不可分离的一部

---

① H. B. Morse, *The International Relations of the Chinese Empire*, 3 vols (1910 出版).
② F. Hirth and W. W. Rockhill, *Chau Ju-kua*, *His Work on the Chinese and Arab Trade in the twelth and thirteenth Centurics*, entitled Chu-San-Chi (1911 出版).

分，由于它跟南海诸国的关系比较密切，把它作为附录，附于卷末，正是符合。可是夏德与柔克义在英译本的诸蕃志里面，却偷偷地把原来附于卷末的海南岛这一条，移在卷上"志国"之末，这样一来，把海南岛与该书所记载的其他南海诸国，同等看待，一律看成是中国以外的地区，这是一种极其不忠实于原作品的译作，同时也暴露出替帝国主义侵占中国领土而伪造证据的丑恶面目。我们知道，诸蕃志所记载的南海诸国，在今天还有一大部分处在帝国主义列强的殖民统治之下，他们的人民过着牛马不如的殖民地生活。如今夏德与柔克义把中国的海南岛说成不是中国不可分割的一部分，显然，这是企图把海南岛从中国分裂出去的一个阴谋，妄想把海南岛说成是帝国主义可以侵占的一个殖民地。不管美国殖民主义者如何捏造事实，造谣诽谤，毕竟海南岛是中国不可分割的一部分的事实，还是千古永存。

在美国的"汉学"中，时常可以发现替美国的殖民主义伪造口实、假造证据的可耻行为，企图以此来达到宣传美帝国主义侵占中国的行为是有历史根据的鬼话。美国耶鲁大学的汉学教授拉图罗特在其所著的《中国人及其历史与文化》的这本书上，说什么"自浙江至印度支那是属于非中国人领土的越族之所有"[1]。大家都知道浙江、福建、广东一带，古时是越族的活动中心，自古以来，越族就是构成中国人的一个主要成分，我们毫无理由把越族看成是非中国人，把越族古时活动地区的浙江、闽、广一带，看成为"非中国人的领土"，这种歪曲历史事实的说法，揭穿起来，只不过是为美国殖民主义服务罢了。

美国加利福尼亚大学特迦尔底教授写一本书，名叫《罗马与中国》，是运用纯比较方法——亦即胡乱比附中西史事的雷同——的一本书，最后他所得出的结论是：正当远东还保持着从前文化舞台上的主角的地位之时，尽管又发生了中西的关联事件，可是结果还是阻碍了欧洲一向所要获得的主权[2]。这种彻头彻尾为西方殖民主义的利益而服务的滥调，正是美国"汉学"研究中国与西方的关联事件所得出的最后结论。换句话说，他们认为要使西方殖民主义在远东、在中国的什么"主权"不受阻碍，就得赶走中国文化在远东的文化舞台的活动。像特迦尔底教授这一类的

---

[1] K. S. Latourette, *The Chinese, their History and Culture*, Vol. I, 1934, p. 97.
[2] F. j. Teggart, *Rome and China. A Study of Correlations in Historical Events*, 1938, p. 245.

"汉学"著作,正是美国殖民主义者所要收买的货色。

在美国的"汉学"著作中,总是辱蔑中国文化、中国历史,甚至在他们的心目中,蛮横的否认中国文化、中国历史的存在。美国西北大学的麦·高文教授,竟公然主张中国历史不过是以欧洲为本位的世界历史向东的扩张①,亦即把中国历史附属于欧洲的历史,这种言论,正是美国"汉学"替殖民主义者宣传向中国扩张,向中国侵略的一种具体的表现。

不但在中国上古、中古史,美国的"汉学"是替美帝殖民主义者侵略中国捏造证据,造谣诽谤,同时美国的"汉学"对于中国的现代革命史,也是极力奉行美国垄断资本集团的旨意,进行颠倒是非、捏造历史等的反动宣传。美国哈佛大学汉学教授"魏楷,在抗日战争爆发后,甚至不再藉学术著作的幌子,居然以'中国通'身份,公开在报纸上发表言论,说什么中国应该亡于日本。其卑劣与反动,更是充分反映出美帝国主义的政策,'汉学'家们和美帝奴役中国人民变中国为其殖民地的阴谋完全相适应了"②。美国西维几尼亚大学教授汤玛斯·惠尼斯所著的《东部亚洲》,就是硬把中国人民的罪人——以蒋介石为首的这一小撮卖国集团,说成是中国"革命传统底保有者",把美国干涉中国内政,说成是"对和平的爱好"与"宏大度量"。由于中国人民革命事业飞速发展,使美国所谓"学者"之流,感到再提那些废话——美国干涉中国内政、豢养蒋匪帮是为了"对和平的爱好"——是不能再欺骗人民了,这时候,美国的"汉学"家之流,也就公然叫嚣应采取直接对中国武装干涉的行动,好像在第二次世界大战中,曾经充当美国驻中国情报总监的哈佛大学的费尔朋克教授,在他所著的《美国与中国》这一本书上,就是公然主张武装干涉中国。随着中国人民解放革命斗争的胜利,眼看美帝所叫嚣的武装干涉又失去了讹诈、恐吓的作用。为着挽救美帝垄断资本在中国所丧失的势力,美帝的"汉学"家又在不断地向他们的主子们"献策",好像上面所提到的这一位费尔朋克教授,在他所著的《中国的共产主义和美国处理亚洲问题的新方法》这一篇文章里,说什么武装干涉既然吓不倒中国人民的解放斗争的革命事业,那么就需要从新中国的内部做起,赶紧

---

① W. M. McGovern, The Early Empires of Central Asia, A Study of the Scythians and the Huns and the part they played in World history, with special reference to the Chinese sources, 1939, p. 1.

② 周一良:《西洋"汉学"与胡适》,《历史研究》1955年第2期。

抓住新中国的工业的主要部门,剥夺中国的各种战略物资。这种孙悟空打进肚皮里去的战术正是美蒋特务一贯耍玩的好戏法,现在竟然也被美国的"汉学"家,奉为法宝,原来他们早就是彼此一家,脉脉相通,难怪一个"汉学"家所讲的话会跟美蒋匪特所讲的话,是这样的雷同。诚如阿尔帕托夫同志所指出的,"有关中国问题的全部美国的反动著作,都可以证明服务于帝国主义的反动科学所起的那种走狗的作用,可以证明帝国主义反动派对于中国人民、对于他们的民族与政治自由所怀的那种憎恨,可以证明帝国主义强盗对华政策将遭受的溃灭命运"[1]。美帝的"汉学",正在帮助垂死的殖民主义作出最后的挣扎,但是殖民主义的时代,已是明日黄花,将要一去不复返。尽管美国的"汉学",如何摇旗呐喊,还是不能把将要寿终正寝的殖民主义,叫它死里还魂。

二　反映世界主义的美国"汉学"

在美国的"汉学"著作中,常常可以看到反映六亲不认的世界主义。最显然不过的,是故意不顾事实,否认中国科学对世界文化宝库的贡献。

中国的科学发展,尤其是中国的四大发明——造纸、印刷、火药与罗盘针,及其对于全世界文化的贡献,这是不容否认的"铁证如山"的事实。毛泽东同志教导我们说:"在很早的时候,中国就有了指南针的发明。还在一千八百年前,已经发明了造纸法。在一千三百年前,已经发明了刻版印刷。在八百年前,更发明了活字印刷。火药的应用,也在欧洲人之前。所以,中国是世界文明发达最早的国家之一。"[2] 我们认为"每一个民族,不论大小,都可以因为它对于科学的发展有所贡献而感到自豪"[3]。可是美国的"汉学",偏偏使用各种各样的卑污手段,从中抹杀中国的伟大的科学发明及其对于全世界文化的贡献。

1. 抹杀中国罗盘针的发明及其对全世界文化的贡献

世界上最早记载航海罗盘针的使用,当推 1119 年朱彧的《萍洲可

---

[1]　以上参阅〔苏联〕阿尔帕托夫《为战争贩子服务的反动史学》,王以铸译,中华书局 1953 年版,第 58—62 页。
[2]　《毛泽东选集》第 2 卷,第 593 页。
[3]　〔苏联〕康斯坦丁诺夫:《社会意识及其形态》,第 127 页。

谈》，该书（卷二）说："舟师识地理，夜则观星，昼则观日，晦阴观指南针。"稍后于该书的四年，亦即一一二三年，徐兢的《宣和奉使高丽图经》亦有这样的记载，说："晦冥则用指南针，浮针以揆南北。"往后的百年间，中国典籍上关于航海罗盘针的记载，屡有所见。如：1225年赵汝适《诸蕃志》（卷下）海南条说："舟舶往来，惟以指南针为则"；1274年吴自牧《梦粱录》（卷十二）江海船舰条亦说："风雨晦冥，惟凭针盘而行，火长掌之，毫厘不敢忽，盖一舟人命所系也"，航海"全凭南针，或有少差，即葬鱼腹"。自12、13世纪以来，中国记载上有关航海罗盘针的记述，历历可考。可是美国哥伦比亚大学汉学教授夏德，偏欲歪曲史实，说什么朱彧所记载的，不是指中国人的船上已有使用航海罗盘针，而是指阿剌伯人航行到中国的船上，才有使用航海罗盘针。可是我们从上面所引述的朱彧的记载中，一点儿也看不到这段记载是指阿剌伯人的航海事迹。夏德这种歪曲史实的说法，只有一个目的，那就是扼杀中国的科学发明及其对全世界文化的贡献。为了满足这个目的，他故意颠倒是非，说什么中国人以后所使用的罗盘针，是从阿剌伯人那里学到的。[①] 这种捏造证据、歪曲史实的胡说八道。原是无足轻重，甚至在资本主义的国家里，亦难获得赞同，如英国的威烈亚力与日本的桑原骘藏，对此均有异议。[②] 可是夏德所捏造的罗盘针不是中国人所发明、也不是从中国西传辗转以抵欧洲的鬼话，竟然在美国不胫而走。美国哈佛大学的乔治沙汤教授所著的《世界科学史》，完全附和夏德这种存心歪曲事实的胡说，诚如竺可桢同志对于这个事情所下的评语所说的，"真所谓一知半解，以错传错"[③]。

后来，在美国的学术著作里面，又流行这样一种怪论，说什么中国人虽然很早发明指南针、指南车，可是把指南针的知识，应用于航海上，那是欧洲人所发明的。这种说法，更是露骨地反映了以欧美资本主义国家为主体的西方文化统治全世界的世界主义色彩。美国哥伦比亚大学汉学教授卡尔德说："地中海沿岸人民，试验指南针之为用，以便发现新航线。"[④] 按照卡尔德教授这种说法，航海罗盘针的使用，是由欧洲地中海沿岸人民

---

① F. Hirth, *Ancient History of China*, p. 136.
② 参阅桑原骘藏《蒲寿庚考》。
③ 竺可桢：《中国古代在天文学上的伟大贡献》，《科学通报》第二卷第三号（1951年3月），第218页。
④ ［美］卡尔德：《中国印刷术源流史》，刘麟生译，商务印书馆1938年版，第171页。

试验成功的。亏得这一批美国的"汉学"家对于屡见于中国记载上的航海罗盘针的使用，会特别地熟视无睹，才会这样装痴作祟地说出这种自欺欺人，比梦呓还不如的废话。但在美国的学术著作里面，仍然是充斥了这种废话，如美国西北大学的麦·高文教授，说什么中国虽然发明"指南车，可是只有使用于看风水、择福穴，然而由此却导致了西方世界所谓罗盘针工具"的使用。① 按照麦·高文教授这种说法，只说中国人虽然发明指南车（指南针），却没有发明航海罗盘针，能够把指南针的知识，应用于航海上，从而导致了罗盘针的发明，似应归功于西方世界的欧洲人，在美帝国主义者的心目中，只有欧美资本主义国家的西方世界，才有文化，才有历史，他们是故意看不到各族人民对世界文化宝库的贡献，不但是故意看不到，而且存心来歪曲它、扼杀它。

2. 抹杀中国活字印刷术的发明及其对全世界文化的贡献

举世公认印刷术是中国人所发明，以后还把它介绍到欧洲去。可是美国的"汉学"家、哥伦比亚大学的汉学副教授卡尔德，在他所著的《中国印刷术源流史》，说什么中国人是发明雕版印刷，并把它介绍到西方的欧洲去；可是活字印刷术的发明，中国与欧洲各自单独发明，谁也没有影响谁。他的这种论证，是建立在实验主义的假设——凭空假设，所以他说："试假定欧洲之印刷，于中国活字印刷无关……中国、高丽活字术，是否能传至西欧，则至今尚无确切之佐证。"② 在卡尔德教授的主观唯心主义的思想体系下，认为中国与远东会发明活字印刷，本身就是一个"奇谈"，他认为"远东各国之文字，颇不宜于活字印刷，而首先使用活字印刷者，乃为远东各国，亦奇谈也"③。然而中国以及远东各国的文字，是否"颇不宜于活字印刷"？这种毫无根据的谰言，在历史事实的面前从中古时代的活字印刷一直到现代的活字印刷，都没有看到有什么不适宜的地方。这种谬论早该不攻自破了。可是卡尔德教授并不想去承认历史事实，他是为了支持他的早该破产的论点，而发展到不理睬一切客观事实的存在，甚至一意孤行跑进极端唯心主义的泥坑里去，说什么"人类心理相去不远，故东西印刷术之发展，大致亦属相同"，"要之在同一环境之

---

① W. M., *The Early Empires of Central Asia*, p. 6.
② ［美］卡尔德：《中国印刷术源流史》，刘麟生译，第198页。
③ 同上书，第192页。

下，东西印刷术之发展，盖无不从同。中西交通之迹，虽有可言，而（活字）印刷术之同时发展，则实由人类心理之相同为之，固彰彰甚明也"①。

尽管卡尔德教授抬出唯心主义的论证要来抹杀中国活字印刷术的西传，可是事实还是事实，它不会由于这一批唯心主义的"汉学"家的否认而不存在。远在公元11世纪的40年代，中国的毕昇就已经发明活字的印刷术——这是世界上最早发明的活字印刷术②，这个发明，比1423年德国人谷腾堡与哈连姆地方人的科斯忒所使用的活字印刷，早了四百年左右。欧洲的活字印刷，也是从中国传过去的，郭沫若同志说：13世纪，"蒙古西征，苏联的莫斯科基辅，都为拔都所占，中国文化伴随入欧洲。如中国发明的活字……是那时传到欧洲去的。"③ 要之，"欧洲活字术间接受中国的影响，也是很可能的"④。

不但在美国的"汉学"著作里面，可以看到否认中国活字印刷术西传的说法，同时在美国的一般历史的教科书上，也出现了利用教学上的讲坛替美国的世界主义极力作辩护的歪论。好像在美国流行颇广的一本世界史的教科书——海思、穆恩、威廉合著的《世界通史》说："一定要说欧洲印刷术是来自亚洲的，却没有任何证据，也许这个技术是在西欧方面单独发明的。"⑤ 这种卑鄙恶劣的言论，不但否认了中国活字印刷术的西传，就连雕版印刷的西传，也一齐矢口否认了。事实上，这种一手抹杀中国印刷术——包括雕版印刷术与活字印刷术——的西传，为的是：暗杀中国科学对世界文化宝库的贡献，然而由此亦反映了美国的世界主义者的肮脏企图。

3. 抹杀中国火药、火器的发明及其对全世界文化的贡献

关于火药与火器（包括火炮、火箭、火枪等）的发明，大家都承认这是中国伟大的科学发明之一。同时，亦由中国经过阿剌伯的中介而传入

---

① ［美］卡尔德：《中国印刷术源流史》，刘麟生译，第198—199页。
② 关于毕昇发明活字印刷术的记载，见（宋）沈括：《梦溪笔谈》。
③ 郭沫若：《再谈中苏文化之交流》，《中苏文化之交流》，第5页。
④ 张秀民：中国印刷术的发明及其对亚洲各国的影响（文载《文物参政资料》1952年第4期）。
⑤ 海思、穆恩、威廉：《世界通史》（上册），刘启戈译，大孚出版公司1948年版，第445页。

欧洲。① 可是美国哥伦比亚大学汉学教授夏德，却这样武断地说：中国人虽然很早就懂得火药的知识，但是使用火器的知识反而传自欧洲人。② 后来，美国的桑戴克教授，更进一步地扩大夏德教授的谬论，说什么连火药也不是中国人发明的，他把火药的发明，归功于英国人罗泽培根。③ 但是英国人却不敢接受这顶剽窃过来的帽子，某些比较老实一点的英国史学家，都还承认火药、火炮是中国人所发明的，并由蒙古人的中介，传入欧洲。④ 眼看剥夺中国人发明火药的谬论，已经曲高和寡，于是美国的学术界又再弄一套新的谬论，说什么中国只是最先懂得使用"纯朴硝，这种东西，阿剌伯人称为'中国雪'。在中国，对于朴硝的知识，光是限于使用在鞭炮上，但是正当这种知识传入欧洲，就导致了火药的发明"⑤，好像美国西北大学麦·高文教授，就是公然这样主张。这个主张，表面上，似乎没有完全否认中国发明火药，可是骨子里，却用釜底抽薪的办法，说中国只有发明鞭炮，至于火药的发明，还是属于欧洲人。这种造谣破坏中国发明火药的谬论，竟然在美国的学术界里，甚为流行。甚至在教科书里面，也把这种谬论灌输给青年学生。好像上面已提到的海思·穆恩·威廉合著的《世界通史》，说"中国人与亚剌伯人曾经在某种程度之内使用过火药"，把中国人说成只是"在某种程度之内使用过火药"而不是中国人发明火药；至于火药的发明，按照该教科书编者们有意地歪曲，是说"这个制造火药的秘密，是直到公元十三世纪方才为（欧洲）人发现"⑥。凡是凭空捏造的伪说，侮蔑中国不配作为火药发明者的谬论，都是美国的世界主义者所深表赞同的。

4. 捏造中国瓷器的发明是受西方的影响

中国是瓷器的祖家，瓷器外部所用的釉药，远在公元前14、15世纪，便已发明，等到造瓷原料的白土一被发现，"在三世纪的三国时期我国劳动人民的确已经发明了瓷器"⑦。可是美国西北大学的麦·高文教授，却

---

① 参阅冯家升《回教国为火药由中国传入欧洲的桥梁》，《史学集刊》第6期。
② F. Hirch, *Tite Ancient History of China*, p. 134.
③ L. Thorndike, *History of Magic and Experimental Science*, Vol. II, 1923, p. 688.
④ 参阅：H. G. Wells, *Outline of History*, 1919, p. 473. 与 J. S. Hoyland, *Brief History of Civilization*, 1925, p. 60.
⑤ W. M. McGovern, *The Early Empires of Central Asia*, p. 6.
⑥ 海思·穆恩·威廉：《世界通史》（上册），刘启戈译，第448页。
⑦ 傅振伦：中国伟大的发明——瓷器，第14页（三联版）。

说什么"希腊罗马的琉璃由中亚输入中国，大家都知道这对于中国的手工业起了很大的影响，并由此直接导致了中国瓷器的发明"①。创造琉璃的知识与制造瓷器的知识，是有差别的。中国人虽然在公元5世纪时，由中亚人那里，学会了制造琉璃的技术②，但是早在这个时期以前，中国人已经老早发明瓷器了，无论如何亦扯不上中国瓷器的发明是受了西方制造琉璃的直接影响。无可否认地，中国是发明了瓷器之后，又把它介绍到欧洲去，日后"西方世界"的瓷器制造，都是受了中国瓷器的直接影响，这才是合乎真正的事实。③

总之，这些六亲不认的世界主义者们，把这一或那一民族在几千年的长时期中创造出来并贡献给世界文化宝库的全部优秀事物，完全化为乌有。

他们无论如何不肯承认并无耻地反对这一个或那一个民族、小民族或大民族，在人类史中占有一定地位的合法权利。这些出卖了自己的良心的人们，无论如何不肯承认科学泰斗斯大林同志的这个正确定义："每一个民族，不论大小，都有它自己质量上的特性，都有那种只为它所有而为其他民族所无的特性。这些特性乃是每一个民族带到共同的世界文化宝库中使之充实及丰富起来的贡献。在这个意义上，一切民族，不论大小，都是处于同等的地位，每一个民族都是和任何另一个民族具有同等意义的（斯大林同志在1948年4月7日招待芬兰政府代表团的宴会上的讲语。"④

三 歌颂种族主义的美国"汉学"

美国的资产阶级抬出民族主义这个口号，而实质上，不过是种族主义的歌手，他们妄想把美国的统治阶级渲染成为"优良人种"，而把被

---

① W. M. McGovern：*The Early Empires of Central Asia*, p. 4.
② 关于公元五世纪时，大月氏人传授制造琉璃之法于中国，可参阅魏书（卷一〇二）大月氏传。
③ 关于中国瓷器制造之传入欧洲，参阅傅振伦：中国伟大的发明——瓷器，第81—85页（三联版）。
④ ［苏联］那比耶夫：《反对阐释维吾尔史中的大突厥主义和大伊朗主义》，载《为正确阐明苏联中亚细亚各民族底历史问题而斗争》，第194页。

压迫的各族人民说成是"劣等人种"。刘少奇同志讲的对:"资产阶级掠夺的财富愈多,他们的贪欲和吞并争夺的野心就愈加无底止地扩大,就愈加要加紧对本国人民的压迫和对全世界各民族实行侵略,并且愈加要在民族主义这个口号之下来实行这种对内的压迫与对外的侵略,甚至完全武断地把自己民族说成是'优良人种',因而就有权统治世界的其他部分,有权压迫其他'劣等民族'。"① 一直到今天,美国还在"从希特勒宣传武库里取出来的法西斯的种族主义、崇拜武力和仇视其他民族,成了战后时期美国官方公认的思想体系。例如:著名人物杜勒斯在其《战争与和平》一书中直言不讳地肯定说,美国人是'优良人种',他们的使命就是领导全世界"②。斯大林同志说:"从前,'照例总是'认为:世界自古以来,就分成下等人种,分成黑色人种和白色人种,前者没有达到文明的能力而只有沦为被剥削者的命运,后者是唯一的文明代表者而负有剥削前者的使命",十月革命之后,就给"这种奇谈一个致命的打击,因为它在事实上表明出,那些获得解放而卷入苏维埃发展轨道上来的非欧洲民族,其能推进真正先进文化和真正先进文明的能力,是丝毫不亚于欧洲民族"③。

美国的种族主义者的气焰是十分猖狂的。"美国反动的社会学者同时又是参议员的比耳波","极力向无知的人们说,仿佛居住在美国的黑人与中国人要排挤白种人的统治。因而比耳波号召白种人来参加反对'有色'人的战争。他硬说,美国人侵略中国是种族战争的自然的、合理的表现,似乎过去法国的占领越南,荷兰的占领印度尼西亚就是这种表现"④。美国的种族主义的最典型团体——三K党,"它的领导人乔治亚洲的西门斯上校借口神的启示,宣布美国人优越于所有其他各国人民,并号召不仅要绝灭、私刑拷打黑人,而且还要绝灭、私刑拷打中国人、犹太人以及其他住在美国的'异族人'"⑤。但是中国人是怎样到美国去呢?从19世纪以来,大部分在美国的中国人是被美国的人贩子所拐骗过去的华

---

① 刘少奇:《论国际主义与民族主义》,第5页。
② [苏联] 阿列克塞也夫:《现代资本主义的寄生性与腐朽性的加强》,第59页。
③ [苏联] 斯大林:《十月革命底国际性质》,第5—6页。
④ [苏联] 巴斯金:《为扩张主义服务的现代美国资产阶级社会学》,彭波译,生活·读书·新知三联书店1955年版,第86页。
⑤ 同上书,第127页。

工，他们替美国的资本家开矿山、造铁路，过着牛马不如的生活。① 成千成万的华工，受不住美国资本家的摧残而惨死异乡②。可是美国的种族主义者，竟然提出要绝灭在美国的中国人，进行对"有色"人种的战争。

美国的"汉学"，也是歌颂美国的种族主义的大合唱团的一个构成部分。美国的"汉学"园地里，一直播种了业已枯萎凋谢的"中国人种西来说"的死苗。"中国人种西来说"这种反动论调，正是合乎歌颂美国的种族主义的好课题，他们可以从这里大做文章，说什么中国的统治阶级虽自称为黄帝之后，可是黄帝正是从西方来的，因此，中国在今天也应该乖乖地接受西方的统治。把西方人看成一向就是统治者，而把东方人看成一向就是被统治者，从而把"劣等人种"受"优良人种"所统治的谬论，又再拉开好像乌鸦的破嗓子，胡乱叫闹一场。

老实地说，这种百孔千疮的"中国人种西来说"，早该丢进废纸篓里，燃起一根火柴把它烧掉。可是美国的"汉学"著作里，却还依依不舍地拖着它不放。好像美国哥伦比亚大学汉学教授夏德，在他所著的《中国古代史》里面，虽然对于拉苦柏利、李希陀芬等欧洲作家所提出的"中国人种西来说"，提出一些反驳，但他立刻坚决声明他的这种反驳，并不是表示他反对"中国人种西来说"，恰恰相反，他是再三声明他完全"不想放弃西来说"③。为着打好"中国人种西来说"的这个阵地，他不得不提出反驳一些"不合逻辑"的讲法，以冀长期使用这个反动透顶的"据点"。

在美国垄断资本集团御用下的"汉学"，为了宣传美国的种族主义，常常是要散布一些仇视中国人民中国文化的油腔滥调。美国约翰·霍金斯大学的纥脑教授，在他所著的《中国分析》这一本书上，说什么"我们幼年时代以为中国是一个颠倒错乱的地方，人家告诉我，中国是在地上的那一边，亦即处在我们的足底下的那一边……中国有许多古里古怪的事情，好像他们能够以竖蜻蜓式地走起路来……这些幼年时代的印象，至今想来，毫无疑问地，大部分仍然是正确的。直至今天，就是用成人的眼光

---

① 清末黄遵宪游历美国，亲眼看到在美国的华工，是遭了"居同狗国秽，食等豕牢薄"的辱待，见黄遵宪《人境庐诗草》卷四，逐客篇。

② 陈徽文：《木兰馆诗钞》卷二，《思妇欢》云："悠悠香港水，峨峨金山船，只载儿夫去，不载儿夫还。"可见多少华工，客死于美国金山。

③ F. Hirth, *The Ancient History of China*, p. 18.

来衡量它，那么，中国人的生活，以及东方人的生活，大部分仍然是令人不可理解的"①。美国的"汉学"著作，就是这样地歪曲中国人民的生活，把中国人民说成越是古里古怪、不可理解，越是合乎美国的种族主义的意旨。即使在行文之间，亦故意用些侮蔑的字眼，如把中国是处在美洲的对岸说成中国是处在美国人"的足底下的那一边"，显然就是故意挑拨中美人民的友好感情，灌输美国的种族主义者所谓"优良人种"可以骑在"劣等人种"的头上的毒素。

最难令人容忍的，是美国资本主义集团利用学校的讲坛，散布"种族主义"的谬论，并以此来毒害美国的青年学生。好像海思与穆恩合著的《近代世界史》的这一本教科书，公然侮蔑中国人民是"远东不进步的黄色人种"②。把这种反动透顶的"优良人种"与"劣等人种"的毒素，毫无顾忌地向美国青年学生进行灌输，这是一个不可宽恕的罪行！凡是正直的教育工作者，都会为美国的种族主义者的这种卑污行为而感到无比的愤怒。

四　为讨好垄断资本集团而盗劫搜刮中国文物的美国"汉学"

美国的"汉学"带有浓厚的流氓、强盗色彩，同时它也是为了讨好垄断资本集团而盗劫、搜刮并破坏中国文物的主凶之一。担任美国哈佛大学福格艺术博物馆东方部主任一连数十年的华尔纳，是美国的"汉学"界当中向中国文物进行窃盗、破坏的一个大凶犯。当英、法、日帝国主义的文化强盗从敦煌盗劫了大批的中国文物，而美国也张牙舞爪、不甘落在诸盗之后，并于 1924 年由哈佛大学福格艺术博物馆资助华尔纳前来中国，用预先把化学药品铺上的黏布，剥走了敦煌古代艺术壁画二十六幅。被剥走的古代壁画，是中国学术上、文化上不可弥补的重大损失，也是美国的"汉学"工作者，对中国人民所欠负的一笔大债务。可是劫盗华尔纳，反而毫不知羞地把他所劫夺过去的敦煌文物，写成了二本著作，一本名叫

---

① F. j. Goodnow, *China, An Analysis*, 1926, p. 3.
② 海思、穆恩、威廉：《近代世界史》第五章。

《中国西北旅行记》①，一本名叫《佛教的壁画》②，从中宣扬他的盗窃本领。华尔纳除了盗劫敦煌壁画之外，同时还偷去了塑像多尊。以上这些赃物，现在还陈列在美国哈佛大学的福格艺术博物馆。③

美国的博物馆，经常搜括中国文物，其中窝藏中国文物较多者，有：波士顿美术博物馆、哈佛大学福格艺术博物馆、纽约市艺术博物馆、费城大学博物馆、佛利尔艺术馆、芝加哥艺术博物馆、奈尔逊艺术博物馆等，此外还有第德律博物馆、潘雪维尼亚博物馆、圣路易博物馆、克利夫兰博物馆、西雅图博物馆、托里多博物馆、密尼阿泼来斯博物馆、勃洛克兰博物馆、火奴鲁鲁博物馆等，它们都有专门搜括中国文物的专职"盗贼"④。在这些博物馆所看到的绝大部分的中国文物，都是使用窃盗、劫夺、讹诈等手段而从中国抢夺过去的。我们稍微算一算这批失窃的款项，就够令人愤慨。下面所举的，不过千百例子当中的一少部分而已。

1. 被劫走的古建筑

当1929年美国在芝加哥举行博览会，美国"煤油大王"洛克菲罗为了故作惊人的广告宣传，就同意美国的"汉学"艺术工作者的献策，把内蒙古一座喇嘛古寺的全部建筑，以及佛像、法器，一齐劫运到美国去陈列。又如奈尔逊艺术博物馆的"中国庙宇室"，就是从北京禄米仓智化寺拆去富丽无比的藻井，把它劫运到美国去安装。

2. 被劫走的古石雕

中国的洞窟艺术大部分都遭到美国的"汉学"家的毒手，而被挖凿毁坏了。例如唐太宗陵墓前的六骏马，是中国彫刻艺术精华之一。每只石马，重约五吨。其中最完整的两只石马，就被美国的走狗偷去，现在陈列于美国费城博物馆。自龙门万佛洞挖凿下来的石狮，以及自响堂山挖凿下来的飞天等物，被劫走之后，就陈列于美国波士顿美术博物馆。尤其是天龙山许多精美的石像和飞天浮雕，都被破坏，并把他们运到美国，现在陈

---

① L. Warner, *The Long Old Road in China*, 1926.

② L. Warner, *Buddhist Wall-Paintings: A Study of a Ninth Century Crotto at Wan Fo-Hsia*, 1938.

③ 参阅王重民《敦煌文物被盗记——并论其在学术上所造成的损失》，《文物参考资料》第2卷第5期。

④ 参阅王世襄《记美帝搜括我国文物的七大中心》，《文物参考资料》1955年第7期。

列于美国哈佛大学福格艺术博物馆。盗凿龙门宝阳洞佛图的主犯，是美国纽约市艺术博物馆东方部主住普爱伦。他对这种盗窃行为，不但毫无羞耻之心，反说什么这种盗窃行为是"拯救了这些浮雕"①。这种无耻之极的行为与言论，正是出自美国"汉学"工作者之手与口。甘心服务于美帝国主义垄断资本利益的人，也只能有这样的伎俩——行窃、耍无赖②。

3. 被劫走的碑志

美国的"汉学"工作者对于劫走中国历代有价值的碑铭墓志，也把它列为中心工作之一。好像有名的唐代景教碑，美帝曾经派遣荷尔姆前往西安主持劫运，后来由于中国人民的反对，结果此项盗窃未遂。可是荷尔姆还不知羞耻地把他这种盗窃未遂的经历，用了十分惋惜的笔调，写成一部书，名叫《景教碑——我在中国的冒险记》③。

北魏正光三年冯邕妻元氏的墓志，现被劫夺并陈列于美国波士顿美术博物馆。至于其他被劫走运到美国的碑志，还有许许多多，不一一枚举。

4. 被劫走的名贵古籍与器物

1860年，英法联军攻入北京，美国亦趁火打劫，抢走了不少的宝贵文物。其中，光是被抢去的永乐大典，就有不少。永乐大典现在散存于美国各大图书馆，计美国国会图书馆有三十五大册，美国康奈尔大学图书馆有五大册④。至于其他珍本的古籍，不断地被美国用低价套购进去，那就更加难以统计了。此外，关于中国古代绘画、古代器物（包括铜器、玉器等），亦不断地被美国盗买过去，这笔账总有一天是要跟美帝国主义者清算的。

5. 被劫走的中国猿人的化石

1929年发现中国猿人头骨之后，美国垄断资本集团御用下的洛克菲罗基金委员会立即借此机会，假意资助地质调查所设立新生代研究室，虽然合同上规定一切标本，均为中国国家财产，永远保存于中国，可是美国却暗地里时常打着劫夺中国猿人化石的如意算盘。1941年11月，美日关系告紧，美国下令将存放在北京的中国猿人化石，安装在两个箱子里面，

---

① A. Priest, *Chinese Sculpture in the Metropolitan Museum of Art*.
② 以上参阅《美帝掠夺我国文物罪行一斑》,《文物参考资料》1950年第11期。
③ F. Holm, *My Nestorian Adventure in China*, 1923.
④ 参阅袁守和：《永乐大典现存卷目表》,《北京图书馆馆刊》第7卷第1号。

交给美国领事馆,打算给当时美国驻北京的陆战队带回美国。这是分明破坏合同上的诺言,可是美国自来就是惯于食言的,当然顾不了这许多的义务与责任。后来,太平洋战争发生了,有人扬言中国猿人化石被日本抢去,而日本人却又到处寻找、追索中国猿人化石的下落。第二次世界大战结束后,有一度宣称在日本找到中国猿人的化石,后来又没有下文。总之,目前中国猿人化石的下落,不是在美国军事占领下的日本,就是在美国。可以确定的是,美国一定是窝藏中国猿人化石的主犯①。这一笔账,我们坚决要向美国清算的。

今天美国还想劫走中国人民存放在台湾的文物②,这种强盗行为,我们是要坚决反对的!蒋介石卖国集团把所盗窃的大批我国珍贵的历史文物从台湾运往美国,假借"展览"为名,结果还不是要盗卖这批文物?然而这些存放在台湾的文物"都是中国人民的财产,应该为人民所有,绝不能让蒋介石卖国集团盗窃",我们一定要"为保护中国人民祖先遗留下的文化遗产对蒋介石卖国集团做坚决不懈的斗争"③。

[原载《厦门大学学报》(社会科学版)1956 年第 1 期]

---

① 参阅贾兰坡《中国猿人化石的失踪及新生代研究室在抗日期间的损失》,《文物参考资料》第 2 卷第 3 期。
② 新华社 1954 年 10 月 10 日电讯。
③ 陶孟和:《告台湾文教科等工作人员》,《文物参考资料》1954 年 10 月号。

汉学或"汉学主义"

周 宁

西方汉学[①]成为近年来中国学界的"显学",其知识合法性却有待质疑。如果学术为纯粹理性的知识,就无所谓西学国学之分;如果西方汉学始终难免虚构与想象,就无法假设其真理性;如果汉学是意识形态化叙事或话语,中国译介与研究汉学,就必须在后现代主义后殖民主义文化批判语境中进行;如果文化批判将汉学当作西方扩张的权力话语,所谓"借镜自鉴"的假设就必须重新审视,否则中国学术文化就可能"自我汉学化",无意识助成的"学术殖民",使中国现代学术文化建设陷入虚幻。汉学表示它是一个学科,"汉学主义"则表明该学科的意识形态或话语特征,表明其知识包含着虚构、协调着权力,类似萨义德使用的"东方主义"。本文从追索汉学的学术谱系开始,提出汉学主义问题,并进而讨论中国目前汉学研究的学科假设,希望学界警惕学科无意识中的"汉学主

[①] 汉学在名词上有三种意义,一是与"蕃学"相对,中国少数民族对中原或汉地区文化学术的称呼,如西夏所称"汉学",二是指中国儒学思想史上与"宋学"相对的、反对空谈性命义理、讲究以汉儒之学说经治书的"汉学"。前两者都是中国本土原初意义的汉学。第三种意义上的汉学,即英文(Sinology)或法文(Sinologie)的译名,指的是国外汉学,泛指国外一切研究中国的学问,又可以分为传统儒家文化圈内国家的汉学,如日本、韩国、越南的汉学,还有西方汉学。传统儒家文化圈内国家的汉学不同于西方汉学的是,它历史悠久,用汉语书写,而且不是纯粹的学术,已成为所在国的意识形态学说。西方汉学源起于地理大发现时代西方传教士的著作,作为一门学科出现的标志,是1814年法兰西学院开设汉语讲座。西方汉学成为一门"学科",而且成为一门冷僻甚至乖僻的、高度专业化甚至神秘化的学问。它假设自己的研究对象是一种死去的文明,至于研究动机,除了所谓追求真理的热情外,就是个人的癖好。在这一点上,传统的西方汉学又不同于所谓的"中国研究"(Chinese Study)。中国研究兴起于第二次世界大战后的美国,以费正清为代表的中国专家不仅研究当代活的中国,而且明确具有时事政治意识。(参见计翔翔《"汉学"正名》,《浙江社会科学》2002年第5期;孙歌:《"汉学"的临界点:日本汉学引发的思考》,《世界汉学》1998年创刊号。)

义"与"学术殖民"的危险。

一　西方汉学：知识或想象

广义的西方汉学，最初很难说是科学或学科，它指西方拥有的关于中国的"知识"，甚至可以追溯到蒙元世纪旅行者的著作，柏朗嘉宾的《蒙古行记》（1247）与鲁布鲁克的《东行记》（1255）。《马可·波罗游记》与《曼德维尔游记》是地理大发现之前欧洲人拥有的有关中国的百科全书或"百科传说"。文艺复兴时代西方有关中国的新消息与旧传说、知识与想象、虚构与真实混杂在一起，甚至还无法判断马可·波罗所说的契丹蛮子与利玛窦所说的大明帝国，是否是同一个现实中的国家。直到门多萨的《大中华帝国志》（1585）出版，中华帝国不仅第一次在西方文本与文化中获得了历史化的清晰完整的形象，而且被进一步理想化。真正有所研究、算作一门学问的汉学出现，要到17世纪耶稣会士的书简。

欧洲的中国知识，或想象，有三种来源：一是商人水手的传闻；二是官方使节的报告；三是传教士的书简。商人水手的传闻大多难以置信，官方使节的报告不仅稀少而且片面，只有传教士的书简似乎还可靠一些，影响也最大，它们大多用拉丁语、葡萄牙语、西班牙语写成，然后被翻译成意大利语、法语、英语，甚至捷克语流行，为西方汉学奠定了基础。尽管这些传教士有人文知识，有中国经验，但他们对中国的观察与描述也未必真实。金尼阁在《利玛窦中国札记》"致读者"中说"有两类写中国的著者：一类想象得太多；另一类听到很多，不加思索就照样出版"①。

广义的西方汉学作为一种"知识"，从来没有摆脱异想天开与异国情调的"想象"，中国或者被美化或者被丑化，即使在严肃的著作中，也有种种令人啼笑皆非的细节，如白晋神甫苦读《诗经》，认为《大雅·生民》讲的是耶稣降生的故事，姜嫄就是圣母玛丽亚。傅圣泽神甫证明老子讲道"视之不见，名曰夷；听之不闻，名曰希；搏之不得，名曰微。此三者不可致诘，故混而为一……"论述的是三位一体教理，并将夷、希、微翻译成 yi、hi、ouei，认定这就构成耶和华的名字（Jéhovah），最

---

①　[意]利玛窦、金尼阁：《利玛窦中国札记》，何高济等译，商务印书馆1983年版，第41页。

奇妙的是马若瑟神甫的"训诂"：汉字"船"表示"八口人乘舟"，印证《创世记》中的挪亚一家八口人乘舟逃离滔天洪水的故事。

　　传教士的汉学研究实际上是神学研究。但奠定汉学基础的，恰恰就是这些"索引派"著作。早期汉学经历了一个"赋、比、兴"阶段，"赋"指关于中国的信息大量的介绍铺陈；"比"指牵强比附中国与西方；"兴"指借助被美化的中国形象，表达自己的宗教或世俗理想。商人们贩运丝绸瓷器、茶叶漆器的时候，传教士们贩运"孔夫子的哲学"或"中国的道德神学"，传教士美化的中国形象成为哲学家启蒙批判的武器，在推翻神坛的时候，他们歌颂中国的道德哲学与宗教宽容；在批判欧洲暴政的时候，他们运用中国的道德政治或开明君主典范。汉学被绞进启蒙文化的宗教之争、哲学与宗教之争、哲学与政治之争、政治之争，从宗教上的自然神论到无神论、宽容主义，从政治上的开明君主专制、哲人治国到东方专制主义，汉学成为西方现代性文化意识形态的一部分。

　　西方汉学从来就有浓重的意识形态色彩，广义的汉学本身就是"汉学主义"。中国被塑造成一个在很多方面都优于他们自身文明的文化乌托邦。这种趋势一直延续到启蒙运动。八个世纪的广义的西方汉学历史，可以以1750年为界分为美化与丑化两个阶段。西方汉学中的中国热情在1750年前后达到高潮的同时，衰落开始，进入丑化阶段。其转折的原因一般认为有两个方面，一是"事实"的，一是"势利"的。"事实"的原因，据说是因为交通贸易的发展促成知识的进步，西方对中国的认识加深了，发现了所谓"真相"，不再受那些别有用心的传教士或有口无心的商人水手的蒙蔽。"势利"的原因是中西政治经济势力平衡的变化，1750年前后，工业革命、海外扩张、政治改革、文化启蒙，已经使欧洲在经济军事政治文化方面胜出中国，西方向东方扩张也将进入最后的凯旋阶段。而此时所有的东方大帝国先后都出现衰落，首先是萨菲王朝，其次是莫卧儿、最后是大清帝国。世界格局变了，西方实力已强大到足以打破旧有的东西方平衡，与之相应文化态度自然也会改变。

　　"事实"与"势利"的原因固然都有道理，但也不尽然。更重要的原因或许是，西方文化自身的转型，从艺术与生活趣味的变化一直到社会政治哲学历史等观念的变化。洛可可艺术矫揉造作已经令人厌腻，谁还关心所谓的"中国风格"；启蒙哲学家对开明君主不抱任何希望的时候，有关中国的哲人王传说就没有意义了；现代性的自由与进步观念树立以后，千年帝国的悠久就不再令人羡慕。值得注意的是，18世纪中叶开始改变西方的中国形象的文本，大多不属于纯粹的"汉学"著作，而是那些一般社会科学的理论著作，如孟德斯鸠的《论法的精神》、亚当·斯密的《国富论》、布郎杰的《东方专制制度的起源》、孔多塞的《人类精神进步史表纲要》、赫尔德的《关于人类历史哲学的思想》、黑格尔的《历史哲学》。这些著作在自身的理论体系中解释中国，简练、直率、明确，往往比狭隘的"汉学"著作更有影响力。

二 西方汉学：学科或主义

广义的汉学与其说是一门学问或知识体系，不如说是一种意识形态，汉学包容在汉学主义中。耶稣会士曾经构筑了一个基督教神话的中国，现代哲学家又开始构筑一个启蒙神话的中国。文艺复兴是"地理大发现"的时代，启蒙运动则是"文化大发现"的时代。地理大发现启动西方的世界性扩张大潮，启蒙主义者跟在冒险家者后面，在观念中进行"知识扩张"，在东西二元空间与过去、现在、未来三段时间框架中构筑知识中的世界秩序：西方是自由民主、理性进步的，属于文明的现代；东方是奴役专制、愚昧停滞的，属于野蛮或半文明的古代。在启蒙大叙事[①]中，汉学界定的中国形象成为现代性的"他者"；中国是进步秩序的他者——停滞的帝国；中国是自由秩序的他者——专制的帝国。在此汉学已经不仅表述知识，而且表述权力。因为一旦确立了民主与专制、文明与野蛮的对立观念，并肯定民主消灭专制、文明征服野蛮是历史进步的必然规律，西方殖民主义帝国主义扩张就获得某种似是而非的"正义性"。

西方汉学研究中国，有广义狭义。狭义的汉学指西方现代学科体制中东方学内对中国与中国文化的研究。广义的汉学具有明显的意识形态性，包容在汉学主义中，而狭义的汉学，则被假设为一门严肃严谨客观真实的

---

① 大叙事（Grand narrative）又称元叙事（Meta-narrative），指统摄具体叙事并赋予知识合法性的某种超级叙事，如启蒙运动构筑的有关现代性的一整套关于理性、自由、进步、人民等主题的宏大叙事，它不仅确立了知识的规范，也确立了权力的体制。因此，大叙事在一定意义上又是"主宰叙事"（Master narrative）。

科学，无关于功利与权力。但是，即使在汉学成为"科学"或"学科"时，汉学也难免意识形态因素。只是这种因素表现得更为隐蔽，深入或渗透到学科的基本假设与建制规训中。

狭义的汉学作为一门学科出现，在 19 世纪初，帝国主义时代最后到来的时候。思想家已经确立了世界的知识秩序，军队与商人联合确立了世界的政治经济秩序，而这些秩序都是以西方为中心的，都是要在自由与进步名义下否定整个东方或非西方世界的。在西方现代性知识与权力的总体秩序确立之后，汉学家开始在这个秩序中开展自己的细部研究，中国问题从启蒙运动热闹的哲学论坛进入职业汉学家寂静的书斋，被远离现实地"闲置"或"封闭"起来。这其中真正值得注意的，不是深奥冷僻的汉学有什么研究成果，而是汉学学科的意义生产的原则、制度与基本假设。

首先是汉学研究的基本假设。经典汉学研究的是古代中国，纯粹文本中的中国。这种学科假设的真正意义前提是，中国是一个停滞在历史的过去、没有现实性的国家，一种已经死去的文明。这种理论假设并不来自汉学本身，而来自黑格尔的哲学或汤恩比的历史学之类的一般社会理论甚至庸俗社会进化论。我们在汉学的理论前提与同时代的西方意识形态之间，可以发现某种相互指涉关系。汉学在"知识体系"里消灭现实中国的现实性，殖民扩张在则在政治经济领域里消灭现实中国的现实性。西方汉学的成熟或学科的确立，恰值帝国主义时代到来。在野蛮战争、贸易殖民的西方扩张大潮与看起来不谙世事的冷僻书斋里的纯粹的学术（汉学）之间，有一种隐秘的微妙的联系，这才是值得思考的问题。知识与权力的"合谋"往往是隐蔽的，不易察觉的，否则就不需要分析与批判，如马克思所言，"如果事物的表现形式和事物的本质直接合而为一，那么一切科学就成为多余的了"[①]。帝国主义时代的汉学被西方置于与埃及学、亚述学等研究已经死去的、不再存在的文明的学术的同等地位，有其深刻的意识形态含义。

其次是汉学的学科体制。后现代主义质疑知识的合法性问题，汉学的知识合法性自然也受到威胁。汉学在西方的社会科学学科体制中，属

---

① ［德］马克思、恩格斯：《马克思恩格斯全集》第 25 卷，人民出版社 1958 年版，第 923 页。

于东方学。与东方学相关的社会科学学科为经济学、政治学、社会学、历史学与人类学。这六大学科的建制有时间向度也有空间向度，有地缘政治时空向度也有永恒时空向度。关键是划分这六大学科的时空向度不统一，伊曼纽尔·沃勒斯坦从世界体系角度解构传统社会科学的学科体制，发现其意识形态或话语因素。① 历史学与经济学、政治学、社会学的区分是时间向度的，历史学假设的研究对象是过去的事件，而经济学、政治学、社会学研究的则是现实的问题。但在空间向度上，历史学、经济学、政治学、社会学研究的又都是西方，所谓的文明世界。历史学、经济学、政治学、社会学与人类学、东方学区分的向度是空间的，历史学、经济学、政治学、社会学研究的对象是西方文明世界，而人类学与东方学研究的是非西方的、野蛮或半文明半野蛮的世界。西方与非西方实际上是个文明概念，人类学与东方学的区分也是地缘文明的，人类学研究的是那些野蛮状态的"古代部落"，而东方学研究的是亚洲的那些半野蛮的大帝国。传统社会科学的学科划分在时空向度上割裂了过去与现在、西方与非西方、国家/市场和社会。这六大学科的划分标准有地缘政治时空向度和永恒时空向度。地缘政治时空划分的学科，如历史学、人类学、东方学，假设非重复性的特殊论（idiographic），将现代与过去、西方与非西方区分开来，以特殊性确立一个"现代西方"的概念。永恒时空向度划分的学科如经济学、政治学和社会学，则假设可再验证的普遍论（nomothetic），虽然研究资料与对象都是现代西方，却假设其规律的普世性。这样，特殊的西方现代被普遍化，又潜含着兼并非西方古代的可能性。学科体制与其说是真理性的，不如说是意识形态性的。西方现代文明的经济学、政治、社会秩序被普遍化，而非西方的古代文明被当作特殊类型被排斥了。

　　解构汉学的基本假设与学科体制，揭示了狭义的学科化的汉学的"隐性意识形态"，汉学主义的问题再次凸显出来。东方学学科下的汉学研究中国的实际文化效果，不是接近中国，而是从文化时空中"疏远"

---

① 沃勒斯坦对社会科学学科的解构性分析，可参见［美］伊曼纽尔·沃勒斯坦：《欧洲中心论及其化身》，《所知世界的终结——二十一世纪的社会科学》，冯炳昆译，社会科学文献出版社 2002 年版，第 185—200 页；［美］伊曼纽尔·沃勒斯坦．《开放社会科学：重建社会科学报告书》，刘锋译，生活·读书·新知三联书店 1997 年版。

中国、排斥中国，中国是一种存在于久远过去的、遥远东方的异类文明。将它锁定在书斋文本中研究，就像摆放在博物馆中一样，安全、有序，在现实的"别样时空"中，又被排斥在现实之外。汉学出现在西方现代文化构筑的知识秩序中，为西方现代性"大叙事"提供"文化他者"的形象。汉学与其说是假设客观真理的"科学"，不如说是具有意识形态有效性的"叙事"。于是，确立于西方帝国主义时代的"汉学叙事"，在旅行者的见闻、专业性研究与一般社会思想三个层次上，具有了一个统一的主题，即从不同层次不同侧面反复证明中国文明的"古老停滞封闭专制性"。

西方汉学，即使是在严谨的学科中，也存在着"汉学主义"因素。西方汉学史经历了三个阶段：早期显性的意识形态阶段，隐性的意识形态阶段，若隐若现的意识形态阶段。西方学科化的"汉学叙事"一直延续到20世纪，若隐若现的意识形态阶段在所谓"中国研究"出现时到来。"中国研究"之所以区别于传统汉学，在于它主张研究当代中国，因为西方冲击下发生"革命"后的当代中国，无论如何是具有"现实性"的，甚至具有紧迫可怕的现实性。"中国研究"的文化语境是冷战意识形态。魏特夫《东方专制主义》在"治水社会"或"治水文明"概念下研究中国，在冷战的冰点时刻问世，而且明确自己的意识形态使命，因为"在危急时刻，任何理论上的真空犹如权力上的真空一样，招致灾难"[①]。

"中国研究"往往强调它与传统汉学的不同，一个研究死去的文本的中国，一个研究活着的、现实的中国。这种研究假设否定了中国文明的连续性，否则同样研究中国的学术，为什么分为传统汉学与中国研究？而一旦否定了中国文明的连续性，也就否定了中国文明的认同基础。中国拥有的现实性或者是虚幻的，或者不属于中国。表面上看"中国研究"假设了中国的现实性，实际上却肯定了传统汉学的假设。中国文明的确是一个死去的文明，传统汉学有其合法性，西方冲击下经过革命后的中国，是另一个中国，需要另一门学问"中国研究"来对付。传统汉学以法国为中心，"中国研究"则以美国为中心。在费正清的冲击—反应模式下，现代中国不仅是另一个中国，而且是"西方现代化"的中国。

---

① ［德］卡尔·A.魏特夫：《东方专制主义》，徐式谷等译，中国社会科学出版社1989年版，第22页。

传统汉学掺杂着想象与虚构,可能是由时空的距离造成的;"中国研究"同样难免想象与虚构,尽管时空距离在现代化条件下已经大大缩小。费正清在1948年版的《美国与中国》中指出,美国对华的观念"或者是一厢情愿、主观主义、感情用事,或者干脆就是一无所知"。他将美国的中国观分为四种类型,"离奇的、理想化的、幻灭的或社会学的",统称为"我们的中国传说"①,实在令人失望。从1848年的卫三畏的《中国总论》到1948年《美国与中国》,百年美国的中国研究,总体上是误解多于了解、虚构多于真实。以后的50多年也并没有多少改观,莫舍尔出版于1990年的《被误解的中国》绝望地指出,无知、误解、一厢情愿、异想天开,依旧是美国文化构筑中国形象的基础。即使是一些研究著作,也难以摆脱各种幻象,因为中国研究基本上是意识形态。② 费正清的冲击—反应模式从经济学、政治学和社会学的永恒时空向度强调可再验证的普遍论,柯文的《在中国发现历史》则强调非重复性的特殊论,"中国中心论"的基本假设与传统汉学更为相近。

三 汉学主义:知识与权力

汉学究竟是知识还是想象?究竟是"真理"还是"神话"?究竟是一个科学学科,还是一种意识形态?如果西方的中国研究某一个时期出现想当然的误解或虚构,尚可以就那段历史讨论那段历史中的具体问题,如果这种误解反复出现,不同历史时期虽然有所变化,但大多不外是些感情用事、一厢情愿的、想当然的虚构,那么,值得怀疑的就不是某一个时代西方汉学,而应该怀疑西方汉学或中国研究这一学科或知识领域本身的合法性问题。或许汉学的所谓"客观的认识"这一假设本身就是值得商榷的,汉学更像是一种"叙事",一种能动主动地选择、表现、结构、生成意义的话语,其随意性并不指涉某种客观的现实,而是在特定文化意识形态语境下创造表现意义。

---

① *The United States and China*, by John King Fairbank, Harvard University Press, Cambridge, Massachusetts, 1948, pp. 310–312. 这段论述仅见于1948年版本,第310—312页。1959年以后的修订版中,费正清删去了这段话。

② *China Misperceived: American Illusions and Chinese Reality*, by Steven W. Mosher, A New Republic Book, 1990. 上述观点参见该书第1—34页:"Prologue"与"Introduction"。

在后现代主义语境中质疑汉学的知识合法性,首先应该改变对所谓"纯粹知识"或"客观中立的学术研究"的看法。从亚里士多德到启蒙运动,西方学术一直假设一种独立的内在逻辑与精神价值,它基于人的自由本性或自在人性的兴趣,探索自然、追求真理,与实用无关甚至对抗功利与权力。这种学术理想或神话在后现代主义知识批判下变得可疑。阿尔都塞的意识形态理论认为,"意识形态是具有独特逻辑和独特结构的表象(形象、神话、观念或概念)体系"①,本身就是神话,它用颠倒的,幻想的方式表现世界,提供了世界的意义与人的经验的范畴与框架,并以一种普遍的、强制性的方式控制着人的精神与实践;利奥塔的"宏大叙事"理论认为,即使是所谓的科学知识,也必须将其合法性寄托在某种哲学的元叙事中,如启蒙、理性、精神自由等。科学知识本来反对无法论证或证明的叙事知识,却又不得不从大叙事中获得科学知识的合法性,于是出现"知识合法性"的危机;② 福柯的话语理论更直接地挑战知识的真理权威,认为所有的知识都是生产意义的话语,与权力相关。话语不仅以陈述的方式出现,还以制度规训的方式出现,不仅控制着知识的生产,甚至创造知识对象;③ 霍尔的"表述"理论认为,表述无所谓真伪,只是生产交换意义,既可以指向现实世界,也可以指向想象世界。它"建构主题,解释并生成我们知识的对象,决定一个主题如何讨论才是有意义的又为什么有意义,它还影响到观念如何导致行动并用来左右他人的行动"④。所有这些后现代主义的知识理论,都在动摇着社会科学的真理基础。尤其是萨义德对"东方主义"的批判,使我们更难回避汉学的问题。如果"东方学"不过是一种"主

---

① [法]路易·阿尔都塞:《保卫马克思》,顾良译,商务印书馆1984年版,第201页。
② 参见[法]让-弗·利奥塔:《后现代性与公正游戏:利奥塔访谈、书信录》,谈瀛洲译,上海人民出版社1997年版;(法)让—弗·利奥塔.《后现代状况》,岛子译,湖南美术出版社1996年版。
③ 参见[澳]J. 丹纳赫等:《理解福柯》,刘瑾译,百花文艺出版社2002年版。
④ 参见 *Presentation*: *Cultural Representations and Signifying Practices*, by Stuart Hall, London: The Open University, 1997, Chapter Ⅰ, "The Works of Representation", 引文见 p.58; 又参见 *The Problem of Ideology*: *Marxism without Guarantees*, by Stuart Hall, in D. Morley & K. Chen (Eds.), *Critical Dialogues in Cultural Studies*, by Stuart Hall, London; New York: Routledge. 1996; 又 *On Postmodernism and Articulation*: *An Interview with Stuart Hall*, by L. Grossberg, in D. Morley and K. Chen (Eds.), *Critical Dialogues in Cultural Studies*, by Stuart Hall, London; New York: Routledge, 1996。

义",汉学难道没有"汉学主义"的嫌疑?

对汉学的知识合法性的最直接的挑战,来自于萨义德对"东方主义"的批判。萨义德曾经试图区分可能作为一门学科出现的"东方学"与作为意识形态或叙事或话语或表述的"东方主义",尽管在西语中它是同一个词(Orientalism)①。如果说东方学是西方社会科学的一门学科,东方主义中的"主义",则表明这门学科与其他学科的不同,具有更明显的意识形态或帝国主义殖民主义意识形态性。东方学不过是想象地理中对异域他者的虚构,是一种随意性的表述,而"一种表述本质上(eo ipso)乃牵连、纺织、嵌陷于大量其他事物之中的,惟独不与'真理'相联——而真理本身也不过是一种表述……"最极端的结论莫过于"真理本质上只是幻象,不过人们经常忘记它的这一幻象本质"②。

东方学既是一个学科,一个以地域划分的研究对象确定的奇怪的学科,又超出一个学科的意义变成"主义",成为西方"改造驯化"异域、认同自身文化的话语策略或权力工具。《东方学》提出的问题,是汉学无法回避的。这还不仅仅是因为萨义德本人在不同场合几次提到过汉学也属于"东方学"③,他的继承者们,尤其是那些试图在东方学理论前提下拓展研究领域的学者,认为东方学理论适用于中国研究,明确将汉学当作西方的东方学的一部分。④ 更重要也更直接的问题是,东方学研究的"东方",基本上等于亚洲,西方将亚洲分为近东、中东、远东,中国也属于极远的东方。在西方的想象地图上,中国不仅属于东方,可能还是"极

---

① 萨义德的代表作"ORIENTALISM"有两种译法,东方学或东方主义,这两种译法恰可以表达该词在萨义德理论中的双重含义,但也要注意萨义德对二者同一性的强调。

② 相关观点见[美]爱德华·W. 萨义德:《东方学》,王宇根译,生活·读书·新知三联书店1999年版,第349页。

③ 参见《东方学》第63页,如"直到18世纪中叶,东方学研究者主要是圣经学者、闪语研究者、伊斯兰专家或汉学家(因为耶稣会传教士已经开始了对中国的研究)"。

④ 学者们将他们的东方主义批判推广开来,在地域上首先推广到东亚与南亚。伯纳德·法罗对西方的禅宗学的研究,基本上是以东方主义为理论前提的。他明确指出,萨义德的理论"在'远东'研究上同样适用:印度与中国也属于同一东方话语的对象"。菲利浦·阿尔蒙在《英国对佛教的发现》一书中将东方主义当作自己的理论前提:"维多利亚时代英国有关佛教的话语,是萨义德的《东方学》理论揭示的更大范围内的东方主义话语的一部分。"科林·麦克拉斯将萨义德的理论范式直接运用到西方的中国形象研究,指出《东方学》"尽管旨在分析西方对西亚文明的研究,但它的主要观点也可以用来研究汉学",他的中国形象研究,就受到福柯与萨义德的启发。

致的东方"。从 16 世纪的波斯泰尔到 19 世纪的黑格尔,都表达过这个观点。① 甚至汉学与东方学在历史中的巧合也让人留意二者的紧密关系。②

如果中国属于"东方",汉学属于"东方学",那么《东方学》的文化批判,就同样适应于汉学,西方汉学在东方主义话语中表述中国,包含着虚构与权力,那么汉学就有可能带有"汉学主义"的意义,西方有关中国的表述,就可能与权力"合谋",成为帝国主义殖民主义意识形态。张松建发表于《浙江学刊》2002 年第 4 期的文章《殖民主义与西方汉学:一些有待讨论的看法》,在萨义德的理论框架内提出西方汉学是否隐含着殖民话语的问题,认为"西方汉学具有知识体系、思维方式和权力话语的三重身份"③。这是具有重要理论意义的一步,因为《东方学》提出的理论命题,是汉学无法回避的。

汉学的知识合法性出现危机,汉学作为一种西方文化他者的话语,本质上具有"汉学主义性"。如果将西方汉学史分为三个阶段,前学科阶段、学科化阶段、后学科阶段。前学科阶段的汉学带有明显的意识形态性,尽管与殖民扩张没有直接联系,但隐含在"发现"观念中的文化霸权,已经出现了,因为拥有关于异域的知识的同时已经拥有了某种关于异域的权力。学科化阶段中汉学从社会文化批判的中心被放逐到冷僻的书斋学问,似乎不关世事东西。表面上看,"汉学主义"已经变成了"汉学",客观、严密、艰深、精致的科学学科。但事实并不是这样,汉学的学科基本观念或前提依旧是"汉学主义"的,只是汉学的意识形态倾向被掩蔽在学科理论假设与建制中,隐秘而不易察觉了,后现代主义学科解构与东

---

① 博丹写道:"西班牙人指出,中国人,各民族中最东方的民族,也是世界上最淳朴最优雅的民族,而巴西人,各民族中最西方的民族,则是世界上最野蛮最残暴的民族。"(Jean Bodin. La Republique, 4th edn. Paris, 1579, 5, p.481)博丹那个时代认为最最东方的中国人的"东方性"是淳朴优雅,黑格尔的观点则相反,中国地处极远的东方,也具有极端的"东方性",这个"东方性"是野蛮、愚昧、专制、停滞、衰败……参见[德]黑格尔:《历史哲学》,王造时译,上海书店 1999 年版,第 126—131 页。

② 萨义德认为东方学始于 1312 年的维也纳宗教会议,此时《马可·波罗游记》刚刚问世,而东方学作为一个学科确立,却是在拿破仑 1798 年远征埃及之后,法兰西学院开设汉语讲座在 1814 年,标志着汉学的完成。东方学在 19 世纪帝国主义时代达到高潮,儒勒·莫尔《东方研究 27 年史》集 1840—1867 年东方学之大成,而马森认为,西方的中华帝国观也是在 1840—1876 年间形成的,参见[美] M.G.马森:《西方的中华帝国观》,杨德山等译,时事出版社 1999 年版,第 6 页。

③ 张松建:《殖民主义与西方汉学:一些有待讨论的看法》,《浙江学刊》2002 年第 4 期。

方主义理论提供的分析模式,已经揭示了最纯粹的学术与最功利的殖民扩张之间的隐秘的协调关系。"中国研究"出现,汉学进入后学科阶段,一方面是汉学学科本身反思性批判,一方面是更彻底的意识形态话语,中国研究首先是冷战意识形态,然后参与"遏制中国",构筑想象中的中国"威胁"神话。汉学的汉学主义性,贯穿始终。

四 汉学主义:汉学译介与自我汉学化

汉学包含着"汉学主义",汉学的知识合法性出现危机,这种危机还不限于西方汉学,还可能危及中国对西方汉学的译介研究的学术理念,甚至可能质疑到中国学术的合法性问题。

中国现代学术是西学"冲击"下的产物,在20世纪头尾两个世纪之交,出现两个相似的回合。19—20世纪之交,西学通过日本进入中国,建立中国现代学术体制,这个体制无法兼容中国传统的"国学",于是出现"西学"与"国学"之争。这是第一个回合,20世纪末,西学再一次大规模引进,"国学"的困惑也再次出现。如果学术乃天下公器,就无所谓西学国学之分,"国学"就必须能够纳入西学体系中去。如果学术有西中之分,就必须假设学术的文化价值。西学与国学的问题在20—21世纪之交再次提出。值得注意的是,中西学术之争在这第二个回合中,出现了一个"汉学"的问题。国学研究中国,汉学也研究中国,二者是否可以通约?

20世纪80年代以来,中国学界规模空前并持续不断地引进西学,从一般哲学思想到各社会科学学科理论,其中最引人注目的是后现代主义思潮与汉学研究。研究社会科学,几乎言必称福柯、利奥塔、哈贝马斯;研究中国,不是"中国研究"就是"剑桥中国史"。任大援曾经整理过80年代以来中国译介的汉学著作,蔚为大观。[①] 甘阳也注意到,90年代最有影响的西学著作,首推汉学或西方的中国研究著作。甘阳在分析90年代以来中国的"知识场域"时指出两大盛况:一是大量的西学著作译介,"西方的任何思潮、学派、理论、方法几乎都已经被大量翻译引入了中

---

① 任大援:《"汉学"与"中国学":20年来国内出版物览要》,《中国出版》1999年第5期、第6期。

国"；二是"'中学'取代'西学'成为中国的'显学'"①。但盛况之下，不无隐忧：一是译介的西学是否融入中国学界的思考；二是日见显赫的"中学"包含着"西学"，似乎西方的汉学研究在控制"中学"的课题选择、理论假设、思考框架、主题意义与价值。

20世纪90年代以来中国的"知识场域"的两大盛况与两大隐忧之间与内部，包含着复杂的关系。其中最值得注意的是，西学热的"热中之热"恰在于西方研究中国的著作，即汉学著作，这些汉学著作不仅将西学与中学联系起来，而且使彼此的界限至少在表面上看来难以区分。西方汉学在90年代以来中国的"知识场域"中，变成一个核心而敏感的问题。如果西方汉学是某种真理的形式，那么中学西学的界限就没有意义了，可是，倘若作为西学的构成部分的西方汉学，本身是一种体现着西方文化霸权的话语，那么，西方汉学与中国国学就不仅有必要区分，还必须假设竞争、冲突、批判与超越。否则，一味译介与接受西方汉学，就可能使中国学术成为西方文化霸权的话语殖民工具。

笔者曾经分析过西学中的汉学对中国现代思想的"观念殖民"。西学中的汉学在中国现代观念的起点上植入中国学术，于是，中国不仅进入了一个西方中心的政治经济的世界秩序，也进入了一个西方中心的学术观念的世界秩序。中国的现代思想化首先认同了一般意义上的自由与进步观念，然后才认同西方自由进步与中国专制停滞的观念。自由与专制，进步与停滞的二元对立的现代性观念，既意味着一种世界知识秩序，又意味着一种世界权力秩序。自由进步使西方野蛮的冲击变得合理甚至正义，专制停滞使中国的衰败混乱变成某种历史必然的惩罚。在这种汉学构筑的世界观念秩序中，西方用中国文明作为"他者形象"完成自身的文化认同，中国却从这个"他者形象"中认同自身，汉学叙事既为中国的现代化展示了某种光辉灿烂的前景，又为中国的现代化运动埋伏下致命的文化陷阱。西方的文化霸权通过学术话语方式达成。②

20世纪末西学与汉学再次成为中国的"显学"。遗憾的是，很少有人关注"学术殖民"的问题，很少认真思考汉学的"汉学主义"问题，汉

---

① 甘阳：《十年来的中国知识场域》。甘阳：《将错就错》，生活·读书·新知三联书店2002年版，第226—227页。

② 周宁：《停滞/进步：西方的形象与中国的现实》，《书屋》2001年第10期。

学的中国译介者们，热情有余，反省不足。他们假设汉学的科学性，反复提倡借镜自鉴或他山之石可以攻玉之类套话，却从未认真反省过汉学的知识合法性问题。西方后现代主义文化批判理论介绍如此之多，却少见应用于汉学研究，缺乏学术贯通融会的能力。汉学主义是西方现代性的组成部分，批判汉学主义必须在批判现代性的语境或后现代主义语境中进行。关于汉学究竟是知识还是想象、究竟是"真理"还是"神话"、究竟是一个科学学科还是一种意识形态、究竟是汉学还是汉学主义的问题，不仅关涉到中国当代的汉学研究的知识合法性，还关涉到当代中国学术的知识合法性，而知识合法性问题，是后现代主义文化批判的核心。

在后现代主义文化批判语境中反思汉学的汉学主义与中国的汉学研究观念，使我们不得不面对这样一个问题，即"自我汉学化"① 与"学术殖民"。德里克想将东方主义这一概念进一步运用到东方人对东方人自己的观点上，并将东方人的东方主义变成"东方学史"的组成部分。东方主义作为东西方文化交流互动关系中的产物，实际上现代东方主义是东西方文化互动的结果，只有东方的合作东方主义才有可能。东方在西方的东方主义中"自我东方化"，"东方人的自我东方化"，就是"东方人的东方主义"。"就算东方主义是欧洲学人研究的成果，'东方'学人又是如何看待它的呢？是否真如萨义德所示的那样，'东方人'是沉默的或无力阐述他们自己？若我们把'东方人'介绍到这个问题中来，不是作为一个欧洲话语的沉默不语的对象，而是作为相当活跃的参与者，那么'东方主义'以及整个近代意识又将是怎样一个面貌呢？这幅重新描绘过的东方主义的画像又将对东方主义与权力之间的关系问题产生怎样的影响？"②

必须警惕汉学与汉学译介研究中的"汉学主义"！90年代以来中国的西方汉学热，由于缺乏学科批判意识造成的"自我汉学化"与"学术殖民"，已经成为一个敏感紧迫的问题。如果学术真乃天下之公器，无所谓西中，那么这个问题自然就不存在了；如果西方现代社会科学学科体系中的汉学本身就带有强烈的意识形态性，那么汉学主义就必然提出知识合法

---

① 参见［美］阿里夫·德里克：《后革命氛围》，王宁等译，中国社会科学出版社1999年版，第277—279页。
② ［美］阿里夫·德里克：《后革命氛围》，王宁等译，中国社会科学出版社1999年版，第279页。

性质疑。学界无意识的"自我汉学化",实际上是学术文化的自我异化,非批判性的译介研究最终将成为汉学主义的一部分,成为西方学术文化霸权的工具。知识与权力是密不可分的,没有不关联着知识的权力,也没有不产生权力的知识。所谓知识与权力的关系不仅假定所谓真理的借助于权威,还假定权力使自身变成真理;学科反省是必要的。"汉学主义"批判动摇了汉学的学术根基。中国学界对西方汉学的译介研究,在没有明确的学科意识的情况下,很可能成为新一轮的"学术殖民"运动。现代学者的文化使命,不仅要时刻保持一种文化批判意识,还必须有意识地为他所属的学术领域提供合法性证明。萨义德认为,他的东方主义文化批判有三重意义,除了揭示东方学的学术谱系、质疑其学科假设外,更重要的是"理解西方文化话语力量……显示文化霸权所具有的令人生畏的结构,以及特别是对前殖民地民族而言,将这一结构运用在他们或其他民族身上的危险和诱惑"[①]。

[原载《厦门大学学报》(哲学社会科学版) 2004 年第 1 期]

---

① [美] 爱德华·W. 萨义德:《东方学》,王宇根译,生活·读书·新知三联书店 1999 年版,第 33 页。

文学研究中的"汉学心态"

温儒敏

最近我在一篇题为"谈谈困扰现代文学研究的几个问题"的文章（载《文学评论》2007年第2期）中，提出"汉学心态"这个说法，引起学界一些朋友的议论。本来不想再谈这个问题了。做学问嘛，各有各的路数，不好多加议论。但考虑到教学需要，对某些偏向提出建议，也许是有利于同学们的学习的，所以我再就这个问题，补充一点意见，供大家参考。我的基本观点是，汉学很重要，是可供本土学科发展借鉴的重要的学术资源，但借鉴不是套用，对汉学盲目崇拜，甚至要当作本土的学术标准或者摹本，这种心态并不利于学科的健康发展。我这里要提出警惕所谓"汉学心态"，主要是针对文学研究中空泛的学风，并非指向汉学。

汉学是外国人研究中国文化、历史、语言、文学等方面的学问。在欧美，提到汉学（Sinology），马上会想到这是很偏的古典的学术。有些新近的欧美汉学家，不见得喜欢"汉学"这个名堂，他们宁可把自己的研究叫作"中国学"。汉学在国外学术界处于边缘的位置，并不是主流的学术，而现当代文学研究又是边缘的边缘。不过一二十年来，西方学者对现代中国的关注与日俱增，汉学研究的视野逐步从古代拓展到现当代。还有一个变化，就是有越来越多的华裔学者加入到这一领域。有些从中国大陆或者中国台湾到欧美留学的人，学成后在那里找到教职，比如在东亚系，他们有小部分人也对现当代文学有兴趣。这些华裔学者和那些传统汉学家不同之处，是对中国比较了解，但由于同样是在欧美的学术背景下做研究，还是不出汉学的圈子。汉学研究一般都做得深入专注，往往"穷尽"某一课题，在所属领域有发言权。汉学家的研究主要是面向西方读者的，这是他们共同的特点，也就成为外国了解中国文化的窗口。从另一方面看，以西方为拟想读者的汉学，也可以作为我们观察研究本土文化的"他者"。近百年来，中国现代学术的发生与成长，离不开对外国学术的借鉴，其中汉学就曾起到过非常重要的作用。比如汉语是我们的母语，但传统的汉语研究并不成系统，汉语语言学真正作为一门学科，得益于欧洲汉学家的影响。又比如敦煌在中国，但敦煌学作为专门的学问，也是先由汉学家搞起来的。特别是现当代文学学科，其在20世纪70年代末和80年代的复兴，也借助过美、日等国汉学研究的催化促助。记得1979年，那时我还在读研究生，看到美国汉学家夏志清先生的英文版《现代中国小说史》，在我们习见的文学史之外第一次发现很不相同的另一种模式。在该书的引导下，我找张爱玲、钱锺书、沈从文、废名等被遗忘的作家作品来看，大大拓展了眼界，也冲击了自己原有比较沉闷的研究思维。当时我还在一本内部刊物上发文介绍过夏志清的书。还记得20世纪80年代，乐黛云老师领着一批学生翻译了几十篇国外研究鲁迅的文章，汇集出版，也给国内的鲁迅研究打开了一扇大门。那时伴随着所谓"方法热"，海外汉学著作大批翻译，改变了我们这个学科的研究格局。汉学对于中国现当代文学学科的复兴与发展，可以说是功不可没，应当感谢汉学家们的贡献。就是现在，我们与海外汉学的联系也还是非常密切，在北大中文系，就常有汉学家来访，海外汉学始终是我们重要的学术资源。

　　我这里提出要克服"汉学心态"，带有学术反思的含义，这种不正常的心态主要表现在盲目的"跟风"。这些年来，有些现当代文学研究者和评论家，甚至包括某些颇有名气的学者，对汉学、特别是美国汉学有些过分崇拜，他们对汉学的"跟进"，真是亦步亦趋。他们有些人已经不是一般的借鉴，而是把汉学作为追赶的学术标准，形成了一种乐此不疲的风尚。所以说这是一种"心态"。看来中国的学术"市场"的确是大，许多研究在美国那边可能很寂寞，很边缘的，来到这里却"豁然开朗"，拥有那么多的"粉丝"和模仿者。结果是"跟风"太甚，美国打个喷嚏，我们这边好像就要伤风感冒了。可能有人会说，都讲"全球化"了，学术还分什么国界？如果是科学技术，那无可非议，先进的东西拿来就用，不必考虑国情、民族性什么的，但是人文学科包括文学研究恐怕不能这样，其中民族性、个别性、差异性的东西也可能是很重要的。汉学研究有相当一部分属于人文学科，其理论方法，以及研究的动机、动力，离不开西方的学术背景，用时髦的话来说，有它自己的学术谱系。如果完全不考虑这些，拿来就用，甚至就以此为标准，为时尚，为风气，心态和姿态都和海外汉学家差不多了，"身份"问题也出现了。所谓"汉学心态"，不一定说它就是崇洋媚外，但起码没有过滤与选择，是一种盲目的"逐新"。

举个例子来说吧。比如夏志清对中国现代文学的影响非常大，前面我也谈到，这位汉学家在20世纪80年代对于打破学术思维的僵局曾起到类似"催化剂"的作用。至今他的小说史仍然是我们文学史写作的一种参照系。但是否也应当有些选择与过滤呢？就拿夏志清先生对张爱玲的评价来说，他注意到张的小说在中国现代文学史上的独特贡献，注意到那些非常有创造力的方面，这是一种独具的眼光。但夏志清对张爱玲写土改的《秧歌》《赤地之恋》等小说也那么推崇，认为是记录"人的身体和灵魂在暴政下面受到摧残"的杰作，恐怕就不敢恭维了。《秧歌》把共产党写得那么暴虐，那么没有人性，显然是出于一种反共的政治立场。张爱玲那时到了海外，对国内的土改并不了解，她为稻粱谋而接受了美国官方的资助，《秧歌》《赤地之恋》都是带有很强政治性的"命题作文"。我们赞赏张爱玲的小说，但不认为《秧歌》《赤地之恋》是出色之作，因为里边概念化的粗糙的东西实在太多。夏先生反感所谓"流行的意识形态"，认为束缚了现代文学的创造力。但夏先生为什么高度评价《秧歌》？恐怕也是出于一种"意识形态"偏见，或者说是出于冷战思维。夏先生小说史的方法源自新批评派，他也试图强调细读，尽量做到比较客观。事实上，这也没有很好做到，他把那些反映时代主流的作品几乎都归类为次品，就不够公正。时过境迁，我们没有必要再去指责夏先生。但如果把夏志清的文学史作为学术摹本，是否也应当了解一下他当年写作的学术背景和方法理路呢？现今有些新近的华裔汉学家以及他们的模仿者，在研究土改文学或者中国20世纪50年代文学时，用的还是类似夏先生当年的方法，他们总是非常超然地认定当时的文学就是"政党政治"的宣传，以及"意识形态"的控制，还有所谓"体制内""体制外"的解释，等等，而对于特定时期普通读者的实际状态和审美追求，他们是视而不见的。他们可以"同情"土改运动中被镇压的地主阶级，而对千百万农民的翻身解放却无动于衷。在他们的笔下，新中国成立初完全是精神沙漠，而少数敏感文人的体验就足以代替千百万普通中国人的命运。这起码是一种历史的隔膜。

如果说汉学家这样写文章还比较好理解，因为学术背景不同，而那些盲目"跟进"的追随者，仿佛也是在另外一片土地上做超然的汉学文章，只能说是隔岸观火，隔靴搔痒了。

　　有时某些国外的研究介绍进来，一时引起大家的兴趣，或者有些模仿学习，也是很自然的事情。不过，如果模仿竟然成为风气，成为某种盲目逐新的心态，甚至左右了学科的发展，那就需要检讨了。就如一袭华美的时装，刚面世大家都很赞美欣赏，如果群起而仿作，那就"撞衫"，泛滥而腻味了。"汉学心态"就是蜂拥"跟进"，是学界的"追星"，失去了自己的学术个性与自信。前些时候美国一位很有成就的汉学家提出"压抑的现代性"，认为现代性特征早在晚清就出现了，并非五四之后才有，"没有晚清，何来五四"？这位研究者的论述是有些道理的。在晚清小说和文学翻译中，比如狭邪、公案、谴责、科幻等，的确可见某些可解释为现代性的因素。大概这位华裔汉学家是看到五四传统太强大了，被神圣化了，就来点质疑，往五四前面追溯，结果发现现代性在晚清就产生了。他要颠覆以往过于强调的五四传统，借此模糊从晚清到五四的历史界限，不免也有"过度阐释"之嫌，不过总的来说，他还是立足于文本分析和原始材料的调查，没有脱离文学，也丰富了对文学史的理解。这个汉学家的观点当然值得讨论，事实上现在也有人在批评他的论述"过犹不及"。问题不在于这位汉学家，而在于许多蜂拥"跟进"的模仿者。多数"仿作"的路子大同小异，就是抓住某些"个案分析"，并不顾及"个案"的代表性，便从中"提拔"所谓"现代性"因子，证说预设的命题，有点"穿鞋戴帽"。很少有人注意到汉学家提出"压抑的现代性"初始的含义及其学理背景，也全然不顾在当今国内出现贬抑五四传统的风气之下，这种思路是否利于深入探讨问题。一时间竟有那么多人都在谈"压抑的现代性"，都在彼此"克隆"。这难道不是心态出了问题？

　　现在许多"仿汉学"的文章，看上去很新鲜、别致，再琢磨则有共同的一个毛病，就是"隔"，缺少分寸感，缺少对历史的同情之理解。就像听外国人讲汉语，总觉得少了某些韵味，不是那么回事。而可笑的是有些"仿汉学"的文章并不掩饰其"仿"，反而标示其"仿"，连语气格调都很像是翻译过来的，是那种比较生硬蹩脚的翻译，它要的就是那个翻译味，这类文章可以称之为"仿译体"。大概以为这也是一种标新立异的

"创新"吧。汉学的套路并非不可借用，但总还要有自己的理解与投入，有自主创新，而不是简单克隆。我们也注意到，现今海外的中国现当代文学研究，不少都与传统汉学拉开了距离，有所变通，其中最显目的，就是强化理论设置。可能因为现当代文学研究在汉学界位置较低，要打开局面，自然要往新路上走，要从文学领域做出去，往主流学术所看重的社会学政治学等理论上靠。希望本来比较冷僻的学问能进入主流，这也许就是新近的汉学特别注重新理论的原因吧。不过汉学毕竟是边缘学术，在西方是一个寂寞的领域。尽管近些年外国人关注中国多了，学汉语的人也多了，我们办的"孔子学院"也到处开花，其实都是"应用层面"的居多，研究中国的学问真正要进入主流学术，恐怕还是非常遥远的事情。我们还注意到，某些华裔汉学研究者和传统的汉学家又有些不同，他们似乎更加注重研究写作的"可操作性"。如果像传统的汉学家那样，非常专深地考察研究某个文史领域的课题，圈子之外是不会有很多反响的。要拓展影响，就不能不更多地采用相关领域的理论方法，特别是采用社会科学的方法框架。设身处地想，在西方学界要站住脚跟不容易，学术生产的"可操作性"是不能不考虑的。比如文化研究，就比传统的文学研究"可操作性"强一些，所谓"现代性"的阐释，又更能拓宽研究的向度，这些都是如今关注现当代文学的那些汉学家格外喜爱的路子，也容易"出活"。汉学家在这方面有许多成果都值得肯定，而且对于现当代文学研究视野的拓展，起了很重要的作用。不过，问题出在"跟风"中。这里不妨就稍微具体谈谈"泛文化研究"与"现代性"的过度阐释问题。所谓"汉学心态"与"仿汉学"风气，在这两方面是表现得较为突出的。

首先要说明，"现代性"研究非常重要，这个概念已经是现当代文学研究领域的覆盖性概念，谈论"现代性"没有什么不好，我自己有些文章也在讨论现代性问题。不过我发现现在这个词用得有些泛滥，无边无际，其核心含义反而不太清晰了。本来，在一些研究现当代文学的汉学家那里，"现代性"可能是被借用来处理文学史的一种标尺，目的是质疑和颠覆以往那种以"启蒙"为价值依托的研究取向。而我们某些模仿者并不一定了解这些背景，就是一味模仿逐新而已。比如把"现代性"的追求解释为20世纪中国文学的唯一基本主题，一网打尽，其余一概不顾；又比如，把带有浓厚西方色彩的"现代性"作为试金石，用于衡量和剪裁中国文学的丰富史实，等等，虽然不无新意，但这是先入为主，要颠覆传统，刻意"翻新"。此类研究大而无当，总是从概念到概念，无视文学创作的情感、想象、审美个性等问题。在某些"后现代"的论作那里，文学性更是被放逐，文本分析只是作为社会变迁、文化冲突的例证，文学变成可以任意按社会学心理学理论拆解的冷冰冰死物，变成支持都市文化、公共空间、民族认同、性别政治等问题阐解的材料。即使在谈什么想象、记忆，也不是文学意味的，因为这些"材料"也已经整合镶嵌到说明"现代性"或"后现代""后殖民"等特征的理论框架中去了。这样，就背离了文学研究的本意，使貌似新鲜的理论僵化。社会学是否接纳这样一类研究我们不能判定，但可以肯定的是，这类"仿汉学"研究并未能真正提升现当代文学研究的品格，也未能解救现当代文学的困扰。

我们不是埋怨汉学家们的理论操作，他们许多人也许想不到传入中国之后会产生这样的后果。特别是那些华裔汉学研究者，他们可能切身感受到西方文化变迁中某些"威胁"，很自然要考虑"中国问题"，其中可能不无学者的使命和真诚。不过他们用西方的知识框架和眼光打量中国文学现象时，难免又是有些隔膜与夹生的。所以我们借鉴汉学家的学术，最好能有一份自觉，对当今许多"仿汉学"论作中存在的问题保持一种清醒。就拿现在许多谈论现代性的文章来说，虽然使用这一覆盖性的概念比较便利，打破了多年来人们习见的一元论的文学史完整图景，但"现代性"的理论向度被无休止地夸大和扩展，成了"无边的现代性"，因而把现当代文学的研究疆域也无限扩展了，文学研究的审美意义和创作个性等核心部分被完全稀释了，这势必会动摇学科的合法性。再者，这类"现代性"探寻的出发点与归宿都主要是意识形态批判，由文学现象所引发与提供的有限资源往往被无限地过度阐释，难免方枘圆凿。"现代性"在某些汉学研究中内涵可能比较清晰，而大量"仿汉学"的论作反复引证现代性等基本概念，如民族国家想象、被压抑的现代性，等等，在不断重复的论述中成为新的简单化的模式，同样可能简化了历史，束缚对文学史的想象力。

最后再说说"泛文化研究"，其中主要涉及"借喻式解读"的问题，也是目前"仿汉学"文章中常见的路子。应当说，西方汉学家在文化研究方面不无成功，而且这种研究思路传入中国之后（当然不完全是汉学的影响，也有西方社会学等领域理论的影响），拓展了现当代文学研究的疆域，也增加了研究的活力。文化研究先天地具有某种批判性，在力求突破传统研究模式方面，的确有其锐气。我是赞成适度使用文化研究的方法的。但是现在看到某些模仿和跟进汉学路数的文章，讨论文化研究的问题，总是很空泛，好像不是中国学者在写有关中国文学的文章，倒像是大洋彼岸的汉学家在遥看中国现象。这仍然是心态问题。"借喻式解读"这一常见的"仿汉学"路子，就容易空泛，一叶障目，不见泰山。这种读解设定的观念大都立足于批判，不承认有所谓历史的真实，认为历史都是后设的，是后人想象、构造出来的。其关注点也主要是历史材料包括文本背后的"权力关系"。比如讨论四五十年代的文学，首要的目标就是尽力发掘被一般文学史家忽视的"权力关系"，着力说明主流意识形态如何左右与主宰文学的发展。这当然也是一种研究的角度。不过有时因为寻找"权力关系"的意图过于迫切，难免先入为主，理论早就摆在那里，要做的工作不过是找到一些能够证明这些"权力关系"的文本材料。有的文章为了说明诸如性别、政治、"民族国家想象"之类很大的命题，又顾不上梳理四五十年代"转型"过程中极为复杂的文学现象，就大而化之，用观点加例子的办法，重点分析从《白毛女》到《青春之歌》几个文本，然后就得出很大的结论。这类"借喻式解读"，通过所谓文本的内层精读达致外层重构，或借结构主义和叙事学理论拆解作品，发现"修辞策略"中隐藏的深层文化逻辑，其好处是简洁，有批判性，的确也带来某些新的视角，会格外注意文本背后的产生机制，看到以往可能被遮蔽被遗忘的方面。但其缺失也往往在于先入为主，不是从材料里面重现历史，不考虑使用文本例子的历史语境与特殊内涵，不愿在历史资料以及文学分析上面下功夫，容易把历史抽象化。

我在前面提到的那篇文章中特别提出，文化研究与文学研究各有所攻，两者有所不同，彼此也有所"不通"。对"不通"部分恐怕要格外小心。文学研究偏重对对象特点的探求，重视艺术创造的个别性、差异性；而文化研究则相反，它所关注的主要是一般性和共性的现象。文学研究必须重视创作也就是文本的研究，而文化研究关注的是"大文本"，包括印刷呀，出版呀，阅读呀，传播呀，还有性别、政治、民族，等等，而且主要是关注文本背后的东西。这些年许多论文一窝蜂都是着笔后者，什么都往"文化研究"上扣,这就有点"泛"了,而对于文学本义的研究,反而越来越少有问津。此潮流波及教学,文学课程的"文学味"被挤压得越来越淡,中文系学生开口闭口都是目光四射的"中外文化",而作品却未能认真读上几本,也真是个问题。文学研究适当引入文化研究的因素,肯定是有好处的,但同时又是有限度的,在文学领域使用文化研究,无论如何,落脚点仍然应该是文学。

现在文化研究有点"泛",所谓"现代性"概念用得也有点"泛",原因可能很多,但"仿汉学"赶浪潮的学风是主要原因。我们借鉴学习某些汉学成果,本来是非常好的事情,但是如果心态有些问题,就是为了理论"炫耀",或者兴趣主要是建立方便论述的框架,重在"可操作性",结果就会舍本逐末,文学分析反倒成了证明理论成立的材料。这类研究多半是僵化的,机械的,没有感觉的,类似我们以前所厌弃的"庸俗社会学"的研究,完全远离了文学。奇怪的是现在这类空洞的唬人的"仿汉学"文章又常被当作"创新",甚至比许多老老实实写的文字更容易发表出版,学术泡沫就愈加汹涌了。

我们对以前"党八股"的文风很反感,这些文章往往都是先入为主,比如引用一段毛主席语录,然后就是观点加例子。现在不引用毛主席语录了,而改为引用西方某个汉学家或西方理论家的观点,完全不加论证,各取所需,就作为全部论述的出发点。汉学家的观点或者某一理论是在什么层面上提出的?学术理路背景是什么?采用这种观点或理论哪些方面可能有利,又可能会遮蔽什么?所举例子是否有足够的代表性?许多"仿汉学"的论作是不大去考虑的。写的都是"痛快"文章,可总是彼此套路相近。这是否也可以称为"洋八股"?昨天我参加北大和香港某大学两校研究生的论文讲演会,发现香港学生的文章一般做得很细,围绕某个具体的问题展开,注重材料的收集和整理。而我们有些同学的文章往往都是谈论比较大的问题,而最多的就是诸如现代性、文化冲突之类问题,还有后殖民、民族国家想象、性别视域,等等,就是要"证实"这些理论的存在,有时就显得很空。尽管也可能会采用个案处理,加上"以什么为中心"之类限定,因为缺少量化的考量,也还是浮泛。作为学术训练,当然要有理论眼光,有问题意识,特别是博士学位论文,没有理论架构就很难做成文章,但这一切都必须建立在扎实的材料和思考上。现在这种浮泛学风的责任不要推给汉学，起码有一部分应当由"汉学心态"来"埋单"。许多学生如今不读书或者很少读书，要读也就是读几本时髦的汉学著作和西方理论，怎么能进入历史的细部？又怎么能建立文学史的视野？有些大学生研究生毕业了，连《世说新语》《孙子兵法》都没有读过，甚至《红楼梦》也只看过电视，却可以放言什么"中国文化"。《论语》大概还是读过一些的，但不一定知道"增广贤文"之类"亚文化"对于国民道德观念和行为模式的巨大影响。本来就始终在学校的象牙塔中，并不了解社会，了解国情，而书又读得少，自然不会有分寸感与历史感，那就只好跟着某些汉学家在理论上兜圈子，讨生活，玩概念游戏。

总之，我们要尊重汉学，引进汉学，研究汉学，但不宜把汉学当成本土的学术标准。我们可以借鉴来的学问，但是问题的发现、问题的建构和方法的选择，应该建立在自己扎实研究的基础之上。现在"仿汉学"成风，有所谓"汉学心态"，其实是缺乏学术自信的表现。现在连经济科技发展都要讲自主创新，何况关乎民族精神建构的人文学术研究？看来我们的确要重振信心了。

（原载《文艺争鸣》2007 年第 7 期）

汉学与汉学主义：中国研究之批判

顾明栋

自十三世纪马可·波罗时代以来，西方一再努力，试图使中国进入其构想的涵盖世界上所有文明的思想与物质体系。为了这一长期的目标，他们设想并提出了一系列观点、理论框架以及概念模型来阐述和解释中国历史和文明中令人眼花缭乱的复杂性。这些理论、方法以及模型都受控于一系列认识论和方法论问题，这些问题尤其反映在涉及汉学研究的西方学术界以及与西方汉学相对应的中国国学界。汉学是关注中国语言、文学和文化研究的一个学术分支。由于这些问题是汉学的自然产物，它们都可被归入笔者称之为"Sinologism"的观念范畴。"Sinologism"（汉学主义）是笔者新创的一个英文词，用来综合概括西方在将中国纳入以西方为中心的世界体系的长期过程中所体现的动机、逻辑、原因、认识论、方法论以及典型特征。[①]

汉学与汉学主义

根据广为人知的用法，汉学作为西方研究中国及中国文明的一门学问有广义和狭义之分。在欧洲，汉学通常是指中国研究；而在美国学术界，它所指的范围较窄，通常是指以考证的方式为特征、对中国的传统语言、文学、历史、思想以及艺术进行的研究，这种考据式研究强调的是以中国文明的实证材料从事历史与文本的分析。著名的美国汉学家薛爱华（Edward Schafer）甚至将汉学的范围缩得更窄，说成是对古代汉语文本的语

[①] 汉学主义是一个复杂的理论问题，有关其定义、本质、原理及工作逻辑，笔者在《汉学主义：中国知识生产中的认识论意识形态》中另行探讨。

一　"汉学主义"理论的提出　　45

言学研究。① 根据西方近期的一项调查，汉学的源头"可以追溯到中国学者对自己的文明的研究"②。在中国，汉学的源头可以追溯到同名的研究，本义指"汉语典籍的学术研究"。汉学在中国有个对应的称谓，即"国学"。

尽管汉学在西方学术界是一种区域性研究，但是，研究伊始，汉学就具备广泛的国际背景并有着悠久的全球历史。从某种程度上说，汉学可以追溯到十三世纪传奇人物马可·波罗③时期。但是，作为一项区域性研究，对中国的系统研究一般公认为始于16世纪。当时，西方基督教传教士前往中国，目的是要使中国人皈依基督教，其中最有名的一位是耶稣会教士利玛窦（1552—1610）。早期汉学集中研究基督教与中国文化的相互兼容，因而产生了一种可以称为"迁就主义"的范式④。之所以称为"迁就范式"，是因为西方学者试图将博大精深的中国文化纳入欧洲体系。该范式由利玛窦发起，接着受到了欧洲主要思想家和学者的热烈支持。这些学者包括了莱布尼茨，他认为无论是对于欧洲处于自身利益来了解中国，还是对于中国接纳欧洲观点和事物，这种范式都是必不可少的。⑤ 无论是利玛窦希望使中国人皈依基督教的尝试还是莱布尼茨想要促成的相互了解、深入合作，以及不同文明间文化交流的崇高目标，汉学自一开始就是一门有着与当今的全球化趋势相似特征的研究课题，尽管作为一门研究课题，汉学最初是基督教传教的副产品。

然而，汉学主义并非汉学的一种形式。它是关于汉学或中国研究的若干方面的各种理论构想和表现。作为一种理论构想，它与萨义德东方主义的开创性观点似乎有着相同的理论目标，也与对汉学研究的批判，即"汉学中的东方主义"，有着相似的广泛基础。⑥ 诚然，汉学主义是西方试

---

① 参见 Schafer, "What and How Is Sinology"? Inaugural lecture for the Department of Oriental Languages and Literatures, University of Colorado, Boulder, October 14, 1982.
② Harriet Thelma Zurndorfer, *China Bibliography: A Research Guide to Reference Works about China Past and Present*, Leiden: Brill Publishers, 1995, p. 4.
③ Marco Polo, *The Travels of Marco Polo*, Harmondsworth: Penguin Classics, 1958.
④ 笔者从17世纪罗马天主教的论战中借用了"迁就主义"这一术语。当时论战关注的是使中国人皈依基督教。
⑤ 参见 G. W. Leibniz, "Preface to the Novissima Sinica," in *Writings on China*, translated by Daniel J. Cook and Henry Rosemont, Chicago: Open Court, 1994, pp. 45 – 59.
⑥ 最近美国出版了一本以"汉学中的东方主义"为书名的研究专著。见 Adrian Chan, *Orientalism in Sinology*, Bethesda and Dublin: Academica Press, 2009.

图建立一个国际性思想与物质体系的努力中必不可少的组成部分。它与萨义德的东方主义有着一个共同的核心思想,即它是"欧洲物质文明与文化的必要组成部分"。与东方主义一样,汉学主义"从文化甚至是意识形态来看,表达并展现为一种话语模式,伴有支撑性的惯例、词汇、学术、意象、教条,甚至殖民官僚主义和殖民主义风格"①。

汉学主义与东方主义

如今,萨义德那些关于西方研究东方的理论观点,已经成为后殖民主义研究和包括中西方研究在内的跨文化研究的一种范式。该范式为学者们致力于跨文化研究提供了令人欣喜的批评方式。它同样被研究中国文化的学者们广泛应用,以此来解构从黑格尔到福柯时期的西方学者对中国文化进行的研究。但是,在其研究过程中,学者们运用萨义德的理论见解乃至东方主义时,却发现将萨义德的观点用于中西方研究,常常是方枘圆凿,格格不入。在实际运用上,尽管东方主义范式获得了许多成功,但是以此对远东文化尤其是中国文化开展研究时,东方主义范式却显出较小的解释力量。笔者心中想到的是中世纪欧洲学者们对中国的爱慕之情,莱布尼茨对中国哲学与宗教的推崇,伏尔泰对中国道德与文化的理想化,费诺罗萨为中国的文字所倾倒,埃兹拉·庞德对中国语言、诗歌和思想的着迷,白璧德对孔子和儒家思想的高度评价,以及伯特兰·罗素对中国人与中国文化的理想化。尽管在某种程度上,这些学者的作品似乎符合东方主义范式,也就是说,由于他们对中国的所知有限,他们眼中的中国常常是被简单的理想化或被扭曲。但是,总的来说,这些思想家和学者并不符合东方主义范式,因为东方主义范式的基础是萨义德对西方学者研究中东的批判。诚然,他们对歪曲中国的真实状况都负有不可推卸的责任,但是他们的扭曲,却与东方主义截然相反。也就是说,他们并没有将中国妖魔化,相反,他们美化了中国文化。众所周知,在18世纪欧洲学者的心目中,中国是一个理想的国度,由贤明的君主所统治,人民过着和谐幸福的生活。在莱布尼茨对中国的

---

① Edward Said, *Orientalism*, New York: Vintage Books, 1978, p. 2.

研究中，他自然不会忘记就文化的优劣与西方进行对比，但是，他的作品几乎完全摆脱了霸权主义的偏见，而这样的偏见总是或公开或隐蔽地出现在欧洲学者对中东和远东的研究作品之中。①

同样，庞德与费诺罗萨对日本和中国的青睐也不符合东方主义范式。从表面上看，庞德和费诺罗萨似乎都是殖民主义时期典型的殖民学者，他们站在西方文化霸权主义的立场来研究非西方的、第三世界的文化。如果是这样，我们应该能在他们的研究中发现或隐蔽或公开的偏见与歧视。但是在与中国文化直接相关的作品中，我们却找不到庞德将中国文化劣等化的任何蛛丝马迹，而这正是殖民主义时期西方学者研究中东文化所体现的一个典型特征。相反，我们所看到的是他对中国文化与文学的真心爱慕与欣赏。② 在其一生中，庞德将众多中国经典文献翻译成英文，并且明确地将他对中国的发现与希腊文艺复兴时期的发现相媲美。③ 在第二次世界大战末期，庞德因同情墨索里尼的法西斯主义政权而被美军拘捕，他在入狱时将自己的宗教信仰登记为"儒教"。很明显，庞德对中国的着迷与爱慕不同于东方主义范式，这种范式认为殖民地他者的西方形象不仅控制着西方的霸权主义政策，而且是霸权主义统治的工具。

一些学者已经注意到萨义德东方主义中存在的地理文化局限性，并试图解释其生成原因。中国学者张宽指出，萨义德的东方主义存在着地理政治局限性，因为该研究仅仅关注中东和近东，完全没有涉及远东。④ 萨义德理论中存在的局限性并不应该成为本身的一个弱点，实际上，它为后来的学者在开辟了新的研究途径时留下了相当宽裕的概念空间。王宁在其后殖民主义理论研究中做了如下评论："这种局限性具体表现在地理上、文化上和文学上，这也使我们第三世界学者和评论家有了可据以进行质疑和重新思考的理论基点。"⑤ 王宁的评论指出了将萨

---

① G. W. Leibniz, *Writings on China*, Chicago: Open Court, 1994, p. 51.
② 庞德对中国文化的评论散见于其翻译作品、书信、文学创作以及散文的介绍性注释中。读者没有发现任何负面评价或带有偏见的观点。相反，他对中国艺术和文化思想的赞扬高度理想化，甚至有些夸张。
③ Ezra Pound, *Literary Essays of Ezra Pound*, ed. T. S. Eliot, London: Faber & Faber, 1969, p. 215.
④ 张宽：《萨伊德的东方主义与西方的汉学研究》，《瞭望》1995年第27期。
⑤ 王宁：《全球化时代的后殖民批评及其对我们的启示》，《文学理论前沿》，北京大学出版社2004年版，第46页。

义德的理论重新概念化以及扩展其范围和解释能力的可能性。颇具讽刺意味的是,当今学术界不仅没有拓展萨义德范式的理论范围,却反其道而行之,转向成了西方主义。萨义德曾经给这种东方对西方的固有看法贴上了西方主义的标签。尽管论战不断,西方主义研究的是对西方世界持有的老套的、有时甚至非人化的观点,以及非西方人对西方的假设性说明,并且找出的一种反话语,其目的不同于萨义德的批判目标。第三世界的民族主义者、本土主义者、乌托邦式的激进者,以及民族保守主义者将资本主义、自由主义以及世俗主义视为对本民族的毁灭性势力,当该理论掌握在他们手中时,它就成为毛主义、伊斯兰教、第二次世界大战时期的日本民族主义,以及其他社会政治运动中抵制西方或西方化的有效武器。当该理论掌握在改革家和现代化者手中时,它就成为拥护西方以及推行西方现代化观念的有效工具。[①]

笔者的研究与以上研究方向皆不相同。萨义德在其书中指出:"东方几乎是欧洲的发明。而且自古以来,东方就一直是这样一个地方,那里充满浪漫故事,奇异的东西,令人魂牵梦萦的记忆和景色,以及非同寻常的经历。"[②] 尽管这些评论也适合中国,但是,公元以前中国在西方的印象中是文化现实而不是海市蜃楼式的虚构。马可·波罗的游历,哥伦布的航海以及费迪南德·麦哲伦的环球航行的目的地都是中国;欧洲帝国主义国家如葡萄牙、西班牙、荷兰以及英国都把中国视为它们潜在的征服之地、商业贸易的市场以及宗教皈依的场所。笔者的观点也不同于汉学中的东方主义。近期出版的《汉学中的东方主义》一书使用了萨义德东方主义中的见解,批评了西方学者对中国文化以及中国思想的曲解与误传。该书对于汉学中的问题有着一些令人颇感兴趣的见解,但是,由于作者过于恪守萨义德的东方主义范式,其批评往往无法令人完全信服。[③] 此外,在其尝试遵从东方主义范式

[①] 参见 Chen Xiaomei, *Occidentalism: A Theory of Counter-Discourse in Post-Mao China*, New York: Oxford University Press, 1995; Ian Buruma and Avishai Margalit, *Occidentalism: the West in the Eyes of its Enemies*, New York: Penguin Press, 2004; Alastair Bonnett, *The Idea of the West: Culture, Politics and History*, New York: Palgrave Macmillan, 2004.

[②] Said, *Orientalism*, New York: Vintage Books, 1979, p. 1.

[③] 参见 Adrian Chan, *Orientalism in Sinology*, Palo Alto: Academica Press, 2009, pp. 41 – 52 and pp. 123 – 132. 依笔者之见,其观点之所以缺乏说服力,似乎是因为他太过机械、教条地遵守了东方主义范式。

的过程中，该书从文化普遍主义评论转而接受了文化相对主义，将中西方传统之间的差异归纳为一系列二分法的对立，暗示中西方传统存在极少相同之处，必须严格区分开来，因而陷入了东西方文明无法对话的差异范式。①

尽管在许多场合萨义德坚持汉学属于东方主义的范畴，但是有一些特殊因素导致了汉学与东方主义的差异。鉴于这些因素，萨义德的东方主义理论并不完全适用于汉学研究，也不同于笔者构建的汉学主义。除了以上列举的原因以外，汉学主义与东方主义还存在那些更深层次的不同之处呢？首先，汉学主义与东方主义涉及的研究对象的起源、历史及发展状况完全不同。东方主义的研究对象是东方学，这是一门完全由西方学者创立、并在当代之前完全由西方学者垄断的研究领域；而汉学主义的对象是汉学。无论是广义的中国学还是狭义的汉语典籍的学术研究，都是一门源于中国学者从事数千年的研究领域。其次，东方主义的理论在很大程度上取决于"他者"的概念。在萨义德理论中，"东方通"完全是那些作为"外部"观察员的西方学者，也就是超越研究对象的"他者"。在萨义德的评论中，东方主义者专指西方学者（主要英国和法国学者）。作为"局外"的观察者，他们致力于制造有关中东文化的本质主义和歪曲的再现。在很大程度上，殖民主义"他者"的概念为萨义德的东方主义理论提供了概念支撑与合法性。然而，"殖民他者"的概念在汉学中却不存在对等的参照，因为与埃及学以及东方研究的其他分支不同，汉学有着深厚的历史，汉学研究起源于中国自身对其文化和文明的研究，近一个世纪以来学者一直进行着对中国文化与文明的研究，其中华裔的汉学家并不少于西方汉学家，"他者"的概念显然在汉学研究中无法立足。即使我们不算那些研究领域与汉学研究相同的中国学者，仅仅是在西方的华裔学者已经和西方学者在汉学的形成与发展成熟过程中发挥了同样巨大的影响力。鉴于这一因素，一些汉学家认为，西方对中国文化与文明的研究在过去三代时间内有幸逃过了"东方主义"的恶劣影响，这样的论述也不无道理。因此一些西方汉学家完全否决了萨义德的东方主义的理论，认为其根本不适用

---

① Adrian, Chan, *Orientalism in Sinology*, ch. 3, "A Supplanting Vocabulary", pp. 55–73.

于中国研究。有些汉学家甚至强烈反对将东方主义的理论应用于汉学研究[1],他们的反对至少在某种程度上反映出东方主义并不适用于中国研究。另外一些汉学家的否定态度没有那么坚决,但也认为,虽然萨义德本身对东方主义的研究成果显著,但他在其书中提出的理论却不能很好地适用于汉学和中国研究。[2] 尽管有人可能无法接受西方汉学家的反对意见,但是我们必须承认的是,由于历史、地理政治学以及人力资源等因素,将萨义德的东方主义理论用于汉学以及中国研究确实存在着这样那样的局限性。

笔者的汉学主义与萨义德的东方主义还有一个更为重要的不同之处,汉学主义并不仅仅是一个纯西方问题,制造汉学主义的还包括东方人、中国人和非西方人。由于国际知识系统由西方所控制,非西方国家和人民倾向于通过西方的透视棱镜来看待中国和中国文明,并且他们的中国知识很容易为西方知识所左右。最重要的是,这些非西方国家也包括中国自身,因为许多在中国的中国人和在世界范围内的华人倾向于从西方视角看待中国及中华文明。这也在一定程度上促成了本人希望提出的这样一个中心论点:即汉学主义不是一个区域性问题,而是超越汉学和中西研究领域的一种国际现象。汉学主义还有它的次要和更加令人困惑的方面。在这一方面,汉学主义也许可以被理解成对西方视角的回应、反映、或是接受、采纳和内化,以及对由西方产生的关于中国知识的消化吸收。汉学主义的主要方面和次要方面构成了以西方为中心的认识论的意识形态,它主导着现代世界看待中国的方式,由此产生了一套研究中国和其他非西方文化的特定模式。因此,汉学主义大概也可以适用于西

---

[1] 对于东方主义是否与汉学研究相关联,西蒙·利斯(Simon Leys)曾写过一篇尖锐的否定评论,题目叫作"东方主义和汉学"(*Orientalism and Sinology*),收录在 *The Burning Forest: Essays on Chinese Culture and Politics* (New York: Holt, Rinehart, and Winston, 1985), pp. 95 – 99.

[2] 例如,诺曼·J. 吉拉尔多(Norman J. Girardot)认为,汉学研究中的东方主义及其派生形式"中国西方主义",与萨义德的研究主题,即印度雅利安和伊斯兰东方主义具有很大的不同,并认为他的类型对比有时具有"严重的历史和文化缺陷。"参看 *The Victorian Translation of China: James Legge's Oriental Pilgrimage*, Berkeley and London: University of California Press, 2002, p. 530. 其他对萨义德的东方主义的批判性分析还包括:Robert A. Kapp, ed., "Review Symposium: Edward Said's Orientalism", in *Journal of Asian Studies* 39: 3, May 1980, pp. 481 – 517; Peter Gran, "Review of *Orientalism* by Edward Said", in *Journal of the American Oriental Society* 100: 3, July-October 1980, pp. 328 – 331; and Jonathan D. Spence, *Chinese Roundabout: Essays in History and Culture*, New York and London: Norton & Company, 1992, p. 90.

方对其他非西方国家和文化的知识生产过程，这是笔者提出汉学主义理论的世界意义所在。

笔者的研究与汉学中的东方主义有着一些共同的基础，但是在许多方面也表现出不同之处。最基本的是，笔者的研究源自汉学中东方主义的相反方向。汉学中的东方主义是萨义德的东方主义理论对于中国资料研究的实际应用，但是，笔者的研究是以从实际考察而得出的概念性理论，即通过对中国物质文化进行的西方研究作考察，笔者旨在将汉学或中国研究中的问题理论化。换言之，这不是着眼于考察西方对中国的了解多少，扭曲多少，而是要探讨控制中国的知识生产的认识论和方式论。此外，笔者并不赞同将中西方传统分开研究的观点，而是坚信可以将中西方文化进行具有深远意义的比较研究。笔者希望该研究可以成为汉学、东方主义、全球化以及其他问题汇聚融合的节点。诚然，该研究针对的是西方看待中国的方式，但主要目标并非揭露偏见和修正错误的再现。通过批判性探索，笔者试图揭示位于中西方研究种种问题的核心之处的认识论和运作逻辑，并且推动全球化语境下西方与非西方文化间的真诚对话。在下面有限的空间内，笔者将对汉学主义在一些研究领域的表现进行一些考察，以此作为概念性描述的基础。

语言研究领域的汉学主义

汉学主义的表现充斥于中西方研究各个领域，包括政治、经济、外交、军事、宗教、社会和文化。在拙文中，笔者仅仅侧重于汉学中的几个方面。鉴于本人的专业是语言、文学以及思想的比较研究，笔者将分析这些领域内的一些现象，从而揭示汉学主义是如何表现出笔者称之为的"认识论殖民"以及"自我殖民"的结果。汉学主义所体现的重要一点是将西方范式与方法论强加于中国资料。这在某些汉学家研究中国语言和文学的论述中有一定表现。费尔迪南·德·索绪尔将世界上的语言分为两大文字体系：表意文字与表音文字。[1] 索绪尔确认汉语属于表意文字体系，[2]

---

[1] Ferdinand de Saussure, *Course in General Linguistics*, translated with an introduction and notes by Wade Baskin, New York: McGraw-Hill, 1966, pp. 25–26.

[2] Ibid..

并进一步指出,在表意体系中"每一个书写的符号代表一个完整的字,因此也代表了该文字所表达的意思"。作为一个头脑清晰的理论家,索绪尔很清楚自己的能力所在,也很清楚何处该适可而止。由于他知道这两个体系之间的鸿沟,所以,索绪尔将自己的语言学研究范围局限于表音体系以及西方字母文字。索绪尔尽管承认这两个体系存在一些相似的特征,比如用书写的符号来替代所说的文字,但是,他认为汉语所具有的表意特征能够达到完全的替代效果。索绪尔还敏锐地暗示中国书写符号具有一种视觉特征,以此区别于表音文字体系。① 在这个敏感的问题上,西方学者陷入了一场争论,结果完全忽略了汉语的本质。一方面,费诺罗萨、庞德及其他人夸大了汉语的视觉特征,将其夸张为颇受争议的"图画特征"②。与此截然相反的是,有一些学者不仅完全否定汉语的视觉特征,而且否定了汉语书写符号的表意特征,认为汉语和字母文字有着相同的特性与功能。在突出赞扬汉语文字的图画特征时,费诺罗萨和庞德显得有些不切实际,甚至有点异想天开。由于他们对汉语的所知有限,因此他们经常歪曲汉语的实际情况,也常做出一些与事实不相符的错误论断。抛开他们不切实际的看法,一些汉学家又走向了另一个极端。他们完全无视汉语有着与字母文字完全不同的特征。因此,他们陷入另一种由于深受西方形而上学的影响而歪曲汉语事实的情况。

  自柏拉图以来,西方形而上学根据先有言语后有文字的顺序构想了思维与语言之间的功能性关系:语言是思想的表现,而文字则是语言的记录,以声音的形式表现出来。因此,语言的书写形式是由声音决定的。对于字母文字来说,可能确实如此,正如莱奥纳多·布鲁姆菲尔德所认为的:"文字并不是语言,仅仅是记录语言的一种方式而已。"③ 但是,对于那些坚持认为中西方文字之间存在密切关系的汉学家来说,他们的指导原则深深印刻着占据了西方语言学中心的形而上学的痕迹。在古希腊,斯多葛派哲学家认为语言中的符号是"声音",而语言就是口头语言。这种想法直接引起了后来对文字的贬低。诸如柏拉图、亚里士多德、卢梭等哲学

---

① Ferdinand de Saussure, *Course in General Linguistics*, translated with an introduction and notes by Wade Baskin, New York: McGraw-Hill, 1966, pp. 25–26.

② 参见 Ernest Fenollosa, *The Chinese Written Character as A Medium For Poetry*, edited by Ezra Pound, San Francisco: City Lights Books, 1968.

③ Bloomfield, *Language*, Chicago: University of Chicago Press, 1984, p. 21.

家以及某些现代思想家，都认为文字天生就劣于言语，因为后者更接近于内心的思想。亚里士多德认为文字次于言语："话语是精神思想的象征，而文字则是话语的标识。"① 与此相似的是，卢梭宣称"文字仅仅是言语的再现而已"②。将文字视为言语的补充，认为言语优于文字，这样的观点被称为语音中心主义。语音中心主义对基督教西方传统至关重要。通过引用汉语中的表意文字，雅各·德里达批评了古代的思想家和当代的思想家，如索绪尔、列维-斯特劳斯以及 J. L. 奥斯汀的观点，批判了认为口语优于文字的观点。③ 他坚持认为文字具有其自身价值，而且"并非口语的补充"。他认为语音中心主义是对西方哲学逻各斯中心主义的一个解释，导致了在场比缺席更具有特权。

诸多汉学家对于中国语言与文字特征的观点皆类似于语音中心主义和逻各斯中心主义。深受西方形而上学和强调声音首要位置的语言学理论的影响，他们不仅否认汉语文字的所有视觉特征，反对汉语文字的表意特征，甚至宣称汉语也是一个表音文字体系。杜·邦索（Du Ponceau）也许是西方首位反对汉语文字的表意特征的思想家。在其论述中，基于西方语音中心主义和逻各斯中心主义，杜·邦索提出了一个问题：文字和语言究竟是哪个出现在先？这个问题类似于鸡和蛋谁先存在的问题，永远都无法得出令人满意的答案，因为这取决于书写符号是由什么构成的。如果我们把原始人的岩洞壁画当作早期书写符号的话，文字作为一个体系也许早于语言而存在。但是，提出这个问题，杜·邦索是别有用心的，他意在将汉语文字的表意观点引向一个谬论，认为"语言是为适应文字的形成而发明的"④。采用这个问题及潜在的答案，杜·邦索似乎完全质疑了表意文字观点的存在。

在汉学界，对杜·邦索支持最有力的拥护者是卜弼德（Peter Boodburg）、德范克（John DeFrancis）以及鲍则岳（William Boltz）。作为一位

---

① 选自 Derrida, *Of Grammotology*, Baltimore, MD: Johns Hopkins University Press, 1976, p. 36.
② Ibid., p. 27.
③ Ibid., pp. 27-73 and pp. 101-140.
④ 参见彼得 S. 杜·邦索写给巴兹尔·霍尔上尉的信，*A Dissertation on the Nature and Character of the Chinese System of Writing: In A Letter to John Vaughan, Esq.*, Philadelphia: American Philosophical Society, 1838, Kessinger Publishing's reprint, Appendix A, p. 108.

颇有声望的汉学家，卜弼德坚持认为汉语文字与西方语言完全相同："我们必须强烈反对这种总体的趋势……认为汉语文字在其发展过程中，与文化综合体中的其他事物所经历的演变一样，遵循着一些神秘莫测的原则，将它们与人类社会中的其他事物区分开来。"① 他明确声称："我们相信，'表意'这一概念需要为造成对［汉语］文字的误解负大部分责任。越早抛弃这个概念，越有益处。"② 另一位知名汉学家德范克，在他1984年发表的长篇的研究中将汉语的"表意"说斥责为一个神话而不屑一顾。③ 在1989年，德范克再次重申了自己的观点："继续将汉语误解成'表意的'，无异于用占星术来论述天文学，这是一种思维的混乱，实在令人难以接受。更令人难以忍受的是，由于对汉语的错误理解，文字的特征——所有文字的特征——大部分继续遭受着误解。"④ 在总结自己的观点时，他宣称，"很明显我们有正当的理由将汉语文字基本认定为——也就是说，比其他任何说法更确切的表音文字体系"⑤。研究古代汉语的学者威廉·博尔茨则完全接受了杜·邦索的观点，而且在对德范克论著的评论中声称："……对中国文字古怪的'表意'特征情有独钟的老掉牙的客厅游戏简直是一派胡言，再也不能获得赞同了。……然而，令人遗憾的是，对中国文字的愚蠢而又不堪一击的观点，并不仅仅局限于20世纪30年代的令人哑然失笑的'表意文字'提议。"⑥

一些头脑清醒、研究中国哲学的西方学者如顾立雅（Herrlee Creel）和陈汉生（Chad Hansen）则坚持认为，汉语文字具有表意特征的观点没有错，⑦ 但是他们在汉学研究圈内只是少数派，他们的观点总是被忽略，

---

① Peter Boodberg, "Some Proleptical Remarks on the Evolution of Archaic Chinese," *Harvard Journal of Asiatic Studies*, Vol. 2, 1937.

② Ibid..

③ John DeFrancis, *The Chinese Language: Fact and Fantasy*, Honolulu: University of Hawaii Press, 1984, pp. 130 - 148.

④ John DeFrancis, *Visible Speech: The Diverse Oneness of Writing Systems*, Honolulu: University of Hawaii Press, 1984, p. xi.

⑤ John DeFrancis, *The Chinese Language: Fact and Fantasy*, Honolnln: University of Hawaii Press, 1984, p. 111.

⑥ William Boltz, "Review of *The Chinese Language: Fact and Fantasy* by John DeFrancis," *Journal of the American Oriental Society*, Vol. 2, No. 106, 1986, pp. 405 - 407.

⑦ 参见 Creel, "On The Nature of Chinese Ideography", *T'oung Pao* 32, 1936; Chad Hansen, "Chinese Ideographs and Western Idea", *Journal of Asian Studies* 52.2, 1993.

因为他们被看成是与费诺罗萨和庞德之类的学者一样的堂吉诃德式的人物。就在 1995 年，威廉·哈纳斯明确宣称："我们可以对这样稀奇古怪的观点不予理会，即认为汉语文字是现实世界和心理世界物体与概念的标识，也就是说汉字是象形的。我们同样无法接受另一种不堪一击的观点，即认为汉字是表意的，不需要语言的介入直接与意义相关联。"①

显然，表意文字的否认者完全忽略了汉语与字母文字之间的本质区别，也很少关注这样的事实，即汉语文字中的象形特征依然清晰可见，以及汉语文字的表意特征已经为汉语语言学家所广泛接受。更为奇怪的是，在对汉语文字特征的论战中，双方都很少考虑在汉语语言学界广泛流传的中国专家的意见。似乎中国语言学家对于汉语文字特征的论述根本就不存在或者与此毫不相关。通过对表意文字观点的拥护者与反对者的分析，笔者意识到，虽然这两方的观点截然相反，但双方有着共同的目标：他们对汉语文字的研究与其说是关注汉语，还不如说是关注他们自身的学术与审美议程。庞德、费诺罗萨以及其他的表意文字拥护者所关注的是推动他们自身的思想与艺术议程，提出哲学与艺术的全新方式。而表意文字否定者则关注于根据西方理论与语言来研究汉语，排除汉语文字自身的独特性，硬是将方块的表意文字填进西方字母文字圆形的孔洞之中。双方都以西方的先入之见、预想的议程为导向。仅有少数学者摆脱了汉学主义偏见的影响，认识到了汉语文字与语言的独到之处。中国哲学研究学者安乐哲（Roger Ames）与罗思文（Henry Rosemont）就是其中的两位代表。在他们的研究中，他们认为："但是，古汉语就像个听话的小男孩：人们首先是看到它而非听到它……人们现在而且一直以来都没有将汉语当作一门口头语言；因此，口头汉语与书面汉语现在以至于一直以来都被认为是两种截然不同的语言学媒体，如果是这样的话，当然后者不能仅仅被认作是言语的一种文字记录而已。"② 中国上古的传说、文献表明，上古无文字，结绳以记事，然后以刻画符号代替。《易·系辞下》称："上古结绳而治，后世圣人易之以书契。"③ 已有足够多的考古和人类学研究表明，汉字从

---

① William Hannas, "The Cart and the Horse", Georgetown University, unpublished manuscript, 1995, p. 1.

② Ames and Rosemont, "Philosophical and Linguistic Background" to *Analects of Confucius*: *A Philosophical Translation*, New York: Ballantine Books, 1998, pp. 38 – 39.

③ 《周易正义》，卷 8，《十三经注疏》，中华书局 1980 年版，第 87 页。

来就不是口语的文字记录，最初作为刻画符号，逐渐积累成文，形成体系，而后才与口语相连。著名学者梁漱溟先生曾说过："语言文字浸浸分别而行，初不以文字依附语言，而语言转可收摄于文字。"① 著名思想家李泽厚先生也以大量的考据证明汉字不是口语的书面记录，并指出："汉语不重音而重义……汉字从一开头便支配、统帅、规范着语言，而不是记录语言。"②

文学研究领域的汉学主义

在中国文学领域，也存在着相同的汉学主义倾向，即根据西方观念及观点来研究中国文学，用西方的尺度来衡量中国作品与诗学的成就。如果说在语言学领域内，汉语文字很明显地与西方字母文字不同，那么在文学领域内，存在的差异却不是那么明显。正因为这一情况，西方文学理论占据了中国文学研究领域的主导地位，汉学主义在文学研究领域内的影响日渐广泛且深远。主要体现在两个方面。一方面，研究中国文学的西方学者坚持根据西方的观点、观念、术语以及理论来研究中国文学与理论，拒绝根据中国文学本身来研究中国文学文本。他们同样倾向于用西方的标准来衡量中国文学作品的成就。另一方面，中国学者和一些华裔学者全盘接受了西方文学理论观点，完全不加批判地将这些理论运用于中国文学作品的研究之中。

在中国小说研究领域，一些汉学家将西方小说理论作为衡量尺度，或直白或含蓄地指出中国小说存在的缺点与不足，认为中国小说是一种怪诞的作品，甚至是因为存在令人遗憾的局限而未得完成的亚艺术。促使西方学者得出这些偏见的原因似乎是中国小说的如下特点：与西方小说产生于史诗和传奇的发生论不同的是，中国小说被认为是由街谈巷议和道听途说演变而来。在小说创作实践方面，传统中国小说表现出一些有趣的特点，它们不同于或者不存在于后现代主义之前的西方小说之中：即小说评点与小说刊印在一起；叙事者随心所欲地突入小说之中；作者、叙事者、读者会一起出现在小说之中；叙事者会把明白无误的虚构说成是生活中或历史

---

① 梁漱溟：《中国文化要义》，学林出版社1987年版，第312页。
② 李泽厚：《新版中国古代思想史论》，天津社会科学院出版社2008年版，第274页。

上的确出现的真人真事；现实主义的故事被放置在神话和超自然的叙述框架之中；在总体上是现实主义的故事和长篇小说中，众神仙子，妖魔鬼怪、狐精野兽可幻化成栩栩如生的人物，参与人世间的各种活动；在总体形式方面，散文叙事体混杂着讲故事、抒情诗和戏曲；在叙事焦点上，对总体视野和忠实记录对话、事件的坚持倾向于产生相互矛盾视角的修辞性前景；长篇小说会以片断式的结构组织成篇，而这种结构并不显示出片断之间的清晰联系；叙述的语言常常既有文人雅士的文言古语，也有山野村夫的粗言俗语。

西方小说理论的标准是建立在模仿与写实主义的基础之上，根据这样的标准，中国小说中最突出的特点被认作是缺陷或局限。这正是某些汉学家所持有的观点。作为首次将中国古典小说系统介绍给西方的华裔汉学家夏志清先生，他指出了中国小说与西方小说相比存在的不足之处："小说的现代读者是根据福楼拜和詹姆斯的实践与理论培养出来的：他期待一种始终如一的观点，一种以大师的智慧构想、策划，并对生活持统一的印象，一种与作者对待其主旨的个人情感相和谐的个人风格。他憎恶直白的说教，作者的东扯西拉，显示情节的设计缺乏首尾一致的片断式结构，以及分散读者注意力的其他笨拙方式。"[①] 既然将西方小说理论作为标准，他就很难再来捍卫中国小说的艺术成就了，因而不得不借助历史的局限替"中国小说家无法充分运用小说艺术"的状况抱歉。[②]

一些西方学者用西方标准来评价中国小说时就没有这样客气了。西方汉学家毕晓普（John Bishop）用西方现实主义小说的尺度来衡量中国小说的成就，得出这一结论：中国小说有着"无法确定的不足之处"，存在着"难以名状的缺陷"[③]。令人颇觉有趣的是，对待同一个叙事作品，中国学者和西方学者往往发表截然相反的观点，结果是我们可以预料的，中国学者的观点是肯定的，而西方学者的观点则是否定的。更有趣的是，同一位学者对于相同的问题可能有着完全不同的结论，这取决

[①] C. T. Hsia, *The Classic Chinese Novel: A Critical Introduction*, New York: Columbia University Press, 1968, p. 6.

[②] Ibid., p. 17.

[③] 参见 John Bishop, "Some Limitations of Chinese Fiction", in his edited volume, *Studies in Chinese Literature*, Cambridge: Harvard University Press, 1966, pp. 237 – 247.

于他是采纳还是反对关于叙事艺术的西方叙事标准。在此,笔者将引证一位中国学者与一位西方学者对中国小说《水浒传》的组织结构的评价来说明问题。理查德·欧文也许是在西方最早撰写关于《水浒传》总体评论的一位学者。他的评判认为,该小说因其"结构缺陷"而不足,显示着"参差不齐的叙事特点","不过是一系列故事的拼凑"①。相比之下,中国文学界的权威人士郑振铎对小说的发展进行了细致认真的研究后,认为该小说的结构布局严密完整,甚至可以用"滴水不漏"来称赞它。② 但是,读者会在下文了解到,郑振铎在放弃采用西方叙事艺术来评价中国小说的成就之后才对中国小说有如此高的评价。关于如何来评价中国小说的成就,一些颇有见地的研究中国文学的西方学者强调,研究应从中国小说本身的艺术特征入手。白之(Cyril Birch)和浦安迪(Andrew Plaks)就是这些明智学者的代表。在反对根据西方标准来评价中国小说的同时,白之谨慎地指出"在我们给这些特征贴上存在局限性的标签之前,我们必须探索适合中国作品本身的法则,而且这些法则并非为外国传统所强加"③。

在中国学者对中国文学的研究过程中,汉学主义显示出一个有趣的动向,笔者可以将其称为华裔小说家和学者们对西方理论与标准的自觉内在化。由于他们接受西方文学理论的教育与训练,中国现代小说家和评论家全盘采纳了西方的小说艺术观点,甚至否认中国小说的本土起源。中国现代著名诗人、学者闻一多先生就表达了这一观点。他明白无误地声称,如果没有外来的文学形式,中国文学发展到宋朝时就终结了:"到此中国文学史可能不必再写,假如不是两种外来的文艺形式—小说与戏剧,早在旁边静候着准备届时上前来接力。"④ 中国小说则被他看成是一种随着两波外国宗教进入中国而兴起的新的"外来的文艺形式",它起先随着印度佛

---

① Richard G. Irwin, *The Evolution of a Chinese Novel*: *Shui-hu chuan*, Cambridge: Harvard University Press, 1953, p. 5 and p. 23.
② 郑振铎:《水浒传的演化》,《中国文学研究》,古文书局(香港)1961年版,卷1.1,第112—113页。
③ 参见白之为浦安迪所编的《中国叙事学:评论和理论文集》一书的前言,Cyril Birch, "Foreword" to Andrew Plaks, ed., *Chinese Narrative*: *Critical and Theoretical Essays*, Princeton: Princeton University Press, 1977, p. xi.
④ 闻一多:《神话与诗》,见《闻一多全集》第1卷,开明书局(上海)1948年版,第203页。

教进入中国而发生,后来随着欧洲基督教的到来而发展:"第一度佛教带来的印度影响是小说戏剧,第二度基督教带来的欧洲影响又是小说戏剧。"① 在如下的引文中,他甚至否认中国存在创作小说和欣赏小说的原始冲动:

> 故事与雏形的歌舞剧,以前在中国本土不是没有,但从未发展成为文学的部门。对于讲故事,听故事,我们似乎一向就不大热心。不是教诲的寓言,就是纪实的历史,我们从未养成单纯的为故事而讲故事的兴趣。我们至少可以说,是那充满故事兴味的佛典之翻译与宣讲,唤醒了本土的故事兴趣的萌芽,使它与那较进步的外来形式相结合,而产生了我们的小说与戏剧。②

闻一多先生几乎是在说,在佛教故事来华之前,中国作家缺少创作小说的内在冲动。同样,广大读者也没有愿望去享受阅读、聆听故事的快感。这两种感受能力是别的民族天生就有的,而中华民族则是通过引进佛教而培养的。他恰恰没有注意到这一历史事实:与西方文明相比,中国小说的兴起和发展还要早一些。在世界范围内,中国小说的兴起也并不晚。如果说欧洲小说可以将其起源追溯至12世纪的中世纪诗歌体传奇和14世纪的散文体短篇故事,中国散文体短篇小说兴起于唐代(7世纪),短篇故事更早出现于魏晋南北朝时期(3—6世纪)。除了日本小说《源氏物语》以外,世界上早期能称得上长篇小说的散文叙事作品都出现在中国,远早于欧洲。③

笔者一直感到困惑不解的是:像闻一多先生这样睿智的创造性学者怎么会得出那样错误结论呢?纵观他的全文,我们当然可以把他的观点归咎于他对中国文学传统的诗性本质的强调,但是笔者认为这只是表面的原

---

① 闻一多:《神话与诗》,见《闻一多全集》第1卷,开明书局(上海)1948年版,第204页。

② 同上书,第203页。

③ 根据西方文学史的数据,"传奇出现最早的一个年份是1140年,当时传奇指的是从拉丁传说改编的诗歌体故事。起初,传奇指的是用白话文写的想象性的作品,主要是中世纪的法语诗歌体史诗。到了16世纪,传奇一词才被用于散文体作品"。引自J. A. Cudden, *A Dictionary of Literary Terms and Literary Theory*, Oxford: Blackwell, 1991, p. 802.

因。他否认中国小说本土起源的深层原因似应归咎于其对西方文学理论的认识论和方法论的无条件地接受，以及养成了以西方二元对立方式做学问的习惯。由于在美国接受了学术训练，他自觉地形成了将中西文学传统两分对立的观点。他认为，四大古代文明，中国、印度、以色列和希腊在发展过程中形成了一个二元对立。虽然四大文学传统的起始都是抒情诗歌，但是在各自后来的发展过程中，中国传统和另外三大传统走过了不同的道路。为了构建二元对立，他把印度、以色列和希腊划入与中华文明相对应的欧洲文明的大范畴。欧洲文明的三大传统走的是以戏剧和小说为中心的道路，而中国传统走的则是以抒情诗为统治的道路。为了将中国传统纳入他构建的二元对立，他必须否认中国小说的本土起源和早期存在。根据他的二元对立模式，中国早期故事不能被看作小说，早期的小说也不能被看作文学的范畴。尽管他以中华文明为豪，但是他构建二元对立的最终目的在其结论中一目了然：中国文学必须大胆地向西方学习，走西方的发展道路。用他自己的话来说：".让我们的文学更彻底的向小说戏剧发展，等于说要我们死心塌地地走人家的路。"①

闻一多先生对中国文学发展的看法反映了他所处时代的普遍观点：佛教引入中国对中国文化的许多思想方面产生了巨大的影响；在文学领域，如果没有印度哲学和借用源至印度的主题，中国戏剧和小说就不会兴起。这一论点的持有者包括陈寅恪、胡适、陈守义及其他学者，他们都在欧美接受了教育。这一论点也得到后来的中国学者和西方学者的热烈支持和推崇。1983 年，美国汉学家梅维恒（Victor Mair）发表了一篇颇有争议的文章，《中国文学的叙事革命：本体论方面的预想》，该文成了一场有关中国小说的争论的焦点。在文中，梅维恒将闻一多先生的观点推向极端，做出了一个大胆的声称："在唐朝以前，中国实际上没有任何可以称为小说（虚构获想象）的东西。"② 他并声称，从印度引入的小说是导致中国叙事文学发生革命的动力。这一观点受到许多学者的批评和反驳。③ 有关中国小说的起源和发展的争论说明了认识论上的

---

① 闻一多：《神话与诗》，见《闻一多全集》第 1 卷，第 206 页。
② Victor Mair, "The Narrative Revolution in Chinese Literature: Ontological Presuppositions", in *Chinese Literature: Essays, Articles, Reviews*, Vol. 5, 1983.
③ 有关这一观点及其引起的争论，请参阅拙作 Ming Dong Gu, *Chinese Theories of Fiction: A Non-Western Narrative System*, Albany, NY: SUNY Press, 2006, pp. 43–46.

殖民化可以发展到何种程度。

提到中国小说的艺术成就，中国现代小说家和评论家都认为，中国传统小说总体上比西方小说大为逊色。正如夏志清先生在他那影响较深远的著作中所指出的那样："尽管一般来说，一些伟大的小说，包括本书讨论的六部小说是个例外。前共产主义时期的现代学者和作家普遍认为中国传统小说总体上是令人失望的。这种感觉一开始同民族屈辱感是分不开的，后来就逐渐发展成意识到中国传统小说在艺术上逊色于西方小说。"① 这种自我否定的观点不仅为信息不灵或无知的学者与作家所持有，而且一些著名的作家和学者至少在他们早年从事研究工作时也持有这样的观点。中国20世纪最伟大的小说家之一的茅盾，在他早年的创作生涯中对中国传统小说评价就不很高，他认为中国传统小说对于指导他如何进行小说创作毫无裨益。他不仅对广为流传的传统小说评价不高，甚至对公认为杰作的《水浒传》和《红楼梦》也颇有微词。而这两部小说无论是过去或现在都被认为是中国最伟大的小说创作，如今更是被列入世界文学最伟大的作品之中。由于茅盾早年是根据西方叙事艺术来评价中国小说的成就，所以他认为这两部作品在叙事技巧上太过粗糙，因而不值得模仿。②

这样的观点甚至也为那些试图推动中国传统小说研究的学者们所认同。胡适对中国小说曾表现出了非同寻常的兴趣。但他仍毫不犹豫地指出了中国传统小说艺术欠缺，并提出了自己的批评。③ 颇为有趣的是，自20世纪70年代以来，海内外的中国小说研究者们在中国传统小说中发现了伟大叙事艺术和令人钦佩的艺术成就，认为在相仿的历史时期内，中国传统小说完全不比西方传统的小说逊色。其中西方学者包括韩南（Patrick Hanan），芮效卫（David Roy），余国藩（Anthony C. Yu），浦安迪（Andrew Plaks），何谷理（Robert Hegel），雷威安（Andre Levy），霍克思（David Hawkes）和闵福德（John Minford）。在某些学者的著作中，他们甚至发现中国传统文学中具有一些艺术特征，预示着现代主义与后现代主

---

① C. T. Hsia, *The Classical Chinese Novel: A Critical Introduction*, p. 5.
② 茅盾：《话匣子》，良友图书印刷公司1934年版，第177—184页。
③ 胡适：《胡适文存》卷三，世界书局（台北）1957年版，第470—472页；第546—548页。

义的崛起。① 颇具讽刺意味的是，直到毛泽东发出中国学者应恢复中国文化的艺术价值以及传统艺术必须为现实服务的号召以后，中国传统小说的伟大成就才为人们所发现。因此，中国传统文学的价值只是在对西方思想影响进行批判之后才得到重新确认。更具反讽意味的是，当前学者们得出了一致的结论，即中国现代小说是对西方小说模仿与竞争的产物，依然逊色于西方小说和传统小说。

那么，究竟是什么造成了这种评价的逆转呢？根据笔者的观察，其中存在着两大因素。首先，中国学者不加批判地全盘接受西方小说理论与文学标准，他们无视中国传统小说的成就，甚至将中国小说中的创新特点看成是局限与缺点。郑振铎的例子就很具启发性。细心的读者可能已经注意到，在笔者之前的论述中，郑振铎对中国传统小说持有互相矛盾的立场。他那互相矛盾的观点是在不同时期发表的。对中国小说持否定观点是他早年提出的，那时他完全采纳西方小说理论；对中国传统长篇小说表现出一种深深的蔑视，② 而对中国小说持欣赏的态度，是在他摒弃了偏见，并且从中国小说自身出发来研究其优点后提出的观点。夏志清的小说研究是另一个十分有趣的例子。由于深受西方文学理论的熏陶，他将西方标准作为衡量的尺度，认为中国传统小说存在不足之处。这种态度充斥于他对中国小说的研究之中，在他的《金瓶梅》研究评论中尤为突出。如今，《金瓶梅》被认为是世界小说发展史上最伟大的作品之一。研究该小说的权威学者芮效卫认为："大概除《源氏物语》（1010）和《堂吉诃德》以外，世界文学中没有比这部小说更古老但同样成熟的散文体小说了。"③ 但是，在芮效卫、浦安迪④以及其他一些学者重新发现了该小说的艺术成就之前，夏志清对该小说的评价是相当负面的。他尽管承认小说在主题和叙事领域具有开创性成就，但是他认为

---

① 关于中国传统小说的现代与后现代特征，参见笔者拙著 M. D. Gu, *Chinese Theories of Fiction* (Albany, NY: SUNY Press, 2006, 笔者认为中国传统小说具有现代主义与后现代主义特征的观点得到了 J. 希利斯·米勒的认可。参见 Miller's "Commentary" in *Modern Language Quarterly* 69.1 (2008): 193.

② 郑振铎：《中国文学研究》卷1，作家出版社1957年版，第478页。

③ David Roy, "Chin P'ing Mei", in *The Indiana Companion to Traditional Chinese Literature*, ed. William Nienhauser, Bloomington: Indiana University Press, 1986, p. 287.

④ 参见 Andrew Plaks, *The Four Masterworks of the Ming Novel*, Princeton: Princeton University Press, 1987.

《金瓶梅》只不过是一部有着"低俗文化与平庸智力"的作品,并将小说的艺术成就贬低为"从风格与结构的角度来看""非常令人失望"[①]。他对《金瓶梅》的艺术评价如此之低,是因为他完全是从西方小说理论的角度来评价的。尽管该小说中存在着非现实主义、离奇荒诞的故事框架和叙事要素,夏志清从西方的现实主义理论出发,坚持认为《金瓶梅》是一部现实主义和自然主义的作品,并认为它存在着缺陷,没有充分发挥现实主义的潜力。[②] 据笔者所知,夏志清先生后来改变了对《金瓶梅》一书的原有看法。

根据西方文学理论来评价中国文学作品的习惯做法是汉学主义更深层次的问题表现出的一种症状。这是全然不顾具体情况而以西方方式来看待世界的认识论的自觉内在化,可以被视为一种自我强加的认识论殖民化,它遏制了非西方学者与人民的想象力与创造力。对西方理论和小说创作方式的盲目接受导致了中国现代小说创作的艺术成就的不足。许多中国现代作家完全背弃了中国小说和诗歌的优良传统,心甘情愿跟在西方小说家后面亦步亦趋。在 20 世纪 70 年代后期中国实行改革开放以后,这种情况尤为突出。在诗歌领域,新时期诗人处心积虑地模仿西方现代主义诗歌,将意象主义作为竭力效仿的对象。但是直到很晚以后才意识到,这个意象主义理论归根结底还是受到中国古典诗歌的启发而发展起来的出口转内销的诗学。在小说领域,无论西方流行什么新文学趋势,许多中国作家都竞相模仿之,先是模仿超现实主义,意识流,黑色幽默,然后是法国新小说,荒诞派,再后来是拉美的魔幻现实主义,以及一些其他的先锋派潮流。颇具讽刺意味的是,他们完全忘却了所谓的魔幻现实主义早在一千多年前的中国传统中就已经出现、而且是中国传统小说的一个显著特征。以六大古典长篇小说为例,除了《儒林外史》倘可说是以现实主义的手法而作以外,其他五大名著哪一部不是充斥着荒诞离奇的魔幻现实主义的写法呢?[③]

[①] C. T. Hsia, *The Classic Chinese Novel: A Critical Introduction*, p. 166.
[②] Ibid., p. 178.
[③] 参见 M. D. Gu, *Chinese Theories of Fiction: A Non-Western Narrative System*, Albany, NY: SUNY Press, 2006, pp. 117–120 and pp. 201–205.

汉学主义的范式形成

在分析了语言和文学领域内的一些汉学主义现象之后,笔者将考察汉学研究中的某些方法、范式以及概念框架,同时探索其理论形成背后的认识论、运作逻辑以及原理。笔者的目的不在于评价某些观点的正确与否,也不在于暴露其带来的后果,而在于展现其逻辑与原理是如何构成了笔者称所说的汉学主义。在中西方研究领域,自欧洲与中国的首次正面接触以来,一直存在着一种持久的愿望,希望构想出一些范式,可以包含全面的阐释能力,能够解释与西方相对的中国历史、语言、文学、艺术、宗教以及思想的广博知识。这种雄心壮志吸引了中西方的大量学者,从而产生了许多假想、推断、设想以及理论,从中又产生了一些范式和概念框架。

在中西方研究领域,最早试图解释中国的广博知识的理论框架被称为"迁就范式"[①]。该范式所表现的基本特征之一是关注中西方文化之间的相似性与兼容性。随着欧洲对中国的了解不断增加,该范式无法应对文化差异。因此,兼容性范式被一种差异性范式所替代。学者们在试图处理中西方之间特殊差异的过程中,采取了"文化相对主义"的人类学理论,从而产生了一系列的概念框架,将中国设想为西方的对立面。令人颇感好奇的是,全球化不可遏止的势头似乎也无法影响文化相对主义的流行。在后现代主义时期,当文化相对主义变成一种激进的形式,差异性范式也同样蒙上了激进的色彩,发展成一种总体范式,将中国视为西方的终极"他者"。《亚洲研究杂志》的前主编戴维·巴克(David Buck)评述道:在东西方研究中,文化相对主义是如此盛行,以至于"跨越不同学科的认识论和方法论的问题涉及是否存在任何概念性工具,可以供人与人之间以有效的途径来理解和阐释人类的行为和意义"[②]。

[①] 该范式建立在 17 世纪论战中的"迁就"立场之上,是罗马天主教与早期传教士对中国采纳的政策的论战。

[②] David Buck, "Editor's Introduction" to "Forum on Universalism and Relativism in Asian Studies", *Journal of Asian Studies*, Vol. 1, 1991.

在这一总范式的影响下,大量观念结构在中西方研究的各个领域相继涌现出来。在文学和艺术领域,产生了一种建立在一系列二分法基础上的范式。从表面上看,这些概念框架似乎完全是学术的,不沾染一点文化优越论和霸权主义思想,但是,笔者可以展示给读者的是,这些概念框架绝非无关痛痒的泛泛之谈,也没有完全脱离东方主义的偏见。这在汉学领域内尤为显著。在对中国语言与文学的汉学研究中,存在着建立在一系列二分法基础之上的范式。周蕾对此做了充分的概括:"有关中国差异的种种断言常常倾向于以一系列二元对立的形式进行操作——西方文学传统往往被理解为是隐喻的、比喻的、主题先验的,而且涉及到一个超越现实世界的领域;而中国文学传统往往被称为转喻的、字面意义的、内在的,以及自我指涉的。……因此,如果模仿已成为自人类有文字记载以来西方创作的主要特征,那么非模仿则是中国创作的原则。"[1]

这一总范式在中西方研究的其他领域中还创造出了更多的二分法:西方语言是高度抽象的,而中文几乎无法表达抽象;西方文学作品大多具有讽喻意味,而中国文学作品总体上是不带讽喻性的;西方的诗歌源于纯想象的创作,而中国的诗歌往往产生于对现实情况的直接反应;西方文学建立在想象和虚构的基础之上,而中国文学总的来说为历史的忠实性所主宰;西方艺术被认为是人工创作的结果,而中国艺术则是自然发生的;中国美学原理是印象式的、非系统化的,且缺乏经过明确定义的术语,而西方美学原理则是深邃的、呈体系的,有着严格的范畴区分;中国哲学依据于直觉的具体化和广泛的普遍化,而西方哲学则植根于具有深邃思想性的抽象和逻辑分析。

这种二元对立范式并非由某个理论家或学者所构想出来。实际上,它是由许多学者在学术探讨和形而上学的思考中逐步形成的。这些学者包括哲学家莱布尼茨、孟德斯鸠、伏尔泰、黑格尔、赫尔德、韦伯,学者葛兰言、牟复礼、魏特夫、本杰明·史华慈、李约瑟、张光直、葛瑞汉、杜维

---

[1] Rey Chow, ed., *Modern Chinese Literary and Cultural Studies in the Age of Theory: Reimagining a Field*, Durham and London: Duke University Press, 2001, p. 10.

明、吉德炜、郝大维，以及其他许多学者。① 它在中西方研究以及人类文明的普遍研究中产生了深远的影响，与此同时又引起了诸多不满，并且还受到批判性的考察。大部分二分法也被渐渐证明是存在问题的或者是完全错误，站不住脚的。② 例如迈克尔·普明（Michael Puett）令人信服地指出，大量有关中西方的二分法甚至都不能"被视作占主导地位的认识，相反，它们是在大范围的争论内有意识形成的各种主张"。通过对中国早期思想的充分研究后，他得出结论："说中国早期思想家认为自然与文化、过去与现在之间存在连续性，这种观点并不正确。认为圣人和自然界有着与生俱来的联系，这样的观点同样是错误的。相反，恰恰是这种试图表明连续性的举动暗示了一种强烈的不连续性。"③ 在另一著作中，他探讨了古代中国关于宇宙观、世界观、神以及宗教的普遍问题，由此得出结

---

① 参见 Leibniz, *Writings on China*, pp. 46 – 48; Hegel, *Hegel's Philosophy of Right*, p. 220, and *Lectures on the Philosophy of World History*, pp. 112, 198 – 199, 201; Weber, *The Religion of China*, pp. 152 – 153, 226 – 227, 240 – 248; Granet, *La Pensée chinoise*, pp. 25 – 29, 279, 476 – 479; Schwartz, "The Age of Transcendence", p. 3, "Transcendence in Ancient China", pp. 67, 59 – 60, and *The World of Thought in Ancient China*, p. 25, 302; Mote, *Intellectual Foundation of China*, pp. 15 – 17; Hall and Ames, *Anticipating China*, p. xiii, 257; Needham, *Science and Civilization in China*, 2: 216 – 17, 280 – 87; K. C. Chang, "Ancient China", pp. 161 – 165, and *The Archaeology of Ancient China*, pp. 415 – 416, 418 – 421; Graham, *Disputers of the Tao*, p. i and pp. 3 – 22, *Yin-Yang and the Nature of Correlative Thinking*, pp. 8 – 9; Tu Wei-Ming, *Confucian Thought*, p. 43; Keightly, "Early Civilization in China", p. 20 and p. 32; Roetz, *Confucian Ethics of the Axial Age*, pp. 273 – 274. For a coherent account of this oppositional paradigm, the reader may refer to an excellent critical survey by Michael Puett in his book, *To Become a God: Cosmology, Sacrifice, and Self-Divinization in Early China*, Cambridge, MA: Harvard University Asia Center, 2002, pp. 1 – 29.

② 关于中西方语言、文学和美学比较研究中对对立范式持异议的论述，参见 Haun Saussy, *The Problem of A Chinese Aesthetic*, Stanford: Stanford University Press, 1993, pp. 13 – 73; Longxi Zhang, *Mighty Opposite: From Dichotomies to Differences in the Comparative Study of China*, Stanford: Stanford University Press, 1998, pp. 117 – 150; Ren Yong's article, "Cosmogony, Fictionality, Poetic Creativity: Western and Traditional Chinese Cultural Perspectives", *Comparative Literature*, Vol. 2, No. 50, 1998; and Jonathan Chaves, "Forum: From the 1990 AAS Roundtable", in *Chinese Literature: Essays, Articles, Reviews*, Vol. 13, 1991; Ekström, "Illusion, Lie, and Metaphor: The Paradox of Divergence in Early Chinese Poetics", *Poetics Today*, Vol. 2, No. 23, 2002. For scholarship that challenges the contrastive paradigm in historical patterns and metaphysical thinking, see Michael Puett's two studies, *The Ambivalence of Creation: Debates Concerning Innovation and Artifice in Early China*, Stanford: Stanford University Press, 2001; and *To Become a God: Cosmology, Sacrifice, and Self-Dvinization in Early China*, Cambridge, MA: Harvard University Asia Center, 2002, 读者会发现普明书中的结论尤其具有启发性。

③ Puett, *The Ambivalence of Creation: Debates Concerning Innovation and Artifice in Early China*, Stanford: Stanford University Press, 2001, p. 17 and p. 214.

论:"当我们在探索特定语句的历史语境和隐含意思之后就会发现,将早期中国思想断定为相对于西方'二元'宇宙观的'一元论'的观点,在每一个层面上都会坍塌。"[1]

从表面上看,这种对立范式可能受文化相对主义的影响而产生,但是从深层结构来看,它产生于关于中西方思想差异的人类发展形势以及形而上学观念的一种历史感知。从历史发展来看,人们坚信中国文明遵循过去与现在之间的一种延续形式,而西方文明则被认为遵循一种断裂形式。从思想的模式来看,人们认为关联思想在中国思想中占据主导地位,而分析思想则是西方思想的特征。从形而上学的角度来看,中国思想总体上被解释为一元论,而西方思想完全是二元对立的。人们认为西方传统是建立在人类与自然界分离的基础之上,而中国传统则建立在人类与自然界紧密联系的基础之上。在西方世界,存在着一个造物主,他创造了芸芸众生;而在中国传统中,普遍认为不存在造物主。结果,西方世界观展现了神与人之间的悲剧式的紧张关系,而中国的宇宙观则体现了人与神之间和谐的合作关系。

这些二分法存在什么问题呢?笔者认为,问题不在于这些二分法是否符合中国传统与资料的真实情况,而在于是否展现一种内在的认识论问题。这里存在着两个相互关联的方面。一方面,它接近于斯皮瓦克所说的对中国传统施加的"认识论暴力"[2]。另一方面,它的产生动因是周蕾指出的"屈从于西方视角和范畴的先验性投降"[3]。前者是西方学者们致力于中国资料进行研究时的结果,而后者则是中国学者和华裔学者们自觉所为的结果。在一系列二分法中,我们会发现一些隐藏的、有意或是无意的动机。文化相对主义旨在反驳经常会导致种族中心主义和文化沙文主义的文化普遍主义,旨在挑战以欧洲为中心的范式,且力求改正西方将自己的观念强加于非西方文化的局面。但诚如一位研究印度文化的学者指出的那样:无论是鲁德雅德·吉卜林所在的殖民主义和帝国主义时代,还是我们如今身处的后殖民时代,那些无论是捍卫还是贬低东方差异的人"都共

---

[1] Puett, *To Become a God: Cosmology, Sacrifice, and Self-Divinization in Early China*, Cambridge, MA: Harvard University Asia Center, 2002, p. 321.

[2] Spivak, "Can the Subaltern Talk?" in Vincent B. Leitch, ed., *Norton Anthology of Theory and Criticism*, p. 2197.

[3] Rey Chow, ed., *Modern Chinese Literary and Cultural Studies in the Age of Theory*, p. 10.

享着最为重要的描述性假设，只是在评价上稍有区别而已"，甚至是那些"将自己视为反对帝国主义、种族主义和性别主义的人也与他们公开表明的对手之间共享着大量相应的意识形态信仰"[①]。诚然，激进的相对主义本应削弱跨文化研究中西方文化的优越感，但结果却往往背道而驰，反而加强了欧洲中心主义和西方优越感。在涉及的中西方已建立的二分法中，中国的术语不管是作为负面的类型遭受批评还是作为正面的价值受到赞颂，一种含蓄的有时甚至是明显的偏见实际上早已深深铭刻于它们内在的结构中，中国体系在其中总是处于低下的位置。我们如进一步关注这一系列二元对立，就会发现它们暗示了一种等级制度，认为中国体系总是处于低等位置。在以下对比中，这种偏见清晰可见：西方显示的特点是人为创造，抽象性，比喻，无中生有式的创造，先验精神，逻辑分析以及理性系统性；中国表现的特点是自然性，具体性，字面忠实性，刺激反应式抄录，内在的世俗主义，随意的评论，以及印象式的归纳。

在这些二分法中，无论它们是建立在兼容范式还是对立范式的基础之上，笔者发现，最关键的问题不在于它们较之中国传统与资料是否失真或错误，而在于它们展现了中西方遭遇时更深层次的严肃问题而为人们所忽视的结果。一方面，它们反映了西方看待中国的惯有方式，体现了无知、傲慢以及幻想这样的特征。另一方面，它们又反映了西方容纳以及控制中国资料和中国思想的霸权主义方式和帝国主义标准。从西方所构筑全球系统大厦的角度来看，这些二分法至少无意中满足了西方的认识论殖民化议程，导致了非西方人民的自我殖民化。

汉学主义的认识论殖民

某种意义上说，汉学主义是一种殖民，但被殖民的并非土地，而是人们的思想。参与了这种殖民化活动的人，不仅有历史上的殖民主义者，也包括被殖民的人们。换句话说，殖民者是西方人和包括中国人在内的非西方人。殖民化采取多种形式，包括暴力的和非暴力的。使用暴力的殖民化是过去所采取的方式，如今，非暴力形式的殖民化以各种各样的全球化形

[①] Parrick C. Hogan and Lalita Pandit, eds., *Literary India: Comparative Studies in Aesthetics, Colonialism, and Culture*, Albany: State University of New York Press, 1995, p. 6 and p. 8.

式伪装起来。其中，汉学主义是一种非暴力的殖民化。它包含了两种倾向，可分别被称为"认识论的殖民"和随其产生的自我殖民。非暴力殖民的这两种形式，在中西方遭遇中以及工业化国家和发展中的第三世界国家之间的文化交流中普遍存在。它们还普遍存在于中西方研究的学术研讨中。在中西方研究领域，隐形殖民化的这两种形式构成了汉学主义的体制的形成，笔者称之为"汉学主义化"（Sinologization）。"汉学主义化"并非受暴力的驱使，也非受消费型资本主义软力量的驱使，而是受类似于被盖亚特里·查克拉巴蒂·斯皮瓦克称为"认识论暴力"的理论所驱使，这是一种知识暴力，或话语暴力，由知识生产的全部机构所支持。①

笔者对汉学主义的研究主要关注在中西方学术研究领域中汉学主义的认识论原理及其表现。但是，汉学主义并不仅仅是一个中国现象，也不囿于中国研究。它包含了一种逻辑，有着国际性的倾向，暗示了一种包含广阔范围的认识论，其中囊括了所有第三世界国家及其文化。当汉学主义达到了国际规模，其逻辑浸入了某种文化的各个方面时，就发展成为有着负面结果的现状，笔者称之为"汉学主义的全球化"。汉学主义全球化在国际政治、经济、文化、社会发展以及人类生活的方方面面皆有所体现。从概念术语来说，汉学主义化是一种对非西方文化和社会进行学术研究的认识论方式，其依据是汉学主义阐明的或尚未阐明的观点，同时也以一种思想历程为依据，通过这种思想历程，非西方文化根据支持汉学主义的认识论来理解并构想它们与世界之间的联系。汉学主义化常见的一种形式就是西方化，这是在现代由包括中国在内的许多非西方国家所采取的方法。中国现代历史有着普遍的西方化趋势，无论是以马克思主义还是资本主义的形式所出现。根据其在第三世界国家及其地区所造成的后果，汉学主义化是"自我殖民化"的一种形式。

汉学主义的概念化

从概念上讲，汉学主义指中西方相遇时的出现的一系列认识论观点，自从《马可·波罗游记》首次使中西方直接面对以来，在几个世纪的全

---

① Spivak, "Can the Subaltern Talk?" in Vincent B. Leitch, ed., *Norton Anthology of Theory and Criticism*, p. 2197.

球化过程中，这些观点构成了西方看待世界其他地方所采取方式的基础。在全球化进程中，无论在古代还是现代，中国都是一条不可或缺的纽带，因为它一直以来都是作为西方的地理、政治、社会、道德以及精神的终极对立面而存在。汉学主义并非以所有与中国相关的事物为中心的一个研究领域，也不是将中国作为专业学术调查的目标而进行的批判性活动，而是泛指从西方视角来了解中国知识和中国学术的一种方式。它不存在明确的本体论，但是存在一种认识论，这种认识论不是根据中国自身，也不完全从科学、学术或客观的观点来看待中国，而是有意或无意地根据西方观点来看待中国。

首先，汉学主义是指西方学者坚持根据西方的感知、观念，抽象、归纳和分析等方法接近中国及其文化资料的努力。由于汉学主义基于这样的信念，即西方价值观是普遍的、永恒的；西方价值的判定是客观、无偏见，其主要特征就是拒绝或勉强根据中国事物自身情况进行研究。在描述中国文化时，汉学主义趋向于将中国事物纳入源自西方物质研究的观念模型。从对中国资料的评价来看，汉学主义趋向于作出有意或无意地符合学者的个人议程或符合意识形态控制议程的价值判断。从它的极端形式来看，汉学主义表现了一种明确而又隐蔽的知识观念以及方式，这种知识将西方看待世界的方式作为唯一正确的方式，而且将西方知识体系看作仅有的客观知识。

其次，有些中国学者和华裔学者已将西方视角内在化，他们在处理中国资料时，有意或无意地试图采纳西方的观念模型以及范式，将其视为唯一可行的，并将中国资料一刀切地纳入西方框架，毫不考虑中国资料的历史、观念以及文化状况，将西方学者视为无所不能的终极仲裁者，以求赢得西方的赞同和支持。在世界范围内，汉学主义是一种心态，建立在这样的基础之上——非西方人民勉强认同西方文化的优越性，有意或无意吸收西方认识论与西方对待非西方资料的方式，同时认可强加的西方模型是唯一正确的范式。这种心态产生了各式各样的实践，包括将西方范式以及方法论不加批判地应用于中国和非西方的资料，无意中采用西方标准来评价西方和非西方事物，以及采用一种近乎受虐的方式来贬低中国和非西方的事物。

超越汉学主义

总体来说，汉学主义观点束缚了中西方之间的真正对话以及不同文化之间的文化交流。它是全球化进程中一个真正的绊脚石。如果不超越汉学主义的障碍，全球化本质上就会变成"汉学主义化"，进而会成为一种或隐或显的西方化，其终极形式是美国化。尽管争论不断，全球化现在一般被视为世界文化现代化的飞速进程中的一种积极性的发展。然而，透过汉学主义的视角，笔者可以看出全球化反对者们为何如此激烈地反对这种进程。全球化带来了潜在的文化冲突，塞缪尔·亨廷顿将其称之为"文明的碰撞"[1]。依笔者之见，东西方遭遇中由全球化导致的碰撞似乎并不指文明冲突，而更多是指意识形态的冲突。在东西方研究中，跨文化传统之间的观念冲突似乎大部分是认识论的冲突。消解这些冲突的出路也并非文明层面的途径，而是认识论的途径。东西方遭遇中文化冲突的根本推动力是认识论方面西方意识形态的统治地位，是西方对待非西方文化与传统在方式方法上的意识形态的主导地位。关于这一点，在笔者批判西方关于中国知识生产的论述中清晰可见。根据笔者关于中国知识生产中的汉学主义观点和批评，可以发现，全球化主要是一种现代化进程，它建立在西方发展模型的基础之上，很少关注文化、传统以及地域之间的巨大差异，更少关注不同社会的社会状况、道德意识、生活方式以及文化价值之间的差异。正是由于这种令人遗憾的情况，全球化的各方面从本质上来说是一种汉学主义化，因为它的基本设想都是由西方认识论决定的，而它所采用的政治、社会、经济和文化发展模型主要都是西方的。

笔者并不反对全球化。相反，笔者认为这是一个积极的过程，如果以正确方式加以引导，可以产生出真正的、而非以西方为中心的普世原则和价值，从长远来看它将造福于全人类。但是，笔者同样相信，如果我们没有意识到全球化过程中的汉学主义化，全球化最终将成为西方化的一个历史运动，它的终极形式甚至是一个美国化的进程。著名的汉学家杜维明曾恰当地指出，因为西方在东亚生活的各方面以压倒一切的状态存在，现代

---

[1] Samuel P. Huntington, *Clash of Civilizations and the Remaking of World Order*, New York: Simon and Schuster, 1996.

性对东亚来说在相当大的程度上就是"西方性","东亚学者们尽管颇不情愿但还是全盘接受了现代西方国家长期作为外贸、外交、权力政治、军事对抗以及跨国交流等方面的国际游戏规则的创始人、执行人和评判人,以至于他们自然而然地认为,无论是从理论还是实践来看,现代化都是西方化的同义词"①。在许多中国学者看来,西方化具有普遍性,是全世界和人类发展的正确方向。有位声名显赫的中国人曾做出如下声明:"全盘西化就是人化、现代化,选择西化就是要过人的生活,西化与中国制度的区别就是人与非人的区别,换言之,要过人的生活就要选择全盘西化,没有和稀泥及调和的余地。我把西化叫作国际化、世界化,因为只有西化,人性才能充分发挥,这不是一个民族的选择,而是人类的选择。"②

这位中国人是在1988年的一次访谈中提出这些观点的,20年之后,他依然坚持自己的观点。他的观点暴露了汉学主义的极端程度,可以被视为汉学主义化的终极形式。无论是从理论还是实践的角度,它都表现了内在自我殖民化的一个特别案例。一些后殖民主义学者如弗朗茨·范农和霍米·巴巴批判了自我殖民化。范农研究了非洲前殖民地资产阶级的国家议程,在他的理论著作中,他注意到非洲国家的民族资产阶级是如何沿袭启蒙运动时期西方资产阶级的轨迹,但是缺乏前人的主动性、活力和创新性,仅仅是"满足于作为西方资产阶级商业代理人的角色",完成充当"国家与资本主义之间传送带"的"历史使命"。③ 两者的议程中的不同之处是,刘晓波想传播的不仅仅是资本主义,而是热衷于鼓吹西方的文化价值观,无视一个国家的历史、社会以及文化情况,将其吹嘘为适合任何文化和社会的人类普遍价值观。

然而,令笔者甚感欣慰的是,越来越多富有远见的西方学者和政治家愈来愈敏锐地意识到西方中心主义价值观的负面影响。2009年6月1日,奥巴马总统在出访沙特阿拉伯、埃及和欧洲之前,接受了BBC的采访,他发表了一种全新的观点,建议美国政府改变原有的政策。依笔者之见,

---

① Tu Wei-Ming, ed., *Confucian Traditions in East Asian Modernity: Moral Education and Economic Culture in Japan and the Four Mini-Dragons*, Cambridge, MA: Harvard University Press, 1996, p. 9.

② 参见金钟《文坛"黑马"刘晓波》,《解放月报》(香港) 1988年第12期。

③ Frantz Fanon, *The Wretched of the Earth*, quoted from Vincent Leitch, ed., *Norton Anthology of Theory and Criticism*, New York: Norton, 2001, p. 1578.

这原有政策是建立在某种汉学主义化形式的基础之上的。他指出，美国不能将自己的文化价值观强加于别国，尽管他强调一些基本原则如民主和法治的普遍适用性。① 奥巴马总统的观点似乎意味着美国政府的政策有了改变，更为重要的是，这也许代表了一个历史时刻，在此刻全世界人民意识到了超越汉学主义和抵制汉学主义化的必要性。它也许会为世界带来一个全新的时代，产生出真正的、而非以西方的观念为中心的普世原则和价值，使得全球化向着健康的方向发展，造福于全人类。在学术界，尤其是东西方研究领域，它也许会给我们带来了超越东方主义、欧洲中心主义、西方中心主义、族群中心主义、汉学主义和汉学主义化的灵感与洞见。至于如何走出汉学主义思维的窠臼，笔者已另撰文论述，在此文结尾之时，笔者只想就超越汉学主义化的方法论提出一个拙见：源远流长的中华文明是一部博大精深、需要不断诠释的巨著。阅读这部巨著时，无论是中国人自己还是西方的他者，都是从一种影响阅读与理解的主观立场或者伽达默尔所说的"偏见"出发。因此我们需要采用一种建立在循环释义基础之上的诠释学方法，不断修正"偏见"，从而不断完善对中华文明这部大书的理解，以产生真正客观的、具有普世性的知识。

[原载《南京大学学报》（哲学·人文科学·社会科学）2010 年第 1 期]

---

① 参见 Justin Webb, "An interview with President Obama", Monday, 1 June 2009, BBC News.

什么是汉学主义?[①]
——探索中国知识生产的新范式

顾明栋

自 2010 年年初在《南京大学学报》上发表第一篇有关"汉学主义"的文章以后,笔者在国内其他杂志上连续发表了三篇有关汉学主义的文章。在第五篇汉学主义的文章即将发表之时,有必要对前四篇文章作一简单回顾,以方便读者了解汉学主义的总体思路。第一篇文章《汉学与汉学主义:中国研究之批判》提出"汉学主义"的概念,批判性地审视汉学主义在汉学研究领域,特别是语言研究和文学研究及其他领域的表现,并指出汉学主义在这些领域内形成的中西二元对立的研究范式及其对中国知识的扭曲。第二篇文章《汉学主义:中国知识生产中的认识论意识形态》发表于《文学评论》2010 年第 3 期,文章以西方对中国形象和中国文化自相矛盾的看法为切入点,探索汉学主义的种种现象背后的认识论和意识形态,指出汉学主义是一种建筑在以西方为中心的意识形态之上的知识体系,其理论核心是认识论和方法论的他者殖民和自我殖民衍生而成的意识形态。第三篇文章《汉学、汉学主义与东方主义》发表于《学术月刊》2010 年第 12 期,文章针对学界认为汉学主义是另一种东方主义的看法,探讨汉学主义与汉学、汉学主义与东方主义、汉学主义与其他一些主义之间的关系,并对汉学主义的一些核心问题进行概念性探讨。文章指出,汉学主义不是汉学,也不是东方主义或其他形式的西方中心主义。汉

[①] 本文为 2010 年 10 月 19—21 日在南京大学人文社科高级研究院和美国达拉斯德州大学人文艺术学院共同举办的《汉学主义:理论探索》研讨会上的发言修订稿。借此机会,笔者向研讨会的首要发起人——南京大学人文社科高级研究院的周宪教授和具体组织研讨会的何成洲教授表示诚挚的谢意,并向与会的各位学者对笔者的观点提出的宝贵意见表示感谢。

学主义是一个独立的、带有独特的认识论和方法论的理论范畴,是关于知识生产的研究,确切地说,是对相对于西方和世界的中国及其文明的知识生产的一种批判性研究。第四篇文章《汉学主义:中国知识生产中的方法论之批判》发表于《清华大学学报》2011 年第 2 期,文章探讨汉学主义赖以产生的背景、心态,思维定势与方法论,着重分析了一些西方重要思想家和学者如何在他们影响深远的著作中奠定汉学主义的方法论,并提出摆脱汉学主义思维习惯和研究方法的建议。即将发表的第五篇文章《什么是汉学主义?》从"汉学主义"概念的产生和东方主义及后殖民理论的局限入手,提出去政治化和去意识形态化的汉学主义批评理论,对汉学主义的核心问题进行概念性的探讨,其中包括:汉学主义理论的意义,研究领域和范围,内在逻辑、工作原理、性质和定义,以及该理论的未来发展方向。汉学主义既是一个知识系统,又是知识生产的一种实践理论,是中国知识生产和学术研究中建立在西方的种种观点、概念、理论、方法和范式的总体基础之上的智性无意识或学术无意识。但汉学主义的理论不应成为后殖民主义的政治批判理论,而应成为去政治化和去意识形态化的学术批评理论,把追求尽可能客观、公正、科学的知识生产和学术研究作为终结目标。在全球化的大语境下,很有必要进行改革开放以来学术思想的二次解放,克服汉学主义的认识论和方法论惰性,建立中国知识生产的新范式。

为什么提出汉学主义?

在过去的二十多年中,笔者的脑海中一直盘旋着这样一个问题:多少个世纪以来,为什么西方和世界总是源源不断地生产出偏离于中国文明实际的中国知识呢?在观察研究了众多领域内大量的不准确与歪曲的案例后,笔者逐渐意识到对中国的错误感知与对中国文化的误解,并非简单地源于显而易见的偏见与信息错误,而是存在着根深蒂固的认识论源头与方法论导向,而且这几乎已经构成了一种智性无意识和学术无意识,进而影响了中国人自己对中国文化和文明的认识和研究。西方生产的知识中大量存在的互相冲突的中国形象,以及中国人对自己文化的矛盾看法正是这种智性无意识和学术无意识的必然结果,而这种无意识盘踞在所有对中国错误感知的中心,构成了一个综合知识系统的内在逻辑,本人将其称为

"汉学主义"（Sinologism）。由于历史、地域、文化、和国际政治等原因，中西研究中的智性无意识和学术无意识深藏不露，且层次多样而复杂。国内外现有的研究表明，要穿透其表象达到核心，现有的文化批评理论往往显得力不从心。因此，在东方主义、后殖民主义和其他文化研究理论已成为东西方研究的主导批评范式之时，我们非常有必要提出"汉学主义"这一新的理论范畴。

　　汉学主义作为一个新词，似乎最早出现于20世纪90年代末期。在西方，最早使用这一词语的学者可能是澳大利亚的鲍波·霍奇（Bob Hodge）和雷金庆（Kam Louie）教授。① 在他俩1998年合著的一本书中，他们使用了"汉学主义"（Sinologism）一词。同一年，在德国的一位华裔学者也出了一本书，在这本研究17—18世纪欧洲思想家和文学家如何构建想象的中国的书中，他也使用了"汉学主义"这一概念。② 在中国，最早使用这一词语、并将其作为一个批评话语提出的学者是厦门大学的周宁教授。③ 该词出现以后，并未引起学界的注意，因此只是偶尔散见于中西一些学术研究中。作为一个新词，目前尚未被收录进字典，也没有明确的定义。作为一个全新的概念，其外延与内涵仍然是开放的，有待于进一步探索和界定。然而，它很明显是受萨义德的《东方主义》启发而产生的，有学者更直接指出，萨义德的东方主义理论会自然而然地让人想到并使用"汉学主义"这个概念，以描述汉学研究中的东方主义现象。④ 的确，中西现存的少数涉及该词语的资料都赋予了它这样一种特征，认为它是东方主义的一种亚形式，或者就是汉学研究中的一种东方主义。⑤

　　经过多年的观察、思考和研究，本人认为，汉学主义与关注中国研究

---

① 参见 Bob Hodge and Kam Louie, *The Politics of Chinese Language and Culture*: *The Art of Reading Dragons*, London and New York: Routledge, 1998.

② Adrian Hsia, *Chinesia*: *The European Construction of China in the Literature of the 17th and 18th Centuries*, Tübingen: Max Niemeyer Verlag, 1998.

③ 见周宁《汉学或"汉学主义"》，《厦门大学学报》2004年第1期。

④ Adrian Hsia, *Chinesia*: *The European Construction of China in the Literature of the 17th and 18th Centuries*, p. 7.

⑤ "汉学主义"出现以后，无论在中西方，其含义完全一致，都被解释为"汉学研究中的东方主义"。参见 Bob Hodge and Kam Louie, *The Politics of Chinese Language and Culture*: *The Art of Reading Dragons*, pp. 12 - 17；周宁：《汉学或"汉学主义"》，《厦门大学学报》2004年第1期；顾卉：《汉学主义的"超越"与"内在超越"》，《江苏教育学院学报》（社会科学版）2007年第2期。

的汉学密切相关，但不是汉学的一种形式。它与东方主义、欧洲中心主义、西方中心主义、族群中心主义或后殖民主义有关，但也不是这些主义的翻版。与萨义德的东方主义相比，东方主义完全是西方人的产物，而汉学主义并不完全是西方人的发明，它是西方人和中国人共同创造的产物，某种意义上说，由于它是多个国家和地区的人们共同创造的产物，因而也是一种以中国为内容、供全球人消费的智性商品。对中国人而言，汉学主义不仅是西方汉学家和华裔汉学家向西方和世界描绘的中国，而且还是以中国知性原料为内容、经西方加工以后出口转内销的热门商品。①

汉学主义是政治批判理论吗？

有人会以为，汉学主义也许是一种类似于东方主义和后殖民理论的政治批判理论或意识形态理论。现有涉及汉学研究的反思也持这一看法。北京外国语大学的张西平教授指出，近年来国内研究西方汉学和中国学的著述虽然成果不凡，但由于照搬了萨义德东方主义的意识形态批判路数，"总体上缺乏理论的创造和文化的自觉"，因而"是后殖民主义在中国的翻版"②。一些涉及"汉学主义"这一概念的论述似乎证实了这一论断。但笔者要说明的是，汉学主义与以东方主义为基石的后殖民理论的确有着共同的基础，但不是另一种后殖民理论。以东方主义为例，汉学主义的母体汉学或中国学与东方主义的母体东方学在起源、历史、发展以及从事研究的人员等方面有显著不同，更为重要的是，汉学主义在研究范围、内在逻辑、工作原理和功能方面也与东方主义很不相同。两者的差异有多个方面，在此只是做一个简要归纳。③

第一，汉学主义因其地理政治和地理文化的因素有别于东方主义。依据萨义德的观点，东方完全是西方想象的产物，没有这种想象东方就无法

---

① 国外汉学研究和中国学研究的成果，一经介绍到国内，立刻获得追捧，甚至被奉为理想的研究范式。北京大学温儒敏教授将这种现象和做法称为"汉学心态"。另参见拙文《汉学与汉学主义：中国研究之批判》，《南京大学学报》2010 年第 1 期；《汉学主义：中国知识生产中的方法论意识形态》，《文学评论》2010 年第 4 期。

② 张西平：《萨义德的〈东方学〉与西方汉学》，载李雪涛著：《日耳曼学术谱系中的汉学——德国汉学之研究》，外语教学与研究出版社 2008 年版。

③ 有关汉学主义与东方主义及其他相关主义的具体差异，请见拙文《汉学、汉学主义与东方主义》，《学术月刊》2010 年第 12 期。

存在。① 尽管西方对中国也带有大量想象的表述,但是,在公元以前中国在西方的印象中就已经是文化现实而不是海市蜃楼式的虚构。无论就西方人还是中东人而论,东方作为包含中东的一个构成实体也许是正确的,但是汉学主义具有真实、具体的研究对象,那就是中国。

第二,因为地理政治、历史以及文化因素,萨义德的东方主义理论存在一定的范围与局限性,常常无法解释汉学与中国研究中的许多现象和理论问题。特别是人们将萨义德的理论见解乃至东方主义用于中国资料研究,常常是方枘圆凿,有隔靴搔痒之感。

第三,与东方主义相比,汉学主义的母体,汉学或中国学,从最初的兴起到今天的繁荣,一直存在着一种强大的非政治化和非意识形态化的内部机制。因此,笔者不同意有些学者提出的关于"汉学"的出现是出于殖民扩张的需要的断言。在此,笔者不想从汉学的产生与发展的历史进行深度探讨,只想举一个典型的例子。张宽先生在《萨义德的"东方主义"与西方的汉学研究》一文中提出西方汉学是应殖民主义扩张需要而产生并为其服务的观点。他特别指出,第二次世界大战以后创立中国学的美国著名的汉学家费正清的《剑桥中国史》和美国的帝国主义扩张的内在联系就是明证。② 诚然,当下中西方多数学者认为,美国的中国学的建立和发展深受第二次世界大战以后以美国为中心的西方新殖民主义在全球扩张政策的影响,某种意义上可以说是冷战的产物,但张宽却忽视了这一事实:即正如美国学者傅高义(Ezra F. Vogel)所言,冷战期间从事中国研究的学者们"都不是激愤的冷战斗士"③。如果说在麦卡锡主义盛行的冷战早期那样一种大环境下,从事中国研究的汉学家们都不愿做帝国主义的工具,这一事实正好证明了汉学或中国学存在着一种非政治化和非意识形态化的内部机制,与东方学有着相当不同的非政治立场。萨义德的《东方主义》一书可以说是一部学术领域的政治批判理论,他自己在导论中就直言不讳的声明,他的著作就是提出了一系列"质疑东方主义的政治问题"④。

---

① Said, *Orientalism*, pp. 21－22.
② 见张宽《萨义德的"东方主义"与西方的汉学研究》,《瞭望》1995 年第 27 期。
③ Ezra F. Vogel, "Contemporary China Studies in North America: Marginals in a Superpower", in Hsin-chi Kuan, ed., *The Development of Contemporary China Studies*, Tokyo: The Center of East Asian Cultural Studies for UNESCO, 1994, p. 190.
④ Said, *Orientalism*, p. 15.

东方主义（或称东方学）研究的对象是中东地区的历史、语言、文学、艺术、思想、宗教和社会，本来是一个正面的学科术语，但在萨义德的书中，政治性和意识形态性的批评完全颠覆了该术语的学术合法性，相比之下，无论是传统汉学还是新兴的中国学，都没有东方主义那么强烈的政治性和意识形态性，笔者不是说，汉学和中国学完全没有学术政治化的现象，而是说没有学术政治化的内在动力。

第四，尽管在许多场合萨义德坚持汉学属于东方主义的范畴，但是有一特殊因素使得汉学与东方主义大不相同。在萨义德的理论中，东方主义者专指西方学者（主要英国和法国学者）。作为"局外"的观察者，他们致力于制造有关中东文化的本质主义和歪曲的再现。在很大程度上，殖民主义"他者"的概念为萨义德的东方主义理论提供了概念支撑与合法性。然而，"殖民主义他者"的概念在汉学中却不存在对等的参照，因为汉学的本源是中国对其自身文化与文明的研究，许多西方汉学家的老师都是中国学者。与埃及学以及东方研究的其他分支不同，它们大多由西方学者开拓和经营，而汉学则源于中国对自身文化与文明的研究，一开始就有华裔学者的参与，近半个世纪以来，华裔的汉学家并不少于西方汉学家。第五，在以西方为中心的权力话语和话语霸权的全球语境下，汉学主义的发展呈现东方主义所没有的现象，即"自我东方主义化"或"自我他者化"。在传统情况下，西方人将非西方人视为他者，以此展示他们的与众不同，显示他们比后者优越。但是在汉学主义中，中国人可以将自己置于西方人的位置、将自己视为他者，因此这就使汉学主义增加了一种维度，这在东方主义中尚未发现。汉学主义的这种特殊形式也可被称为"逆向他者化"。

第五，汉学主义不是一个区域性问题，而是超越汉学和中西研究领域的一种全球现象。因为国际知识系统受控于西方，所以非西方国家及其人民趋向于通过西方的视角来看待中国及其文明，而他们也是通过西方知识来形成自己对中国知识的认知。最具讽刺的是，这些非西方国家也包括了中国自身，因为许多中国学者以及华裔学者趋向于从西方视角来看待中国及其文明。因此，汉学主义可以被理解成对西方视角与西方生产的中国知识消费的响应、回应、接纳、吸收和内在化。这一多重维度，构成了认识论中一个以西方为中心的意识形态，这种认识论引导了人们看待中国的现代方式，导致了关于中国和其他非西方国家的知识生产的一种特殊方法论。

通过上述分析，笔者认为，非政治化和非意识形态化的倾向是汉学主义与东方主义和其他后殖民理论的最大差别。这一性质赋予汉学主义的理论一种潜能，可以使其从一种解构主义的批评话语转变成建设性理论范式。东方主义或其他后殖民理论都是政治性批判理论，而政治批判理论由于其鲜明的意识形态性而比较容易流于言人人殊的主观主义批评。萨义德的《东方主义》一书在东方学界引起了强烈的反批评，以及在汉学界引起的广泛争议，清楚地说明了这一点。[①] 东方学原来是一门深受尊重的学科，东方主义也本是一个正面的术语，但萨义德的东方主义理论完全颠覆了东方学作为一门学科的学术合法性和"东方主义"这一术语的政治合法性，引起了东方学家对的强烈不满。毋庸置疑，东方学家的反批评带有一定的政治性、意识形态性，甚至种族的意味和偏见，但他们对萨义德的《东方主义》把东方学及其研究的成果与欧洲帝国主义和殖民主义的政策和扩张完全捆绑在一起的做法表示不满，不是完全没有道理的。特别是他们对萨义德的《东方主义》在学术层面的不足以及在处理历史资料时表现出的过于简单化的政治批评，确实不是萨义德在反批评时一句这是"典型的东方主义的话语"所能驳倒的。相比之下，笔者提出汉学主义这一理论的目的丝毫没有质疑或颠覆汉学或中国学作为学科的合法性。恰恰相反，笔者的终极目标是通过批判汉学研究和中国研究中的种种问题，其中也包括学术政治化的问题，达到去政治化和去意识形态化的结果，使汉学或中国研究真正成为一门尽可

[①] 有关东方学家的反批评，参见 Bernard Lewis, *Islam and The West*, New York: Oxford University Press, 1993; John M. Mackenzie, *Orientalism: History, Theory and the Arts*, Manchester and New York: Manchester University Press, 1995. 对于东方主义在汉学界引起的反应，参见 Simon Leys, *The Burning Forest: Essays on Chinese Culture and Politics*, New York: Holt, Rinehart, and Winston, 1985, pp. 95 – 99. 其他对萨义德的东方主义持批评态度的汉学家还包括 Norman J. Girardot, *The Victorian Translation of China: James Legge's Oriental Pilgrimage*, Berkeley and London: University of California Press, 2002, p. 530; Robert A. Kapp, ed., "Review Symposium: Edward Said's Orientalism", in *Journal of Asian Studies*, Vol. 3, No. 39, 1980; Peter Gran, "Review of *Orientalism* by Edward Said", in *Journal of the American Oriental Society*, Vol. 3, No. 100, 1980, pp. 328 – 331; and Jonathan D. Spence, *Chinese Roundabout: Essays in History and Culture*, New York and London: Norton & Company, 1992, p. 90.

能科学、客观、公正地生产有关中国知识和学问的学科,并使现存有关的汉学主义的观念从一种像东方主义那样的政治批判理论转变成一个学术批评的理论范式。

同样,汉学主义与后殖民理论也存在着一些差异。像东方主义理论一样,后殖民理论是一种因分析和批判殖民主义的文化遗产而产生的批评话语,其基本目标是要清除殖民主义在文化方面的影响。虽然中国从来没有沦落为西方帝国主义的殖民地,但殖民主义的文化遗产,特别是在精神和智性层面上或是清晰可见地存在于社会生活之中,或是隐晦曲折地存在于人们的思想之内。在这一方面,汉学主义与后殖民理论在认识论和方法论上有着共同的基础。但后殖民理论由于重点关注身份、种族、族群、肤色、性别、民族性等政治性和意识形态性问题,疏忽了知识生产和学术研究的相对科学性和客观性,常常流于主观主义的政治批评和意识形态的批判。这一问题在中外有关后殖民理论的大辩论中暴露无遗。在西方学术界,即使是同样属于后殖民理论阵营的学者对同一个问题也会发表截然相反的看法。比如,对马克思与后殖民理论的关系,萨义德把马克思看成是一个与其他殖民主义者有着相似之处的东方主义者。而斯皮瓦克等人则把马克思看成是一个坚定地反对殖民主义的革命理论家。政治和意识形态批判的流弊在内地、港、台和海外华人学术圈内也暴露无遗。20世纪80年代末和90年代期间,中外华人学界围绕"统一"与"独立""中心"与"边缘""本土化"与"西方化""传统"与"现代""理论"与"现实""民族性"与"普世性"等论题展开了一场大辩论,辩论的双方常常几乎是陷入公说公有理、婆说婆有理的尴尬境地。① 笔者在研究过中外学者有关后殖民的辩论以后发现一个有趣的现象:他们与其说是在分析和研究学术问题,创造新学问和新知识,不如说是在使用自己所知的当代理论,从自己的政治立场和意识形态出发,提出耸人听闻、吸引眼球的新观点,以在众声喧哗的学术界占有一席之地。也就是可以说,主导辩论的动因不是对真知灼见的追求,而是往往流于基于某种意识形态立场、宣扬某种理论观念的个人学术诉求。另外,在汉学和中国学研究方面,我们也看到截然相反的两种态度。一方面是一些学者质疑西方汉学作为一门学科的学术合

---

① 有关这场大辩论,赵稀方做过十分全面的综述,并予以精当的剖析,参见他的《后殖民理论》,北京大学出版社2009年版,第220—279页。

法性，提醒人们警惕汉学和中国学研究中的新殖民主义倾向[①]；另一方面，一些学者则大声疾呼要正视中国研究中的民族主义倾向[②]。

国际上有关后殖民研究的大辩论甚至引发了不同政治倾向和不同学派之间的文化战争（Culture War）。一方面是后殖民理论的倡导者与后殖民理论的批评者之间的遭遇战，另一方面是后殖民理论内部的批评者之间的混战。各方的差异有时几乎达到水火不相容的地步。萨义德的《东方主义》和《文化与帝国主义》发表以后，英国学者除了马克思主义批评家伊格尔顿以外，几乎一面倒地表示了批评意见，不少学者甚至表示不屑一顾。剑桥大学著名哲学家与社会人类学家欧内斯特·盖尔纳（Ernest Gellner）在《泰晤士报文学副刊》上发表文章，对萨义德的《东方主义》和《文化与帝国主义》提出尖锐的批评，将其贬斥为"很有趣但在学术上没有价值"[③]。美国历史学家罗素·雅可比（Russell Jacoby）也对东方主义和后殖民理论在著述中"点缀一些葛兰西和霸权的词句"的政治批判表示不满。英国东方学学者约翰·麦坎齐更直截了当地尖锐批评萨义德及其支持者在帝国历史和史学方面的无知和意识形态偏见，称在这两个领域里"没有人比他们更能表现出左派文学批评家的幼稚和考虑不周"[④]。值得注意的是牛津大学的文艺评论家彼得·康拉德（Peter Conrad）在《观察家报》上发表的文章，他把以萨义德为领军人物的后殖民批评理论称为是自60年代民族解放运动以来释放出的当代"怨恨和恼怒文化"的症状[⑤]。《后殖民理论》一书的英国学者巴特·穆尔—吉尔伯特一语中地指出，"依康拉德的口气，后殖民批评家经受了被新右派讥讽为'政治正确'所带来的巨大冲击"[⑥]。显然，后殖民理论给西方社会以意识形态为导向的文化战争提供了武器弹药，而文化战争的牺牲品就是教育，就是知识的生

[①] 见张宽《关于后殖民主义的再思考》，《原道》（第三辑），中国广播电视出版社1996年版；张松建：《殖民主义与西方汉学：一些有待讨论的看法》，《浙江学刊》2002年第4期；周宁：《汉学或"汉学主义"》，《厦门大学学报》2004年第1期。

[②] 见陶东风《警惕中国文学研究中的民族主义倾向》，《探索与争鸣》2010年第1期。

[③] *Times Literary Supplement*, April 9, 1993, p. 15.

[④] John M. Mackenzie, *Orientalism: History, Theory and the Arts*, Manchester and New York: Manchester University Press, 1995, p. 36.

[⑤] Peter Conrad, "Empire of the Senseless", *Observer*, February 7, 1993.

[⑥] ［英］穆尔—吉尔伯特：《后殖民理论》，陈仲丹译，南京大学出版社2000年版，第11页。

产、传播和理解，就是社会的文化建设。

正是这些截然相反的立场及负面影响使笔者看到了东方主义和后殖民理论的局限：即对国籍、种族、民族、族群、阶级、性别等政治性和意识形态问题的高度关注造成了对知识和学术的忽视。这一认识促使笔者提出去政治化和去意识形态化的汉学主义批评理论，把追求尽可能客观、公正、科学的知识生产和学术研究作为这一理论的终极目标。汉学主义的理论与东方主义以及其他意识形态理论的重要区别就是，汉学主义理论也关注学术的政治化和意识形态化，但关注的目的恰恰是为了去政治化和去意识形态化。因此，可以作出这样一个结论：汉学主义不是一种政治批判理论。之所以不是政治批判理论，是因为该理论关注的不是政治批判，而是知识生产和学术批评。

什么是汉学主义？

在学理上，笔者认为，汉学主义首先是采用独特的认识论与方法论来研究中国的一种知识生产方式。汉学主义既是一个知识系统，又是知识生产的一种实践理论。前者主要包括了中西方研究中纷繁复杂的现象，而后者则涉及全世界，尤其是西方在生产关于中国文明的知识时所采用的方式和实践。从整体上看，它作为一个知识系统，建立在西方为中心的种种观点、概念、理论、方法和范式构成的总体基础之上。其理论核心是以认识论和方法论的殖民化与自我殖民化为中心的一种隐性意识形态。它呈现出两种对立的趋势：一种是以浪漫的态度美化中华文明，居高临下地欣赏、甚至夸大中国事物的价值；另一种则是根据来自西方资料研究中的目的论模型来批判中国文化，摒弃和贬低中国事物的价值。尽管这两种趋势互为对立，但是它们有着一个共同的基础：即必须坚持以西方标准作为衡量的尺度来评价中国资料。汉学主义还存在着第二个层面，这是在东方主义中几乎不存在的现象。这一层面也有两个方面。一方面是非西方人民（包括中国人自己）对西方认识论有意识或无意识的吸收，并在处理中国资料时自觉或不自觉地接受强加的西方范式，自发地采用西方标准来评价中西方事物，以及或隐秘或直白地承认西方文化优越于非西方文化，甚至表现为某些中国人（包括一些精英人士）以自虐的方式诋毁诅咒中国文化。

另一方面刚好相反。一些华裔汉学家和国学研究的学者认为，由于中国历史、语言、文学、文化的源远流长和独特之处，西方学者几乎不可能深刻理解中国文化和文明的精髓，因此，他们的中国研究不是一知半解的皮相之见，就是因充满西方中心主义的偏见而谬误百出。比如有中国学者声称，中国古诗只有中国人才能真正地理解和欣赏。这一看法被一些西方汉学家批评为"族群批评"（ethnocriticism）①。更有一些学者认为，中国传统完全有别于其他文化传统，因而应该对西方的理论和方法持拒绝和抵制的态度，坚持用传统的中国治学方法来研究中国学问。这类观点不仅带有中国中心主义的倾向，更有文化原教旨主义之嫌。

　　汉学主义概念中存在着一种综合范式，并以此范式处理中国知识生产。对此范式的研究可以描述在中西研究中的一系列纷纭复杂的现象，亦可辨析西方对中国文化的观察、建构和评价中存在的认识论方面的普遍问题。总体而言，汉学主义首先是一套集各种观点、概念、理论、方法和范式于一体的隐性体系，它由西方构建并运用在西方与中国的接触中处理一切有关中国的事务和阐释纷纭复杂的中国文明。从概念上讲，汉学主义指中西方相遇时出现的处理中国知识而产生的种种观念和方法。汉学主义并非以所有与中国相关的事物为中心的一个研究领域，也不是将中国作为专业学术调查的目标而进行的批判性活动，而是泛指从西方视角来了解中国知识和从事中国学术的一种方式和实践。它起先并不存在明确的本体论，但是却存在一种认识论，这种认识论不是根据中国自身，也不完全从科学、学术或客观的观点来看待中国，而是有意或无意地根据西方观点来看待中国。这样以西方为中心的认识论导致了以西方学界的目的论为核心的方法论，这种方法论几乎控制着中国近百年来人文社科的学术研究，几乎每个领域都唯西方马首是瞻，养成了认识论和方法论的惰性，造成了中国学者的想象力和创造力的萎缩，在科学技术领域亦是如此。

　　首先，汉学主义是指西方学者坚持根据西方的观察、构想，抽象、归纳和分析等方法接触中国及其文化资料的努力。由于汉学主义基于这样的信念，即西方价值观是普遍的、永恒的；西方价值的判定是客观、无偏见

---

① 参见 Edward Schafer, "What and How Is Sinology?" Inaugural lecture for the Department of Oriental Languages and Literatures, University of Colorado, Boulder, October 14, 1982.

的，其主要特征就表现为拒绝或不愿意从中国自身的角度去研究中国。在描述中国文化时，汉学主义者趋向于将中国事物纳入源自西方资料研究的观念模型。从对中国资料的评价来看，汉学主义者趋向于作出有意或无意地符合其个人目的或符合意识形态控制动机的价值判断。从它的极端形式来看，汉学主义表现了一种明确而又隐蔽的知识观念以及方式，这种知识将西方看待世界的方式作为唯一正确的方式，而且将西方知识体系看作仅有的客观知识。

其次，有些中国学者和华裔学者已将西方视角内在化，他们在处理中国资料时，有意或无意地试图采纳西方的观念模型以及范式，将其视为唯一可行的，并将中国资料一刀切地纳入西方框架，毫不考虑中国资料的历史、观念以及文化状况，并将西方学者视为无所不能的终极仲裁者，以求赢得西方的赞同和支持。在世界范围内，汉学主义是一种心态，建立在这样的基础之上：非西方人民勉强认同西方文化的优越性，有意或无意吸收西方认识论与西方对待非西方资料的方式，同时认可强加的西方模型是唯一正确的范式。这种心态产生了各式各样的实践，包括将西方范式以及方法论不加批判地应用于中国和非西方的资料，有意无意地采用西方标准来评价西方和非西方事物，以及采用一种极不客观的方式来贬低中国和非西方的事物。西方学者刚愎自用地将某个模型强加于中国资料，中国学者心悦诚服地尊崇和赞同西方模型，一些人更从西方人的角度，以近乎自虐的方式贬低诅咒中国文化，这些现象构成了汉学主义的一种特殊形式，笔者称之为"汉学主义化"。

汉学主义化

从本体论讲，汉学主义是关于中国知识生产的过程和结果中存在的一般问题性，但是当其有问题的认识论与方法论不断深化以后，它就转变为思想观念的殖民化。在此，被殖民的并非土地，而是人们的思想和精神。参与了这种殖民化活动的人，不仅有历史上的殖民主义者，也包括被殖民的人们。换言之，殖民者是西方人和包括中国人在内的非西方人。汉学主义是一种非暴力的殖民化。它包含了两种倾向，可分别被称为"认识论的殖民化"和随其产生的自我殖民化。非暴力殖民化的这两种形式,在中西方遭遇中以及工业国家和发展中的第三世界国家之间的文化交流中普遍存在。它们还普遍存在于中西方研究的学术研讨中。在中西方研究领域,隐形殖民化的这两种形式经过国际化、制度化和常规化以后,"汉学主义化"就应运而生了。

从概念术语来说,汉学主义化是汉学主义的一种完全负面的特殊形式。汉学主义的研究主要关注的是中西方学术研究领域中的认识论原理及其表现。但是,汉学主义并不仅仅是一个中国现象,也不囿于中国研究。它包含了一种逻辑,有着国际性的倾向,暗含了一种国际范围的认识论,其中涵盖了所有第三世界国家及其文化。当汉学主义达到了这样的国际规模,其逻辑浸入了某种文化的各个方面时,就发展成为有着负面结果的现状,呈现汉学主义化的特征。汉学主义化在国际政治、经济、文化、社会发展以及人类生活的方方面面皆有所体现。在对非西方文化和社会进行学术研究时,汉学主义化的认识论依据的是汉学主义阐明的或尚未阐明的观点,同时也以思想方法的殖民化为依据,通过一种左右学术研究的认识论和方法论的思想殖民化过程,非西方文化根据支持汉学主义的认识论来理解并构想它们与世界之间的联系。汉学主义化常见的种种形式既有精英阶层的"全盘西化",也有普通民众的"崇洋媚外"。根据其在第三世界国家及其地区所造成的后果,汉学主义化可以说是"智性殖民化""自我殖民化"和"精神殖民化"。在中国文化圈内,汉学主义化的奇特之处在于,相当数量的中国人和华裔西方人会主动接受西方的文化霸权主义,承认他们自己母族文化是落后的,是应该从地球上被淘汰的。这种自轻自贱的思想就是"汉学主义化"的典型表现,而汉学主义化的极端形式甚至呈现出逆向种族主义的倾向,比如有人竟然把中国人说成是"垃圾堆上的苍蝇","污水坑中的蚊子",视中华民族已经堕落为"畜群"和"流氓无赖",有着"次法西斯主义的卑怯",并"污染了文明和国际社会"。

如果我们不知道作者的身份,一定以为这是一段欧洲新老纳粹分子和美国三K党徒及白人至上主义者的种族主义胡呲(racist slur),但遗憾的是,它却出自一位被认为是中国当代精英的中国知识分子的笔下。如此登峰造极的文化自虐行为在世界历史上可能是绝无仅有的,笔者孤陋寡闻，实在想不出还有类似的现象可与之相比。阿Q的自轻自贱有点相似，但阿Q是文学作品中塑造的人物，而且还是有点儿自大的，他的自轻自贱行为是在别人武力威胁之下所做的无奈之举。像如上主动自觉地对自己民族和人民进行种族主义攻击的激烈程度可以申报吉尼斯世界纪录了。这位愤世者也许像鲁迅那样对中国文化怀有爱之愈深、恨之愈切的愤懑之情，但鲁迅有过以这样恶毒的语言咒骂过中国人吗？这样的言论，即使在言论相对自由的西方也要被谴责为不可原谅的种族主义言论。大家不会忘记，2008年美国CNN一个主持人谩骂中国人是一群流氓恶棍的事件，在全球华人强烈抗议并要对其提出法律控告的压力之下，不得不公开道歉。种族主义者攻击其他民族的种族主义的胡呲，从种族主义者的自身角度尚可理解，但上一段对自己民族和人民的种族主义攻击就令人难以理解了。看来只能理解为这样的文字抨击的对象不包括作者自己，因为作为一个"精英"，他肯定不会认为自己是他所描绘的"畜群"里的一头畜生和"污染了文明和国际社会"的"流氓无赖"，更不会是他所蔑视的"垃圾堆上的苍蝇"和"污水坑中的蚊子"。这种从种族主义者的他者角度攻击自己民族和人民的惊世骇俗的现象就是他者化之后的"逆向种族主义"，是汉学主义化登峰造极的形式。读者一定会注意到，这种诬蔑之词刚好与西方种族主义分子的用词重合，这一现象使得汉学主义大不同于东方主义。萨义德的东方主义理论曾指出，东方人不是欧洲人的诘问者，而是"沉默的他者"。[①] 在汉学主义化的情形下，一些中国人常常不知不觉地成了西方人的应声虫（echoing other），甚至是新殖民主义的帮凶。

汉学主义的定义及范围

综上所述，汉学主义既是认识论、方法论，又是意识形态。作为认识论，汉学主义是看待中国和与中国相关的世界事物的总体方式。作为意识形态，是由西方学者和非西方世界在中西方接触时所持有的一系列观点、信仰、态度和价值的总和。关于两者之间的关系，并非意识形态

[①] Edward Said, "Orientalism Reconsidered", in *Literature, Politics and Theory: Papers from the Essay Conference, 1976-1984*, edited by Francis Barker et al., London, 1986, p. 215.

决定了认识论而是认识论演变成了意识形态。因此，汉学主义也许应该在概念上定义为"认识论的意识形态"。它有两个范畴：一个与中国相关联，另一个与世界相关联。在中西研究中，汉学主义的表现有两个方面，其中一个方面是观察和研究中国的西方学者们全面看待中国的方式。居其范畴核心的是西方习惯性地从西方角度，用西方的价值观去观察、建构，以及赋予中国文化以意义。这一核心决定了该概念范畴中具有一种固有的存在意识，即拒绝或不愿意从中国自身的角度去研究中国及其资料。这种看待问题的方式生产出来的中国知识经常大大偏离中国现实，由此而产生的中国学术与其说是对中国客观的研究，不如说是对中国问题西方化了的描述。汉学主义的另一范畴与中国人有关，尤其表现在中国知识分子看待中国与西方的关系的看法之中。这一范畴是前一范畴的反映或折射，其核心在于中国知识分子习惯性地用西方的观察、构想和评价来看待中国，以及相应地用西方价值观，西方的首肯或反对来判断和衡量自己文化的价值和成就。在世界范围内，它既表现为若干中国知识分子透过西方眼光来看待世界的普遍倾向，也表现为全世界人民透过西方眼光来看待中国。

本文前面提到，汉学主义的内涵和外延尚待认证和确定，但为了有助于继续深入探讨这一概念，笔者认为似乎可以作一个初步的定义：汉学主义既是一个知识系统，又是知识生产的一种实践理论。前者主要包括了中西方研究中偏离中国文明实际状况而产生的纷繁复杂的现象，而后者则涉及全世界，尤其是西方和中国在生产关于中国文明的知识时所采用的有问题的认识论和方法论。从整体上看，它作为一个知识系统，是建立在以西方为中心的种种观点、概念、理论、方法和范式构成的总体基础之上的，其理论核心是以认识论和方法论的他者殖民与自我殖民为中心的一种隐性意识形态。由于西方近代以来的强势文化压境和中国一百多年来的积弱不振，这种隐性意识形态已演变成涉及中国各行各业的智性无意识和覆盖一切中国学术（包括自然科学和技术领域）的学术无意识。

汉学主义理论不是知识研究，而是关于知识生产的研究。更确切地说，是对与西方和世界相对的中国及其文明的知识生产的一种学术性批判。作为一种批判性研究，汉学主义的首要焦点是产生于中西研究中的问题,次要关注点是在非西方包括中国在内的中国知识生产中出现的种种问题。通过分析中国知识生产的问题性,揭露其背后的内在逻辑,汉学主义的研究试图发掘一些灵感与洞见,从而为关于中国的知识生产提供更为科学、客观、公正的方法。就范围而言,汉学主义所包含的分析数据涵盖了汉学研究与中国研究的所有领域。笔者认为汉学主义在目前状况下应该包括以下几个方面:

1. 汉学主义是一个特殊的知识系统。确切地说,它是一个从外部对中国和中国文明进行探索的知识系统。它全面涵盖了与中国相关的所有已知知识。从这一点来看,这是一个广义的术语,包含了汉学研究、中国研究,以及将中国作为主题的任何人所撰写的著述和文字。

2. 汉学主义是一个由对待中国的态度以及中国事物的生产方式而构成的一个知识处理系统,受控于以西方为中心的观点、信仰、价值观、认识论、方法论与判断标准。

3. 汉学主义是一种复杂的问题性。它是中国知识生产中一系列问题的总和,产生于对中国进行观察和研究的过程之中。正因为如此,它所面对的问题既与东方主义、欧洲中心主义、西方中心主义、族群中心主义、西方主义的分支以及种族主义他者化有相似之处,又具有这些主义所没有涉及的问题。

4. 汉学主义是一种智性产品,是由多个国家和地区的知识分子共同创造的。由于其能满足全球化语境下不同国家地区和人们对中国知识的需求,它变成了一种以中国为内容、并为全球人而消费的智性商品。

5. 汉学主义是一种构建中的批评理论。它蕴含着积极的、建设性的范式转换潜能,可以为一种新范式的建构提供洞见,有可能促成研究范式的转换,以全新的方法来处理关于中国和中国文明的知识生产。

汉学主义往何处去?

汉学主义研究尚未形成明确的理论和体系,既然如此,那么我们对汉学主义的进一步探索又将引领我们走向何处呢?本人在此提出一些看法。首先,我们应该探索汉学主义的起源、兴起、历史发展、典型特征、当前状态以及内在逻辑,考察在形形色色的政治、经济、历史、思想、语言、文学、艺术、宗教、美学理论和文化研究等领域内关于中国的知识生产的各种表现。汉学主义的研究应该提出一系列问题，其中包括但不仅仅局限于：在东方主义和后殖民主义作为中国研究中普遍被接受的批评理论的同时，将汉学主义假设为一种概念范畴是否具有学术合理性？如果答案是肯定的，那么究竟什么是汉学主义？它所涉及的领域会有多么广泛和多样？汉学主义是关于中国的知识生产中的一种什么样的意识形态？什么是汉学主义化？汉学主义化的后果是什么？我们如何能抵制不同领域内的汉学主义化趋势？我们是否能将汉学主义从解构主义话语批评转变为一种建构范式，从而在观察和研究中国的过程中推动真正科学方式的发展，鼓励和刺激真正具有普遍价值的知识生产？这些与汉学、汉学主义、后殖民主义和中西方研究相关的问题以及其他问题，将迫使我们去思考全球化语境下中国知识生产的现状和未来发展。

其次，汉学主义理论的目标不应仅仅局限于暴露对中国的偏见与歧视，纠正关于中国文明的谬误与误传，抵制对中国资料的错误认知与错误阐释，尽管所有这些目标在分析进程中都是合情合理的。核心目标应该是探索所有这些确定的问题和现象的背后的动机、精神状态，知性框架和工作原理。换言之，基本目标是挖掘出现在中国研究中的问题的内在逻辑。从概念意义上讲，最重要的是透过令人炫目的现象看本质，发现构成"汉学主义"理论核心的认识论与方法论。再次，我们应该使人们对问题性知识生产的陷阱增强防范意识，揭示全球化语境下汉学主义化可能带来的严重后果，其中包括阻碍跨文化的交流，导致非西方人民原创力的萎缩和认识论的惰性。另外，汉学主义应该对萨义德的东方主义理论应用于汉学与中国研究时出现不足和问题提出符合中国实际状况的看法。最后，汉学主义应该对中国研究现有的、建立在西方中心主义和科学主义的基础之上的范式进行反思，并发起可行的范式转变，从而为中国知识生产的真正科学方式提供一些见解和可行的途径。汉学主义研究的终极目标是要摆脱各种偏见、歧视、主观态度和任何政治干涉的影响，鼓励和推动客观的中国知识生产。这终极的目标似乎颇有点儿理想主义和乌托邦色彩，因为在后现代当下人们普遍接受的观点是：一切知识都是建构而成的，即使是自然科学领域的真理都难以摆脱主观性。尽管如此，笔者依然坚持认为，即使没有绝对客观的知识，但是让我们生产的知识尽可能摆脱主观性的影响终究是一种崇高、伟大的努力，应该作为不断追求的理想目标。

汉学主义的反思范式

汉学主义不是汉学，汉学主义也不是东方主义或其他形式的西方中心主义。汉学主义是一种较为奇特的文化事业，具有多元而又矛盾的视野和层面。有些基于对中华文明的误解、偏见和信息不灵；有些基于学术的政治化和意识形态化，有些基于严肃认真的学术中出现的问题。笔者提出汉学主义的观念，主要目的不是为了批评汉学或中国研究，而是为了批判中国研究中认识论和方法论的问题性，以及其对中国知识生产形成的负面影响和后果。在非学术的层面上，汉学主义是一种智性商品，是全球化语境下不同国家地区和人们对中国知识的消费需求而产生的种种现象。由于参与创造这一商品的人既有西方人，也有中国人和其他人，它是一种由多个国家和地区的知识分子共同创造的、以中国为内容、并为全球人而消费的智性商品。正如一种商品会根据不同市场的不同需求而改进其内容、形式、质量和包装，汉学主义作为一种智性商品也一直在根据不同历史时期、不同地区和人民的知识需求而变化，一段历史时期出现的是马可·波罗的浪漫情调的大汗之国，另一段历史时期就是莱布尼兹和伏尔泰的哲人统治的理想国，再一段历史时期就是赫尔德和黑格尔笔下停滞不前的木乃伊般的化石文明；再过一段时期又是中世纪的"黄祸"般的红色中国；近年来，在中国经济飞跃发展、工业化取得令世人瞩目的成就的当下，又出现了"21世纪是中国世纪"的盲目乐观主义、中国崛起危及世界的"中国威胁论"和截然相反的中国即将垮台的"唱衰中国论"。尽管经常更换包装，但万变不离其宗，控制其核心内容的工作逻辑是西方中心主义的智性消费主义。

我们怎样才能走出这种智性消费主义呢？笔者认为，答案就是要走出汉学主义的思路，走向真正以学术为最终目标的认识论和方法论的反思。作为一种批判性研究，汉学主义的理论与东方主义和后殖民理论不可避免地相互重叠，因为汉学主义首要关注的是产生于中西研究中的问题，但汉学主义的另一个层面关注的是非西方人民包括中国人自己在生产中国知识过程中出现的种种问题。东方主义以批判西方帝国主义和殖民主义见长，却几乎没有对非西方人民自我殖民化的反思，这一缺憾正是汉学主义理论的长处。后殖民理论虽然填补了东方主义理论的一些不足，但仍然是一种以意识形态为主导、旨在消除殖民主义影响的政治批判。在笔者的构想中，汉学主义理论不应该是一种政治批判理论，而应成为一种以批判性的反思为基础、进而达到相对来说不受政治和意识形态干扰的学术理论和知识生产理论。比如，通过分析自马可·波罗以来西方生产中国知识过程中的种种问题，以及一百多年来在西方文化的冲击下中国人对自己文化的研究中出现的问题，从事中国研究的中外学者可以对指导思想、研究方法、理论范式和研究结果等方面进行自觉的批判性反思，为中国知识的生产寻找更为科学、客观、公正的方法和途径，也为中国学术的去政治化和去意识形态化提供灵感和洞见。笔者认为，去政治化和去意识形态化是汉学主义与东方主义和后殖民理论的最大差别，这也许应成为提出汉学主义理论的终结目的。汉学主义是应西方人建立全球性商贸体系和知识体系的需求而产生，随着殖民资本主义的扩张而发展，在后殖民时代的全球化语境下最终演变成当下以西方智性消费主义为中心的知识体系，汉学主义的商品性既有其保守消极的一面，又有其开放指向未来的一面，蕴含着积极的、建设性的范式转换潜能。笔者认为，我们应该把汉学主义改造成一个自觉地进行批判性反思的范式，完成从政治批判理论到学术批评理论的转换。

汉学主义的意识形态已经妨碍了中外学者对中国及其文化的客观认识与再现，更已渗透到中国学术界的各个层面和各行各业的社会生活，已成为中国学术赶超世界先进水平、保证中国社会健康发展的绊脚石。20世纪70年代末开始的改革开放以后西方理论的如潮涌入确实促成了中国学术思想的大解放，但同时也强化了近代以来的以智性殖民为核心的学术无意识，养成了中国学术的认识论和方法论的惰性，造成了学术创造力和原创性的萎缩。不少学者认为，国内学术界目前的繁荣昌盛，主要是建立在介绍、模仿、引进、复制的基础之上，原创性水平很低。各个领域都热衷于低层次地复述西方学术成果，介绍西方流行的学术理论甚至成为在中国学术界迅速成功并走红的不二法门。"山寨"一词的出现和流行正是对不愿追求原创、仅满足于仿制的社会心态和学术现状的生动写照，从现实的角度证实了笔者所批评的认识论和方法论的惰性。汉学主义的认识论和方法论在自然科学和技术领域也是根深蒂固的。凡是可以依靠西方科技的领域，中国学者鲜有领先世界的水平，倒是在不可能得到西方帮助的"两弹一星"和航天等领域，中国的科学家们取得了骄人的成就，而中国大街上满街跑、技术上不算高精尖的汽车，以前还有四个轮子是拥有自主产权的国产货，现在也被美国的"固特异"和"米其林"轮胎给取代了。中国人有很浓厚的"诺贝尔奖情结"，但可以说，汉学主义的意识形态不去，中国科技几乎无望达到诺贝尔奖那样的科技高度，因为汉学主义的思维是原创性的天敌。中国学术向更高、更深、更精层次的发展需要一次新的思想解放，汉学主义的批判理论和反思范式也许会有助于中国学术思想的第二次解放。

[原载《南京大学学报》（哲学·人文科学·社会科学）
2011 年第 3 期]

"汉学主义"：反思汉学的知识合法性

周 宁

《东方学》提出的问题，是汉学无法回避的。汉学究竟是一种真理形式或科学，或者，只是一种叙事，一种具有意识形态特色的叙事？反思汉学的知识合法性问题，有可能发现近年来随着"汉学热"出现的一种新的学术殖民化动向。

一

汉学表示学科，"汉学主义"则表明该学科的意识形态或话语特征，表明其知识包含着虚构、协调着权力，类似萨义德使用的"东方主义"。广义的西方汉学，最初很难说是科学或学科，它指西方拥有的关于中国的"知识"，甚至可以追溯到蒙元世纪旅行者的著作。欧洲的中国知识，或想象，有三种来源：商人水手的传闻、官方使节的报告、传教士的书简。商人水手的传闻大多难以置信，官方使节的报告不仅稀少而且片面，只有传教士的书简似乎还可靠一些，为西方汉学奠定了基础。广义的西方汉学作为一种"知识"，从来没有摆脱异想天开与异国情调的"想象"，传教士的汉学研究实际上是神学研究，而恰恰就是这些"索引派"著作，奠定了西方汉学的基础。

追索汉学的学术谱系，西方汉学从一开始就有浓重的意识形态色彩，与其说是一门学问或知识体系，不如说是一种意识形态，汉学包容在汉学主义中。早期西方汉学经历了一个"赋、比、兴"阶段，"赋"指关于中国的信息大量的介绍铺陈；"比"指牵强比附中国与西方；"兴"指借助被美化的中国形象，表达自己的宗教或世俗理想。传教士美化的中国形象成为哲学家启蒙批判的武器,在推翻神坛的时候,他们歌颂中国的道德哲学与宗教宽容;在批判欧洲暴政的时候,他们运用中国的道德政治或开明君主典范。汉学被绞进启蒙文化的宗教之争、哲学与宗教之争、哲学与政治之争、政治之争,从宗教上的自然神论到无神论、宽容主义,从政治上的开明君主专制、哲人治国到东方专制主义,汉学成为西方现代性文化意识形态的一部分。

汉学参与启蒙文化建设,最终成为西方现代性文化意识形态的一部分,塑造西方现代性的"他者"。回顾西方汉学的历史,是反思"汉学主义"问题的根据。文艺复兴是"地理大发现"的时代,启蒙运动则是"文化大发现"的时代。地理大发现启动西方的世界性扩张大潮,启蒙主义者跟在冒险家后面,在观念中进行"知识扩张",他们以培根的经验主义与笛卡尔的怀疑主义为思想武器,试图为整个世界各个民族构筑一个完整的图景,并将其置于一种理想的时空框架中:世界的空间是二元的,分为东方与西方。东西方以地中海为界,东方扩展到太平洋,西方扩展到美洲。世界的时间是三段式的,过去、现在、未来,以线性历史的方式从过去发展到未来。正如旅行在时空交错中进行,观念中的世界秩序也在交错的时空中进行。西方是自由民主、理性进步的,东方是奴役专制、愚昧停滞的。

西方殖民主义帝国主义扩张,可能从汉学等东方主义学科中获得"正义性"。在启蒙大叙事中,汉学界定的中国形象成为现代性的"他者";中国是进步秩序的他者——停滞的帝国;中国是自由秩序的他者——专制的帝国。在此汉学已经不仅表述知识,而且表述权力。因为一旦确立了民主与专制、文明与野蛮的对立观念,并肯定民主消灭专制,文明征服野蛮是历史进步的必然规律,西方殖民主义帝国主义扩张就获得某种似是而非的"正义性"。

二

广义的汉学与其说是一门学问或知识体系,不如说是一种意识形态,包括虚构与想象,协调知识与权力。狭义的汉学指西方现代学科体制中东方学内对中国与中国文化的研究,被假设为一门严肃严谨客观真实的科学，似乎无关于功利与权力。但是，即使在汉学成为"科学"或"学科"时，汉学也难免意识形态因素。狭义的汉学在西方现代性知识与权力的总体秩序确立之后作为一门学科出现，其中真正值得注意的，不是深奥冷僻的汉学有什么研究成果，而是汉学学科的意义生产的原则、制度与基本假设。

首先是汉学研究的基本假设。经典汉学研究的是古代中国，纯粹文本中的中国。这种学科假设的真正意义前提是，中国是一个停滞在历史的过去、没有现实性的国家，一种已经死去的文明。这种理论假设并不来自汉学本身，而来自黑格尔的哲学或汤恩比的历史学之类的一般社会理论甚至庸俗社会进化论。我们在汉学的理论前提与同时代的西方意识形态之间，可以发现某种相互指涉关系。

其次是汉学的学科体制。后现代主义质疑知识的合法性问题，汉学的知识合法性自然也受到威胁。汉学在西方的社会科学学科体制中，属于东方学。其所在的社会科学体系六大学科的建制有时间向度也有空间向度，有地缘政治时空向度也有永恒时空向度，划分这六大学科的时空向度不统一，暴露了隐藏在学科体制中的意识形态或话语因素。解构汉学的基本假设与学科体制，揭示了狭义的学科化的汉学的"隐性意识形态"，汉学主义的问题再次凸显出来。东方学学科下的汉学研究中国的实际文化效果，不是接近中国，而是从文化时空中"疏远"、排斥中国，为西方现代性"大叙事"提供"文化他者"的形象。

"中国研究"往往强调它与传统汉学的不同，一个研究死去的文本的中国，一个研究活着的、现实的中国。这种研究假设否定了中国文明的连续性，否则同样研究中国的学术，为什么分为传统汉学与中国研究？而一旦否定了中国文明的连续性，也就否定了中国文明的认同基础。中国拥有的现实性或者是虚幻的，或者不属于中国。表面上看"中国研究"假设了中国的现实性，实际上却肯定了传统汉学的假设。中国文明的确是一个死去的文明，传统汉学有其合法性，西方冲击下经过革命后的中国，是另一个中国，需要另一门学问"中国研究"来对付。传统汉学以法国为中心，"中国研究"则以美国为中心。在费正清的冲击—反应模式下，现代中国不仅是另一个中国，而且是西化的中国。

西方学科化的、"隐性意识形态"的"汉学叙事"，一直延续到 20 世纪的"中国研究"。回顾西方汉学的历史，证明汉学作为一种西方塑造文化他者的话语，本质上具有"汉学主义性"。如果将西方汉学史分为三个阶段，前学科阶段、学科化阶段、后学科阶段，与这三个阶段相应出现的是汉学早期显性的意识形态阶段、隐性的意识形态阶段与现代若隐若现的意识形态阶段。

三

汉学究竟是知识还是想象？究竟是"真理"还是"神话"？究竟是一个科学学科，还是一种意识形态？如果西方的中国研究某一个时期出现想当然的误解或虚构，尚可以就那段历史讨论那段历史中的具体问题，如果这种误解反复出现，不同历史时期虽然有所变化，但大多不外是些感情用事、一厢情愿的想当然的虚构，那么，值得怀疑的就不是某一个时代西方汉学，而应该怀疑西方汉学或中国研究这一学科或知识领域本身的合法性问题。或许汉学的所谓"客观的认识"这一假设本身就是值得商榷的，汉学更像是一种叙事，一种能动主动地选择、表现、结构、生成意义的话语，其随意性并不指涉某种客观的现实，而是在特定文化意识形态语境下创造表现意义。

东方学既是一个学科，一个以地域划分的研究对象确定的奇怪的学科，又超出一个学科的意义变成"主义"，成为西方"改造驯化"异域、认同自身文化的话语策略或权力工具。汉学作为一种西方文化他者的话语，本质上具有"汉学主义性"。如果将西方汉学史分为三个阶段，前学科阶段、学科化阶段、后学科阶段。前学科阶段的汉学带有明显的意识形态性，尽管与殖民扩张没有直接联系，但隐含在"发现"观念中的文化霸权，已经出现了，因为拥有关于异域的知识同时已经拥有了某种关于异域的权力。学科化阶段中汉学的意识形态倾向被掩蔽在学科理论假设与建制中，不易察觉，但后现代主义学科解构与东方主义理论提供的分析模式，已经揭示了最纯粹的学术与最功利的殖民扩张之间的隐秘的协调关系。"中国研究"出现，汉学进入后学科阶段，一方面是汉学学科本身反思性批判，一方面是更彻底的意识形态话语。汉学的汉学主义性，贯穿始终。

汉学的"汉学主义"性，贯穿汉学史始终。而且其知识合法性危机，不仅限于西方汉学，还可能危及中国对西方汉学的译介研究的学术理念，甚至可能质疑到中国学术的合法性问题。西学中的汉学在中国现代观念的起点上植入中国学术，于是，中国不仅进入了一个西方中心的政治经济的世界秩序，也进入了一个西方中心的学术观念的世界秩序。这是20世纪初的事。21世纪初，西学与汉学再次成为中国的"显学"，在中国的"知识场域"中，由于缺乏学科批判意识造成的"自我汉学化"与"学术殖民"，已经成为一个敏感紧迫的问题。

必须警惕汉学与汉学译介研究中的"汉学主义"！如果西方汉学是某种真理的形式，那么中学西学的界限就没有意义了，可是，倘若作为西学的构成部分的西方汉学，本身是一种体现着西方文化霸权的话语，那么，西方汉学与中国国学就不仅有必要区分，还必须假设竞争、冲突、批判与超越。否则，一味译介与接受西方汉学，就可能使中国学术成为西方文化霸权的话语殖民工具。实际上现代汉学主义是中西学术文化交流互动的结果，"汉学"正在塑造"国学"。学科反省是必要的。"汉学主义"批判动摇了汉学的学术根基。现代学者的文化使命，不仅要时刻保持一种文化批判意识，还必须有意识地为他所属的学术领域提供合法性证明。

（原载《跨文化对话》2011年第28辑）

从"西方美人"到"东门之女"

张伯伟

2010年8月初,钱林森教授来电话约我写一篇关于"汉学主义"的文章。说来惭愧,在此之前,我都没有听说过这个术语。问了一个对美国汉学颇为关心的旧日门生,他的回答也是不知道。于是自己查阅文献,拜读了周宁教授的《汉学或"汉学主义"》(载《厦门大学学报》2004年第1期)和顾明栋教授的《汉学与汉学主义》(载《南京大学学报》2010年第1期)、《汉学主义:中国知识生产中的认识论意识形态》(载《文学评论》2010年第4期)等大作,才略知其梗概,也引发了自己的一些想法。8月21日,接到南京大学高研院的会议邀请,要我参加这个"汉学主义:理论探索"研讨会,因为这些年来忝为高研院中的一员,即便自己对这一问题缺乏研究,似乎也无法拒绝,所以写了这篇小文。

我读周、顾二教授的论文,深为其学术热忱和责任所感动,他们的观点和认识虽有出入,但大体不相乖。尤其是周文提请"学界警惕学科无意识中的'汉学主义'与'学术殖民'的危险",顾文在呼吁"走出汉学主义"的同时所期待的"处理中国材料真正科学而又客观的研究方法",都值得我们深思。不过,也许是平日较多关注对"问题"的研究,因此在习性上对于"主义"的命名多抱谨慎之心。即便对于今日学界影响深远的萨义德的"东方主义"(一译作"东方学"),也不能不怀有疑问。既然萨义德将怀疑和回忆看成知识分子的关键词,那么,对他的学说的质疑也就是理所应当的。萨义德宣称:"将东方学视为欧洲和大西洋诸国在与东方的关系中所处强势地位的符号比将其视为关于东方的真实话语更有价值。"① 因此，我们可以不必质疑其"东方学"与"真正"的东方是否对应，但不能不质疑其"东方主义"所概括的"东方学的内在一致性"是否真的那么同质或单一。萨义德是一个强调理论与实践携手并进的学者，即使在面对"纯粹知识"和"政治知识"的区分时，他也会因为任何一个学者自身现实环境的原因，即"他与东方的遭遇首先是以一个欧洲人或美国人的身份进行的"，而这"欧洲人或美国人的身份决不是可有可无的虚架子"，因此，"可以认为，欧洲，还有美国，对东方的兴趣是政治性的"②，实际上否认了"纯粹知识"的存在。我们由此也不能不想到，"东方主义"是萨义德"从一个其现实已经被歪曲和否定的东方人的立场出发的"③。在其回忆录《格格不入》、访谈录《文化与抵抗》中所展现的，正是这样一个"斗士学者"的形象。如果我们也强以"主义"命名，是否可以说，他眼中的"东方学"实际上只是一个"萨义德主义"呢？在我看来，"汉学主义"就是从"东方主义"演绎而来，尽管顾文对二者作了切割，但周文却坦承其关联。尤其是，这两者在其使用的思维方式、术语及专有名词上的一脉相承，比如"主义""殖民""虚构与想象""知识与权力"，等等，即便在对未来的追求上，萨义德渴求的"最重要的是进行可以取代东方学的新的研究，即从自由的、非压制或非操纵的角度研究其他民族和其他文化"④，显然也能引导出顾文期待的"处理中国材料真正科学而又客观的研究方法，产生对中国不带偏见的知识"。

Sinology 意义上的"汉学"一词起于江户时代的日本，与"国学""兰学"（即西洋之学）相对而言，后沿用至今。汉学是一个内涵丰富的名词，涵括的地域从东方到西方，而汉学的历史，即便从日本的平安时代算起，至今也有千年以上。因此，这是一个在时空中不断变迁的动态的过程，很难想象能够用一个贯串所有的概念、理论或方法加以囊括，即便仅仅就欧美汉学而言也是如此。不错，任何一个学者皆有其意识形态，任何

---

① ［美］爱德华·W. 萨义德：《东方学》，王宇根译，生活·读书·新知三联书店1999年版，第8页。
② 同上书，第15—16页。
③ 詹姆斯·克里福德语，转引自瓦莱丽·肯尼迪《萨义德》，第50页。
④ ［美］爱德华·W. 萨义德：《东方学》，王宇根译，生活·读书·新知三联书店1999年版，第32页。

一项人文学研究也都或隐或显、或多或少地留有意识形态的痕迹。但是，这与从意识形态出发、为意识形态效命完全是两回事。假如从来的汉学研究就是"汉学主义"，假如"汉学主义"就是以"殖民"为核心的意识形态或文化霸权，那么我们今天的讨论，就完全可能变为一场阶级斗争、政治辩论或文明冲突。对于我们这一代人来说，为政治服务的文学创作或学术研究并不陌生，但同时大家也清醒地知道，那只是御用的工具，绝非真正的文学创作或学术研究，与学问的世界根本不沾边。如果从古到今的汉学，哪怕仅仅说西方汉学就是为意识形态服务的工具，就是居心叵测、不可告人的阴谋，就是对中国的历史与现实的精神暴政，我们完全应该报之以不屑一顾乃至嗤之以鼻。而事实恐非如此。

　　以平常心看东西方的汉学研究，其在学术上所取得的成就是有目共睹的。因此，其成果也能引起包括中国学术界在内的广泛注意。当然，任何一种学术方式也都难免其弊端，这就特别需要引起中国学者的警惕，对汉学研究成果作批判性吸收。一个成熟的学者，在具备了怀疑力、创造力的同时，必定也具备了反省力。推之于一个成熟的学术界，也必然是如此。事实上，无论是东方还是西方的汉学界，他们都有从学术出发的自我反省，美国学者柯文（Paul A. Cohen）的《在中国发现历史——中国中心观在美国的兴起》和日本学者沟口雄三（Mizoguchi Yuzo）的《作为方法的中国》（一译作《日本人视野中的中国学》），就是东西方汉学界反躬自省的代表作。至于具体到作为个人的汉学家，在20世纪有把中国当作其"天生的恋人"的吉川幸次郎，在今日有将《荀子·修身篇》中"非我而当者，吾师也；是我而当者，吾友也"当作学术讨论信条的罗哲海（Heiner Roetz）。而在与本人有所交往的东西方汉学家中，他们对于学术的热情恳挚，在为人上的坦诚友爱，无一不让人感到和煦温暖。这如何能与所谓的"汉学主义"发生联系呢？又如何能耸人听闻地断言汉学的本质即"汉学主义"，并且"束缚了中西方之间的真正对话以及不同文化之间的文化交流"（语出本次会议邀请信）呢？即便在某些时候、某些地区的某些汉学研究带有强烈的意识形态，那么，以一种意识形态去对抗另一种意识形态，也只是学术文化世界中的"以暴易暴"，这才是"束缚了"中外之间的真正对话和文化交流呢。

　　周、顾二教授的论文提醒人们要对汉学（特别是西方汉学）加以反思，尤其是要警惕西方汉学在"课题选择、理论假设、思考框架、主题意义与价值"上对中国学术的"控制"，这具有深刻的学术意义和现实意义。现代学术中的西学对中学的影响是一个颇为复杂的问题，我在此愿意略抒己见，并以春秋时代"赋诗断章"的方式，将该问题的起因、现状及如何回应作一表述，简称为从"西方美人"到"东门之女"。

一 "云谁之思，西方美人"

语出《诗经·邶风·简兮》，若翻译成现代汉语，就是"哪个人儿我最想？思恋的美人在西方"。紧跟后面的两句诗"彼美人兮，西方之人兮"，即"那个美人儿啊，就是西方的人啊"。借用这个"美人"，既指美艳之人，也指欧美之人。黄遵宪于明治后期到日本，写有《日本杂事诗》，讲到日本汉诗自古以来"大抵皆随我风气以转移也"，但时人则已"变而购美人诗稿，译英士文集"。这代表了19世纪末以来整个东方文化的大趋势。

中国现代学术的起步，是在西方学术的刺激和启示下形成的。在当时，如果要从事学术研究，唯一正确的途径似乎就是取法乎西方。西方的学术观念、学术方法代表了人们追求、努力的方向。胡适当年强调用科学的方法整理国故，而所谓"科学的方法"，其实就是西学的方法。傅斯年1928年在《历史语言研究所工作之旨趣》中说："我们很想借几个不陈的工具，处治些新获见的材料，所以才有这历史语言研究所之设置。"他所想"借"的"几个不陈的工具"，说穿了也是西洋的方法。陈寅恪在1934年写的《王静安先生遗书序》中，曾经以王氏为例，举出其学术"足以转移一时之风气，而示来者以轨则"的三项原因，前两项都属于材料方面（地上和地下，异族与汉族），列于第三的就是"取外来之观念，与固有之材料互相参证"。因此，当我们回顾百年来的中国学术，除去文献、人物和史实的考辨以外，其学术方法、理论框架以及提问方式，占据主流的都是"西方式"的或者说是"外来的"。这是一项基本事实。在外来的理论、观念和方法的启示下，中国学术曾经得到了长足的进步，甚至仍然可能继续产生有价值的学术成果。但我们也必须看到，在汗牛充栋的论著中，外来的观念和方法愈演愈烈为学术研究的起点（提问方式）和终点（最后结论），其势至今未能改变。

　　这涉及一个更大的背景，就是中西文化之争。从鸦片战争以来，中国在与西方列强的对峙中，政治、军事、经济诸方面皆连遭失败，这种现实世界中的万事不如人，也就激发起一些人以为中国传统文化的不如人，必欲去之而后快。五四运动的"打倒孔家店"的口号，就代表了对中国传统文化的否定。更多的人即便不作如是想，但对于自己的文化，也不敢堂堂正正地加以承担、发扬。胡适倡导的整理国故，其目的也是为了打倒国故。因此，在二十世纪前期的中西文化之争中，西学占了绝对的优势。在这一背景下的学术研究，其主流自然也就是"云谁之思，西方美人"了。

二　"匪女之为美，美人之贻"

　　语出《诗经·邶风·静女》，"匪"同"非"，"女"同"汝"，前两句是"自牧归荑，洵美且异"，"荑"为白茅草之嫩芽，翻译起来就是"郊外回城送我荑，又好看来又奇异，哪是你荑草分外美，只为美人亲手贻"。

　　20世纪80年代以来，大量的西方译著在中国学术界涌现，即便就其中的汉学部分而言，其数量也是惊人的。各种专以"海外汉学""国际汉学"或"海外中国学"为名的期刊、集刊比比皆是，也有专以国别为范围的，如"法国汉学""日本中国学"等，各种相关研究机构纷纷成立，以此为对象的专著和论文也层出不穷，成为出版界的一个热点。汉学家的研究著作大量翻译出版，甚至以系列形式成套出版。不仅如此，汉学家也迈上中国高等学府以及各种学会的讲坛，并且受到高度的礼遇，不少名校还设有欧美汉学的系列讲座，中国学界对于海外汉学似乎拥有了前所未有的热情。如果与日本学界做个比较，他们对于"海外和学"的兴趣似乎难以调动起来，也许他们有一个根深蒂固的理念，那就是外国人根本理解不了日本。像《法国的日本古典研究》[①]之类的书，也只是偶一见之而

[①] 《フランスの日本古典研究》，小沢正夫译编，ぺりかん社，1985年版。

已。事实上，在各色汉学家以及各种汉学研究著作中，有些固然富有真知灼见，有些则未免偏见或谬见；有些固然是沉潜有得的学者，有些则未免不着边际的夸夸其谈。但只要是新异的，就会受到普遍的肯定乃至追捧。中国现代学术的不成熟，表现之一就是求"新"的欲望远远大于求"真"的欲望。而在年轻学者以及研究生、大学生中，对于海外汉学著作的迷恋也是较为普遍的现象。自己的论著中引用上一两本汉学著作，或是一两句汉学家的言论，不管那个著作是优秀的还是平庸的，不管那个言论是精辟的还是普通的，似乎就能够增加自身论著的学术分量。我们即便承认远来的和尚会念经，但远来的道士、远来的喇嘛、远来的牧师也同样会念经吗？这真是"匪女之为美，美人之贻"了。

相对于中国学界对海外汉学的追捧，汉学家对中国学者及其论著又是怎么看的呢？我们也许很难一概而论，但欧美汉学在其自身的学术传统中，早已形成了其优越感，这正如萨义德所指出的欧美东方学的一个共同之处："那就是，西方文化内部所形成的对东方的学术权威。……它被人为构成，被辐射，被传播；它有工具性，有说服力；它有地位，它确立趣味和价值的标准；它实际上与它奉为真理的某些观念，与它所形成、传递和再生的传统、感知和判断无法区分。"[①] 在汉学研究中，汉学家所乐于承认的中国学者的工作价值，往往只是体现在文献的整理考证上，至于理论和方法，他们自有一套。20世纪90年代之前，欧美汉学家的学术论著中所引用的往往是日本学者的研究成果，近二十年来，他们有时也引用中国学者的论著，但只要我们仔细观察，其引用的绝大多数属于文献整理类，或可思过半矣。对此，我们似乎应该平心静气地加以反省。在我们自身的研究工作中，是否缺乏原创的理论和方法？在传统人文学的研究中，是否仅仅重视了文献的收集整理，而忽略了问题的提出与分析？假如我们的研究工作，在"课题选择、理论假设、思考框架、主题意义和价值"上都取法乎欧美汉学，那又如何能够奢求汉学家的垂注呢？更进一步说，在东西方学术的这种互动中，也许真有一天，中国学术界变成了"自我汉学化"与"学术殖民"。我读周、顾二教授的文章，在这一点上是特别"于我心有戚戚焉"的。

[①] [美] 爱德华·W. 萨义德：《东方学》，王宇根译，生活·读书·新知三联书店1999年版，第26页。

三 "出其东门,有女如云"

语出《诗经·郑风·出其东门》,文意明白,不劳翻译。以"东门"借喻为东亚,由西方转向"东门",能够看到的是美女如云。这些如云的美女,就是富有魅力的中国学术的象征。

我曾经说,在学术上,中国的知识人能否提出并实践一种有别于西方的知识生产方式,这是我所体认到的当代中国学术所面临的问题和所处的困境。为此,我提出了"作为方法的汉文化圈"。这一思考是沿着沟口雄三的思路而来,诚如他指出:"迄今为止,特别是近代以来,以欧洲的视角来看待中国乃至亚洲,已是很一般的事。"① 因此,他提出了"以中国为方法",其目的是"想从中国的内部,结合中国实际来考察中国,并且想要发现一个和欧洲原理相对应的中国原理"②"以中国为方法,就是要追求那种对原理的、同时也是对世界的创造。"③ 我进而提出"作为方法的汉文化圈",用以概括十多年来我在学术上的一个努力方向,也是试图对当代学术所面临的问题和困境作一个初步的回应。

东亚地区,以汉字为基础,从汉代开始逐步形成了汉文化圈,除中国以外,还包括今天的朝鲜—韩国、日本、越南等地,直到 19 世纪中叶,在同一个文化精神的熏陶下,表现出惊人的内聚力。汉文化圈的形成,其核心是东亚文明。尽管在汉文化圈中有着不同的国家和民族,但人们内心的感受方式、道德观念、知识结构等,往往是根据某些基本原则而展开。作为其载体,就是今天在中国、朝鲜—韩国、日本和越南等地所大量存在的汉籍,站在中国的立场,我们把中国以外所存在的汉籍称作"域外汉籍"。将汉字材料作为一个整体,就是以汉文化圈为方法的文献基础。也就是说,当我们提出"作为方法的汉文化圈",我们在研究工作中所使用的文献,就是超越了国别和地区的汉籍整体。这就要求研究者以更为弘通的眼光、更为宽广的胸怀、更为谦逊的态度来对待各类汉文献。对于中国以外的汉文献的认识由来已久,但在 20 世纪之前,中国人提及域外汉籍,

---

① [日]沟口雄三:《日本人视野中的中国学》,第 17 页。
② 同上书,第 94 页。
③ 同上书,第 96 页。

仅仅是从证明自身"文教之盛"的角度去看待,未能摆脱"礼失而求诸野"的思想牢笼,未能消释"慕华""事大"的心理优势,未能超越"中心—四裔"的二元化区隔。因此,将中国、朝鲜—韩国、日本、越南等地的汉籍文献放在同等的地位上,寻求其间的内在关系,揭示其同中之异和异中之同,这样,域外汉籍的价值就不只是中国典籍的域外延伸,不只是本土文化在域外的局部性呈现,不只是"吾国之旧籍"的补充增益。它们是汉文化之林的独特品种,是作为中国文化的对话者、比较者和批判者的"异域之眼"。因此,汉文化圈中的汉文献整体,就不仅是学术研究中必需的材料,不仅是古典学研究的对象,不仅是一个学术增长点或学术新领域,在更重要的意义上说,这是一种新的思考模式和新的研究方法。以汉文化圈为方法,其目的就是为了更好地认识汉文化,更好地解释中国和世界的关系,最终更好地推动东亚文明对人类的贡献。

20世纪的中国研究,是以西方的、欧洲的、美国的观念为中心,为了摆脱其困境,掀开历史的新篇章,21世纪的中国研究,应该返回东方、返回亚洲、返回中国。然而从中国出发不是局限于中国,而是要以文化圈为单元,以中国和周边国家和地区的文化为参照,在更深入地理解汉文化的同时,也提供一幅更好地理解当今世界的图景。这是用任何别的方法所无法达到的。不仅中国研究是如此,韩国学、日本学、越南学的研究,很可能也是如此。这样,相对于西方的、欧洲的、美国的知识生产方式,就可能发现一个东方的、亚洲的、中国的知识生产方式,沟口雄三所追求的"那种对原理的、同时也是对世界的创造"的目的,就不会是十分遥远的了。

2010年5月底在北京召开了一个"当代欧美汉学对中国哲学的诠释——以罗哲海为中心国际学术研讨会"。讨论的重心是罗氏的《轴心时期的儒家伦理——基于突破观点之上的、面向后习俗性思维的重构》一书。我特别注意到会议综述中对该书"重构"之用意的学理性探讨:"所谓'重构'显然得益于阿佩尔(Karl-Otto Apel)与哈贝马斯(J. Habermas)的'对话伦理学',意味着以一种与古人之真实意图相应的方式对其思想加以重新整合,并且要根据我们今日所面临的伦理学问题而加以充分利用。"① 这显示出欧美汉学家在探讨问题之际,已经自觉到其使用的方法与研究对象之间的融合性问题,不仅使得问题的提出拥有客观依据,而分析问题的方法也能够尽量符合问题本身的自然脉络。他的"以一种与古人之真实意图相应的方式"来阐释古人的思想,完全符合中国传统的阐释学思想,即孟子所说的"以意逆志"和"知人论世"。它意味着对作者的敬畏和尊重,意味着对文本的敬畏和尊重,意味着对历史的敬畏和尊重。而用以衡量中国文化价值的标准,也不是西方的某一既定的观念或主义,而是"今日所面临的伦理学问题"。尽管罗氏的做法与我所说的"作为方法的汉文化圈"有别,但同样能够在一定程度、一定意义上回到东方、回到亚洲、回到中国。这使我想到,汉学研究也好,中国学术也罢,一旦真正的"出其东门",我们可以看到的就不只是"有美一人"(《诗经·郑风·野有蔓草》),而是"有女如云"。

(原载《跨文化对话》2011 年第 28 辑)
2010 年 10 月 13 日晚急就于百一砚斋

---

① 李雪涛:《儒家伦理学的当代阐释》,《文景》2010 年第 68 期,第 72 页。

汉学主义、中国学主义与国学主义

程章灿

我的专业是中国古代文学与文化的研究，近十几年来，出于了解国外同行研究信息的需要，也比较关注国际汉学的研究动态。最近，注意到以顾明栋教授、周宁教授为代表的一些学者在报纸杂志上发表文章，提出"汉学主义"的概念，并作了一些论述。这两位学者有不同的学术背景，他们对于同一问题的论述有各自不同的出发点，也有各自不同的指向。周宁教授研究西方人的中国观已持续多年，是这一领域成就卓著的学者。显然，他的论述更多是基于他自身所拥有的丰厚的形象学研究的基础，从文化交流史的角度，分析形象的走样、变形或者扭曲背后的深层原因及其意义。而顾明栋教授似乎更着重于将汉学主义视为一种包含概念、理论、方法和范式于一体的隐性体系，着眼于其方法论与认识论及其背后意识形态意义。如果说，周宁教授的论述是历史研究的延伸，那么，顾明栋教授的论述则似乎可以说是学术现状的分析，虽然各自切入的角度显著不相同，但是，同样显著的是，他们具有相同的理论思考和现实关怀的热忱。这一点无疑应该充分肯定，并且应该特别加以注意。

"汉学主义"（Sinologism）这个概念，是在"汉学"（Sinology，或Sinologue）这个概念的基础之上提出来的。因此，在讨论"汉学主义"这一概念之前，我认为，有必要先厘清"汉学"这一概念的内涵和外延。实际上，对于"汉学"这一术语的界定和理解，目前学术界并没有达成一致的意见。其主要观点至少有三种：第一种认为"汉学"是指国外学者对于古代中国以及中国周边民族文化的研究，第二种认为"汉学"既包括国外学者对于中国历史文化的研究，也包括国外学者对现当代中国社会文化及其现状的研究；第三种认为"汉学"研究不仅包括国外学者对传统中国历史文化的研究，也应该包括中国学者对中国历史文化的研究。这三种观点对"汉学"的研究主体、研究对象、特别是研究对象的时空范围，理解大相径庭。而"汉学主义"的概念，显然只能基于前两种观点之上，就这一概念展开论述的具体情形来看，应当更倾向于采用第二种观点对"汉学"一词的界定。对于研究对象的理解，第一种观点与第二种观点有所不同，但二者都强调其研究主体是国外学者，而且主要是指西方学者。但仔细分析起来，在国外（西方）学者这一共名之下，其实包含着千差万别的个体，就其研究方法和学术理念来说，个体之间的不同很难用简单的几句话就概括周全，说明清楚。

众所周知，西方汉学历史悠久，按照目前学术界比较通行的一种说法，它经历过游记汉学、传教士汉学、经院汉学以及现代汉学等几个发展阶段。不同发展阶段的西方汉学，连同其各自的特点及其优劣短长，构成了西方汉学的历史传统。从社会背景上看，西方汉学发展史几乎是与西方列强殖民史相伴而行，列强对中国的殖民政策导向，在一定程度上促成了汉学教育机构的成立和汉学教授职位的设置。从学术历史上看，西方汉学研究队伍较强、成就较高、影响较大的法国、德国、英国、荷兰以及后起的美国，也正是殖民时代的西方列强。这两种贴合现象，无疑彰显了汉学研究兴起的殖民背景，但是，简单地将汉学研究与殖民话语等同起来，显然是不妥当的。殖民政策所刺激的是汉语教育和对中国利益的兴趣，而不是严格意义上的学术教育和研究兴趣，其所培养的人才也是商务、外交或者传教等方面的实用人才，而不是真正的汉学家，尽管在早期汉学家中，确实有很多人是由这些商人、外交官或传教士转变过来的。他们的身份背景当然会对其汉学研究产生作用，但同时也必须看到，他们在中国的实地生活体验，对于他们理解和研究中国社会文化，也产生了积极的影响。另外，从学术研究的角度来看，对今天的学术研究影响更直接、也更大的，应该说是现当代西方汉学所代表的那个学术传统，而实际上，这个传统中又包括了传统欧陆汉学和战后美国中国学两个小传统。

这里所谓欧陆汉学，是指19世纪以来在欧洲大陆形成的汉学研究传统。1814年，法国在皇家科学院（今法兰西学院）设置了西方第一个汉学与满文讲座教授，法国汉学界泰斗雷慕莎（Remusat，1788—1832）出任首任讲座教授，开创了西方汉学研究的经院传统。这一研究传统以法国、德国、英国、荷兰等国为主要基地,其学术研究在领域上重视古典中国及其与四裔的关系,在对象上重视基础文献,在方法上重视语文学(philology)训练,并注意借鉴欧洲东方学以及古典学的研究成果。在这个传统中,有一批皓首穷经的学究型学者,他们取得了一系列令人瞩目的研究成果,为后来的欧美汉学研究打下了重要的基础,对19世纪以迄20世纪前半期的汉学研究,产生了深远的影响。直到今天,在某些领域、某些学者身上,仍然可以看到这一学术传统的余波。欧陆汉学的语文学研究传统,强调将文本阐释建立在字义训诂的基础之上,颇有点像中国传统的小学。但他们字斟句酌,例如,有人将俄皇译为Fairy Radiance、Maiden Bloom,将贵妃译为precious consort,貌似直译,忠于原文,有时候其实也不免过度阐释,但这与"汉学主义"似乎并不是一回事。

战后美国中国学基本上是从第二次世界大战以后在美国发展起来的。第二次世界大战期间及战后,大批外国尤其是欧洲大陆的汉学人才移居美国,为美国汉学研究的兴旺发达提供了人才基础;战后美国的强盛国力,则为此提供了人力物力资源等经济保障;战后逐渐形成并日益加剧的东西方冷战的国际局势,又为推动汉学研究提供了强劲的政治后援。战后美国中国学在研究领域、对象以及方法等方面,与传统欧陆汉学都大有不同。其研究领域拓展到政治、经济诸领域,其研究对象则以现当代中国为重点,尤其关注中国的现状,其研究方法则大量引入西方现代社会科学各学科(如社会学、人类学、经济学、统计学等)的方法。如果说,欧陆汉学属于东方学或者西方古典学的一支,其古典与传统的指向较为明确,那么,美国中国学则是属于战后兴起的区域研究(area studies)的一部分,其现代和实用的取向亦较明显。因此,在英文中,中国学被称为中国研究(Chinese studies)。总之,一方面,从学术传统和研究方法两方面来看,汉学与中国学都是外国人研究中国的学问,其与中国人研究自己的学问的国学是截然不同的。另一方面,同样是外国人研究中国的学问,中国学与汉学二者之间,其学术传统和研究方法又有明显的不同。

如前所述,"汉学主义"这个概念,是以"汉学"这个概念为基础的。那么,顾教授等人为什么采用"汉学主义"的提法,而不采用"中国学主义"的提法?一种可能是,在他们看来,"汉学主义"就是"中国学主义",这两种提法之间本没有分别,所以,用哪一种提法都可以,只不过"汉学"作为学科名称，其历史更为久长一些，因此择而用之。另外一种可能是，汉学主要是指外国人对古典中国的研究，而对于外国人来说，传统中国不仅有空间的距离，时间的距离，还有语言的隔阂，因此，其研究中的"汉学主义"倾向自也更为突出一些，故而采用"汉学主义"的提法。当然，这仅仅是我的猜测而已。不管怎样，在西方知识传统和学术体系中，汉学或者中国学应该说是一个比较边缘的学科，而这些年来，汉学研究或中国学研究在中国国内却受到了相当多的学术关注，在某些场合和语境中，这一边缘学术俨然已成为中心话题。"汉学主义"这一概念的提出，并且受到学术界的关注，似乎也与这一学科从边缘到中心易位的学术背景有一定关系。

顾明栋教授在论述中指出，"汉学主义"从根本上说就是一种思想殖民，其具体表现就是拒绝或者不愿意从中国自身来研究中国，而是站在西方的立场，以西方认识论为标准来认识和研究中国。他并且担心中国学者因为急于"与国际接轨"，而唯西方马首是瞻，在知识、精神和自我等方面陷入于自我殖民。从原始出发点来看，"与国际接轨"本来是一个很好的提法，问题在于不能将其简单化。所谓"国际"本来包括很多国家，所谓"轨"更不止一条，应该跟哪个国家、哪条轨道对接，也要具体问题具体分析。比如，对于西方汉学不能笼统对待，对于西方汉学家也不能一概言之，他们的身份背景、学术背景、学术方法及其理念各不相同，只有具体分析，才能准确立论。在现当代西方汉学家中，华裔学者是比较特殊的一个群体。就身份背景来说，他们有的来自中国大陆，有的来自中国台湾或者中国香港，有的来自东南亚，有的是第二次世界大战后赴美留学，有的是新时期以后才出国的，而赴美以前的教育背景与学术基础也各不相同。在他们身上有没有"汉学主义"？如果有，是如何表现的？与非华裔学者有何异同？这些都需要仔细分辨，有待深入讨论。

值得强调的是，西方汉学并不是一个封闭的系统，也不是一个静止的系统。它不断吸纳来自中国和西方的各种学术信息与研究资源，并且从 19 世纪开始，通过中西方学者的合作、对话与交流，参与到近现代中国学术传统的建设进程之中。以英国汉学史为例，19 世纪英国汉学家理雅各（James Legge）与王韬合作翻译中国经典，20 世纪著名英国汉学家霍克思（David Hawkes）留学北京大学，著名学者李约瑟（Joseph Needham）不仅有在中国工作和生活的经历，而且其对于中国科学技术史的研究，也大量吸收华裔学者参与。而在20世纪中国学术史上做出重大贡献的文史学者中，很多人都曾经留学西方、受惠于西方汉学，例如胡适、陈寅恪、萧公权、李方桂、周一良等。我这里想说的是，西方汉学传统早已进入中国现代学术传统之中。瑞典汉学家高本汉的汉语语言学研究，对于现代中国学术的影响，已是有目共睹。另外，像杨联陞、余英时这样的学者，他们既有良好的中国学术基础，又接受了良好的西方学术教育，由于长期活跃于西方汉学界，也就能将中国的学术方法及理念传播于西方汉学界。总之，当今之世，在中国或者外国研究中国学问，早已是你中有我，我中有你，很难确定哪些纯粹是东方的，哪些纯粹是西方的。近年来，在中国大陆、台湾和香港，都有越来越多从西方学成归来的学人，活跃于人文及社会科学研究各领域，在他们的学术中，多少都可以看出东西交汇的特征。如果说有"汉学主义"，那么，恐怕也不只是存在西方的研究和认识中，而是内在中国的学术传统之中。

2007年12月5日，我曾经在南京大学研究生会"国学讲坛"上，作了一次题为"国学、汉学、中国学：一种学问，三个世界——全球化时代的中国文化研究及其他"的演讲。我的主旨是，从表面上看，国学、汉学和中国学各有各的历史，各有各的方法，也各有各的传统，但实质上，三者都是研究中国文化的学问，从长远来看是可以而且必须融通的，所谓天下大势，合久必分，分久必合。支持从分到合、由多返一的理由，存在于历史经验、体制建设以及全球对话等方面。当然，从目前来看，这种期望仍是理想多于现实。但是，正如刘东在为《喜玛拉雅学术文库·阅读中国系列》撰写的序言中所曾经指出的："在这种深深的渴望之中，国学与汉学这两种自成系统的学术话语，在彼此解构与相互竞争的同时，就仍有可能彼此解毒和相互补充，从而在文明之间激发出辩证发展的'中国性'来。"

我在那次讲座中，还提出了研究中国学问的三个世界的说法。无疑，这个说法借鉴了毛泽东主席关于"三个世界"划分的提法。毛主席的提法，体现了他对于世界局势的宏观理解，是从政治、经济、军事力量等方面所作的全局把握。我在讲座中借用其说，而加以变通，以中国为研究中国学问的第一世界，以日本为第二世界，以欧美诸国为第三世界。现在看来，我当时做这样的划分，主要是看谁是研究中国学问的大国，而没有更多考虑谁是这一领域研究的强国。不管"汉学主义"的现象是否存在，这一提法至少提醒我们，在衡量和评判中国研究各方的实力时，不仅要看谁是大国，更要看谁是强国，谁的学术影响最深远持久。

纵观学术历史，可以看出，中国、日本、欧美，国学、汉学、中国学，各自有不同的学术焦点和研究范式，也有各自不同的观念与方法，并形成各自的学术圈子与传统。同样，他们各自也或多或少存在认识的盲点和观念的偏差。如果说存在"汉学主义"，那么，似乎也可以说同样存在着"国学主义"，"中国学主义"，只怕我们身处庐山之中，容易对"国学主义"习焉不察。无论哪一种"主义"，我觉得，都是对研究对象有距离感或者隔阂感，导致认识偏差，理解不足，其中可能也有非学术因素的干扰，但是不是严重到了必须以"主义"相称，我是有一点迟疑的。就学术论学术，具体问题具体分析，纠其偏差，补其不足，取其优长，似乎也就够了。

如果说汉学是对国学所代表的那一套中国知识与学术传统的解构，那么，在当下对"汉学主义"这一概念作一番理论探索，则有一种"解构的解构"的意味。当然，我们的目的不在于解构，而是希望在此基础上，能够有学术思考的深化推进。

（原载《跨文化对话》2011 年第 28 辑）

关于"汉学主义"的几点思考

耿幼壮

在跨文化交流日渐频繁和深入之际,"汉学主义"的提出无疑具有现实意义;而面对西方强势文化的冲击与影响,对这一概念的探讨也肯定有助于中国学术思想的发展。不过,"汉学主义"这一概念本身显然需要加以界定和辨析。何况,这一提法本身明显带有西方话语方式或理论模式的色彩,比如"东方主义"。如果"汉学主义"只是被用来描述或概括西方学者,尤其是汉学家在看待中国文化时的一种居高临下态度,或者中国学者在自己的学术研究中流露出的一种盲目追随倾向,问题倒相对较为简单。可是,这显然不是"汉学主义"的提出所试图达致的全部目的。如果"汉学主义"作为中国学者率先提出的一种理论范式,被用于概括和解释某种具有普遍性意义的知识生产方式,那就更需要对其进行深入的思考和细致的研究,从学理方面予以充分的说明和论证,而这恐怕不是可以即刻可以做到的事情。因此,与其过于匆忙地构建理论体系,不如先着手分析一些具体个案。以下几个例证,或许与"汉学主义"的提出有一定的关联。

谢阁兰(Victor Segalen)与跨文化交流中的异邦想象问题。近年来,谢阁兰的重新发现是一个非常有趣和值得注意的文化现象。在长时间处于边缘地位之后,无论在法国、中国还是北美,谢阁兰和他的著作都"突然"引起了学者们的热切关注。现在,无论作为一位文学家还是汉学家,谢阁兰的贡献开始得到普遍的承认,其历史地位也已经无可动摇。谢阁兰的重新发现表明,如同对于文学作品的接受一样,人们对于学术研究的认识也始终处在不断变化之中。

如果按照东方主义的理论,谢阁兰应该被置于一个什么位置呢?这是一个很难回答的问题。谢阁兰《论异国情调》一书的标题似乎就表明，其看待东方的态度与一些备受非议的西方文学家和思想家没有什么不同。可是，对于他来说，"异国情调的力量不过就是认识他者的能力"①。如果"汉学主义"可以成立，谢阁兰的学术研究又应该被如何对待呢？这同样是一个很难回答的问题。我们知道，谢阁兰的"汉学"著作虽然反映了古老中国的历史与现状，其主旨却在揭示出一个诗人想象中的理想国度。就如谢阁兰曾经对友人德彪西明确表示的："最终，我寻求的……是中国的一种幻象。"② 或许，从东方主义或"汉学主义"的角度来看，没有什么比"异国情调"的追求和"幻象"的寻求更需要加以质疑了。但是，在跨文化交流中不是始终充满了异邦想象吗？想象本身不就是知识生产的方式之一吗？

福柯（Michel Foucault）与思想和存在的历史先验性问题。我们知道，在令其声名鹊起的《词与物》中，福柯曾经引证作家博尔赫斯（Jorge Luis Borges）提到的一部充满了奇思异想的中国百科全书，并声称《词与物》就诞生于阅读那个段落时发出的笑声。不仅如此，就是在《词与物》中，福柯写下了一段关于中国的著名论述。在那个段落中，福柯使用的几对词语极富意味：乌托邦储藏地/神秘王国，梦幻世界/空间场地，想象系统/地球的另一端。③ 它们清楚地表明，福柯始终试图在西方对于中国的两种认识——即在梦境和想象意义上的中国和在地理学或地志学意义上的中国——之间寻求一种平衡。虽然，这些用语难免会引起，事实上也的确引起了许多质疑，但这一做法所隐含的思想却不容忽视。

首先，福柯似乎有意将自己立论的基础归之于一部不那么可靠的著作，即某一部中国百科全书，而那本书很可能出自一位文学家的想象。其次，这部中国百科全书在分类上的确荒诞，但这一分类引人发笑的不合逻辑却具有独特的逻辑力量——其将真实的东西和想象的东西合乎逻辑地并列在一起。就是依靠这种力量，不但"我们的"（福柯们的）思想的限度被展露出来，而且我们的（中国读者的）思想的限度也被展露出来了。

---

① Victor Segalen, *Essay on Exoticism: An Aesthetics of Diversity*, trans. Yael Rachel Schlick, Durham: Duke University Press, 2002, p. 19.

② Victor Segalen, 转引自 Andrew Harvey and Iain Watson, *Introduction to Victor Segalen*, *Paintings*, London: Quartet Books Limited, 1991, p. viii.

③ 参见福柯《词与物》，莫伟民译，上海三联书店 2001 年版，第 6—7 页。译文略有改动。

我们是这样思想的吗？我们的祖辈是这样思想的吗？如果真是如此，我们是否知道或者思考过这样的思想的意义？最后，并非最不重要的是，我们已经看到，在福柯本人对于中国的描述中也充满了异邦想象的成分。只是，福柯并不为自己对于中国或东方的"不真实"认识而感到有什么不妥或不安。相反，福柯清楚意识到并试图明确表明，他和许多其他西方人心目中的中国本身就是这样一种构成——即真实与幻象的统一体，思想和想象的共同产物（反之亦然，对于我们来说，西方其实也是这样一种存在）。所以，对于福柯来说，那可能不那么真实的东西正是历史的真实产物。因为，不可能的并不是传说中的、种种不可思议的存在物（如那部《中国百科全书》中的怪异动物），因为它们就是思想的产物，就是历史的构成。相反，不可能的是我们对它们的所谓真实的认识，即所谓客观的，或者基于历史事实之上的认识。历史当然存在，但历史告诉我们，重要的不是它们是否真的存在，重要的是它们如何成为真实的或不真实的存在。这就是我们的历史先验性，这就是我们的思想和我们的存在所无法逃离的限度。因此，"汉学主义"所关注的问题或许不是西方关于中国的认识是否正确，而是这一认识是如何形成的，以及这一认识所产生的影响和作用。

　　费诺罗萨（Ernest Fenollosa）—庞德（Ezra Pound）诗学思想与文献资料的历史地位问题。福柯在关于中国的讨论中曾经提及中国文字：即，"它的文字也不是以水平的方式复制声音的飞逝，而是以垂直的方式树立了物的静止的但仍可辨认的意象。"[①] 不同于西方的字母—表音文字，中国的象形—表意文字只是基于意象在空间中的呈现，与声音在时间中的延续毫无关系，这是西方自莱布尼兹以来就存在的对于中国语言文字的不准确理解，而这一显然部分来自异邦想象的认识至今仍然为大多数西方人所深信不疑。不过，更为有趣的是，基于这同一种看法之上，却可能引申出截然不同的结论。例如，在黑格尔那里，表音文字和表意文字之间的区别就已经决定了西方文化和东方文化的高下之分；[②] 而在德里达那里，中国的表意文字却可以为破除所谓"语音—逻各斯中心论"，乃至消解整个西

---

① 福柯：《词与物》，第6页。
② 参见黑格尔《精神哲学》，杨祖陶译，人民出版社2006年版，第281—285页。

方形而上学传统提供一种启示和依据。①

我们知道,德里达对于中国表意文字的看法主要来自美国汉学家费诺罗萨和诗人庞德的诗学思想。而所谓费诺罗萨—庞德诗学的基础就是费诺罗萨的那篇《作为诗歌媒介的中国书写文字》,其核心内容——中国文字是诉诸眼睛,与声音完全无关的"即时图画"——对美国乃至整个西方现代诗歌创作和理论的影响极为深远。可是,基于新的材料之上,美国学者最近对于《作为诗歌媒介的中国书写文字》的研究有了突破性进展。2008 年,由苏源熙(Huan Saussy)、石江山(Jonathan Stalling)和柯夏智(Lucas Klein)编辑的《〈作为诗歌媒介的中国书写文字〉评注本》出版,使我们第一次看到了这篇文字的不同版本的真实全貌。随后,石江山在 2010 年出版的《空的诗学》(Poetics of Emptiness)中,翔实辨析了费诺罗萨的思想来源和思想内容,并在一个更为广阔的范围内深入探讨了费诺罗萨—庞德诗学在跨文化交流中的形成和意义。现在,我们得知,庞德在编辑整理这篇文字时只选取了一些他觉得最重要或最需要的部分,而有意漏掉了其中的一些内容。特别是,所谓《作为诗歌媒介的中国书写文字》的第二部分,即明显属于同一系列的另一篇讲稿,被庞德完全舍弃和删除了。正是在这一部分中,费诺罗萨详尽讨论了中国语言文字与声音有关的东西,尤其是诗歌的韵律问题。任何对于费诺罗萨—庞德诗学有所了解的人,都会立即意识到这一发现具有多么重大的意义。

如石江山所指出的,由于庞德对《作为诗歌媒介的中国书写文字》的删节,"美国诗人和读者所一直接受的基本上是没有声音的中国诗歌的视觉感知,因而与中国古典诗学和美学相去甚远"②。事实上,不但对美国读者而言是这样,对于中国读者来说也是如此。不管是批评还是赞赏,中国学者对于费诺罗萨—庞德诗学大都持有类似的看法,即,这一诗学思想关注的首先是诗歌所呈现的鲜明意象,并同样将这归结为对于中国文字的创造性误解。不仅如此,中国学者通常会将费诺罗萨—庞德对中国文字的不准确理解与西方思想传统联系起来。问题是,即使我们终于得知,费诺罗萨对于中国文字的认识不仅限于其形(意象性)方面,同时也涉及

---

① 参见德里达《论文字学》,汪家堂译,上海译文出版社 2005 年版,第 106—139 页。
② Jonathan Stalling, *Poetics of Emptiness: Transformations of Asian Thought in American Poetry*, New York: Fordham University Press, 2001, p. 95.

到与声音相关的诸多方面，庞德的以"中国文字方法"而为人所知的诗歌实践和理论就失去意义了吗？德里达对于这一诗学在西方思想史上的位置所做的评价就失去基础了吗？事实是，不仅庞德基于对中国文字的错误理解之上的意象派诗歌理论和实践仍然是"正确"的，而且德里达依据人们长期以来对这一诗学的"错误"认识之上对于费诺罗萨—庞德诗学所做的评价也仍然是恰当的。在这里，我们又一次看到了历史先验性对于我们思想和存在的限制。同时，这也提示我们，仅仅停留在基于史实的考证之上而找到和指出一些想象性误解或创造性曲解是远远不够的，重要的是探索和发现这些误解和曲解如何作用于和影响了我们的前人和我们自己的思维、认识和存在。

与此相关，我们今天应该如何看待叶维廉（Wai-lim Yip）的诗学思想呢？众所周知，叶维廉不仅是费诺罗萨—庞德诗学思想的主要阐释者之一，而且深受这一诗学思想的影响。更值得注意的是，虽然叶维廉长期在美国教学、研究和创作，其著述只是在亚洲地区才得到了广泛的承认和接受。对于这一现象，石江山有如下解释：不同于张钟元（Chang Chung-yuan）这样的老一辈华裔汉学家，"叶维廉将对于中国古代诗歌的'道家'描述转化为一种充满生机的诗学和批评方法。……早于萨义德的《东方主义》，叶维廉在其著述中声称自己已经找到了一种既承认又挑战那发生于西方知识结构的普遍论断的方法，而且，在韦努蒂（Lawrence Venuti）或尼南贾纳（Tejaswini Niranjana）提出后殖民翻译理论几十年之前，叶维廉就已经将自己的批评思想运用于翻译实践"[1]。不管这种说法是否成立，更重要的是，石江山已经在提醒我们，叶维廉的"道家现代主义"在20世纪70年代后期的确挑战了西方文学霸权，但现在可能会"成为对一种新的中国中心论范式下的民族主义话语的倡导"[2]。显然，这也是我们在讨论"汉学主义"时需要注意的一个问题。

（原载《跨文化对话》2011年第28辑）

---

[1] Jonathan Stalling, *Poetics of Emptiness: Transformations of Asian Thought in American Poetry*, p. 129.

[2] Ibid..

汉学作为方法与西方汉学传统的颠覆
——从弗朗索瓦·于连说开去[①]

钱林森

伴随着世纪之交海内外"汉学热"的不断升温，近十余年来，无论是在西方还是在东方，汉学已日趋成为跨文化研究中的一门"显学"，并以势不可当的热潮，涌入我国学术场域，成为时下思想界、知识界学人的热门课题和话题。"汉学与'汉学主义'"的提出和讨论，正是"汉学热"在中国一再持续升温，西学、中学再次直面碰撞的背景下出现的，具有不争的现实意义和理论探索价值。它体现了我国学界有识之士敏锐的问题意识和自省意识，反映出他们对汉学学科科学建构的渴望与努力，以及对本领域理论探索的自觉与热忱，应予积极的评价和肯定。两天来，我专心聆听了在座诸位的高论后，真可谓茅塞顿开，受益良多。虽然像我这样缺乏悟性和思辨力的"老朽"，面对"汉学主义"这一陌生概念，以及它与"东方主义""西方中心主义"，乃至"中国中心主义"多种关系，多层纠结，不免云里雾里，一时有点"摸不着头脑"，但对"汉学热"背后所隐藏问题的揭示及先觉者的发问与反思，却是认同的：因为这是学界自省意识、自省力的表现，而自省意识、自省力的拥有，正是学术发展、学人成熟的一种标志。我们注意到，汉学发展到今天，特别自它成为跨文化研究的"显学"后，不论在东方还是在西方，凡是具有创造力和自省力的圈内学者，都曾相继发出过类似的追问：汉学究竟是一个科学学科，还是一种带有意识形态的叙事？汉学究竟是知识，是一门学问，还是一种方法，或者一种工具？

[①] 本文系南京大学人文社会科学高级研究院"汉学主义：理论探索"（2010 年 10 月 19—22 日）论坛发言稿，刘欣女士曾协助整理，在此致谢。

事实上,东西方学人都面对着同样的反思:反思汉学的知识合法性问题,反思汉学知识的必要性问题。我想,在这个严肃、热烈而众说喧哗的论坛上,与其沉浸于各种"主义"的无休止的争鸣,不如集思广益,正视这些共同的追问和反思。为此,我愿在这里引出一位欧洲汉学家反思自家汉学传统的例证,来参与"汉学主义"的探讨,这或许能为我们今天讨论的话题,提供新的佐料和有益的参照。

我要说的一位欧洲汉学家,便是法国当下著名的思想家兼汉学家弗朗索瓦·于连(François Jullien),这对在座的诸位和《跨文化对话》的读者来说[①],恐怕都不是陌生的名字。他自20世纪80年代,以西方哲学"反思派"身份闯入汉学界,便表现出异乎寻常的创发力,几乎每年都有新作问世。[②] 他以过人的学术胆识和独特的探索路径,用一部又一部短制佳作,在欧洲传播,为法国和欧洲汉学吹来了一股新风,被受众称为最具创造性、特异的"另类"汉学家。称他为汉学家的"另类",是因为他以完全不同于前贤侪辈的研究套路和思维方式,彻底颠覆了西方汉学传统。从西方学术史和思想史的层面看,他的创新和特异性,主要体现在两个方面:一是以汉学作为方法,对欧洲固有汉学模式的超越,二是以中国(汉学)作为工具,对西方传统哲学思路(方法)的更新。我认为这正是对中国学者最有启发性的方面,对我们今天热议的"汉学主义"话题也不无借鉴意义。

先说于连的"汉学作为方法"。有趣的是,在张伯伟教授的精彩发言里(见本书收录的张伯伟的论文),谈到日本汉学家沟口雄三也有类似的提法,表明东西方汉学家在不约而同地进行着同一思考。"汉学作为方

[①] 《跨文化对话》自创刊号(1998年10月)起,接着在第2辑(1999年6月)、第5辑(2001年1月)、第14辑(2004年4月)、第17辑(2005年4月)、第19辑(2006年8月)、第22辑(2007年9月)、第23辑(2008年8月)等,连续刊载过有关他的专论、专访、专栏及我国学者对其主要论作的评介。

[②] 他的主要著作有二十余种,先后译成二十种语言,在欧洲和东方广为传播。我国引进的中译本有《迂回与进入》(杜小真译,生活·读书·新知三联书店2000年版);《道德奠基:孟子与启蒙哲人的对话》(宋刚译,北京大学出版社2001年版);《圣人无意,或哲学的他者》(闫素伟译,商务印书馆2004年版)、《本质或裸体》(林志明、张婉真译,百花文艺出版社2007年版),及他与狄艾里·马尔塞斯合著《(经由中国)从外部反思欧洲——远西对话》(张放译,大象出版社2005年版)等。

法",而不是"知识"和"学问"①,在于连那里,无疑是对自家汉学传统的彻底反叛与颠覆。检视法国和欧洲汉学谱系,无论是早期的游记汉学、传教士汉学,还是后来在国际学术舞台登堂入室的经院汉学,天经地义,从来的"汉学",就是一种"知识"和"学问",一种专门的"中国学问"。于连特立独行,一反同胞固有的理念和路径,一反西方汉学固有的模式和传统,一路向我们走来,以其多产的著述,特异的思考,庄重地告诉我们,汉学是方法,而不是一成不变的知识和学问。在他看来,汉学之专攻,不在固守一个封闭的"专业"、一门"死的学问",而在寻求一种方法,一种思考工具;汉学对他来说,不是目的,不是专攻对象,而是手段和策略。他认为汉学"专门化"并非本领,"专业化并非是一种更大的学问",他说:"我所认识的专业化的人并不比别人学问更多——他们只不过是切断了一切可以引起发问的桥梁。"② 他反思了前贤同侪所走过的道路,断然拒绝他们专攻"学问"的路径——"至少在优先程度上没有考虑知识的'实证性'。这正是许多汉学家为之遗憾的……"③,他多次强调,研究汉学切忌陷入故纸堆里,切忌亦步亦趋地重复中国人的叙述,并警告汉学家,不要陷入"中国化"(汉学化)的危险,避免患上"汉学的综合征",即自我封闭于"博学"之中的"沙畹综合征"④,他一再声称他不想做这种"学问渊博之士",不愿担当这个"'传经送宝'的中介角色",他是个特异的汉学家,不愿步他前辈后尘,要自创新路。于连的汉学之路,正是这样起始于西方"汉学故乡"的反思与批判的举步之中,表现出了他对自身汉学传统最鲜明的自省意识,最自觉的反思精神。我认为,仅此就足以给在座的我们,特别是对其中专攻西学、汉学的中国同人,以深刻的启迪,使我们不能不扪心自问:我们攻西学,操汉学,是否也有如此的批判意识和反思精神呢?是否有如此的自省意识和自省的勇气呢?

---

① 需要说明的是,于连并非一味否定"知识",相反,他认为汉学知识具有"必要"性和"不可通过"性,他反对的是一味专攻死知识、死学问的倾向。

② voir François Jullien, Thierry Marchaisse, *Penser d'un dehors（La Chine）Entretiens d'Extrême-Occident*, p. 175. Editions du Seuil, 2000. 中译本参见弗朗索瓦·于连,狄艾里·马尔塞斯著《(经由中国)从外部反思欧洲——远西对话》,大象出版社 2005 年版,第 110 页。以下引文,均据此,不再详注。

③ 《远西对话》,第 199 页。

④ 同上书,第 120—121 页。

再说中国（汉学）作为工具。于连自称，研究汉学，研究中国，不是他追求的"目的"，不是他直奔的主题和"对象"，那么，他追寻的"对象"和"目的"何在呢？他不止一次表示，他学习中文是为"更好的阅读古希腊文本"，"更好的阅读柏拉图！"① 可见，他研究的真正"对象"不是"他者"而是"自我"，不是中国，而是希腊和欧洲，他的目标不在东方，而在西方，他追寻的"主题"是思想，是哲学，于连的汉学之路缘起于哲学。为什么要选择中国（汉学）？他的回答非常明确："为了能够在哲学中找到一个缺口（边缘），或者说为了整理创造性理论，我选择了不是西方国家中的中国，也就是相异于西方希腊思想传统的中国。我的选择出于这样的考虑：离开我的希腊哲学家园，去接近遥远的中国。通过中国——这是一种策略上的迂回，目的是为了对隐藏在欧洲理性中的成见重新进行质疑，为的是发现我们西方人没有注意到的事情，打开思想的可能性。"②

很显然，他研究中国（汉学）出于一种"策略上的迂回"考量，其目标是"双重的"：一是通过迂回与进入的方法，让思想脱离本土，以期从他乡寻求对话的伙伴，二是从外部反思，将思考回归到故国哲学的最初阶段，以质疑其固有成见。在这里，中国（汉学）成了一种工具，汉学从研究对象、研究目标，变成了一种方法和手段。于连毫不犹疑地将汉学研究对象——中国，置换为"一种理论工具"，一种"潜在哲学的场坊"，一种符合他自己的方式的"哲学实验场"，他在《关于伦理的对话》前言中这么说："人们知道，定期威胁到哲学命运的正是自封于辩论而失去辩论的目标。然而，在这里，'中国'用于再开放；它用于让人们拉开距离，用于从外部反思。它不是又一个要清点的大抽屉，然则，它成为一种理论工具（汉学从目标变成了方法）。"③

至此，我们终于完全明了，于连研究汉学（中国）的目的，实出于对自家哲学的探究，在于寻求一种对自身文化再思的方法；汉学在他那里，成了一种思考方式的探寻。于连选择中国（汉学），旨在"中国用于

---

① 《远西对话》，第208页。
② 转引自杜小真《远去与归来：希腊与中国的对话——关于法国哲学家于连的研究》，中国人民大学出版社2004年版，第3—4页。
③ 《远西对话》，第168页。

再开放","用于从外部反思"自身;他选择中国,是因为"中国让他发问","中国让他廓清",他要通过中国参照,"获得一种哲学利用",从哲学上利用别样的思维模式,"即后来简单称作'欧洲思想'在其历史过程中形成的思维模式之外的模式"[①] 其真实意图,就是要把中国看作一种"理论显示器",以便"他的"西方与中国"相互打量"[②],从而将西方哲学传统的"未思之处"(l'impensé de la pensé)揭示出来,开发出新思维、新思想。如是,于连的汉学之攻,重在思想开发和哲学利用,重在新思维的探寻和方法论的建构,这对我们同操西学、汉学的中国学者,无疑也具有启示性意义,使我们不能不自省、发问,反思自己的研究路径:我们趋之若鹜,如此热心西学、汉学,我们的追求和期待,目的和指向,究竟在何方?

　　毫无疑问,于连的汉学之路相对于他所身处的西方汉学传统,具有鲜明的反叛性和开创性,在法国和欧洲思想界、汉学界,产生了很大反响,赞赏、支持的,质疑、反对的,论争无可避免。争论的焦点在于,如何理解与处理中国思想的"异质性"(altérité)问题,即于连以"异质性"为基石所建构的思考之路是否合理的问题。反方以瑞士资深汉学家让·弗朗索瓦·毕来德(Jean F. Billeter)教授为首,他曾专门出版过一本《驳于连》的精致小书[③],批评于连夸大、且过分"利用"了中国的"异质性",以致使其全部著作"建立在中国的相异性这一神话之上",不惜将中国置放在与欧洲"相对立的世界",而殊不知"这一神话",正是中华帝国意识的构筑。他指出,于连继莱布尼兹、伏尔泰、葛兰言、谢阁兰等人之后,重拾这个中国"神话",借助"翻译的滥用",将"内在性"(immanence)思想归结为中国思想本原,"没有看到'内在性思想'天生就与帝国秩序相关联",它在自动解决终极问题的时候却创造了一个封闭的世界。于连"不曾一刻想到要对这种思想进行批判",而把它加以"理想化",视为"'中国思想'的本质",从而形成了"中国思想"与"西方思想"的"差异"与"对立面"[④]。除毕莱德外,法国专攻中国思想的

[①] 《远西对话》,第180页。
[②] 同上书,第182—183页。
[③] Jean-François Billeter, *Contre François Jullien*, Allia, Paris, 2006. 中译参见毕来德著,郭宏安译《驳于连》,载《国际汉学》第19辑,大象出版社2010年版,第216—224页。
[④] Cf. Jean-François Billeter, *Contre François Jullien*, pp. 62 – 63. Allia, Paris, 2006.

当红汉学家程艾蓝（Anne Cheng）教授，在其主编的《中国当代思想》开篇之作《终结异质性神话》①中也指出："汉学发展到今天，用希腊去对比中国，或者用中国去对比希腊，这类做法往往导致问题的简单化"，最好能回到历史研究中去。而于连的支持者则认为，"历史是大部分传统汉学家必修课，于连的研究恰恰鲜明地反其道而行之"②。于连不是历史学家而是哲学家，"正是为了哲学他才去研究中国。大多数的汉学家并不理解，因为他们倾向于使用历史认识论和方法论因素，是历史观点，而于连的研究则首先要求以哲学为评判"③。极力维护于连的研究路径。至于异质性的考量，支持者众说纷纭，称：于连作为一个哲学家，"深知异质性概念是一种源头上的异质，或者说对立"④；"只要读于连的作品便能发现他的方法与异质性思想毫无关系。他的思想代价也正是他的目标和成功之处，思考差异却不简单地归为异质性象征"⑤；中欧文化间的差异客观存在，无可回避，"面对中国和欧洲两种文明，无论二者差异性如何，弗朗索瓦·于连都视之平等"，"为了避免成为'他者'，更需要一种外部的眼光……"⑥ 等，多方面地为于连研究方法的革新辩护。于连的思考和建构远非圆满，争议不可避免，即使同为他的前辈导师，也是对之看法相异，褒贬不同：汪德迈称赞于连的论著"打破了传统汉学的习惯"，"传布着令人耳目一新"的特异性气息，"这种特异性超越了形式，是一种思想的特异性，这种思想要在中国和西方之间寻找一条思考之路，用以沟通这两种根本不同的世界观"⑦。谢和耐则持质疑的态度，他说："从前，把我们的西方对峙于一个模糊的东方成为时髦，这个东方无所不包，从君士坦丁堡到北海道。把这个对峙局限于中国是不是进步呢？……况且，'西方'或'欧洲'思想的理念本身是可笑的。对照这两种思想兴许能够廉价地、以极端蔑视对中国作家进行长期而艰难研究的态度，为精彩的阐述提供材料；但是，因为这些阐述不顾时间和脱离一切背景，它们同时便失

---

① Anne Cheng, *Pour en finir avec le mythe de l'altérité*, p. 7. in *La pensée en Chine aujourd'hui*, Gallimard（Editions）2007.

② *Oser construire-pour François Jullien* pp. 74. Empecheurs de Penser en rond, 2007.

③ Ibid..

④ Ibid..

⑤ Ibid..

⑥ Ibid..

⑦ 《远西对话》，第107页。

去了任何合理性。"①

　　我在这里征引于连个案及其在欧洲争议的例证，无意臧否其得失，旨在引发出对我们所探讨的"汉学与'汉学主义'"话题有益的启示。于连个例引起我们的高度关注和兴趣，不在于它的完美无缺，而在于它的发人深省，能让我们自省、再思、再发问。于连不愧为来自"汉学故乡"的"另类"汉学家、思想家，他的寻求"未思之处"的治学方法，他的"迂回与进入"的探索之路，他的本土文化的问题意识、自审意识，他的致力于中欧文化间的"相互打量"、对等对话的努力，乃至他的思想与方法论建构的雄心和孜孜以求的勤奋精神，都值得我们深思。于连的出现及在欧洲引发的争论，恰恰是反"汉学主义"的明证，且回应了当下汉学学科科学建构的理性吁求，为我们讨论的话题深入探讨，提供了一个范例。

（原载《跨文化对话》2011年第28辑）

---

① 谢和耐：《中国思想或中国哲学》，《世界报》2008年2月6日。

"汉学"和"汉学主义"刍议

方维规

作为海外汉学的直接参与者之一，我一向关注中国学界30年来关于汉学研究以及近来关于"汉学主义"的相关讨论，但也只是关注而已，说到底只是一个旁观者，从未写过一篇文章参与相关理论探讨。我知道诸多高见在先，而且该说的似乎都说了。可是，鉴于"汉学"和"汉学主义"论题依然所具有的现实性，我还是想就相关问题谈一些粗浅看法，求教于学界高明。我想谈的是两个问题：一是"汉学"与"中国学"之争；二是"汉学"和"汉学主义"。小文虽然也涉及一些理论问题，但更多的是就学科概念以及相关问题讨论中可能存在的知识盲点谈一些感想。

"汉学"与"中国学"之争

探讨"汉学"和由此推演出的"汉学主义"，首先涉及海外汉学这一在中国成为"显学"的学科名称。海外中国研究由来已久，20世纪70年代末80年代初以来，中国学界趋之若鹜。于是乎，人们亦围绕这个研究方向或学科之名各抒己见，名称之争似乎从未停止过。说到底，一切都关乎"汉学"或"中国学"的界定问题。三分之一个世纪过去了，我们看到的是一个概念万花筒，这在现有的学术机构、期刊、集刊或丛书名中可见一斑："汉学""中国学""海外汉学""海外中国学""国际汉学""国外汉学""世界汉学""海外中国研究""中国研究"等。其实，汉学或中国学本来就指外国学人所从事的中国研究，"海外""国外"之类的多余修饰只是"约定俗成"的说法而已。每部研究汉学的专著或编著中，一定会有"汉学"或"中国学"等概念的界定。我想，汇编各种定义及其相关论述,定是一部巨制。

业内人士都知道一个老生常谈:学科意义上的"汉学"(Sinologie, Sinology)源于法国(以雷慕萨于1814年担任法兰西学院开设的"汉文与鞑靼文、满文语言文学讲座"的第一任教授为标志),"中国学"(Chinese studies,或 China studies)专利则在美国。因此,有人将汉学区分为"传统汉学"和"现代汉学"("新汉学"),其原因也是一个老生常谈:传统汉学以研究中国古代经典为主,重视语言、文学、哲学、宗教、历史等人文科学专题,且为文本中的中国;现代汉学则以现实和实用为指归,注重社会科学研究,比如政治、社会、经济、科学技术、军事、教育等。起初我曾纳闷:这种划分是哪里来的?当然来自美国!毫无疑问,中国研究在第二次世界大战后的美国蓬勃发展,并最终确立了美国在这个领域的霸主地位,这给了美国人足够的底气来同"老欧洲"的汉学保持距离。当然,美国人不会完全不知道,汉学在不同发展阶段有着不同的范式,第二次世界大战后的欧洲汉学已不再是近代以前的中国语言文学等人文科学研究了。

大凡见过中国学界对"汉学"与"中国学"各种辨析的人,大致可以见到如下互不协调的观点:"中国学"与"汉学"没有差别;"中国学"与"汉学"截然不同;"汉学"包蕴"中国学";"中国学"涵盖"汉学"。当然可能还有其他一些观点。每种说法仿佛都有一定的依据,用"公说公有理、婆说婆有理"形容之,显然有失恭敬。可是,为何几种说法都能成立呢?究竟哪一种更可取呢?今天不会有多少人再为此而伤神。各种学术机构和出版物已在各自的名号下确立了稳固的地位,人们可以根据自己的理解,各取所需地论述问题。然而可以肯定的是:那些不同名号的机构或刊物,可能重点不同,但在学理上没有本质区别。这又不得不绕回概念问题。还有人偶尔提出学科名称问题,这说明名称之争和分歧依然存在。顺便提一句:我们今天所用的对应 Sinologie 的"汉学"概念,源于江户时代的日本,相对于"兰学",即经荷兰人传入日本的"洋学"("西洋之学")。

另外,我也会为另一个问题而纳闷:汉学是外国人所从事的学术,为什么在他们那里没有就"汉学"或"中国学"问题进行过如此热闹的讨论?或曰几乎没有?他们或许认为没有必要讨论一个不可能有定论的问题。美国的 Chinese studies 挂靠在不同科系,这同第二次世界大战后美国以"区域研究"（area studies）重组人文、社会学科有关，有其知识生产方式的内在逻辑，这不是传统 Sinology 的栖身之地。或者，美国人认为 Chinese studies 涵盖 Sinology。更有人以为，"汉学"是一门过了气的学问，"中国学"才是希望所在。这些人不一定知道，Sinologie（法、德）、Sinology（英）这个由半拉丁半希腊词源组成的概念，原义就是 Chinese studies 或 China studies。不可否认，美国人有意或无意地将一个欧洲概念"翻译"成 Chinese studies，是想用一个新的名称来彰显"新的"研究内容和方法，或者突出战后美国所取得的确实可观的成就。尤其在文化研究兴起之后，年轻的美国学者一般不愿自称汉学家，他们总认为自己是做理论的，或者至少是比较文学家。但是如前所述，美国学界提出 Chinese studies 之时，法、德等国的 Sinologie 早就有了新的发展：进入 20 世纪之后，那里的汉学已经不像从前那样专注古代，而是逐渐将目光转向当代和过去不久的中国事物和发展状况。德国第一位汉学教授福兰阁（1909 年就职）就已经视汉学为研究中国人和中国文化的学科，他所领衔的德国殖民学院（汉堡大学前身）"汉学系"的名称为"中国语言与文化系"。

的确，传统汉学侧重于中国语言文学，就同西方许多传统的语文学学科一样。但是汉学似乎一开始就有所不同，并非纯粹的语文学。纵观欧洲汉学，我们始终能够看到汉学之"无所不包"的中国问题研究。因此，所谓的人文科学取向与社会科学取向的两派之分，在某种程度上只是一种历史幻象。纵观当今欧洲在 Sinology 名下和美国在 Chinese studies 名下所从事的实际教学和研究，两种取向之分也是失当的。不少人刻意采用欧洲"汉学家"和美国"中国学家"之名号，其实只是一种人为的划分而已。当今西方的不少大学将汉学设置在东亚研究之内，其"区域研究"亦即跨学科特色是很明显的，它涉及历史、经济、政治、哲学、法学、社会学和语言文学等诸多领域。

无论如何，在学院派汉学之初和以后的很长一个时期，学术研究中并不存在我们今天的人文科学和社会科学的严格区分，许多社会科学理论和方法还没问世。并且，谈论海外汉学，各国情形有别，发展也极不平衡，因此很难一概而论。对那种硬性区分欧洲汉学和美国中国学的做法，我只能说，美国有很好的人文科学取向的汉学成果，欧洲有很好的社会科学取向的中国学成果，而且不只是在当代。我在这里对"汉学"和"中国学"

名称的浅见，并不是要对现有学术机构和刊物的名称提出质疑；平心而论，那些名称都很好看，多少归功于对一个本来不是问题的问题的讨论。不管怎么说，机构和机构之间、刊物和刊物之间总得有所区分吧。如果今天还有人为孰是孰非而感到疑惑，那我只想指出："Sinologie/汉学"从来就是 Chinese studies，亦即"中国学"——这是这篇小文提出的第一个观点。

"汉学"和"汉学主义"

"Sinologie/汉学"概念在中外辞书中的释义是不完全一样的，有狭义和广义之分。是狭义还是广义或不同释义，自然反映出论者对"汉学"的不同认识。有一点是可以肯定的：辞书中的"汉学"定义，未必符合汉学历史和现状。美国学者用"中国学"来与"汉学"相区别，显然更多地受到狭义汉学释义的影响。据本人有限的阅读，"汉学主义"（Sinologism）还未收入辞书。这个新概念显然是后殖民主义理论的产物，约产生于20世纪最后几年，释义当为"汉学中的东方主义"。周宁的《汉学或汉学主义》（《厦门大学学报》哲学社会科学版，2004年第1期）一文，是国内学界较早论述汉学主义的力作。该文最为耀眼之处，是其一以贯之的意识形态批判特色。

"汉学主义"的理论依据是后现代、后殖民理论，如利奥塔的"宏大叙事"理论，福柯的话语理论，尤其是萨义德的"东方主义"（Orientalism）学说，"汉学主义"便是由此演绎而出的。其主要论点是：汉学与其说是一门学问或知识系统，毋宁说是"想象""神话"和"意识形态"。它所塑造的"文化他者"话语，不仅表述知识，而且显示权力，体现出汉学与帝国主义殖民扩张之间的协调关系。汉学是西方现代性意识形态的一部分，并且贯穿始终。因此，近年来的"汉学热"由于缺乏学科批判意识而造成一种"自我汉学化"和"学术殖民化"动向，中国学术有可能成为西方文化霸权的话语殖民工具。这一切最终导致对汉学知识和"汉学叙事"之合法性的质疑。应该说，周宁君的问题意识，他对意识形态话语特征的嗅觉，对西方现代性"大叙事"所营造的"文化他者"形象的解剖和分析，都是值得称道的。另外，他把汉学看作一种叙事，一种选择、表现、结构、生成意义的话语,以及他对西方中心主义之学术观念的认识,多少有其合理之处。我在这里想要讨论的是"汉学主义"论中可能存在的问题,并提出几点商榷意见。

萨义德对"东方主义"之系统的、全方位的批判,为解析殖民话语提供了影响深远的分析模式,也为后殖民主义文学理论奠定了坚实的基础。然而,他的理论明显忽略了东方学的复杂性,主题先行却很成功地挖掘了论据,以至不能区别对待不同的历史发展,一概而论地进行历史和文化比较。后来,斯皮瓦克(G. Ch. Spivak)和巴巴(H. K. Bhabha)等人的理论,试图修正为跨学科、跨国界的后殖民主义理论建构指引方向的《东方学》中的一些观点,萨义德本人的晚期著述也对自己的前说有所变通。我对来自后现代、后殖民的文化批判语境、从萨义德"东方主义"推演而出的"汉学主义"的总体判断是,它对"汉学叙事"之意识形态本质的批判,先天带有"东方主义"在不少问题上不分皂白的特色,因而难免一偏之见。

在此,我们首先需要辨析"汉学"同"东方学"的关系。尽管《东方学》对汉学略有涉猎,萨义德也曾在不同场合说过汉学属于东方学,但是这种隶属关系并不是那么可靠的。1795年成立于巴黎的"东方语言专科学校"(École spéciale des langues orientales)标志着"东方学"学科的诞生。东方学亦有广义和狭义之分:从字面上看,东方学中的"东方"包括亚洲和北非。19世纪以降,西方学科体系中细分出阿拉伯学、伊斯兰学、埃及学、希伯来学、阿拉米学、闪米特学、波斯学、土耳其学、印度学、蒙古学、汉学、日本学等,此乃广而又广的广义"东方学",多以古文化为研究对象。其实,在西方学术、日常用语以及学科建制中,"东方学"中的"东方"一般只指近东、中东和北非。萨义德也是这么做的,其《东方学》主要涉及伊斯兰阿拉伯世界,且以19世纪为主。因此,如果认为《东方学》提出的问题是汉学无法回避的,这或许可以用于不少问题的论述,而将之用于"汉学在西方属于东方学"时,是要极为谨慎的。这个问题不是萨义德说了算的,也不是不谙这一行的个别西方学者说了算的。中国在远东,或曰东亚;汉学在西方学科体制中,在法、德这两个欧洲汉学重镇以及许多欧洲国家,在过去和今天,基本上不设立在"东方学"之内,这里不排除极个别例外〔法国"东方学院"(INALCO/

Institut National des Langues et Civilisations Orientales）设立汉学，此学院的前身是"东方语言专科学校"］。汉学同东方学有着相通之处，但在学科意义上不属于东方学，这是本文的第二个观点。

毫无疑问，萨义德赋予 Orientalism（东方学，东方主义）的新内涵，已经使其成为殖民主义批判的关键概念，涉及"权力"和"抵抗"。东方主义意识形态同欧洲殖民主义扩张密切相关，因此，萨义德《东方学》的政治性和论战性本在情理之中。在福柯和葛兰西思想的影响下，萨义德把"东方学"亦即"东方主义"看作西方之东方叙事的权力话语，通过贬低他者、抬高自己来达到自我文化认同，完成"中心"和"边缘"的建构。显而易见，"东方主义"远远超出了"东方学"之语言文学、历史或人类学范畴，18 世纪之后的英国和法国以及第二次世界大战之后美国的大量文本（文学作品，导游手册，新闻报道，政治宣传，哲学和宗教著述等）对他者的想象模式、叙事方式和运作机制，充分体现出西方对东方的文化霸权话语和话语结构。正因为此，东方主义理论在某种程度上具有世界性意义。换言之，重要的是萨义德所揭示的西方世界 18、19 世纪以来对伊斯兰阿拉伯世界的认知模式，比如：东方学在某种程度上与东方无多关联，更多地与西方有关，东方是被西方创造出来的，是一种建构品。这种认知模式或话语模式不只局限于西方对一种特定社会和文化现象的认知。这里说的是东方主义理论范式的有效性和适用性，它可以拓宽人们的研究视野。从这个意义上说，它被用来研究西方汉学，并非由于中国地处世界最东方，理所当然的最具"东方性"，亦即所谓"汉学属于东方学"。

东方学的历史可以追溯到古代欧洲。近代以来，两种取向的东方学是显而易见的：一种是学术的、人文主义的，另一种是殖民主义、基督教主义至上的。一方面，东方学的文物考古，对古文献的挖掘、收集和解读，对死去的文字的研究是众所周知的，此时，殖民主义或意识形态是无从说起的，除非我们把一切事物都与意识形态连在一起。另一方面，西方人开启的东方学几乎一直是西方人的领地，其成就也几乎都是西方人的功劳，迄今没有多大变化。这是西方话语霸权的一个重要原因。汉学的发展之路则完全不同，从明末清初的传教士"汉学"起，西方的不少中国知识是由中西学者的"口述笔录"来完成的，并时常超越政治和意识形态诉求。

总的说来，东方学中的两种取向，基本上也适用于西方汉学；并且，汉学的学术性常常胜于东方主义中的那种政治性，那种"殖民官僚主义和殖民主义风格"（萨义德）。因此，"汉学主义"所说的西方汉学贯穿始终的、浓重的意识形态色彩，即使不是明显的、也是隐性的，即使在汉学成为"科学"时也是难免的，这种说法或许说过头了，因为这不符合由基督教文明所发起的中西文化对话史实。

我们再来看"汉学主义"论中的狭义和广义汉学之分：狭义汉学是指西方现代学科体制中东方学内对中国和中国文化的研究，这个学科分支受制于汉学主义；广义汉学则是关于中国的"知识"，是异国情调和意识形态等，本身就是汉学主义。而我认为，这种划分是成问题的。换句话说，我们不能混淆汉学"知识"和知识的"运用"，这是两个层面的东西，而后者在绝大多数情况下是不能归入汉学或广义汉学的。尽管我们在论述西方汉学史的时候可能会论及孟德斯鸠和黑格尔的"中国论"，但是他们在各自理论体系中的论述，肯定不属于汉学范畴，汉学此时只是其理论思考的材料或工具之一。我当然很明白，如何才能区分汉学和非汉学研究，这在一篇小文之有限的文字中是很难说清楚的。我在这里只想强调"学"和"用"的区别，以及不同的"用法"。

意识形态可能无孔不入，纯粹的、严谨的学术研究也可能被意识形态沾染。尽管如此，用"显性意识形态""隐性意识形态"和"若隐若现的意识形态"（见周宁文）将今昔汉学"一网打尽"是不合适的。我看不出汉学中的《易经》研究或老子研究本身有多少意识形态色彩，除非它们被用于特定的、充满意识形态的语境。即使在帝国主义、殖民主义甚嚣尘上的19世纪，我们也应看到不少汉学成果与西方中心主义之"汉学叙事"之间的区别。即使西方学者中也有人宣称汉学或中国学基本上是意识形态，我们也不应遮蔽这种后殖民主义观点没有或不愿看到的东西。同样，萨义德的东方主义及其理论框架是值得借鉴的，但是用"汉学主义"统摄整个海外汉学——从17世纪的传教士"汉学"，到19世纪以来的学院派汉学，再到诸多与中国文化有关的文字，显然失之偏执。这样的理论命题看似很有冲击力，其实反而失去锐气，问题出在"一概而论""一视同仁"。我的看法是：汉学中存在汉学主义，汉学不是汉学主义。这是本文的第三个观点。

最后，我想在另一个层面上借用"汉学主义"论中的"自我汉学化"和"学术殖民化"之说来结束这篇短文：20世纪80年代以来，中国学界出现了译介西书的大潮，来势凶猛，蔚为大观。这与中国在这之前的长期封闭有关，与"堰塞"有关。被愚昧久长，人们急着别求新声。在大量译介著作中，西方汉学（中国学）著作尤为壮观，并成为新时期的"显学"。许多著述涉及被我们忽略的东西、遗忘的东西，更有一些课题选择、理论假设和思考框架让我们大开眼界，确实给人新鲜之感，视野融合和真知灼见丰富了我们的学术。可是，我们这时也能看到另一种奇特现象：不管是在英美语言文学研究、日耳曼语言文学研究还是日本语言文学研究中，佼佼者和学术权威基本上来自英语国家、德语国家和日本，这种状况在中国似乎要大打折扣。中国人信奉的是外来和尚会念经，甚至念我们的"国学"经（"汉学热"和"国学热"几乎是同时升温的；海外"汉学"和海内"国学"的研究领域和对象有许多叠合之处）；因为说不好中文而用英语念经，也许更有水平？另举一个俗气的例子：学术会议的座次和论文在刊物中的位置等，不见得源于"礼仪之邦"的习俗，而是要让外来和尚先念经。不少人有意无意地接受了一种不知产生于何时的"意识形态"：西方学者与中国学者的关系是"具有理论意识的研究者"（theoretically minded researcher）与"本土情报员"（native informant）的关系。且不论理论可能不着边际，学术未必理论优先，文献考证未必低下；假如我们抹去那光环，便可非常轻易地看到，一些西方汉学"成就"是很平庸的。它可能有一个很不错的选题和视角，可是我们的硕博学位论文中也有很多不错的选题和视角！就学术训练和学识而言，一些无多建树、只在中国才受到高度礼遇的"洋和尚"的中国知识，是不能与许多中国学者的相关学问同日而语的。但是我们……

（原载《读书》2012年第2期）

二 对"汉学主义"理论的评价

也谈海外汉学与"汉学主义"

季　进

　　海外汉学历经几个世纪的发展，研究范式和研究中心几经迁移，在西方学术话语谱系中即使不能砥柱中流，也蔚为大观。有评论者认为，海外汉学往往随西方世界的价值形态和思想观念不断变化，远离中国的历史与现实，难逃隔靴搔痒之弊，有时还执迷于东方主义的迷障不能自拔，以至于形成所谓的"汉学主义"。不可否认，某些特定时期、特定地区、特定学者的汉学研究会带有鲜明的意识形态，以"汉学主义"来指陈并不为过。但是，海外汉学是否必然就是"汉学主义"？"汉学主义"究竟所指何在？这些问题并没有得到清楚地阐述，也难以作出明确的判断。我欣赏"汉学主义"批判背后的反思立场，但并不赞同将海外汉学与"汉学主义"简单等同，"汉学主义"概念的理论推演似乎远大于海外汉学的研究实际。在此，我无意也无力从理论层面作出深入探讨，只想围绕海外中国文学研究就此话题谈谈自己粗浅的理解。

　　这些年我们一直在做海外中国文学，尤其是中国现代文学研究的课题，基本思路是从文学史的多元形态、现代性的辩证思考、性别的话语政治、文学与历史的对话、通俗文学的政治、马克思主义的美学架构、跨语际的文化实践等方面，来梳理阐述海外中国现代文学研究的知识谱系与经验教训。我们希望通过全面的论述，来思考传统的批评方法和视野，在何种层面上具有其局限，又该怎样发展；新的批评理论和思路，在实践和理论层面如何协调，又会带来哪些洞见和不察；这些新旧批评理路该如何重新结合、对话并提出新的可能，发展一种批评的批评，使批评的观念得到进一步延深；如何发展跨学科、跨文化的批评空间，提出新的概念来理解当下新的文学和文化现象，更重要的是如何将海外资源和本土研究有机融合,对话性地形成"学术共同体",促使中国文学研究生态有序发展。随着对海外中国文学研究了解的深入,我们越来越深切地体会到,它不仅可以帮助我们反观国内中国文学研究的种种优势与劣势,而且对整个学术研究本身及其所附加的政治、价值、偏见提出了反思和检讨,为我们进行下一轮的文化交流提供了坚实的学术基础。

众所周知,海外中国文学研究对国内的研究生态和学术现局带来了挑战和刺激,一再翻新我们对文学和文学史的认知与定位。虽然这样的解读,很容易落入"冲击—回应"的老论,但客观地讲,这既是一种现实,也是一种心态。两者都受到某些意识形态的操控或左右,无论这种操控来自政治、经济,还是文化领域。在这个意义上,比较、全球、对话,这些冠冕堂皇的词汇,有可能暗示一种或经济或政治或文化的倾轧或(后/自我)殖民,甚至出现所谓的"汉学主义"。不过,"学术流"或者"文化流",总是因为有了高低才能存在。对等的、分庭抗礼的学术与文化,也就无从流动,未必见得能有互馈。而且,更值得我们关心的是,这种潮流因何而成,在何时逆转,缘何而逆转,以及由高向低的流动背后潜藏了怎样的权力话语和知识取向。当然,一个更重要的前提是,我们站在何种立场上提出这种批评,是基于不同学术话语的对谈,还是不同文化语境的协商,抑或不同地缘之间的跨国流通?或者更直接地问,我们是在同一个学术范围内谈论中西,还是在不同的文化间谈同一个学术?这个基础预设,可以帮助我们清理学术的立场和分界线到底在哪里,其发展和新变的依据又是什么,以及支持这种学术的动力机制和意识结构有什么?我们与其以"汉学主义"以偏概全地否定海外汉学,不如对这些问题展开深入的讨论。

所谓海外汉学,其名直指地缘构造,尤指"中国"体系之外的中国想象与研究,当是"国外中国研究"之属。这种说法当然表明了国家政教意识形态和领属之自觉,是近代以来民族、国家观念下的产物。由此切入,自然可以合情合理又相当便捷地清理各种归属问题。当然,反过来看,海外汉学研究中明确的意识形态也不容忽视。只是如何理解这种意识形态,恐怕就不能局限于"汉学主义"一说了。比如一般都说夏志清《中国现代小说史》的政治立场与国内相左,臧否人物,带有明显的冷战意识。王德威为其辩护时,也声称"新批评"不只是概念形式的操作演习，而是当时社会深陷混乱，作者转而求助于文字正义的"权宜之计"。[①]其实，所谓的意识形态方向，不过是我们有了左右正误的先验判断在前，以至于对文本的解读不得不相应地变成意识形态的选择。由此来看，倒不是夏志清有多少政治情结要借着文字的品评来纾解，倒是批评者们有一番难以释怀的政治芥蒂。与其说要指正其人其作的"汉学主义"，不如说是操持一种批评的"正义"或政治，以力求公正的面目出现，殊不知，这种公正性，事实上是以标准、权威的形象自许，所塑造的"公正"，不过是另一番压抑的标本。因此，纠缠于"汉学主义"的争论，不如将海外汉学与本土研究都视为某种统一的"学术共同体"，它是指全球化的时代各种文化传统与资源被广泛分享，人们在深入地理解、探讨和展示其中某些方面时所形成的一种学术联结。它取代了那种实存的人际关系和学术网络，转而强调虚拟的同一性的时空构造。"想象"是其中的关键词，将有助于我们重新审视"学术共同体"的理念。我们对海外中国文学研究的反思，也就是试图突破一般意义上的概念性描述和现象铺陈，力图将海外与国内的研究状况、特点、历史都视为统一的整体进行比较性的深挖，以一种"共同体"的学术理念，来看待海外中国文学研究所引起的全球性文学与文化反思和学术生态的发展。

　　正是在"学术共同体"的理念指导下，我们提出二个值得深入研究的问题。一是作为方法的海外汉学。我们不仅要把海外汉学研究视为一门独立的学科，一个有价值的研究对象，更要发现其在"方法论"层面上的意义，把它变成我们认识世界的一个媒介和通道。既关心"海外汉学"探讨了什么、阐述了什么，更要阐明其挑动了什么、质疑了什么，又释放了什么。特别是这些成果在反馈到国内时，对国内的研究格局和书写形态，产生了怎样的刺激和影响，在何种意义上推动了文学研究的跨文化对话进程。二是作为机制的海外汉学。这个理念在于阐明海外汉学研究不单具备丰厚的学术价值，也拥有很高的社会价值和实践效应。借着海外世界所呈现出来的中国形象和中国历史，我们得以反思和正视中国文化和文学在向海外传播过程中所出现的种种问题、优缺利弊，换言之，它变身为一种指导机制和测试体系，能够帮助我们不断修缮、完备本国文化的海外传

[①] 参阅王德威《重读夏志清教授〈中国现代小说史〉》，见夏志清著《中国现代小说史》，刘绍铭等译，香港中文大学出版社2001年版。

播,达到文化交流的和谐有序。随着知识的全球流通,中国文化作为人类共同的精神财富,理应成为世界性的话题,对它的研究也理应成为世界性的学术共同体。学术共同体与全球化时代遥相呼应,显示了中国人文学术的范式转型。

基于以上对海外汉学的认知,我提出对"汉学主义"的初步观察:从渊源来看,之所以出现"汉学主义"的提法,主要是因为长期以来的崇洋心态,尤其是本土理论话语的薄弱,形成了唯海外汉学是从的所谓的汉学心态,因此,提出"汉学主义"作为批判的立场有其历史根源;从学理上讲,主义之为主义,必须包含一套独立的解释概念和批评方法,并构成相对完整的理论体系,而"汉学主义"并不具备这些内容,以"汉学主义"评判海外汉学过于简单化;从实效上说,后殖民主义、新历史主义、女权主义、马克思主义等都为我们理解社会、文学、历史提供了有效的方案,而海外汉学同样为反思和梳理中国文化提供了有力的借鉴,以此观之,海外汉学又可能成为另一种"主义",但如何理解与深化还有待时日;从发展上讲,海外汉学应融合于东西互动的学术共同体,最终会有出现消退的过程。我们不妨以乐观的姿态,面对其挑动的学科整合、观念更新、文化反思的阶段性表现。正是在此意义上,我也认同"汉学主义既是一个知识系统,又是知识生产的一种实践理论"[①]。

(原载《汉学研究》2012 年第 14 集)

[①] 顾明栋:《汉学主义之我见》,《跨文化对话》第 28 辑,生活·读书·新知三联书店 2011 年版,第 211 页。

"汉学主义",或思想主体的焦虑

周云龙

理论源自问题。作为一项理论建构,"汉学主义"背后的问题脉络在于,中国乃至整个东亚知识分子在当代全球知识场域中的思想贡献是什么?相信每一位当代中国学人内心都有一个隐痛,它就是据说来自撒切尔夫人的苛刻判断:"中国没有那种可用来推进自己的权力,从而削弱其他国家的具有国际传播影响的学说。"全球化进程在20世纪90年代的再次全面启动,引发了中国学人对于国家思想主体的焦虑,"文化自觉"遂成为当下的核心问题。与此同时,国与国间学术思想交流日益密切,"西方"似乎已成为中国的学术实践机体的一个组成部分。当"文化自觉"的问题激荡在学术领域时,对于中国学者思想贡献的质问或反思就旋即浮出水面。"汉学主义"理论的提出,正是对该问题的回应。

作为"东方主义与后殖民主义之外的选择(alternative)","汉学主义"理论设定的对话者是后殖民主义文化批判理论。更确切地说,是开启了后殖民主义文化批判范例的"东方主义"理论,代表作是萨义德的《东方主义》。开启或发展后殖民主义文化批判理论的代表性学者,比如萨义德、G. C. 斯皮瓦克、霍米·巴巴等几乎都是"非欧裔"(non-European),然后在北美学院发出了自己的独特声音。这些学者的第三世界出身赋予其理论实践一种含混的特质,既充满了批判意识,同时又内在于西方启蒙理性的自我反思传统。因此,当这种理论发生了萨义德意义上的"旅行"之后,进入另一种全然不同的问题脉络,如果不加批判地、不加限制地使用,既有的洞见可能"成为一个意识形态陷阱"。具体到中国与后殖民主义文化批判而言,二者的契合点在于:全球化浪潮对中国的冲击,本土迫切地需要一种反弹压抑意识形态的理论工具;后殖民主义文化批判理论对于西方启蒙哲学的解构姿态正好对应了这一诉求。

但后殖民主义文化批判理论"旅行"到中国本土后，同样面临着一个"合法性"的问题。西方文化霸权往往与本土的权力话语同源同构，在更多的时候，所谓的"西方文化霸权"必须借助本土才能发挥效力，它不过是本土不同的话语集团争夺符号资本的一个意识形态中心而已，它在这一表述中显影的往往是本土自身的问题。因此，放弃对本土的"西方主义"话语的批判，要比所谓的"东方主义"或"西方文化霸权"危险得多。后殖民主义文化批判理论背后的问题不属于中国，它对中国当下的脉络而言也不完全具有适切性。这种做法将会在不自觉的状态下放弃对包括中国在内的非西方世界的自我批判立场，转而美化对西方的对抗。认真检讨抽象的"西方文化霸权"对于思考中国当下最迫切的问题的无效性，要比去解构西方文化霸权本身有意义得多。无视"理论旅行"过程中脉络与意义的突变，可能遮蔽理论本身的批判意识，将其扭曲为保守的意识形态。

正是基于上述两个层面，我们看到了"汉学主义"理论的当代知识贡献。首先，来自巴勒斯坦的萨义德、来自印度的 G.C. 斯皮瓦克、霍米·巴巴等第三世界同行在北美学院中，以富于冲击力的思想反写了欧洲中心主义；而且，其学说在全球知识场域中的迅速散播，为这些学者确立了一个清晰的文化位置。这对于流散全球的其他"非欧裔"学者而言，不啻一个情感上的刺激，更是促生思想主体焦虑的导引。而中国经济增长所引发的"崛起论"，使华裔学者迫切感受到自己的世界性思想贡献之路任重而道远。

另一方面，与前述问题相关，如果没有一个清晰的思想主体，我们如何能够解释自身的问题？显而易见，后殖民主义文化批判"有其局限和缺陷。很明显的一点是：中国从未被西方完全殖民过。这一历史前提肯定会影响西方人和中国人自己对中国文化、社会的认知和看法"。除此之外，东方主义和后殖民主义解释范式还有另一个缺陷："这两种理论的研究方法都是以政治为导向、以意识形态为动机的，因而极易引发文化战争。文化战争对于解决学术问题无能为力，并总是无视知识和学术研究的本来目的。"（顾明栋：《汉学主义：东方主义与后殖民主义之外的选择》"导论"）因此，必须提出一种新的理论范式，来重新审视当下中国、中国和西方（间）的知识生产问题。

"汉学主义"理论立足中国的问题脉络，以对话的姿态，谦逊地把自身定位于东方主义和后殖民主义之外的另一种可选择的方案（而不是替代）。那么，究竟什么是"汉学主义"？它是如何在与东方主义的对话中界定自身的？

概念的清晰度与可疑性总是成正比的。而"汉学主义"的论者很谨慎地给出了一个描述性的解说："汉学主义大致上是西方人在与中国交往中处理各种中国事物并理解纷繁复杂的中国文明时所构思并使用的一种隐性系统，其中包含观点、概念、理论、方法、范式。""对中国的观察、中国知识的生产以及对中国的学术研究都受控于一种内在逻辑，它常常以我们意识不到的方式而运作，因此，汉学主义在根本上是一种中西方研究和跨文化研究中的文化无意识。"值得注意的是，"汉学主义"是一种流动的心态，有两种表面看似对立，实则共享了同一意识形态基础——内化西方的知识尺度，来解读中国的无意识——的趋向：一种是美化中华文明，一种是诋毁中国。其理论核心在于，把西方观看中国的认识论和方法论置换为观看自身的内在隐蔽机制。

"汉学主义"理论提出的问题是敏感而迫切的。但是，"汉学主义"理论并非在一般意义层面上假设中西学术话语的冲突。相反，"汉学主义"理论立足于真正的"人本主义"，其根本的学术伦理诉求在于"对不同文化的理解和对事实、真理、平等和知性完满的无偏见崇敬之上。"（"导论"）这一前提使汉学主义理论与萨义德的东方主义论述有力地区别开来，同时，也赋予该理论本身一种包容和对话的品质——它不再假设敌意和对立，而是把寻求"相对纯粹的学术"作为其根本的思想使命。值得注意的是，该理论前提的确立是有历史依据的，即中国从未完全沦为西方的殖民地，因此，汉学不同于东方学，不是一种严格意义上的殖民话语和西方人的发明，在很大程度上，它是一种中西方共同参与的相对中立的学术实践。

除了基本的理论前提和知识立场，"汉学主义"作为中西方跨文化互动的副产品，它还具备两个东方主义所没有的实践层面："一方面是非西方人（包括中国人自己）对西方认识论有意识或无意识的吸收，并在处理中国资料时自觉或不自觉地接受被强加的西方范式，自发地采用西方标准来评价中西方事物,以及或隐密或直白地承认西方文化优于非西方文化。这个方面一个极端的例子就是某些中国知识分子对中国文化进行自虐式的诋毁和攻击。"("导论")与此相对,另一个层面则是一种本土文化本质主义,过度强调自身文明的独一无二性。从这两个层面的意义看,"汉学主义"理论提供的跨文化分析范式,针对的正是挪用后殖民主义文化批判所带来的弊端,即摒弃前者暗含的敌意对立和意气用事,从对话的、建设性的角度重新思考中西方跨文化平等交流的可能性。"汉学主义"理论中暗含着我们这个时代最值得珍视的交往理性、对话伦理。

更重要的是,"汉学主义"理论的提出,有助于对本土立场展开深刻的反思。既往搬弄后殖民主义文化批判分析模式的研究,根本的危险还不在于其中缺乏问题意识,而在于:过分强调西方的思想宰制意义,把批判的锋芒压倒性地集中于西方的文化霸权,而忽视本土的共谋因素,就为权力结构本身留下了莫大的滋长空间。这种研究现状距离我们"文化自觉"的命题和诉求将越来越远。而"汉学主义"作为一种隐蔽的"文化无意识",生成于"坚持以西方标准为衡量的尺度来评价中国资料"的变异心态,因此,对"汉学主义"的反思将直接导向对本土的批判。也正是在这个意义上,"汉学主义"理论彰显了不同于东方主义理论的知识贡献——不再美化对西方的对抗,转向自我反思。这个反思同时指向本土的妄自菲薄和妄自尊大,进而对自我有一种清醒而理性的认识,拥有一种自信和开放的视野,同时恰当地认识他者的智慧,这正是"文化自觉"的基本内涵。换句话说,"汉学主义"理论在精神实质上与产生于西方学院的后殖民主义文化批判理论是相通的,共同表现为一种包容、自省的精神。

正是因为"汉学主义"论述所具备的巨大理论能量和强烈感染力,它极易激起我们进一步与之对话的渴望。如果把"汉学主义"理论的提出与论证本身历史化,我们将会看到其中暗隐着有悖于批判初衷的不谐和音。

"汉学主义"作为一种知识体系,其基本内涵在于西方中心主义意识形态主控下的中国知识生产方式。那么,对于"汉学主义"的反思与(重新)审视,终将导向一种透明的知识。所以,"汉学主义"的理论困境不在于是否存在中立、纯粹的知识,而在于其反思的姿态里假设了虚假知识与真实知识的对立。于是，一个未经中介的（mediatized）"中国"论述/"汉学"事实上就成为"汉学主义"理论的根本诉求。"汉学主义"理论会否演化为阿兰·巴迪欧所谓的"对真实的激情"？也许，我们可以折返本文开始的那个总问题脉络，即思想主体的焦虑，并从中一窥该悖论的缘由：当"非欧裔"知识分子在全球学术场域中试图发声时，无论其发出的声音是什么，就已经对全球化意识形态询唤的某种回应。如果说"非欧裔"学人在西方学术体制搭建的舞台上的任何"表演"，总是已经沦为身份政治的捕获对象，那么，"汉学"中是否存在一个未经中介的"中国"就令人怀疑。借用"汉学主义"的理论思路来表述，那就是：这种姿态本身已经是对某种学术规则认可的"知性无意识"表征，是第二性的。

（原载《中国图书评论》2014年第1期）

在知识和政治之间[①]

周　宪

　　两年前，在巴黎索邦广场的一家咖啡厅，我和朋友约见了一位法国著名的汉学家。那时我雄心勃勃地想发起一个计划，组织一批欧洲的顶尖汉学家分批来华巡讲，以深化中欧的文化交流。我们的孔子学院办了很多，但大多限于普通民众。但真正要对西方世界产生影响，这批汉学家不可小觑！言谈间，我向此公明晰地发出了邀请，出乎我意料的是，他毫不犹豫地婉拒了邀请。我曾天真地认为，一个资深的汉学家，翻译了那么多中国古代经典，来中国看看不是很自然的吗？就像中国人学莎士比亚戏剧去英国，了解抽象表现主义绘画去美国一样。此公的婉拒引发了我的一个猜测，他之所以不愿来中国，莫不是为了要维系他多年来所形成关于中国的某种幻想，一俟踏上中国的土地，这幻想也许便会破灭。我进一步推测，中国及其文化在此公的汉学世界里是否有一个真实的存在，其实并不重要，重要的是如何恪守业已形成的"汉学主义"构架及其知识再生产。闲聊中我注意到，他对自己的一些研究已被不少中国学者所接受表现出得意的神情，大约是在向我表明，不去中国仍可对中国产生影响吧？的确，西方汉学研究在中国这一最大进口国已开花结果，越来越多的学者喜欢引介西方汉学著述，以至于有学者惊呼目前国内学界存在着一种"汉学心态"。说自己的事，却要引别人的经和据别人的典。这使我想到了萨义德关于东方主义和理论旅行的分析，在日益全球化的今天，知识生产已越来越趋向于流动性，知识的生产/出口与消费/进口变得日益活跃。西方的知识出口对非西方世界不但开拓了广大的市场，同时还培育对本土学者对舶

[①]　本文与发表的版本略有不同，这是作者希望发表的原稿。

来品的消费上瘾和胃口。我们需要问的一个严肃的问题是：在"理论旅行"成为一个全球性的景观时，这一旅行的后面隐含着什么？

最近，英国著名的学术出版社 Roultledge 出版公司的 "Routledge Contemporary China Series" 丛书中，新添了美国德州大学顾明栋教授的新作《汉学主义——不同于东方主义和后殖民主义的别种知识》。这本书的面世一方面恰逢其时，因为"中国和平崛起""世界第二大经济体""中国文化走出去""中国国家形象建构"等话题铺天盖地，一系列历史性的变化和文化自觉使该书的问世具有了特定时间意义；另一方面，该书独具慧眼的文化批判性，在西学世界发出了一个强烈的信号：表现警惕和反思"汉学主义"！

迄今为止，对西方中心论的批判汗牛充栋，从德里达对逻各斯中心主义的批判，到福柯对西方权力/知识合谋的去魅性分析，再到萨义德的"东方主义"，乃至形形色色的后殖民主义理论，来自西方学界内部和外部的批判，几乎成了一种压倒性的趋势。即使虔信西方文明优越论的西方学者，也不得不小心包装自己的真实面目，以免不合时宜地触雷，被钉在文化耻辱柱上。值得注意的是，顾明栋的新作开宗明义地陈述说，他所提出的"汉学主义"既不同于萨义德的"东方主义"，也有别于各种后殖民主义。原因很简单，那是因为东方主义具体而言是指西方关于近东的知识系统，而后殖民主义则源自西方对非洲或印度等殖民地文化的知识生产，中国作为远东独特的文明国度，无论其历史还是文化都有别于它们，所以作者给该书的副标题是"不同于东方主义和后殖民主义的别种知识"。

其实，对西方学者的西方偏见及其西方文明优越论，我们已经见惯不惊了。试想一下，当中国的经济总量几百年前还是世界总量的一半时，西方文明优越论显然是没有市场的。近代以降，中国积弱不振，西方文明优越论便纷纷出笼了，一时甚嚣尘上。顾明栋教授的慧眼在于，他用较多笔墨解析了为什么近代以来中国学人自己看不起自己的文化，心甘情愿地自我殖民化，把西方式汉学主义作为一个价值尺度来考量自身，于是，一种文化无意识在本土滋生蔓延起来。曾几何时，我们开始怀疑甚至鄙视自己，技不如人，洋人的坚船利炮打得国人自信全无，一种"师夷以治夷"的思路似乎成了无可选择的选择。如果我们从更广阔的视域来审视，"汉学主义"显然是一个现代性的问题，它的出现及其传播似乎"证实"了西方学者关于现代性的一种理解，恰如吉登斯的界定——"现代性之社会生活或组织模式，大约17世纪出现在欧洲，并且在后来的岁月里，程度不同地在世界范围内产生着影响。"（吉登斯《现代性的后果》）用《汉学主义》作者的话来说，不仅是社会生活，而且是知识生产和接受方式，更是某种意识形态！

令人好奇的是，在自然科学、工程科学甚至社会科学中，这样的现代性影响好像并未引发对西方知识系统及其意识形态的反省和批判；但在人文科学领域，或者说在文化领域，则完全是另一番景象。那里有某种我称之为文化政治上的反思和自觉，正是这种反思制约着他的思考，尽管他善良地期望一种去政治化的关于中国研究的纯粹知识系统的出现。我以为，人文学者之所以"好斗"，乃是因为他们身上有某种特别的意识形态DNA，他们敏于价值、文化差异及其传统，面对西方经济、政治、文化的强势和对他者文化的压抑，免不了发出几声呐喊。顾明栋作为一个长期生活在西方，用西方语言讲授人文学科知识的学者，出于对母语文化的敬意和忧患，经过长考写出了这部很有分量的著作。我想，在他身上，这种文化政治的冲动会更强烈也更具爆发性。

平心而论，《汉学主义》并不是一个狭隘民族主义的愤懑之作，作者刻意避免感情用事的激愤，着意于历史梳理和学理分析，由此揭橥隐含在"汉学主义"后面复杂的文化机制，描述它如何运作的逻辑，剖析它产生影响的路径，如作者所言：

> 汉学主义大致上是西方人在与中国交往中处理各种中国事物并理解纷繁复杂的中国文明时所构思并使用的一种隐性系统，其中包含观点、概念、理论、方法、范式。由于西方一直主宰着世界的政治和知识视域，整个世界必须通过西方的眼光观察和消费中国知识。汉学主义也因非西方人对于中国文明的认知、观念和评价而更加错综复杂、丰富多彩。对中国的观察、中国知识的生产以及对中国的学术研究都受控于一种内在逻辑，它常常以我们意识不到的方式而运作，因此，汉学主义在根本上是一种中西方研究和跨文化研究中的文化无意识。

文化无意识是贯穿在全书的一个核心概念，它与马克思的意识形态、弗洛伊德的无意识、荣格的集体无意识原型、葛兰西的文化领导权、阿尔都塞的意识形态等概念错综纠结。透过这个独特的概念，作者说明了"汉学主义"形成、发展和发挥功能的复杂机制。不同于国内一些学者对学界"汉学心态"的经验描述，顾明栋则更深一步，他要告诉中外学界"汉学心态"如何作为文化无意识改变了我们的学术生态，进而改变我们的观念、方法和评价标准。用作者的表述是，汉学主义的内在逻辑是一种文化无意识。由于文化的影响，文化无意识转化为一种教化无意识，通过反复的历史和心理的塑造，教化无意识又变为一种文化意识。就其可识别和被识别的形式而言，汉学主义的认识论意识形态就是这样一种基于中国国民意识和中国意识相互作用的文化意识。如果我们忽略这种文化无意识，就无从把握汉学主义关键所在。

  在这部篇幅不巨但火花四射的书中，第四章的分析尤为精彩。作者熟练地运用不同的理论资源，凝练出一个新的结构性概念——"认识论的意识形态"（the epistemic ideology），用以细化文化无意识的内涵。这一概念彰显一个不容忽视的现象，那就是汉学主义将西方的范式和方法论强加到中国的材料中，同时形成中国学者对此一强加的范式和方法论的主动接受。这就构成了汉学主义内部一个奇怪的张力结构：他者殖民与自我殖民。前一点比较容易观察到，而后一点则往往被遮蔽。不过有趣的是，在意识层面上人们并未觉察到这一双向的互动的政治或意识形态意义，因为西方的汉学主义总是冠以科学和真理的名义。问题在于，当它耳濡目染地浸入人们精神的深层结构时，知识的认识论遂演变为意识形态，认识论无意识也就转换成为一种特殊形式的政治意识形态。顾明栋要揭示的正是这样一个事实去蔽以还汉学主义本来面目。顺着这一路径来思考，我好像瞥见了福柯式的话语形成和认知型建构分析的风范，听见了他关于权力与知识共生理论的回响，不过，顾著的汉学主义批判却深化了福柯的理论。

  或许我们可以这样来描述该书作者的一个核心观点：中国研究的西方范式所以成为"汉学主义"，乃是种种内外力量合作共谋的结果。就中国本土而言，外指西方学者充满优越感和文化偏见的意识形态在起作用，内指本土学人自觉地降服于或就范于西方汉学的范式。关键在于，作者一针见血地戳穿了西方人文学科知识真理性的谎言，揭示了本土学者文化无意识所生成的"认识论的意识形态"，该书使我们震惊于一个明白无误的事实，那就是西方汉学充满了特定的意识形态，旨在宣扬西方文明的优越性而让我们感到自己文化的劣根性，甚至自我糟践和贬低。读到如下结论我不禁击掌叫好："在关于中国的知识形成中，当许多中国人也真的接受了西方的认识论意识形态时，汉学主义呈现出一种特殊的形式，即成为一种内在化的、由自我施加的认识论的殖民化。"这一看法对那些盲目崇拜西方学术科学性的人来说无疑是一棒喝！

我关注于顾著的一个分析方法，其精妙之处在于对一系列的张力结构的分析。比如，中西二元对立构架的确立，这一构架实际上是一个层级构架，它把西方设定为高一级的文化，而中国则被设定为低一级的文化。中西二分的层级结构为引入先进的西方所谓普适标准提供了合法的"认识论暴力"（斯皮瓦克），同时又导致了"屈从于西方视角和范畴的先在性投降"（周蕾）。此二分法隐含了复杂的有意或无意的文化乃至政治的动机。再比如，顾著揭示了中外合谋合力生产"汉学主义"，构成了一个他者殖民与自我殖民双重过程，前者是西方学者对中国文化的歪曲与贬低，即斯皮瓦克所说的外来的"认识论暴力"，后者既是周蕾所描述的中国学人自愿地范于西方范畴的先在性投降；还有，就知识议题而言，作者独辟蹊径地指出了一个看似不合理的张力构架，那就是一方面是刻意美化中华文明并夸大其价值，另一方面是根据西方式的目的论模型来贬损和排斥中华文明及其价值。两者看似趋势相互对立，但它们都有共同的基础，即以西方标准为尺度来评价中国资料。最后，就中国学人内在的矛盾取向，在情感和下意识层面不愿承认西方的文化优越性，但在理性和知识层面却又不得不接受这一现实。这种历史意识和现实选择的冲突，或情感和理智的冲突，构成了现代中国人文学术的内在悖论。在对于西方优越性理智接受和情感抵触的相互作用中，前者逐渐深入到中国人头脑中的无意识层面进而转化为文化无意识。汉学主义无意识一系列复杂的张力所形成的权力与知识的共生结构，随着现代性进程而流变。

《汉学主义》的作者在激愤地批判汉学主义的同时，呼吁一种客观的、纯粹的和中立的学术研究范式。他虔信存有这样的研究方式，而且可以通过把文化无意识转化为自觉意识，来实现中国研究的去政治化。我很钦佩作者的理想，但又怀疑这样的研究是否可能。如果说汉学主义是一种政治或意识形态，对付这一政治或意识形态的就是反向政治或意识形态。

我宁愿把作者善良的愿望理解成为以去政治化的方式来实现另一种政治。换言之，用当下流行的属于"政治正确"来转述，去政治化是去掉政治不正确，转向建构一种新的汉学研究中的"政治正确"。而汉学领域的"政治正确"，首先要转换为"文化正确"，亦即怀着尊重和平等的意愿去理解他者文化。我愿用哈贝马斯关于交互主体性的一段描述来说明这种"文化正确"。哈贝马斯写道："如果我们能够达致这样的'文化正确'，那么'政治正确'就唾手可得了。"所以，汉学研究去政治化不是远离政治，而是回到正确的学术政治和文化政治上来。由此引发出更多难题，假定汉学研究学术上的"政治正确"不仅是指对西方汉学研究某种倾向的反思和批判，那么，站在"政治正确"或"文化正确"的立场上，汉学主义的批判者也面临着同样的逻辑，是否有必要深入西方汉学研究内里去甄别其复杂的内容。西方汉学并不当然地等同于汉学主义，汉学主义亦有不同的形态和倾向，同理，中国文化及其本土的研究也不意味着全盘肯定，因此，西方汉学研究甚至汉学主义有无可能为中国文化研究提供一些有价值的资源呢？当顾著指出西方学者有必要去转换视角以中国视角来审视问题时，我们接着是否需要提出中国学者也有必要参照西方汉学研究来反观并重新认识自己呢？他人是自己的一面镜子，这个原理在跨文化研究勃然沛兴的今天仍很有效。当然，这些问题顾著并未涉及，但却给读者留下了进一步探索的巨大空间。

（原载《读书》2014 年第 2 期）

汉学主义：北美汉学研究新范式

周云龙

汉学主义：中国与西方

1978年，爱德华·萨义德发表了奠定其学术声誉的著作《东方主义》。该著的写作与发表不仅开启了后殖民主义文化批判的范例，更重要的是，既往人们对学术研究客观真实、价值中立等一厢情愿的假设，在"东方主义"批判的知识背景下将不再有效。学术研究作为一种知识生产方式，它不可避免地协调着权力。于是，关于西方汉学学科合法性的反思，作为对近年来国内学界译介、研究西方汉学热潮的一种质疑，就显得迫切而深刻。其中，汉学主义是这场反思中最具冲击力的理论话语之一。

根据目前的资料，最早使用汉学主义概念，并将其与萨义德的"东方主义"意义相联系的是德国华裔学者夏瑞春（Adrian Hsia），他在1998年出版的《中土：17、18世纪欧洲文学的中国建构》（Chinesia: The European Construction of China in the Literature of the 17th and 18th Centuries）一书中，把汉学主义与东方主义相提并论。在中国，首次使用汉学主义概念，并将其理论化的是周宁。在发表于2004年的论文《汉学或"汉学主义"》中，周宁论证了西方汉学作为一门学科，所具有的"汉学主义"性，即其背后的意识形态或话语特征。中西方关于这一概念的直接碰撞发生于2007年，在北京举办的国际汉学会议上，德国汉学家阿梅隆试图反驳周宁五年前提出的汉学主义概念，认为汉学能够走出"东方主义"的框架，周宁则从中国立场给予明确的否定性回应。借用媒体的话说，双方"陷入萨义德困局"，汉学主义的理论探讨未见深入。

值得注意的是，任职于美国达拉斯德州大学的华裔学者顾明栋自

2010年以来，连续发表多篇重要论文，试图将汉学主义深化为一种有效的批评范畴。顾明栋的一系列努力，标志着北美汉学研究的最新动向。顾明栋的汉学主义理论建构来自对东方主义批评范式与中国研究不相适切的观察和思考。顾明栋认为，中国从未被西方完全殖民过，这一历史前提将影响西方人和中国人自己对中国的看法；而且，东方主义和后殖民主义主要是以政治为导向、容易引发文化战争，如此就走向了学术研究初衷的反面。鉴于此，顾明栋提出汉学主义的理论范式。其基本内涵是一种中西方研究和跨文化研究中的文化无意识，它源自西方人在与中国交往中处理各种中国事物时使用的隐性系统，比如相关的观点、概念、理论、方法、范式。该隐性系统控制了人们对中国的观察、有关中国知识的生产，以及对中国的学术研究。因此，汉学主义在根本上是一种心态，即以西方的知识尺度来解读中国的无意识。其理论核心在于，把西方观看中国的认识论和方法论置换为观看自身的方式的内在隐蔽机制。

汉学主义与东方主义

和东方主义共同作为北美学院中的边缘声音，顾明栋的汉学主义必须小心翼翼地与萨义德的经典论述区别开来。汉学主义理论不在一般意义层面上假设中西学术话语的冲突。相反，汉学主义理论立足于真正的"人本主义"，其根本的学术伦理诉求在于对不同文化的平等看待和同情的理解。这一前提使汉学主义理论与萨义德的东方主义论述间有了清晰的界限，同时，也赋予该理论本身一种包容和对话的品质——它不再假设敌意和对立，而是把寻求"相对纯粹的学术"作为其根本的思想使命。值得注意的是，该理论前提的确立是有历史依据的，即中国从未完全沦为西方的殖民地，因此，汉学不同于东方学，不是一种严格意义上的殖民话语和西方人的发明。在很大程度上，汉学主义是一种中西方共同参与的相对中立的学术实践。

除了基本的理论前提和知识立场，汉学主义作为中西方跨文化互动的副产品，它还具备两个东方主义所没有的实践层面：一方面是包括中国人自己在内的非西方人对西方认知框架的吸纳、内化，进而无意识地采用西方范式解释中国事物，以西方的种种尺度思考中国文明，关于该层面最极端的例子就是某些中国知识分子对自我文化进行自虐式的诋毁和贬低。与此相对，另一方面则是一种本土文化本质主义，过度强调自身文明的独一无二性。从这两个层面的意义看，汉学主义理论提供的跨文化分析范式，针对的正是挪用后殖民主义文化批判所带来的弊端，即摒弃前者暗含的敌意对立和意气用事，从对话的、建设性的角度重新思考中西方跨文化平等交流的可能性。汉学主义理论中暗含着我们这个时代最值得珍视的交往理性、对话伦理。

更重要的是，汉学主义理论的提出，有助于对本土立场展开深刻的反思。既往搬弄后殖民主义文化批判分析模式的研究，根本的危险还不在于其中缺乏问题意识，而在于：过分强调西方的思想宰制意义，把批判的锋芒压倒性地集中于西方的文化霸权，而忽视本土的共谋因素，就为权力结构本身留下了莫大的滋长空间。这种研究现状距离我们"文化自觉"的命题和诉求将越来越远。而汉学主义作为一种隐蔽的"文化无意识"，生成于"坚持以西方标准为衡量的尺度来评价中国资料"的变异心态，因此，对汉学主义的反思将直接导向对本土的批判。正是在这个意义上，汉学主义理论彰显了不同于东方主义理论的知识贡献——不再美化对西方的对抗，转向自我反思。这个反思同时指向本土的妄自菲薄和妄自尊大，进而对自我有一种清醒而理性的认识，拥有一种自信和开放的视野，同时恰当地认识他者的智慧，这正是"文化自觉"的基本内涵。换句话说，汉学主义理论在精神实质上与产生于西方学院的后殖民主义文化批判理论是相通的，共同表现为一种包容、自省的精神。

汉学主义析疑

作为北美汉学研究的新范式，汉学主义提出的问题是迫切而深刻的。正因为汉学主义论述所具备的巨大理论能量和强烈感染力，它极易激起我们进一步与之对话的渴望。如果把汉学主义理论的提出与论证本身脉络化，我们将会看到其中暗隐着有悖于其批判初衷的不合谐音。

萨义德、斯皮瓦克、霍米·巴巴等来自第三世界的同行在北美学院中，以富于冲击力的思想反写了欧洲中心主义；而且，其学说在全球知识场域中的迅速散播，为这些学者确立了一个清晰的文化位置。这对流散全球的其他"非欧裔"(non-European)学者而言,不啻一个情感上的刺激,更是促生思想主体焦虑的导引。特别是那个据说来自撒切尔夫人的苛刻判断——中国没有那种可用来推进自己的权力,从而削弱其他国家的具有国际传播影响的学说——几乎成为当代每一位华裔学者内心的隐痛。中国经济增长所引发的"崛起论",更使华裔学者迫切感受到自己的世界性思想贡献之路任重而道远。换句话说,如果没有一个清晰的思想主体,我们如何能够解释自身?汉学主义的理论构建事实上正是这一民族(思想)主体焦虑感的投射。

汉学主义作为一种知识体系,其基本内涵在于西方中心主义意识形态主控下的中国知识生产方式。那么,对于汉学主义的反思与(重新)审视,终将导向一种透明的知识。所以,汉学主义的理论困境不在于是否存在中立、纯粹的知识,而在于其反思的姿态里假设了虚假知识与真实知识的对立。于是,一个未经中介的(mediatized)"中国"论述/"汉学"事实上就成为汉学主义理论的根本诉求。汉学主义理论会否演化为阿兰·巴迪欧所谓的"对真实的激情"?也许,我们可以折返汉学主义理论的总问题脉络,即思想主体的焦虑,并从中一窥该悖论的缘由:当"非欧裔"知识分子在全球学术场域中试图发声时,无论其发出的声音是什么,就已经对全球化意识形态询唤的某种回应。借用"汉学主义"的理论思路来表述,那就是:这种姿态本身已经是对某种学术规则认可的"知性无意识"表征。如果说"非欧裔"学人在西方学术体制搭建的舞台上的任何"表演",总是已经沦为身份政治的捕获对象,那么,"汉学"是否能够呈现一个未经中介的"中国"就十分可疑。

(原载《中国社会科学报》2014 年 5 月 14 日)

评《汉学主义》

赵稀方

汉学主义（Sinologism）还是一个新的词汇，然而它在目下已经很让人瞩目。1998 年，西方才有学者运用这一术语，[①] 并将其与东方主义（Orientalism）联系起来。在国内，首先提出汉学主义的，是周宁发表于《厦门大学学报》2004 年第 1 期的《汉学或汉学主义》一文。周宁之后，倡导汉学主义最力的是美国达拉斯德州大学的华裔学者顾明栋。这一提法在学界引起了相当注意，《跨文化对话》和《汉学研究》等刊曾就汉学主义展开过专题笔谈，笔者还出席过南京大学高等研究院为此召开过的小规模的研讨会。2013 年，顾明栋在西方老牌出版社 Routledge 出版了 Sinologism: An Alternative to Orientalism and Postcolonialism（London; New York: Routledge, 2013）一书，由西方著名学者希利斯·米勒教授（J. Hillis Miller）作序，中译《汉学主义：东方主义和后殖民主义的另一种选择》也已经完成，即将在国内出版。这本书的出版和翻译，标志着"汉学主义"在海内外学界的初步奠定。作为一个从事后殖民理论研究的学者，笔者觉得汉学主义是一个富于挑战性的题目，需要进一步厘清和思考。

周宁在《汉学或汉学主义》一文中指出："如果中国属于'东方'，汉学属于'东方学'，那么《东方学》的文化批判，就同样适应于汉学，西方汉学在东方主义话语中表述中国，包含着虚构与权力，那么汉学就有可能带有'汉学主义'的意义，西方有关中国的表述，就可能与权力'合谋'，成为帝国主义殖民主义意识形态。"尽管文中小心翼翼地两次运用了"可能"，意思还是明确的，即中国属于东方，那么萨义德的东方主

[①] Bob Hodge and Kam Louie, *The Politics of Chinese Language and Culture: The Art of Reading Dragons*, London and New York: Routledge, 1998.

义应该适用于中国。文章开头的一段话,则更为明确,"汉学表示它是一个学科,'汉学主义'则表明该学科的意识形态或话语特征,表明其知识包含着虚构、协调着权力,类似萨义德使用的'东方主义'"[1]。很明显,"汉学主义"是从萨义德(Edward. W. Said)的"东方主义"推导出来的。

萨义德"东方主义"之"东方"主要是指近东的伊斯兰,并不包括中国。历史上伊斯兰与西方的关系与中国与西方的关系,其实有很大不同,这种不同取决于地缘政治和宗教差异。在地理上,近东与西方毗邻;在宗教上,伊斯兰对于基督教构成了最大的威胁;在政治上,长达十个世纪的奥斯曼帝国(7—17世纪)在历史上是欧洲最大的敌人,这些都是基督教文明敌视伊斯兰的根本原因。中国与西方的关系,却大不相同。古代中国较为封闭,和欧洲不太打交道,在宗教及政治上对于西方都并无威胁。中国和西方打交道,开始于明末、清末西方传教士的来华。利玛窦等人认为,中国人的思想与基督教并不矛盾,中国人可以在不放弃传统思想的情况下入教,而天主教的确在中国取得了成功,这是欧洲人对中国文化有好感的原因。欧洲对于中国文明的表现并不是以敌意开始的,西方第一本关于中国的学术著作是西班牙人门多萨(Mendoza)1585年出版的《大中华帝国史》,这本称赞强大中国的史书以七种语言出版了46个版本,成为欧洲文化的重要组成部分。这种讴歌东方文明的浪漫传统,后来并没有断绝,到了20世纪依然有罗素、庞德等人兀自景仰中国。由此可见,萨义德在《东方学》一书中所论述的古代西方对于"东方"(伊斯兰)的敌意,并不存在于中国,情形或者正相反,不能简单套用。

不过,在18、19世纪之后,西方对于中国的论述由正面转为负面,汉学主义的有关论述,主要根据于这一时期。周宁说:"在启蒙大叙事中,汉学界定的中国形象成为现代性的'他者':中国是进步秩序的他者—停滞的帝国;中国是自由秩序的他者—专制的帝国。在此,汉学已经不仅表述知识,而且表述权力。因为一旦确立了民主与专制、文明与野蛮的对立观念,并肯定民主消灭专制、文明征服野蛮是历史进步的必然规律,西方殖民主义、帝国主义扩张就获得某种似是而非的'正义性'。"[2]

---

[1] 周宁:《汉学或汉学主义》,《厦门大学学报》2004年第1期。

[2] 同上。

在周宁看来，无论狭义还是广义的汉学，实质上都是一种东方主义知识。

顾明栋在其新出版的著作中，对于西方汉学的历程进行了谱系性梳理。在 18 世纪中叶，努力将中国纳入西方的世界体系开始成为西方思想家所关注的问题。伏尔泰虽然对中国赞誉有加，却又将其展现为一种一成不变的文明。在汉学主义从早期的浪漫主义的理想化到其成熟时期的现实主义贬低的过渡中，孟德斯鸠是一个至关重要的人物。他的鸿篇巨制《论法的精神》考察了人类社会的不同政体，并将中国归结为专制政体。在孟德斯鸠为汉学主义奠定了基础之后，18 世纪末德国人赫尔德（JohanaGottfried von Herder）紧随其后撰写了《人类历史哲学大纲》，这部书一改此前思想家们有关中国文明的正面观点，以一种近乎漫画式的贬低手法描绘中国。它标志着种族中心主义以至文化帝国主义的汉学主义认识论模式已经形成，并逐渐发展为西方关于中国知识生产的认识论意识形态。在 19 世纪，黑格尔是试图将中国纳入世界知识体系中的最有影响力的西方思想家。他认为中国比许多其他文明更早来到世界舞台上，但中国却在人类进步的主要发展线之外停滞不前，脱离了历史的发展进程。他设想，只有当西方强制性地将中国带入到现代历史的发展进程之中，中国才能成为世界体系的一部分。到 19—20 世纪，汉学主义的形式已经羽翼丰满，欧洲主要的思想家如亚当·斯密（Adam Smith）、乔治·马戛尔尼（George Macartney）、詹姆斯·穆勒（James Mill）、赫伯特·斯宾塞（Herbert Spencer）、卡尔·马克思（Karl Marx）、弗里德里希·恩格斯（Friedrich Engels）、马克斯·韦伯（Max Weber），等等，都在汉学主义的现代形式中留下了他们的印记。

需要注意的是，顾明栋对于周宁有所纠正。顾明栋认为，东方主义并不完全适应于中国，因为东方主义是一种"殖民话语"，而汉学主义并不是。在他看来，相较于东方主义，汉学主义有其独特之处。如何解释近代以来西方对于中国的负面表述呢？顾明栋看来，单一的东方主义殖民话语不能直接解释，而从政治和意识形态冲突的角度进行解释也显得过于表面，他认为最为内在的原因应该在心理层面寻找。他提出了"文化无意识"这个概念——它与拉康、弗洛伊德及李泽厚的概念既有关系又有不同。顾明栋认为，西方的优越感和中国的自卑感都是近代以来西方资本主义、帝国主义强势的结果。对于西方人来说，近代以来的记忆多是关于征

二 对"汉学主义"理论的评价　159

服、胜利和统治的优越情节，而中国人的近代以来不断遭受失败和创伤性事件，造成了一种自卑情结。这些感觉逐渐内化，逐渐被抑制在集体心理的更深层次，从而形成了中外汉学主义模式。顾明栋不是简单地将汉学主义处理为一种殖民侵略以至政治意识形态，而是深入到了文化无意识的层面，这种解释无疑较直接套用东方主义更为深入一些。

不过，显而易见的是，这种说法只能解释一种倾向，不能解释全部。海外汉学家们一定不会同意他们的著作全是汉学主义的产物这样一个结论，顾明栋自己也认为很多汉学研究是公允精深的。海外汉学肯定有汉学主义倾向，但同样可以肯定不是全部。举例来说，一本书中曾引用保罗·科恩的看法，批评中国历史研究受到外来话语的钳制，"中国人自己，无论是马克思主义者还是非马克思主义者，在重建他们的历史的时候，都已经深深地依赖着从西方借来的词汇、观点和分析的构架……这些视角，到目前为止，都倾向于歪曲中国历史，或者夸大西方的作用，或者较为微妙地误解这种作用"①。这个提出"以中国为中心"的保罗·柯恩（Paul A. Cohen），正是海外的汉学家。从后殖民角度批评中国历史研究的，最早也来自于西方汉学家，那就是杜赞奇（Prasenjit Duara）《从国家拯救历史》一书。这本书运用后殖民理论的视野，追溯了线性目的论和进化论的启蒙历史观，并详细地分析了近代以来西方国家主义史学逐渐成为中国史学主导的过程，并打捞被国家史学所压制从而逐渐被人们遗忘的"历史"，给人以很大启发。顾明栋本人系海外学人，他的研究是汉学主义的一个部分，但这本书就可以突破"文化无意识"，提出反对汉学主义的思想。大概可以这么解释，虽然是文化无意识，但也不乏突破者，更重要的是，"文化无意识"这个概念的长处恰恰是它并不是不可改变的，作者批评"汉学主义"的目的恰恰就是改变它。

汉学主义的一个自以为新颖的地方，是指出了中国人自身参与汉学主义的建构过程。顾明栋指出，萨义德《东方主义》的一个局限是，它主要是探讨西方的东方学话语，并未涉及被殖民者。他认为，中国人自身的论述构成了汉学主义另一方面。近代以来由于中国的落后，国人不自觉地崇尚西方价值，应和了西方汉学主义的思路。在这里，顾明栋列举了顾颉

---

① Cohen, *Discovering History in China: American Historical Writing on Recent Chinese Past*, New York: Columbia University Press, 1984, p. 1.

刚的疑古运动，王国维对于叔本华的运用，朱光潜的美学思想，以及郭沫若的马克思主义史学研究等，分析中国大师们所受到的西方思想的操控。自然，当代学术中唯西方是从的学风更是有说服力的例子，顾明栋为此专门援引了李泽厚和汪晖对于盲目搬用西方话语的批评。顾明栋的看法，与周宁有一致之处。周宁《汉学或汉学主义》一文的第四部分，题目即是"汉学主义：汉学译介与自我汉学化"。

批评萨义德的东方主义论述没有顾及被殖民者，这是一种常见的批评，不过并不准确，至于顾明栋断言萨义德的书中没有任何关于被殖民者的"只言片语"的发挥，更加荒唐。的确，萨义德的《东方主义》一书主要是论述西方的东方学话语的，不过在这本书的最后，第三章第四节"The Latest Phase"，专门谈到了当代阿拉伯世界的"自我殖民化"问题。书中谈到，近东当代文化已受欧美文化模式的主导，本地学者操持着从欧美贩卖来的东方学话语，自身只能充当一个本地信息的提供者。东方主义话语所构造的阿拉伯人的刻板形象，甚至已经被阿拉伯本地人所接受和生产。如此等等。萨义德的结论是，当代东方参与了自身的东方化过程（the modern Orient, inshort, participates in its own Orientalizing）。事实上，自我殖民化、东方参与了东方主义的建构过程的说法都是从萨义德那里开始的。当然，萨义德并没有对此多加发挥。

萨义德的问题，其实并不是没有谈及被殖民者，而是只谈到了被殖民者只有"自我殖民化"这一条路。在这一点上，很多后殖民理论家质疑萨义德，并探讨了被殖民者的表达问题。斯皮瓦克（Spivak, Gayatri Chakravorty）写于1985年的《庶民能说话吗?》一文，探讨了东方他者能否发声的问题，产生了很大的影响。有关庶民发声的问题，我们还可以提到斯皮瓦克参与其中的印度庶民研究小组（Subaltern Studies）。这个庶民研究小组是1982年由古哈创建的，其刊物是著名的《庶民研究》。古哈的思路是试图在历史中倾听庶民的声音，解放被压抑的庶民的历史，从而与殖民史学和民族主义史学构成的精英史学相对抗。最精彩的质疑来自霍米·巴巴（Bhabha, Homi K.），在他看来，萨义德的主要问题是没有从殖民者/被殖民者，自我/他者关系的角度来论述殖民主义话语。他认为，萨义德站在西方单一主体和文化的角度进行论述，看不到作为文化或心理的本源身份的必要否定的"他者"的作用，看不到作为一种语言、象征和历史的差异系统的殖民话语构成的复杂性,也看不到由此衍发的反殖民话语的可能性。他通过对于印度历史的分析,告诉我们,被殖民者即使模拟殖民话语,也会有变形和嘲弄,从而质疑了殖民者的权威。阿希克洛夫特等人的"逆写帝国"（Ashcroft, Bill, Gareth Griffith, and Helen Tiffin, eds., *The Empire WritesBack: Theory and Practice in Post-Colonial Literatures*, London: Routledge, 1989）,正是运用了这样一种思路,认为后殖民文学虽然运用殖民者的语言,但经由挪用、变形、转换等方法,同样表现了被殖民者的抵抗。

在周宁、顾明栋的汉学主义构建中,中国人只是以自我殖民化的方式参与其中,他完全没有提到中国人挪用西方话语,发出自己的声音的情形。这就是说,他们看起来批判了萨义德,但事实上复制了萨义德,他们对于斯皮瓦克、霍米·巴巴等有关被殖民者发声及东西方主体间性关系的探讨完全没有注意。在批评萨义德的时候,周宁、顾明栋都引用了德里克,"在根本上,如果想要获得合法性,东方人的参与是必不可少的"[①]。在我看来,德里克的确启发了他们,不过出人意料的是,细究下去,德里克的说法其实也出卖了汉学主义。德里克的关键概念是"接触区"（这个概念来自于 Mary Louis Pratt）,也就是说中西文化之间存在着一个重叠地带。在德里克看来,"接触区"不仅仅是一个殖民支配和控制的领域,同时也是一个交流的领域。在接触区内,被支配的东方文化其实也可以在不同程度上决定自己对于西方文化的吸取,而西方文化甚至也会受到东方文化的影响。也就是说,东方对于西方知识并非只能接受一条路,同时也可以创造性地挪用和转化,甚至影响西方文化。可惜的是,德里克这一说法未受到应有的注意和探讨。

最后,在谈到汉学主义的目标的时候,顾明栋认为,东方主义及后殖民主义都是政治导向的,他希望能够"在尽可能不受政治和意识形态干扰的情况下进行有关中国知识生产等问题进行自觉地思考"。这个说法,连作者自己都不敢自信,书中的"结论"有云:"有人或许会说笔者对知识去政治化的想法是不切实际的。毕竟,特里·伊格尔顿、弗雷德里克·詹明信和其他很多理论家都令人信服地证明,一切批评都是政治批评,一

---

① Arif Dirlik, *Chinese History and the Questions of Orientalism*, *The postcolonial Aura*, 1997 by Westview Press, A Division of Harper Collins Publishers, p. 117.

切知识都有意识形态性。"① 有关于知识的非中立性，已经成为当代学术探讨的一个基本前提，有关于此的说法，我们还可以加上一大串名字，如萨义德在《东方主义》一书中运用的福柯的知识/权力学说，葛兰西的"文化霸权"理论，即使老牌的马克思主义理论也强调知识的阶级性，顾明栋要寻找不受政治形态干扰的知识生产如何可能呢？汉学主义的这个目标，看起来也是跟随萨义德的东方主义而来的。萨义德在《东方主义》一书的最后一章，谈的正是这个问题："东方主义"提出的目的是什么，是否只是破而不立？是否存在着非政治性和意识形态的知识？文化如何表述"他者"？知识分子的功能是否只是从属于他的国家和文化……从萨义德的论述看，他也很不乐观。

［原载《福建论坛》（人文社会科学版）2014年第3期］

---

① Terry Eagleton, *Literary Theory: An Introduction*, Oxford: Blackwell, 1983, pp. 194 – 217; Fredric Jameson, *The Political Unconscious: Narrative as Socially Symbolic Act*, Ithaca and New York: Cornell University Press, 1981, pp. 17 – 23.

同情之理解:"汉学主义"与华裔学者的身份焦虑

任增强[①]

"汉学主义"在广泛的争议中有一个自我不断修正的进程。早期的所谓"汉学主义",问题症结有两点:首先将萨义德的东方主义(orientalism)平行移植于汉学研究领域,其间的不适性在于萨义德东方主义的提出是基于西方学术对伊斯兰世界的研究,汉学领域不具备"殖民主义风格"[②];第二,在汉学与中国形象学之间画等号。汉学是一种知识体系,而异国形象是社会集体想象物,更多涉及国际关系与地缘政治,是"一种幻影、一种意识形态、一个乌托邦的迹象"[③],"作为想象的意识形态产物不可避免会存在对中国或者浪漫化或者妖魔化的建构,仅用西方对中国的两种想象来解释整个西方思想文化史显得单薄和片面"[④]。以上学界论述较多,在此似毋庸多赘。

此处探绎的是作为"汉学主义"主要倡导者、华裔学者顾明栋教授的身份问题,试以之为管钥对"汉学主义"做一同情之理解。基于对早期"汉学主义"提法的反思与修正,顾明栋教授多少将"汉学主义"引出了东方主义的泥淖,提出学术研究不应纠缠于政治和意识形态,而应尽可能客观、公正而科学地生产知识,故而"汉学主义"可以作为一个

[①] 任增强,男,文学博士,中国石油大学(华东)海外汉学研究所副教授,主要从事海外汉学、中国文学海外翻译与传播研究。

[②] 顾明栋:《汉学与汉学主义:中国研究之批判》,《南京大学学报》(哲学、人文科学、社会科学版)2010年第1期。

[③] 莫哈:《试论文学形象学的研究史及方法论》,《比较文学形象学》,孟华主编,北京大学出版社2001年版,第24页。

[④] 张西平:《关于"汉学主义"之辩》,《上海师范大学学报》(哲学社会科学版)2015年第2期。

"弥补后殖民理论之不足,促进文化自觉和学术创新的可行性替代理论"①,可借之以反思西方的文化霸权。

对于顾明栋教授理论言说的评骘,我们需考量其特殊的身份,由网上不难检索到:

顾明栋,祖籍江苏,曾负笈海外,先后于英国伦敦大学、美国芝加哥大学取得英国文学博士学位、比较文学博士学位。现供职于美国达拉斯德州大学,担任中国文学和比较文学教授以及孔子学院院长,并在国内担任扬州大学外国语学院特聘教授,南京大学人文社科高级研究院特聘教授,并曾出任美国《诺顿理论与批评选集》的特别顾问。

很显然,这是一位华裔学者。华裔学者身处中西文化的边缘地带,其文化之根扎在中国,但又饱受"西风美雨"之培育,自然是"春江水暖鸭先知",故而较之于国内学者更具一种在西方文化霸权压迫下产生的文化身份焦虑感。顾明栋教授曾被邀负责推选中国理论家进入世界权威的《诺顿理论与批评选集》,并作评介,可见其在该领域学殖深厚。我们亦不妨以中国古代文论为入口而观西方学界的偏见、傲慢,一些华裔学者的妄自菲薄与唯西方马首是瞻,由此对其"汉学主义"的演绎做一同情之理解。

西方汉学家在考察中国古代文论时,往往以西方理论话语模式为参照系,认为古代文论中多是些文章作法之类的技巧与法则,"诗话"虽属文学批评范畴,但多半是感悟与印象式的三言两语评点而已,且充满了隐喻与歧义,很少有系统的理论建构。

比如曾供职于美国芝加哥大学的费维廉(Craig Fisk)于20世纪80年代论及中国诗话与词话的特点时即曾言,"其是简洁的,亦是极其随意、乃至离题的。这些言说大多具有强烈的个人色彩,极少有统一的主题或理论"②。美国汉学家范佐伦(Steven Van Zoeren)在21世纪初也指出"多数关于诗歌及诗性的讨论散见于序跋、私人书信甚至是某些诗

---

① 顾明栋:《后殖民理论的缺憾与汉学主义的替代性理论》,《浙江大学学报》(人文社会科学版)2015年第1期。

② Craig Fisk. "Literary Criticism", William H. Nienhauser, Jr ed., The Indiana Companion to Traditional Chinese Literature, Bloomington: Indiana University Press, 1986, p. 53.

作中；体系性的理论著述只是例外而并不常见。坦言之，汉语中根本就没有与'理论'（theory）这一意为系统表述和组织结构的词相对应的术语"①。

自20世纪60年代华裔学者刘若愚的英文著作《中国文学理论》直至90年代美国本土汉学家宇文所安（Stephen Owen）的《中国文学思想读本》，期间三十余年是中国文论在美国译介与研究的重要时段。但即便如是，当有中国学者问及宇文所安，中国文论对西方文论有没有影响时，后者的回答很明确：没有影响，"中国文学思想无法影响西方文学理论，除了当下某些追求时髦的思想者，才会非常严肃地对待叶燮、《文心雕龙》"②。

而西方的思想者若非追求时髦与猎奇，对于中国的文学思想必定是不屑一顾的。华裔学者叶维廉曾由王维诗歌中拈出"无我"诗境，并将之作为西方人摆脱精神困境的出路和反思全球化进程中诸多弊端的良药。对此，包括港台在内的中国学者对其开出的这一剂药方评价甚高，但是西方主流学界却给叶维廉的救世情怀泼了一盆冷水。当叶维廉满怀热情将自己的见解与解构主义大师德里达（Jacques Derrida）探讨时，德里达的态度却是十分冷淡，完全不置一词，③ 由此可见中国文化并未真正入得这位西方学术大师的法眼。④

包括汉学家与其他思想家在内的西方学人的"西方中心主义"可见一斑，而作为汉学主义倡导者顾明栋教授对之定然是有着切肤之痛。2009年2月推出的第二版《诺顿理论与批评选集》吸纳了东方文艺理论家的相关成果，顾明栋教授曾负责推选中国理论家进入这一世界权威的文艺理论选集。但是由其推荐的中国文论名典《文心雕龙》《文赋》与《原诗》

---

① Steven Van Zoeren, "Premodern Theories of Poetry", Michael Groden, Martin Kreiswirth, and Imre Szeman ed., *The Johns Hopkins Guide to Literary Theory & Criticism* (2nd ed), Baltimore: The Johns Hopkins University Press, 2005, p. 118.

② 宇文所安、程相占：《中国文论的传统性与现代性》，《江苏大学学报》（社会科学版）2010年第2期。

③ 陈跃红：《汉学家的文化血统》，《国际汉学》（第8辑），张西平主编，大象出版社2003年版，第28页。

④ 而事实上，德里达在思想上曾受惠于中国，其与一些美国诗家对"语音中心主义"的批判即由费诺罗萨与庞德对汉字的解读而获得灵感。具体参见任增强《〈松花笺〉"拆字法"的生成与审美诉求》，《中南大学学报》（社会科学版）2015年第3期。

却纷纷落选，编委们的理由是，"中国古代文论即使加以详细的解释，西方读者也未必能完全理解"①。

以上种种无不涉及一个西方"文化霸权"的问题，"西方中心主义"话语势力的强大与顽固昭然若揭。今日随着全球化进程的加速，中国知识体无可避免地被裹挟入国际知识体系中，但并非有人盲目乐观所认为的当今世界学术研究"你中有我，我中有你"，而"我中有你，你中少我"似更为符合实际。反观国内的文学研究，由早先的西方文论、至后来的文化研究与海外汉学，哪一样不曾是舶来品？柏拉图、德里达、霍尔、宇文所安，圈内人若不知晓这些名字恐怕会被讥为外行；但中国古代的文论家刘勰、陆机、叶燮，乃至今日国内人员济济、专事西方文学的学者，却不曾听闻哪位在西方国家赢得盛誉。

就海外汉学研究来看，国内基本停留于译介与学科史梳理层面，赞誉与追捧者大有之，而批判与对话者则寥若晨星。以我稍有所知的英美汉学界中国文学研究而言，这在国外是一门边缘化的学问，每个领域中有一定学术成就的汉学家寥寥无几，但正是这些人物，其以英语书写出的著作，被奉为典律，大肆引入；其人亦炙手可热，被邀请出席各类国内研讨会，频繁出入中国各大高校，大有让人错以为汉学在国外是"显学"之势，以致一些汉学家对中国学者的盲从与无主深感诧异，啧啧称奇。专治中国古典小说的美国汉学家浦安迪（Andrew H. Plaks）坦言，其在研讨异邦的文化遗产时妄自加上批评见解，起初不免颇有顾虑，但中国学者"对一位异邦人来阐释本国文学丰碑所持的宽容态度使我的疑虑顿然消释。只要设想一下，在任何其他文化环境中，一位外国学者倘若敢于闯入他们文化遗产的圣地并妄加评论将会带来什么样的后果"②。

结果之一便是我们的一些学者丧失了中国文化的主体性立场，而迁就于西方汉学思维模式，并将之不恰当地移入对中国文论的研究。华裔学者因其特殊文化身份而更易受浸染，在此亦是首当其冲。此处举一个学界关注不太多的例子，即与顾明栋教授同属华裔学者身份的叶嘉莹教授将费正清充满西方霸权意味的"冲击—回应"论移植到古代文论的研究中。叶

---

① 季欣：《新版〈诺顿理论与批评选集〉述评——兼及李泽厚的入选》，《外国文学》2010年第5期。

② 浦安迪：《明代小说四大奇书》，生活·读书·新知三联书店2006年版，第8页。

嘉莹教授在评论《文心雕龙》时指出，《文心雕龙》之所以能有如此特殊之建树，成为中国文学批评史上空前绝后的一部巨著，乃是因为《文心雕龙》的作者刘勰"究心佛典"，"在立论的方式上，曾经自中国固有的传统以外接受了一份外来之影响原故"，"而刘勰以后一千多年以来的文学批评，都只能在单篇零简的诗文书牍，及琐屑驳杂的诗话中打圈，虽有精义却始终不能发展组织为有理论体系的著述，便也正是因为缺少了这种外来刺激之助力的原故"[①]。此即是说，《文心雕龙》之所以此成为中国文学批评史上少有的体系性论著，是因为刘勰得自印度佛典的影响。叶嘉莹教授以同样的思路评判了《人间词话》。她以为，在《人间词话》中王国维将西方界定清晰的"主观""客观""优美""壮美""造境""写境""理想""写实"等概念移入中国传统，其概念嫁接技术把概念模糊、缺乏理论体系的中国文论向科学化推进了一步。但《人间词话》的不足之处为"受旧有的诗话词话体式的限制，只做到了重点的提示，而未能从事于精密的理论发挥"[②]。这即是说《人间词话》还仅仅停留在西方批评术语的引进阶段，须彻底以西方文论的体系性取代以直觉感悟为核心的诗学体验方法才够完备。此处无疑是对"冲击—回应"说的发挥，是要彻底抹杀中国文论自身的特殊性，以西方概念来替代和置换中国文论术语，以西方式严谨精密的诗学体系来征服古代文论印象式、点悟式的理论把握方式，完全以西方理论来取代中国文论。[③]

　　作为一个身在西方的华裔学者，一方面承受着来自西方学术的傲慢与偏见，以及一直以来的西方话语霸权；另一方面，感受着自己战壕中同行的无奈与焦灼，乃至向西方学术霸权的臣服，顾明栋教授定然会比国内学者对于中国学术的滞后与边缘身份有着更真切的体会与认知，这种切肤之痛自然会呈示于其对汉学主义的反思之中，而这无疑对当下包括海外汉学研究在内的中国学术界具有特别的警醒意味。

　　但是，就海外汉学这一中西文化交流的领域而言，防御性意识固然是不可松弛的，然而汉学与国学有相同的研究对象，双方在方法论，乃至问

---

　　① 叶嘉莹：《王国维及其文学批评》，河北教育出版社2000年版，第100—101页。
　　② 同上，第156页。
　　③ 以上具体可参见任增强《论北美汉学界中国古代文论研究中的"两种取向"》，《南昌大学学报》（人文社会科学版）2011年第6期。

题意识等方面明显是可以相互借鉴的。中国学者不必故步自封,追求纯净意义上的所谓本土性;亦不可挟洋自重,迷失于汉学的迷宫中而忘记归途,而应"怀有一种在开放性视野下激发的身份焦虑",① 充分了解与认知海外汉学,进则克服语言流通上的局限,由译介与学科史的梳理层面真正上升为与海外汉学展开对话,在批判与对话的同时更注重对"他我"二元论思维的超越,最终经由熔铸中西的路径而开拓出自己的学术新境。也唯有如此,中国学者方可在世界学术之林立足,发出自己的声音,而中国学术也才能够真正获得世界性的影响力。

(原载《浙江工商大学学报》2015 年第 6 期)

---

① 黄卓越:《身份防御与全球知识共同体的面向》,《中国政法大学学报》2014 年第 4 期。

"汉学主义"何以成为夏洛之网？
——兼论学术概念的提炼与理论型构过程

叶 隽

一 狐狸的无奈——"东方主义"的
概念出新与学理问题

"汉学"的出现，既是以欧洲为主体的西方学术在新的学术和知识范式之下的必然现象，同时不可避免地也就附带上它所依靠的文明体所特有的势境特征。所以"汉学主义"这一概念的出现，自然也就有其合理性。当然，相比较萨义德凌厉无比地祭出"东方主义"的撒手锏，"汉学主义"的概念则多少有些"仿拟"的味道了，当然究竟是"青出于蓝"还是"东施效颦"则还有待观察和公论。但无论如何，从泛泛而论的谈论汉学及其背后的权力作用，到顾明栋教授的这部《汉学主义》专著出，至少在学理上大有推进，无论是认同与否，我们都必须严肃面对"汉学主义"理论提出者的学理建构工作。

因为"汉学主义"这样的理论概念表述的家族树（Familienbaum）特征，让我们很自然地联想到其源头刺激萨义德的"东方主义"理论。按照萨义德的说法："东方并非一种惰性的自然存在。"（the Orient is not a inert fact of nature.）[①] 因为在他看来，"作为一个地理的和文化的——更不用说历史的——实体，'东方'和'西方'这样的地方和地理区域都是人为建构起来的。因此，像'西方'一样，'东方'这一观念有着自身的

[①] Said, Edward W., *Orientalism*, New York: Vintage Books, 1979 (1978), p. 4. 与中译本略有出入，参见【美】爱德华·W. 萨义德（Said, Edward W.）《东方学》王宇根译，生活·读书·新知三联书店1999年版，第6页。

历史以及思维、意象和词汇传统,正是这一历史与传统使其能够与'西方'相对峙而存在,并且为'西方'而存在。因此,这两个地理实际上是相互支持并且在一定程度上相互反映对方的"①。他显然更多地受到福柯权力话语的影响②,将"东方主义"归结为西方的一种权力话语形式。所以他的这种阐释无疑是有力的:"东方学的含义一直摇摆于其学术含义与上述或多或少出自想象的含义二者之间,18世纪晚期以来,这两种含义之间存在着明显地、小心翼翼地——也许甚至是受到严格控制地——交合。接下来我要谈的是东方学的第三个含义,与前面两个含义相比,这一含义更多的是从历史的和物质的角度进行界定的。如果将18世纪晚期作为对其进行粗略界定的出发点,我们可以将东方学描述为通过做出与东方有关的陈述,对有关东方的观点进行权威裁断,对东方进行描述、教授、殖民、统治等方式来处理东方的一种机制:简言之,将东方学视为西方用以控制、重建和君临东方的一种方式。我发现,米歇尔·福柯(Michel Foucault)在其《知识考古学》(The Archaeology of Knowledge)和《规约与惩罚》(Discipline and Punishment)中所描述的话语(discourse)观念对我们确认东方学的身份很有用。我的意思是,如果不将东方学作为一种话语来考察的话,我们就不可能很好地理解这一具有庞大体系的学科,而在后启蒙(post-Enlightenment)时期,欧洲文化正是通过这一学科以政治的、社会学的、军事的、意识形态的、科学的以及想象的方式来处理——甚至创造——东方的。而且,由于东方学占据着如此权威的位置,我相信没有哪个书写、思考或实际影响东方的人可以不考虑东方学对其思想和行

---

① 英文为:as both geographical and cultural entities-to say nothing of historical entities such locales, regions, geographical sectors as "Orient" and "Occident" are man-made. Therefore as much as the West itself, the Orient is an idea that has a history and a tradition of thought, imagery, and vocabulary that have given it reality and presence in and for the west. The two geographical entities thus support and to an extent reflect each other. Said, Edward W., *Orientalism*, New York: Vintage Books, 1979 (1978), p.5.【美】爱德华·W. 萨义德(Said, Edward W.),《东方学》,王宇根译,生活·读书·新知三联书店 1999 年版,第 6—7 页。

② 有论者指出萨义德的理论来源及其问题,认为其"试图把福柯、葛兰西和西方人道主义的某些特点调和起来的过程中,也出现了其他的问题"。但同时也强调:"对萨义德而言,福柯或许是最重要的、单一的理论源泉。倘若没有福柯关于话语和话语构成的概念,关于权力和知识的关系的讨论,关于表述总是受到它所寓于其内的权力体系的影响的观点,萨义德的研究将是无法想象的。"【英】瓦莱丽·肯尼迪(Kennedy, Valerie):《萨义德》(*Edward Said-A Critical Introducation*),李自修译,江苏人民出版社 2006 年版,第 22—27 页。

二 对"汉学主义"理论的评价　171

动的制约。简言之，正是由于东方学，东方过去不是（现在也不是）一个思想与行动的自由主体。这并不是说东方学单方面地决定着有关东方的话语，而是说每当'东方'这一特殊的实体出现问题时，与其发生牵连的整个关系网络都不可避免地会被激活。本书力图显明这一过程是如何发生的。同时也力图表明，欧洲文化是如何从作为一种替代物甚至是一种潜在自我的东方获得其力量和自我身份的。"① 这段表述，显然很清晰地表达出萨氏的学术敏锐和问题意识。不过在我看来，萨义德更多还是属于一个"狐狸型"的学者，他虽然有理论的敏感和洞见，但似并不在意要努力构建一个完善而严密的理论。所以，巍巍庄严的理论体系建构本非他之所长，那是属于大刺猬如康德、黑格尔之流的出色当行。但不可否认的也是，恰恰是这种随意飘洒却妙语如珠的思想自然流淌，是我所谓"灵狐妙思东风绿"的过程，这一点，像福柯、布迪厄、德里达诸位都有类似的经验，后现代的法国诸子之灵动是德国的"刺猬们"所难认同的（当然尼采、海德格尔之类人物例外），而像英系的这批兄弟，也是如此，从

---

① 英文为：The interchange between the academic and the more or less imaginative meanings of Orientalism is a constant one, and since the late eighteenth century there has been a considerable, quite disciplined—perhaps even regulated—traffic between the two. Here I come to the third meaning of Orientalism, which is something more historically and materially defined than either of the other two. Taking the late eighteenth century as a very roughly defined starting point Orientalism can be discussed and analyzed as the corporate institution for dealing with the Orient—dealing with it by making statements about it, authorizing views of it, describing it, by teaching it, settling it, ruling over it: in short, Orientalism as a Western style for dominating, restructuring, and having authority over the Orient. I have found it useful here to employ Michel Foucault's notion of a discourse, as described by him in The Archaeology of Knowledge and in Discipline and Punish, to identify Orientalism. My contention is that without examining Orientalism as a discourse one cannot possibly understand the enormously systematic discipline by which European culture was able to manage—and even produce—the Orient politically, sociologically, militarily, ideologically, scientifically, and imaginatively during the post-Enlightenment period. Moreover, so authoritative a position did Orientalism have that I believe no one writing, thinking, or acting on the Orient could do so without taking account of the limitations on thought and action imposed by Orientalism. In brief, because of Orientalism the Orient was not (and is not) a free subject of thought or action. This is not to say that Orientalism unilaterally determines what can be said about the Orient, but that it is the whole network of interests inevitably brought to bear on (and therefore always involved in) any occasion when that peculiar entity " the Orient" is in question. How this happens is what this booktries to demonstrate. It also tries to show that European culture gained in strength and identity by setting itself off against the Orient as a sort of surrogate and even underground self. See Said, Edward W., *Orientalism*, New York: Vintage Books, 1979 (1978), p. 3. 【美】爱德华·W. 萨义德（Said, Edward W.）：《东方学》，王宇根译，生活·读书·新知三联书店1999年版，第4—5页。

威廉斯到萨义德,都可谓典型。萨义德的"理论旅行"其实是这种范式的一个代表,但他做《东方主义》就是一个并不成功的经验,其实点到为止即可,却偏偏又成了一个"热点",借助政治背景和社会需求,"东方主义"之影响真是无远弗届。说实话,"东方主义"作为一种假说自然很有魅力乃至吸人眼球的冲击力,但作为一个理论体系确实经不起推敲,尤其是学理论证。最根本的问题就在于地域研究的核心组成部分的缺失,譬如印度、中国都不在讨论之列,又怎能谓之"东方"?所谓"名实相副",既然敢立此名,就必须要有敢于囊而括之的知识雄心和学术毅力。萨义德在知识版图的探索上确实是远远不够的,在研究领域上,他没有涵盖中国、印度;在国别学术上,他将德国排除在外。这些导致了他的"东方"远不能成其为"东方"。当然,退一万步说,这样的做法也不是完全不可以,但可以做出界定说:我这里的东方,是一个完全狭义的东方概念,主要即指近东,即阿拉伯与伊斯兰文化圈。但其实,萨义德的主要出发点还是在于其过于强烈的民族情结,而偏离学术之纯粹求知颇远,对于近道恐怕就更甚。这一点我们从他的个体侨易经验及其关怀就不难看出,当然必须承认的是,这样一个定位也不是一成不变的,它随着势境迁变和个体观念发展也会有所变化。诚如我所言,"在侨易思维的框架下,无论他如何地'我以我血荐故土',无论他有多少次徘徊在理想与现实之间的冲突和彷徨,无论他曾经如何慷慨激烈地介入到现实场域斗争中去,他都仍不失其为一个知识人的本色,已经多少向二元三维的整体结构迈出了步伐"[1]。所以究竟"谁是一代之杰,谁是百世之英",是需要百年过后分高下的。

以"文化无意识"与"知识的异化"结合而成的理论框架,是"汉学主义"理论可能具有的闪光点。作者在开篇明确表态其概念基础既非东方主义,亦非后殖民主义,而是由另两个特殊概念:

> 其一是"文化无意识",它包含一系列次无意识:"智性无意识""学术无意识""认识论无意识""方法论无意识""种族无意识""政治无意识""语言无意识"以及"诗性无意识"等。这诸多无意识组合而成的大范畴构成了本研究的概念性基础,它广泛涉及本研究

---

[1] 参见叶隽《作为侨易个体的萨义德》,《江苏师范大学学报》2015年第1期。

中汉学主义的所有问题,并将笔者对汉学主义的认知与东方主义及后殖民主义区分开来。其二是"知识的异化",笔者认为用"异化"这一概念足以描述汉学主义的本质和性状。就异化的知识而言,笔者把汉学主义视为汉学和中西知识的异化形式。"文化无意识"和"知识的异化"这两大概念的结合构成了本书概念框架的理论核心。根据这一概念核心,本研究将用大量篇幅对文化无意识进行理论化,并将重点探讨汉学主义是如何演化成为中西方研究中的异化知识。笔者认为文化无意识是汉学主义之源泉、动力,而汉学和中西方研究的异化知识则是汉学主义之结果。①

我以为,就学术概念提炼而言,这两者都是具有潜力的,"文化无意识"侧重于借助弗洛伊德的无意识概念而展开,强调"文化无意识是一种多重矛盾和悖论构成的矛盾统一体",具体阐释之:"作为一种错误的意识,文化无意识是一种意识形态,但它的文化价值并未得到广泛认可,甚至被有意识地否定。它所形成的特殊环境使它在本质、功能、内容和形式上呈现矛盾状态。本质上,它是一种通过教育、生活经历和意识形态教导而获得的教养无意识或教化无意识。功能上,它满足的是有意识和无意识观念、思想、努力和动机的需要。内容上,它是一个有意识和无意识的欲望和恐惧、喜好与偏爱、成见与偏见的储存器。形式上,它产生出有意识和无意识的准则、图式、模式、框架和方法,有意和无意地处理有意识和无意识的内容。总之,它是一个有意识的无意识或是无意识的有意识的矛盾结合体。在特定的文化条件下,文化无意识可转变为一种无意识的文化,一种无意识的生活方式,其一切表现都是清晰可见的,但由于其复杂的逻辑,生活在其影响之下的人又识别不出。"② 但论述还是过于抽象,如何使其发挥出更大的解释效应,尤其是作为汉学主义的概念基础,仍似有很多工作值得细化。而"知识的异化"则借用颇为经典的异化概念,形象地揭示出中国知识流转过程的某些面相,但误读中国材料是否仅是异化,似也值得商榷。变异固然是

---

① 顾明栋:《汉学主义——东方主义与后殖民主义之外的选择》,张强等译,商务印书馆2015年版,第23页。
② 同上书,第67—68页。

事物的常态，但恒易或许更能涵盖事物的全貌，尤其是"渐常"之过程所揭示的事物恒定的规律性所在是不应忽略的因素。所以，"变"与"常"关系的引入乃至二元关系设立或可提供一种路径，但两者如何很好地结合与型构，则是作者未来需要很好地解决的问题。而二元三维思维的引入，或许是超越现有困境的所在的一个契机。这样我们不但对中国知识的流转，即使对知识史本身的理解或也可别出新思。

就此意义而言，顾明栋教授此书具有重要意义，他不仅提出了新思和概念，让我们在一个更为开阔的学术话语和整体背景中来界定"汉学主义"，也给我们在实证研究的基础上重审"东方主义"命题提供了基础、个案和空间。我仍然认为，作为一个学术概念的"东方学"及其相关之"东方主义"非常重要，但我们必须摒弃简单思维，尤其是就理论谈理论的可能浮生空谈的陷阱，关注理论家的前世今生、关注理论的产生渊源和过程、关注个案实证的重大实践价值和理论意义，在实证研究基础上予以学术性和知识性的重新审视和研究。

二 蜘蛛的工作——"汉学主义"的实证研究与理论意识

当初阿梅龙（Amehlung, Iwo）教授与周宁教授在北京的首届世界汉学大会上发生争论，本乃学术讨论之常态和好事，因为学术正可借助论争而推向深入，所谓"真理不辩不明"是也。前者反对汉学主义概念，认为汉学可走出"东方主义"框架；后者则明确否定之。"陷入萨义德困局"，但却不能自拔。可惜的是，这场"口舌之争"并未转换为学理意义上的"求真之辩"，这或许也是当代学术之悲哀，学术命题难得进行平心静气、认真严肃、彼此理解的实质性讨论层面。[①] 因为这种概念的提出，

[①] 周云龙《汉学主义：北美汉学研究新范式》，《中国社会科学报》2014年5月14日第595期。我也注意到近些年关于"汉学主义"的讨论文章，如赵稀方《评汉学主义》，《福建论坛》（人文社会科学版）2014年第3期；顾明栋《"汉学主义"理论与实践问题再辨析——走向自觉反思、尽可能客观公正的知识生产》，《厦门大学学报》（哲学社会科学版）2015年第4期；赵稀方《突破二元对立的汉学主义研究范式——对顾明栋先生的回应》，《探索与争鸣》2015年第2期；严绍璗《我看汉学与"汉学主义"》，《国际汉学》第25辑第5—14页，大象出版社2014年版。张西平《关于"汉学主义"之辨》，《上海师范大学学报》（哲学社会科学版）第44卷第2期，2015年3月。但就实质性的学理讨论来说，似还有待进一步深入。

不仅涉及理念之争,也还有学科权力的问题。我对阿梅龙的立场完全理解,自己也多半倾向于将汉学与汉学家认定为"求真之人"。但想周宁教授与顾明栋教授可能更多是有感而发,而非故作惊人之语。我自己的体验也是如此,青年时更多充满了对学术的神圣和敬畏之情,然而阅世渐深,方知理想和现实往往差距颇大,权力结构之内在驱动实不可小觑。所以我的判断是,"汉学主义"固然不是什么具有原创性的学术概念,但其构建与深入却有其不可替代的价值;对于现时代的中国学者来说,也自有其重要的意义,对于执着治学的研究者来说,这诚然未必作为学术工作的重心,但却也不能不承认其存在的价值和开拓的必要。我在顾明栋教授执着的前行道路上,就清楚地看到了这一点;甚至更深地体味到胡适所言,为什么发明一个古字与发现一颗恒星的意义是相等的。学术研究是平等的,研究对象本身也不分高下,关键还在治学者如何"小扣大鸣","点石成金"。

所以,从这个意义上来说,"与其临渊羡鱼,不如退而结网"(《汉书·礼乐志》)说的是很有道理的。《夏洛的网》讲述了蜘蛛夏洛和小猪威尔伯的故事,夏洛用蜘蛛丝编织了一张大网,不仅救了威尔伯的命,而且显示出生命的价值、美好和意义。① 我想其实这里的蜘蛛织网具有普遍的象征意义,就是蜘蛛的工作有其特别的价值,在我们一般理解的狐狸的智慧与机灵,刺猬的严肃与体系之间,其实更需要蜘蛛的沉稳与踏实。而顾明栋教授所做的,就是"蜘蛛的工作"! 作者明确界定:"汉学不是汉学主义,汉学主义也不是东方主义的变体或其他形式的西方中心主义,更不是一个反汉学的批评理论。汉学主义是一种较为奇特的文化事业,具有多元而又矛盾的视野和层面,有的是基于政治化和意识形态化,有的则是源自严肃认真的学术问题。本人之所以提出将汉学主义作为批评话语,其目的不是为了攻击汉学,而是为了批判中国研究中认识论和方法论的问题性,以及其对观察中国、研究中国文明的方式所形成的负面影响,其终极目标是为了对汉学和中国研究的去政治化和去意识形态化寻找灵感、洞见和启示。去政治化和去意识形态化是汉学主义与东方主义以及其他为政治所驱动的批评理论的显著差别。因此,汉学主义和东方主义、后殖民主义

---

① [美] E. B. 怀特:《夏洛的网》,任溶溶译,上海译文出版社2004年版。

的最终差别在于：前者是一个具有自我反省意识的理论，而后者则是一种政治批评理论。"[1] 我觉得这段表述至关重要，是理解"汉学主义"概念学术化的关键所在，这里既厘清了汉学主义理论与相关概念的关系，又赋予了汉学主义明确的理论任务和学术使命。这同样表现在全书的章节设计方面，共八章，分别讨论：知识与文化无意识；汉学、汉学主义与后殖民主义；汉学主义的历史批判；认识论的意识形态；方法论的意识形态；知性无意识；政治无意识；语言研究的汉学主义。导论与结论则分别为"超越东方主义""自觉反思的批评理论"，可见作者的心胸气度和省思意识。

虽然我觉得如果能够辅之以更为细密扎实的个案研究或许会更有说服力，但通观全书，作者已经努力在力所能及的范围内努力深入和接触知识精英个体，譬如第三章的讨论就颇见功力。作者非常细密地梳理了作为意识形态的汉学主义的简史，实质上是触及西方主流学术史与思想史脉络，所论及人物为莱布尼茨、黑格尔、伏尔泰、孟德斯鸠、马克思、韦伯、魏特夫（魏复古）等；甚至还涉及歌德这样的诗人思想家。这首先是值得充分肯定的，因为它要求作者必须有一个相当开阔的知识域，有宏观的大问题意识，更有执着探索、求知、读书的坚毅，这是难能可贵的。可问题在于，一旦触及这些刺猬式的大人物，就必须要有刺猬的雄心壮志和大构造，譬如此处就以莱布尼茨为例，看看作者是如何理解的："莱布尼茨试图根据语言、宗教、科学与形而上学将欧洲与中国的文化融入一个全球性知识体系。在莱布尼茨论及中国的作品中，我们能清晰地看到西方文化霸权主义与知识习惯已经初露端倪。尽管承认中国在自然物品的实用技艺与实践掌握方面大致与西方不相上下，但是他认为西方在知识追求方面远胜过中国，'在知识的深奥性以及理论训练方面，我们比他们优越。因为除了逻辑与形而上学，以及无形之物的知识之外（这些都是我们的强项），我们在理解从物质经过大脑抽象而成的概念方面，比如数学知识，远远超过中国人，这正如中国的天文学与我们的天文学竞争时所显示的情形那样。因此，中国人对思想的伟大光辉和论证的艺术一无所知，对仅有的一点经验主义几何学却沾沾自喜，殊不知我们的工匠对此早已了然于心'。此处，我们明确注意到了西方有关中国知识生产中的一种倾向：尽管对中

---

[1] 顾明栋：《汉学主义——东方主义与后殖民主义之外的选择》，张强等译，商务印书馆2015年版，第102页。

二 对"汉学主义"理论的评价　177

国传统所知有限，但是西方学者们总是毫不犹豫地给中国横下结论，并且指责中国缺这少那。"① 这样一个判断实在下得太快了些，虽然从自己的角度考虑问题，甚至在某种程度上"为我所用"并没什么不对，"六经注我"确实有时表示出某种必然的倾向，但我们是否还需要承认有一个基本的事实存在，有一个背后的"真"存在，否则我们治学为何呢？莱布尼茨作为西方学术史上的中心人物之一，其实有着非常宏大的"人类知识"观，他在哲理上曾做过这样的阐释："我们的知识不超出我们观念的范围，也不超出对观念之间符合或不符合的知觉的范围……因此不仅我们的观念是极受限制的，而且我们的知识比我们的观念还更受限制。但我并不怀疑人类的知识是能够大大推进到更远的，只要是人们愿意以完全的心灵自由，并以他们用来文饰或支持谬误、维护他们所宣布的一个系统、或他们所参与的某一党派或涉及的某种利益的那全部专心和全部勤勉，来真诚地致力于找到使真理完善的方法。但我们的知识毕竟是永不能包括涉及我们所具有的观念方面我们可能希望认识的全部东西的。"② 这段论述有几点值得揭出：一是人类知识进步的可能；二是人类知识的局限；三是知识与观念（可引申为真理）的关系问题。正是在这样的大框架下，我们可以理解他如何处理欧洲和中国的知识关系问题，他在1692年3月21日致闵明我的长信中开篇就说："我非常敬重您本人和您那些宏伟计划，希望它们将会大大地促进人类的虔敬、丰富人类的知识。"他特别强调异族文明之间的知识交流："您为他们带去了我们的技艺，在我眼中，您和那些与您同行的众多仁人志士仿佛凝聚着全部的欧洲知识。反过来说，从中国这个有几千年文明历史的帝国那里首先带回由他们的传统保持并且发扬光大了的物理学奥秘，也是你们义不容辞的责任。"③ 中欧之间的知识双向互动显然是莱氏期望的方向，对普遍真理的诉求则是他的基本立场，或许难免自身所处文化立场的内在期许，但总体来说，莱氏显然是追求普遍性真理的知识精英的代表，从这个意义上来说，他对中国民族性的认知显然并非如作者所判断的那样。请看这段论述："事实上，我们在中华民族

---

① 顾明栋：《汉学主义——东方主义与后殖民主义之外的选择》，张强等译，商务印书馆2015年版，第105页。
② ［德］莱布尼茨：《人类理智新论》下册，陈修斋译，商务印书馆1892年版，第442页。
③ 莱布尼茨：《致闵明我的两封信》，载［加］夏瑞春编《德国思想家论中国》，陈爱政等译，江苏人民出版社1989年版，第21页。

之中，发见了优美的道德。即在道德上，中华民族呈现着异样的优越。在工艺与技术方面，双方可以说是平等的；就思辨的科学而言，欧洲较为优越；可是在实践哲学方面，换言之，即在生活与人类实际方面的伦理与政治，我们实不足于中国相比拟（这是一种忍耐的屈辱）。因为中国民族，在可能范围内，相互团结以实现公共的安全与人类的秩序。这与他国的法律相比较，其优劣当不可同日而语。对于人类的善恶，由人类自身所发生的，返还到人类自身。所以人心如狼的谚语，在中国永不适合。我们的愚昧，使我们沉沦于不幸之中，同时我们自身，又创造了苦难。如果理性是一服清凉的解毒剂，那么中国民族便是首先获得此药剂的民族。中国全社会所获得的效果，较之欧洲宗教团体所获得的，更为优良。"① 所以，莱氏对中国之褒贬皆鲜明，其批评中国缺乏知识探寻的深度以及理论训练的缺乏，难道不是事实嘛？否则又怎么会有所谓的"李约瑟之问"？或许，引用莱氏的这段话更能表现出他的客观："全人类最伟大的文化和最发达的文明仿佛今天汇集在我们大陆的两端，即汇集在欧洲和位于地球另一端的东方的欧洲——支那（人们这样称呼它）。我相信，这是命运的特殊安排。大概是天意要使得这两个文明程度最高的（同时又是地域相隔最为遥远的）民族携起手来，逐渐地使位于它们两者之间的各个民族过上一种更为合乎理性的生活。俄罗斯人以其帝国广袤无垠的疆域联结着中国与欧洲，统治着北冰洋沿岸那块最野蛮的地区。听说，他们现今执政的君王自身积极努力，与辅佐他的元老们一道领导他们正竭力效仿我们的业绩。我以为，这决非偶然。"②

对于赫尔德也同样有这个问题，作者显然是想将其树立为一个批判的标靶，将其作为"汉学主义的成熟"的代表："在赫尔德时期，研究中国的一种认识论模式已经形成，而且正在逐渐发展成西方关于中国知识生产的认识论意识形态。"③ 而作者凸显的赫尔德的中国观则主要是"木乃伊论"，即赫尔德曾说："这个帝国是一具木乃伊，它周身涂有防腐香料、

---

① 转引自［日］五来欣造《儒教对于德国政治思想的影响》，刘百闵、刘燕谷译，商务印书馆1936年版，第258页。
② 莱布尼茨《〈中国近事〉序言：以中国最近情况阐释我们时代的历史》，载［加］夏瑞春编《德国思想家论中国》，陈爱政等译，江苏人民出版社1989年版，第3—4页。
③ 顾明栋：《汉学主义——东方主义与后殖民主义之外的选择》，张强等译，商务印书馆2015年版，第113页。

描画有象形文字，并且以丝绸包裹起来；它体内血液循环已经停止，犹如冬眠的动物一般。"① 这段话出自赫氏赫赫有名的《人类历史哲学的观念》（*Ideenzur Philosophie der Geschichte der Menschheit*），作于 1784—1791 年间。② 不仅赫尔德，谢林、马克思都有过类似论述。③ 这些论述确实使我们尴尬，也难以接受，但反思之，是否也有一定的道理呢？如果一定要追究其原因的话，与其说是"表现出狭隘的种族主义"④，毋宁需要更好地理解和把握赫尔德所处的时代语境和西方文明的复杂多元背景。因为德国始终认为有自己的"特殊道路"（Sonderweg），其路径与英、法不同，是"另一个西方"。而赫尔德那代人所面临的，也正是如何构建起自身的主体性问题，1776 年他出版的首部文集《论近代德国文学》（*Über die neuere deutsche Literatur*）就强调语言在学术发展中的重要地位⑤；不仅如此，他

---

① 德文为：Das Reich ist eine balsamierte Mumie, mit Hieroglyphen bemalt und mit Seide umwunden; ihr innerer Kreislauf ist wie das Leben der schlafendenWintertiere. [Herder: Ideen zur Philosophie der Geschichte der Menschheit. Quellen Germanistik: Klassik, S. 9960（vgl. Herder-Ideen Bd. 2, S. 17）http：//www. digitale-bibliothek. de/QG02. htm] 中译文见赫尔德《中国》，载［加］夏瑞春编：《德国思想家论中国》，陈爱政等译，江苏人民出版社 1995 年版，第 89 页。

② 高宣扬：《德国哲学通史》第 1 卷，同济大学出版社 2007 年版，第 250 页。

③ 谢林（Schelling, Friedrich WJ von, 1775 - 1854）说过："虽然我们所想象的人类史前状态中国人也经历过，然而这种史前状态在中国那里只不过是一个僵死的、因而也就不是原来意义上的史前状态。中国人的意识也不再是史前状态本身的意识，而是一块没有生气的化石，犹如史前状态的一具木乃伊。"谢林《中国——神话哲学》，载［加］夏瑞春编：《德国思想家论中国》，陈爱政等译，江苏人民出版社 1995 年版，第 165 页。马克思的观点："与外界完全隔绝曾是保存旧中国的首要条件，而当这种隔绝状态在英国的努力之下被暴力所打破的时候，接踵而来的必然是解体的过程，正如小心保存在密封棺材里的木乃伊一接触新鲜空气便必然要解体一样。" 德文为：Zur Erhaltung des alten Chinas war völlige Abschließung die Hauptbedingung. Da diese Abschließung nun durch England ihr gewaltsames Ende gefunden hat, muß der Zerfall so sicher erfolgen wie bei einer sorgsam in einem hermetisch verschlossenen Sarg aufbewahrten Mumie, sobald sie mit frischer Luft in Berührung kommt. [Marx: Die Revolution in China und Europa. Marx/Engels: Ausgewßhlte Werke, S. 11970（vgl. MEW Bd. 9, S. 97）http：//www. digitale-bibliothek. de/band11. htm] 马克思：《中国革命与欧洲革命》，载【德】马克思、恩格斯：《马克思恩格斯选集》第 2 卷，中共中央马克思恩格斯列宁斯大林毛泽东著作编译局译，人民出版社 1972 年版，第 3 页。

④ 顾明栋：《汉学主义——东方主义与后殖民主义之外的选择》，张强等译，商务印书馆 2015 年版，第 113 页。

⑤ "Die Sprache ist ein Werkzeug der Wissenschaften und ein Teil derselben; wer über die Literatur eines Landes schreibt, muß ihre Sprache auch nicht aus der Acht lassen." "Ueber die neuere deutsche Literatur", in Nationales Forschungs-und Gedenkstätten der klassischen deutschen Literatur in Weimar（hrsg.）: *Herders Werke in Fünf Bänden*（五卷本赫尔德著作集）. 2. Band. Berlin & Weimar: Aufbau-Verlag, 1978, S. 10.

还在充分强调母语写作的重要性的同时,更指出要有"求学意识",德语还应当学习希腊语的淳朴庄重、拉丁语的温和适中、法语的生动活泼、英语的简练丰足、意大利语的诗情画意。① 他始终在德国的总体背景下来考量文学的使命:"我们在德国工作便如同建造巴别塔时一样艰难,不同趣味的流派、诗艺上的各种派分、思想上的诸多学派彼此论争激烈;既没有首都,也没有共同利益;既没有共享的伟大承担者,也没有共享的制订法则的天才。"② 伯林曾说过:"赫尔德绝不主张政治上的民族主义,政治上的民族主义必然导致侵略和培植民族自豪感,他痛恨这些东西。"③ 赫尔德或许过于敏感,或许诗兴盎然,或许浪漫自由,但他却并未远离求知的标准:"中国人的立法与道德乃是中国这块土地上人类理智幼稚的尝试,不可能在地球的其他地方如此根深蒂固地存在。它只能在中国这块土壤中沿存下去,而不会有朝一日在欧洲大陆上产生出与众不同的、对自己专制君主百依百顺的中国。中华民族那种吃苦耐劳的精神、那种感觉上的敏锐性以及他们精湛的艺术,都将永远受到世人称赞。在瓷器、丝绸、火药和铅的发明制造方面,或许还有指南针、活字印刷术、桥梁建筑、造船工艺以及许多其他精巧的手工艺术方面,中国人都领先于欧洲人,只是他们在精神上缺乏一种对几乎所有这些发明艺术做进一步改进完善的动力。另外,中国人对我们欧洲各民族实行闭关锁国政策,尤其限制荷兰人、俄国人和耶稣会士,他们这种做法不仅仅与他们的整个思维方式相一致,而且也有其政治上的根源,因为他们目睹了欧洲在东印度、亚洲岛屿、亚洲北

---

① 参见姚小平《17—19 世纪的德国语言学与中国语言学》,外语教学与研究出版社 2001 年版,第 35 页。

② "Wir arbeiten in Deutschland wie in jener Verwirrung Babels: Sekten im Geschmack, Parteien in der Dichtkunst, Schulen in der Weltweisheit streiten gegeneinander; keine Hauptstadt und kein allgemeines Interesse; kein grosser allgemeiner Befoerderer und allgemeines gesetzgeberisches Genie," "Ueber die neuere deutsche Literatur", in Nationales Forschungs-und Gedenkstätten der klassischen deutschen Literatur in Weimar (hrsg.): *Herders Werke in Fünf Bänden* (五卷本赫尔德著作集). 2. Band. Berlin & Weimar: Aufbau-Verlag, 1978, S. 9. 笔者自译。

③ [伊朗] 拉明·贾汉贝格鲁:《伯林谈话录》,杨祯钦译,译林出版社 2002 年版,第 93 页。

二　对"汉学主义"理论的评价　181

部地区以及他们国家四周各地的所作所为。"①

至于对歌德就似乎连浅尝辄止都谈不上,近乎断章取义了。作者提出了一个"汉学主义的浪漫维度"的概念,倒也不失新意,但具体言之,则"浪漫主义的维度表现在对中国文明理想主义的拔高,甚至竟达到惊人的程度。比如怀有浓厚中国文化情结的歌德竟然对其助手艾克曼谈及中国文学时说:'中国人有成千上万这类作品,而且在我们的远祖还生活在荒野森林的时代就有这类作品了'"②。甚至将这种原因归之于 18 世纪欧洲的"中国热",但要知道歌德青年时代恰恰是对中国热和洛可可很不以为然的;他对中国的态度随着时间的演变发生了很大的变化。而作者所引对艾克曼的谈话则发生于歌德晚年,这时已经是经历过太多的历史经验,此处体现的歌德思想,恰恰不是早期的浪漫情境,也非中期的启蒙理性,而是可能开出的第三维古典和谐,此时歌德的思想,基本上已经超越两者了。这里谈到的是《好逑传》这部作品,虽然是才子佳人小说,但在歌德思想中可以化合产生不同功用的资源意义。所以不深入了解其思想脉络以及其后的德国与西方(多元)的思想史语境,所论很难切合要义。歌德自己曾如此比较过:"中国人在思想、行为和情感方面几乎和我们一样,使我们很快就感到他们是我们的同类人,只是在他们那里一切都比我

---

① 德文为: Das Werk der Gesetzgebung und Moral, das als einen Kinderversuch der menschliche Verstand in Sina gebauet hat, findet sich in solcher Festigkeit nirgend sonst auf der Erde; es bleibe an seinem Ort, ohne daß je in Europa ein abgeschlossenes Sina voll kindlicher Pietät gegen seine Despoten werde. Immer bleibt dieser Nation der Ruhm ihres Fleißes, ihres sinnlichen Scharfsinns, ihrer feinen Künstlichkeit in tausend nützlichen Dingen. Das Porzellan und die Seide, Pulver und Blei, vielleicht auch den Kompass, die Buchdruckerkunst, den Brückenbau und die Schiffskunst nebst vielen andern feinen Hantierungen und Künsten kannten sie, ehe Europa solche kannte; nur daß es ihnen fast in allen Künsten am geistigen Fortgange und am Triebe zur Verbesserung fehlet. Daß übrigens Sina sich unsern europäischen Nationen verschließt und sowohl Holländer als Russen und Jesuiten äußerst einschränket, ist nicht nur mit ihrer ganzen Denkart harmonisch, sondern gewiß auch politisch zu billigen, solange sie das Betragen der Europäer in Ostindien und auf den Inseln, in Nordasien und in ihrem eignen Lande um und neben sich sehen. [Herder: Ideen zur Philosophie der Geschichte der Menschheit. Quellen Germanistik: Klassik, S. 9964 – 9965 (vgl. Herder-Ideen Bd. 2, S. 20) http://www.digitale-bibliothek.de/QG02.htm] 中译文见赫尔德《中国》,载[加]夏瑞春编:《德国思想家论中国》,陈爱政等译,江苏人民出版社 1995 年版,第 92 页。

② 顾明栋:《汉学主义——东方主义与后殖民主义之外的选择》,张强等译,商务印书馆 2015 年版,第 124 页。作者中译文引自[德]爱克曼辑录《歌德谈话录》,朱光潜译,人民文学出版社 1978 年版,第 113 页。但多一"荒"字。德文为: Die Chinesen haben derenzu Tausenden und hatteni hrer schon, als unsereVorfahren noch in den Wäldern lebten. Mittwoch, den 31. Januar 1827. [Goethe: 1827. Goethe: Briefe, Tagebücher, Gespräche, S. 30613 (vgl. Goethe-Gespr. Bd. 6, S. 45)]

们这里更明朗，更纯洁，也更合乎道德。在他们那里，一切都是可以理解的，平易近人的，没有强烈的情欲和飞腾动荡的诗兴，因此和我的《赫尔曼与多罗泰》以及英国理查生写的小说有很多类似的地方。他们还有一个特点，人和大自然是生活在一起的。你经常听到金鱼在池子里跳跃，鸟儿在枝头歌唱不停，白天总是阳光灿烂，夜晚也总是月白风清。月亮是经常谈到的，只是月亮不改变自然风景，它和太阳一样明亮。房屋内部和中国画一样整洁雅致。例如'我听到美妙的姑娘们在笑，等我见到她们时，她们正躺在藤椅上'，这就是一个顶美妙的情景。藤椅令人想到极轻极雅。故事里穿插着无数的典故，援用起来很像格言，例如说有一个姑娘脚步轻盈，站在一朵花上，花也没有损伤；又说有一个德才兼备的年轻人三十岁就荣幸地和皇帝谈话，又说有一对钟情的男女在长期相识中很贞洁自持，有一次他俩不得不在同一间房里过夜，就谈了一夜的话，谁也不惹谁。还有许多典故都涉及道德和礼仪。正是这种在一切方面都保持严格的节制，使得中国维持到几千年之久，而且还会长存下去。"① 歌德在这里

---

① 德文原文为："Die Menschen denken, handeln und empfinden fast ebenso wie wir, und man fühl tsich sehr bald als ihres gleichen, nur daß bei ihnen alles klarer, reinlicher und sittlicherzugeht. Es ist bei ihnen alles verständig, bürgerlich, ohne große Leidenschaft und poetischen Schwung und hat dadurch viele Ähnlichkeit mit meinem 'Hermann und Dorothea' sowie mit den englischen Romanen des Richardson. Es unterscheidet sich aber wieder dadurch, daß bei ihnen die äußere Natur neben den menschlichen Figuren immer mitlebt. Die Goldfische in den Teichen hört man immer plätschern, die Vögel auf den Zweigen singen immerfort, der Tag ist immer heiter und sonnig, die Nacht immer klar; vom Mond ist viel die Rede, allein er verändert die Landschaft nicht, sein Schein ist so helle gedacht wie der Tag selber. Und das Innere der Häuser so nett und zierlich wie ihre Bilder. Zum Beispiel: 'Ich hörte die lieblichen Mädchen lachen, und als ich sie zu Geschichte bekam, saßen sie auf feinen Rohrstühle.' Da haben Sie gleich die allerliebste Situation, denn Rohrstühle kann man sich gar nicht ohne die größte Leichtigkeit und Zierlichkeit denken. Und nun eine Unzahl von Legenden, die immer in der Erzählung nebenhergehen und gleichsam sprichwörtlich angewendet werden. Zum Beispiel von einem Mädchen, das so leicht und zierlich von Füßen war, daß sie auf einer Blume balancieren konnte, ohne die Blume zu knicken. Und von einem jungen Manne, der sich so sittlich und brav hielt, daß er in seinem dreißigsten Jahre die Ehre hatte, mit dem Kaiser zu reden. Und ferner von Liebespaaren, die in einem langen Umgange sich so enthaltsam bewiesen, daß, als sie einst genötigt waren, eine Nacht in einem Zimmer miteinander zuzubringen, sie in Gesprächen die Stunden durchwachten, ohnen sich zu berühren. Und so unzählige von Legenden, die alle auf das Sittliche und Schickliche gehen. Aber eben durch diese strenge Mäßigung in allem hat sich denn auch das chinesische Reich seit Jahrtausenden erhalten und wird dadurch ferner bestehen." Mittwoch, den 31. Januar 1827. in Johann Peter Eckermann: *Gespräche mit Goethe-in den letzten Jahren seines Lebens*（歌德谈话录——他生命中的最后几个年头）. Berlin und Weimar: Aufbau-Verlag, 1982, S. 196 - 197. 中译文见 ［德］爱克曼辑录：《歌德谈话录》，朱光潜译，人民文学出版社 1978 年版，第 112 页。《赫尔曼与窦绿台》统一用作《赫尔曼与多罗泰》。

大加褒扬的中国小说,是《好逑传》。此书又名《义侠好逑传》《侠义风月传》等,共四卷十八回,乃明清之际才子佳人小说中的一种。更重要的是,歌德由此引申出的,是更大的关怀和格局:"我愈来愈深信,诗是人类的共同财产。诗随时地由成百上千的人创作出来。这个诗人比那个诗人写得好一点,在水面上浮游得久一点,不过如此罢了。……我们不应该认为中国人或塞尔维亚人、卡尔德隆或尼伯龙根就可以作为模范。如果需要模范,我们就要经常回到古希腊人那里去找,他们的作品所描绘的总是美好的人。对其他一切文学我们都应只用历史眼光去看。碰到好的作品,只要它还有可取之处,就把它吸收过来。"① 所以歌德是谈到了中国,而且对中国不乏关注和好感,但他不是只以中国为唯一标准来讨论,他会在一个更大的框架下来思考中国问题与资源。这一点是我们必须认真理解的,否则很可能按照我们的需求去切割相关论述,这对求知者而言是大忌。当然你可以根据你的问题意识小心界定,但讨论时必须在思虑周全的基础上去选择表述。

汉学作为一种权力结构笼罩下的物生命体,自有其必须被接受的场域命运,这其实并不意外。任何一种学问,即使它自认为纯之又纯,可一旦不能自外于文明共同体之中,就注定了它坎坷艰难的知识物与文明体命运,这种"身在此世为物"的感觉与"不幸生而为人"多少有点类似。除了有人的被"物化"乃至"异化"之外,也还有更深一层的作为文化生命体的被"异化"的无奈。大千世界,真无奇不有,也无可奈何也。应该承认,顾氏对汉学主义的敏锐发觉乃至理论建构都是尽了很大的努力的,并非仅是"故作惊人之语",这在其细密的论述、新知的开采、公正的立场等方面都有所表现,但如何才能达致一种尽可能客观的求学立场,

---

① 德文原文为:"Ich sehe immer mehr", fuhr Goethe fort, "daß die Poesie ein Gemeingut der Menschheit ist, und daß sie überall und zu allen Zeiten in Hunderten und aber Hunderten von Menschen hervortritt. Einer macht es ein wenig besse rals der andere und schwimmt ein wenig länger oben als der andere, das ist alles. … Wir müssen nicht denken, das Chinesische wäre es oder das Serbische oder Calderon oder die Nibelungen, sondern im Bedürfnis von etwas Musterhaftem müssen wir immer zu den alten Griechen zurückgehen, in deren Werken stets der schöne Mensch dargestellt ist. Alles übrige müssen wir nur historisch betrachten und das Gute, so weit es gehen will, uns daraus aneignen." Mittwoch, den 31. Januar 1827. in Johann Peter Eckermann: *Gespräche mit Goethe-in den letzten Jahren seines Lebens*(歌德谈话录——他生命中的最后几个年头). Berlin und Weimar:Aufbau-Verlag, 1982. S. 197 – 198. 中译文见 [德] 爱克曼辑录《歌德谈话录》,朱光潜译,人民文学出版社 1978 年版,第 113—114 页。

却仍然有待讨论。

蜘蛛的工作意识是此书表现出的最大优点，但我仍然要说，做得似乎还不太够，尤其需要更多更好地借鉴已有的学术研究成果，在"会当凌绝顶"的视域中去"一览众山小"；在方法论上似也有必要更上层楼，借来更多的新式武器，或许可以更好地"攻错他山"。但我下面想接着讲的一点则是，除了狐狸的灵感、蜘蛛的执着之外，我们也还需要刺猬的参与，尤其是学习刺猬的顽固和坚韧，在这里尤其表现为方向感。

三 刺猬的方向——文明史结构与"东方主义"的侨易之思

按照米勒（Miller, J. Hillis, 1928— ）的说法，"'汉学主义'作为东方主义和后殖民主义的替代理论具有建设性的价值"[①]，此书标题就加上了后者作为副标题，我倒以为是否替代并不重要，重要则在于其"具有建设性"。任何一个理论性的建构，其重要性恰恰在于其立意求知、锱铢积累与守持学术伦理，至少从最初的汉学主义概念提出，到2010年南大会议上的"唇枪舌剑"，再到此书出时的理论自觉和学术良知让我"刮目相看"。我看到的是一个学术概念的提炼与理论型构过程在逐步渐成，以顾明栋教授为代表的"汉学主义"概念坚守者，从中"杀出一条血路来"的精神，让我感慨。更重要的是，正是在这样一个艰难的过程中，顾明栋教授显出了一个求知者的良好学养和求真意识，从文本出发，从问题出发，从最根本的学术规律出发，正是汉学主义的学理价值所在。

记得周辅成先生曾说过，大哲学家们年轻时都写诗，写不成就都去营构庞大无比的哲学体系了。[②] 但既然选择了理论的方向，就只能坚忍不拔、披荆斩棘、持之以恒、一往无前。从这个意义上来说，做一个庄严的刺猬，就是理论工作者的最高目标。我们必须在可能的情

---

① J. 希利斯·米勒《序》，载顾明栋：《汉学主义——东方主义与后殖民主义之外的选择》，张强等译，商务印书馆2015年版，第7页。
② 参见赵越胜《燃灯者：忆周辅成》，湖南文艺出版社2011年版。

况下如春蚕吐丝、结茧自缚，最后才有可能化蛹为蝶，那么我们要提出的问题首先就是，汉学主义是否具备这样的潜力和价值，即成为一种核心理论的可能性？不能完全排除，但确实相对微弱。之所以如此立论，乃在于其前身资源的限度。萨义德当初设置此一"东方主义"的命题之时，就更多出于思想灵光一闪的偶然，而非在学术史基础上的审慎推断，甚至经过瞻前顾后的过程。而主要由东方主义启发而来，甚至立意成为其替代理论的"汉学主义"自然难免受到其前理论的限制。

可如果我们在一种更新的视域里重新思考"东方""东方学"与"东方主义"命题，则也未必完全不可能启发新知、开辟新途。或谓不信，借助侨易学的思维模式①，或可另有发现。"东方主义"的概念说到底是与"东方学"联系在一起，是在一个更为开阔的学术、知识和思想谱系中可以展开和讨论的话题，而"东方"与"西方"其实也并非真的只能二元对立、水火不容。是萨义德的立场、经验和话语限制了这个本可从容展开、前景无限的元问题，虽然也风光无限，但更多是在场域和表演意义上的，而非求知向真、推进学理意义上的。所以，在我看来，汉学主义的"刺猬的方向"应当确立，至少要特别关注以下三点：

其一，在一个更为阔大的知识与历史语境中确立"汉学主义"的概念和意义。作者其实多少已经意识到："在历史上，汉学主义是由西方开创的全球化的一个组成部分。它产生于西方试图将中国纳入一个以西方为中心的世界体系和知识体系的努力。它的诞生不是一种突然的现象，而是一个不断形成的过程，期间虽经历了各个不同方向的曲折，但其目的都是为将中国纳入以西方为中心的精神和物质体系的议程所服务。因此，对汉学主义的理解需要将其放入一个更大的语境当中，即自从16世纪开始，西方就努力建立一个包括中国在内的全球性知识体系，最终演变成正在进

---

① 关于本文涉及的基本侨易学理论资源，参见叶隽《变创与渐常：侨易学的观念》，北京大学出版社2014年版。所谓"侨元四义—易元四义"，即"移仿高桥，变常简交"，如此侨易共有16义含义：移易四义（移变、移常、移简、移交）、仿易四义（仿变、仿常、仿简、仿交）、高易四义（高变、高常、高简、高交）、桥易四义（桥变、桥常、桥简、桥交）。叶隽《"侨易二元"的整体建构——以"侨"字多义为中心》，载《侨易》第2辑，社会科学文献出版社2015年版。

行之中的包括整个世界的全球化过程。"① 问题在于,如何将其放置到更大语境中去？我以为需要引入文明史结构的概念,即汉学主义必然是在器物、制度、文化三个层面立体展开的,之间还必须特别关注东方与西方（交流史）、权力与知识、主流与边缘（主流精英与汉学家）、资本内驱力等关键点。

其二,不但不能回避汉学学术本身,更应将其作为一个抓手和要点展开对汉学主义的学理论证,这样就必须引入国际汉学的视域以及学术史的路径,进行踏实细致的个案研究；但又不能仅仅就汉学论汉学,就个案论个案,而是能以此出发,前后牵引、左右勾连、上下延伸,如此可带出更为广阔的、完整的、立体的知识图景。譬如作者意识到,"作为一个知识体系,汉学主义与西方努力构建的全球历史的宏大叙事密不可分。在为人类构建宏大叙事的过程中,西方众多思想家做出了他们的贡献。这其中,主要的思想家包括伏尔泰、孟德斯鸠、赫尔德、黑格尔、马克思和韦伯。他们每个人都使用中国资料来形成他们关于全球历史的想法,但在汉学主义的形成中,孟德斯鸠和黑格尔（Georg Wilhelm Friedrich Hegel, 1770—1831）也许是最重要的思想家,因为前者也许可以被看作是汉学主义的奠基人,后者也许是其理论的阐发者,前者毫无疑问地对后者产生了显著的影响。由于黑格尔对于中国的看法具有概念性意义,笔者对此将做一定深度的探询。作为他所处时代以及世界历史上的一位重要哲学家,黑格尔对于人类境况的概念性探索为汉学主义打下了认识论基础。在19世纪,黑格尔是试图将中国纳入世界知识体系中的最有影响力的西方思想家。在其称之为普世史的哲学探索中,他将中国作为证据或反例来支持他关于世界历史运动的思想体系。虽然他认为中国比许多其他文明更早来到世界舞台上,但中国却在人类进步的主要发展线之外停滞不前,由于其帝王的暴政和缺乏对个人自由的原始冲动,中国脱离了历史的发展进程。他设想,只有当西方强制性地将中国带入到现代历史

---

① 顾明栋:《汉学主义——东方主义与后殖民主义之外的选择》,张强等译,商务印书馆2015年版,第114页。

的发展进程之中，中国才能成为世界体系的一部分"①。黑格尔—马克思—魏特夫（作者称魏复古）是一条很有趣的线索。作为大刺猬的黑格尔，尤其是不容回避的大哲，作者对这些人物的评价和引用颇可展开讨论，此处不赘。我想说的是，要想讨论清楚他们的中国观（如认为是汉学主义），必须深入考察其中国知识来源，也就不可避免地触及汉学家。从莱布尼茨到黑格尔、谢林一代人，有一个重要的中介质的变化，就是当初是白晋，后者多依靠法国汉学家雷慕萨的著述。就此书论述来看，对汉学学术本身的相对回避是一个较大问题，虽然作者巧妙地将汉学主义概念进行了重新界定，将汉学家与汉学主义进行了区隔。但对主流精英的探讨，显然不能离开一个关键性的问题，他们的中国知识来源究竟何在？这才是关键所在。如此则汉学史、翻译史、文化史、思想史等才能实现有机交错，构成一组有机的张力结构。

其三，如何通过有效的问题设置，可以连接到更为本质的、具有元思维意义的元问题，譬如二元三维结构的问题。赵稀方在讨论汉学主义时，曾提到了"知识"与"权力"的关系问题，并质疑说："在谈到汉学主义的目标的时候，顾明栋认为东方主义及后殖民主义都是政治导向的，他希望能够'在尽可能不受政治和意识形态干扰的情况下进行有关中国知识生产等问题进行自觉地思考'。这个说法，连作者自己都不敢自信。"② 这固然反映出某种现实，但我以为这种理想主义情绪或许恰恰是"汉学主义"比"东方主义"可能前进一步的地方。这放在侨易学二元三维的基本框架中可能看得更清楚些，"东—西"可成为一种二元关系，"知识—政治"亦然，甚至是多类型的二元，并不一定就是一组我们先入为主、固定己见的二元。东方主义过于强调政治和权力，乃至于湮没或大大降低了知识和观念作为基本规训力的价值；我不否认学术有权力属性，但客观情境和主观意识不同，这和从本质上去求真近道并不矛盾。所以汉学主义的问题并不在于其求真目标的确立，而是如何超越简单非此即彼的知识、权力之间关系的二元对立思维，在学术史研究的实证基础上大胆假设、小

---

① 顾明栋：《汉学主义——东方主义与后殖民主义之外的选择》，张强等译，商务印书馆2015年版，第115—116页。
② 赵稀方：《评汉学主义》，《福建论坛》（人文社会科学版）2014年第3期。

心求证。设若如此，不但可为汉学主义理论积累大量细密的"蜘蛛的工作"，也必将打造完善起"刺猬的体系"，更可贡献于远为开阔的知识共同体。

其余的方面，当然可说者还很多，细节上譬如像武科维奇（Vukovich，Daniel F.）的"汉学东方主义"（Sinological Orientalism）的概念似乎也值得引入讨论①，或可呈现不同维度的景观。但无论可以挑出怎样的瑕疵，都不能影响此书的学术价值。这部书最重要的意义，就在于提供了一个有关汉学主义理论的基本框架，而且是本着求知求真的态度来工作的，这就有理由让我们期待它可以逐步成为夏洛之网，毕竟，任何学术概念的提炼和理论的型构，都要经历一个长期持守、破蛹化蝶的过程。

（原载《中国图书评论》2017 年第 2 期）

---

① Vukovich, Daniel F., *China and Orientalism-Western Knowledge Production and the P. R. C.*, London: Routledge, 2012；李红霞：《反思汉学东方主义式的话语体系——〈中国与东方主义：西方的知识生产与中华人民共和国〉一书评介》，《国外社会科学》2014 年第 1 期。

论《汉学主义》的独立价值及其新建范式

陈 军

"汉学主义"（Sinologism）一词自1998年首次提出以来，经过不少学者的努力和构建，已逐渐成为有关汉学、中西研究和中国知识生产的独立理论范畴，为学界所了解和关注，且在国内外产生不小的影响和激荡。这其中美国学者顾明栋教授贡献最著，他倾力其中，持续耕耘，在《文学评论》《南京大学学报》《清华大学学报》《中山大学学报》《厦门大学学报》《学术月刊》《浙江大学学报》等刊物上发表了一系列研究论文，阐发并深化了这一理论，使其集腋成裘、蔚为大观，成为一种有别于东方主义和后殖民主义的替代理论。2013年由J. 希利斯·米勒教授作序的英文版《汉学主义》于伦敦和纽约出版，如今其中文版也在商务印书馆（2015年7月）正式出版，必将惠及更多的中国读者，这是"汉学主义"理论发展史、传播史和接受史上又一个里程碑事件。

《汉学主义》的问世赢得了国内外许多学者的赞同褒扬，但也出现了一些质疑批评的声音，主要集中于"'汉学主义'是否有独立的理论价值"上。少数学者认为"汉学主义"是东方主义的翻版，在研究范式上存在缺陷，并不能超越和替代东方主义和后殖民理论。笔者阅读后的意见却正好相左，我审慎地认为，尽管该书存在着尚待完善的问题，但总体而言，这是一部具有独立价值、自成特色和体系的理论著作，在研究领域、研究视角、研究范式、研究思想和宗旨上都与东方主义和后殖民主义有明显区分。该书视野开阔、思维辩证、严谨客观、厚实有力，虽未臻完美，但不失为一部具有探索性和创新性的跨文化研究力作。

一 对中国学术文化现象的批判性反思

"汉学主义"产自敏锐的问题意识,是对"汉学(中国学)"研究中大量存在的以西方的认识论、方法论来认识和研究中国的学术文化现象的批判性反思。正如作者在该书的开篇中指出:"二十多年来,笔者一直在思考这样一些问题:西方乃至整个世界何以不断生产有悖于中国文明现实的知识?"[①] 在资讯发达、跨国经贸和文化交流频仍的今天,汉学主义造成的危害已日益显现,如阻碍跨文化交际、导致认知惰性,致使非西方民族的原创性萎缩等。《汉学主义》一书旨在提高学者们对汉学主义负面影响的认识,让他们警惕汉学主义化的潜在危险,由于直面"汉学"研究的问题与现状,该书具有一定程度的尖锐性。

从研究对象和领域来说,《汉学主义》具有明确的区域性和聚焦点,是对中国研究之研究,它秉持"具体问题具体分析"的态度,兼具"新批评"文本细读的精神,因其地缘政治和地理文化的因素有别于东方主义。萨义德的东方主义产生于西方国家想要控制、殖民近东和中东国家的语境,而中国属于远东,在历史上西方也从未征服过中国,所以余英时曾提醒中文读者注意:"萨义德的'东方'主要指中东的阿拉伯世界,并不包括中国。……这是中国人引用'东方主义'的说词时首先必须注意的重要事实。"[②] 这样看来,无论是东方主义还是后殖民理论都不能解决中国研究的问题,对中国的知识生产也不具备适切性,而《汉学主义》正好弥补了二者研究的缺陷和不足,为跨文化研究开创了新的领域。

值得注意的是,《汉学主义》虽暗含解构倾向,但不是对"汉学"的全盘否定和破坏,而是一种"理论反打",它始终贯穿着一种文化自觉和自省意识,字里行间充盈着作者痛心、不忍的文化焦虑和母国情怀。作者身居海外,本身就是汉学家,对汉学主义的形成和危害可谓感

---

① 顾明栋:《汉学主义——东方主义与后殖民主义的替代理论》,张强等译,商务印书馆2015年版,第1页。
② [美]爱德华·W. 萨义德:《知识分子论·译者序》,单德兴译,陆建德校,生活·读书·新知三联书店2002年版,第6页。

同身受，对汉学研究中"唯西方马首是瞻"的弊端也了然在胸，他在解剖别人的同时也在解剖自己，因而更具警醒意义和说服力。

二 复杂多元的跨学科研究

虽然作者声称："它（指汉学主义）表现在政治、经济、文化、艺术、学术等跨文化关系和交流的几乎每一个方面。笔者的研究只是局限在汉学这样一个狭小的领域。"① 但"麻雀虽小，五脏俱全"，"汉学主义"仍是一种复杂多元的理论建构。

从人力资源主体来看，东方主义主要是西方人为了推进殖民主义而对东方进行的单向构建，中东人是被西方的文化霸权裹挟到"东方化过程"之中，处于"失语"和"消音"的境地。而汉学主义的理论情形大不一样，中国人是主动地接受西方的文化霸权，主动地参与到自己的他者化过程，主动地与西方霸权合谋共建"汉学主义"。一言以蔽之，汉学主义不是西方人的单边构建，而是西方人、中国人、海外华人和全世界非西方人合力完成的"共同作业"。人力资源的多样性让汉学主义与东方主义划清界限，并因此拓宽了萨义德东方主义的理论视野。

从该书研究维度来看，作者除了集中篇幅研究汉学主义的西方维度外，也十分注意汉学主义的中国维度，在胡适、闻一多、郭沫若等中国学者的研究中，不难看到由西方的认识论和方法论所操控的文化无意识对他们的影响与控制，虽然这种掌控是隐性的、内化的（internalization），但却是深刻有力的，有的甚至达到布尔迪尼所说的"身体化"②的程度。该书还不忘对"汉学主义的浪漫维度"做出分析，在对汉学主义历史批判中，作者显然注意到西方学者中不乏对中国文化喜爱和推崇的，他们在著作中不惜笔墨对中国做出了带有乌托邦色彩的诗意浪漫的描述。如莱布尼茨对中国哲学与宗教的激赏、伏尔泰对中国道德与文化的吹捧、费诺罗萨

---

① 顾明栋：《汉学主义——东方主义与后殖民主义的替代理论》，张强等译，商务印书馆2015年版，第161页。

② "身体化"：它标示一种控制深嵌于个体心身的意会层面。参见布尔迪尼《实践与反思》，中央编译出版社1998年版，第26页。

为中国的文字所倾倒,埃兹拉·庞德对中国语言、诗歌和思想的青睐与迷恋,高尔斯华绥·洛斯·狄更生对中国道德与价值观的捍卫以及伯特兰·罗素对中国人与中国文化的至高评价等。这些都是汉学主义复杂性的表征,然而其精神实质并没有偏离汉学主义的谱系。此外,该书虽偏重于汉学主义内部结构的考察,但也考察了政治、意识形态、族群等外在维度。关于学术政治化的分析,该书是采用举案说法的方法来阐明的,援引的一个突出案例是某些西方汉学家对于中国政府组织的"夏商周断代工程"这一多学科项目的过度诠释和反应上。此外还分别列举了古代中国和美洲土著文明的跨文化关系的研究,以及对于前殖民地国家流落西方文物的归属权论争等。而关于汉学主义的族群维度的解析则聚焦华裔学者巫鸿《中国早期艺术和建筑中的纪念性》一书引发的中西方学者关于族群身份的争论,还有关于儒学主导权问题论争以及西方学者在道教研究中刻意规避或公开反对道家和道教之区别的耐人寻味的学术现象。必须指出,该书从汉学主义视角来看汉学研究中的一些学术争论,较好地起到了廓清迷雾、正本清源的作用。

与东方主义和后殖民主义所析论的材料不同,《汉学主义》几乎不涉及政府机构、社会团体、作家创作、媒介报道等社会学材料,而基本局限在人文学科(纯学术)领域,主要涉及文学、语言、思想、历史、国学等跨学科研究,援引的学者有利玛窦、莱布尼茨、伏尔泰、孟德斯鸠、赫尔德、黑格尔、马克思、韦伯、魏复古、夏自清、胡适、闻一多、王国维等,从中不难看出作者对中西材料的熟稔,一些材料的运用看似信手拈来、饶有兴味,实则经过作者精心挑选,并调动了自己多学科的知识储备,可谓举隅丰富、论证有力。如关于汉字的拉丁化改革的讨论,关于"疑古派"和"信古派"的争论,关于西方学者对中国小说《水浒传》《红楼梦》《金瓶梅》评价标准的考察以及关于汉字性质问题引发的语言学争议等,作者都给予了精细入微、切中肯綮的评述和分析。同时,这些五花八门不同出处的例证再次说明汉学主义是一种远为复杂宽泛的知识生产体系。

三 一种"向内转"的跨文化研究

与东方主义和后殖民主义以政治为导向、以意识形态为动机的研究方法不同,《汉学主义》旨在"探索中西研究、跨文化研究中隐性的知识生产范式"①。可以说构建了一种"向内转"的跨文化研究新范式。

该研究的概念基础既非东方主义,亦非后殖民主义,而是由另外两个概念相结合而形成的概念性基础:其一是"文化无意识",探讨中国知识生产的内在逻辑;其二是"知识的异化",描述汉学主义的本质和性状。作者明确指出:关于汉学主义研究,"有人也许会像费正清一样,将该系统的理论内核归因于政治、经济、历史、社会和学术因素导致的主观主义,但我认为显性的主观主义之下隐藏着的是观察和处理有关中国的材料时在认识论和方法论上显示的多重盲点"②。该书第一章即对"文化无意识"概念进行层层辨析,试图把它理论化。这一概念虽有所借鉴(如弗洛伊德的个体无意识、荣格的集体无意识乃至詹明信的政治无意识),但作者却赋予了新的解释和内涵,并延伸出知性无意识和学术无意识等系列概念,它的创造性转化无疑为跨文化交际和研究提供了又一个重要的理论支撑。在该书的第四章和第五章,作者又分别探析"认识论的意识形态"和"方法论的意识形态"。前者指以西方认识论视角观察中国,拒绝或不愿根据中国实际情况去认识中国文明和文化现象;后者指把西方的观点、概念、理论、范式和方法论强加到中国的材料之上,以及中国学者和中国人对于强加于他们的范式和方法论的主动接受,其典型表现是以西释中或以西套中,依赖从西方借来的词汇、观点和分析的构架来套中国材料,而无视其中的复杂性、生动性和差异性,犯了严家炎曾严厉批评的"异元批评"或"跨元批评"的错误。即"在不同质、不同'元'的文学作品之间,硬要用某'元'做固定不变的标准去评判,从而否定一批可能相当出色的作品的存在价值。譬如说,用现实主义标准去衡量现代主义作品或浪漫主义作品,用现代主义标准去衡量现实主义作品或浪漫主义作品,用浪漫主义标准去衡量现实主义作品或现代主义作品,如此等等。这是一种使批评准则与批评对象完全脱节的、牛头不对马嘴式的批评,犹如论斤称布、以尺量米一样

---

① 顾明栋:《汉学主义——东方主义与后殖民主义的替代理论》,张强等译,商务印书馆2015年版,第18页。
② 同上书,第37页。

荒唐"①。将西方的认识论和方法论运用到并不适宜与吻合的中国研究中就会造成对中国文化的误读和偏见，也即作者所说的汉学和中西方研究的异化知识。

总之，《汉学主义》一书不是一种介入社会现实和文化权力的文化政治研究，它也无意挑起文化战争，而是一种更为内在的思维习惯、文化性格和深层机理探究，这种"掘井式"研究极大地增加了该理论的研究深度，也使汉学主义的理论从一种解构主义的批判话语转变成建设性理论范式成为可能。

四　以自觉反思为导向的建构式研究

不同于东方主义和后殖民主义是一种政治批评或意识形态批判理论，汉学主义是一个具有自我反省意识的理论。作者一再指出："本研究并非要把汉学主义当作一种批评理论提出来，并用个案研究来探讨其原理和逻辑，而是要把它构建成一种自觉反思的批评理论。"② 该书导论的标题为"超越东方主义"，可谓开章明志；其结论的标题为："一个自觉反思的理论"，亦可谓前后照应、卒章显志。

该书从"汉学"研究的实践出发来生发理论（采用的是归纳式而不是演绎式），专注于知识生产的方式研究，其提出的文化无意识理论可推而广之应用于各种类型和国别的跨文化研究之中。因为在跨文化交流和研究中，任何一方都不是"文化处子"，都带着各自耳濡目染、长期积累的文化知识、有各自的学术训练和研究背景，属于不同族群和身份，并形成一定的"前理解"（成见），所以文化无意识的存在几乎是不可避免的，具有先在性与可约束性，这种文化无意识在跨文化研究中有积极一面，但也带来交流的阻碍、认知的偏见和知识的异化，它同样适用于其他非西方国家与文化的知识生产研究，具有普范性价值。我个人认为，汉学主义研究范式的特点是其反对形而上学的思辨性，杜绝东方主义的二元对立思维，提倡包容性和对话性，它既反对"西方中心主义"，又反对"中国中

---

① 严家炎：《中国现代小说流派史》，人民文学出版社1995年版，第329页。
② 顾明栋：《汉学主义——东方主义与后殖民主义的替代理论》，张强等译，商务印书馆2015年版，第24页。

心主义",认为在这两极之间还有一大片广阔的中间地带,这正是我们可以大显身手的地方。

同时,《汉学主义》一书贯穿着学术至上的理念,追求科学性、客观性和公正性,"最终目的是鼓励和促进相对中正客观的中国知识生产、这种知识生产应远离任何形式的歧视、偏见、主观性和政治干扰。"[①] 而这种学术思想与它研究对象及领域是相符的,因为"汉学"研究的价值来源于它自身的分量,和政治、意识形态、国籍、族裔、身份等无关。作者指出:"汉学主义理论的世界性意义在于:一方面可以帮助非西方国家和地区加强自我意识防范,以避免认识论殖民和自我殖民的产生;另一方面,可以帮助全世界的思想家和学者尽可能地对中国进行客观和不带偏见的研究。"[②] 如何克服"汉学"研究中认识论和方法论的偏差,作者提出了解读中国这部大书的诠释学方法,他说:"真正科学的中国知识生产过程应该与诠释学的循环释义相似。这是因为中国在许多方面,与其他文明一样,不是科学观测的静止客体,而是一部内涵深刻、有待翻阅和理解的巨著。"[③] 在该书结论部分,作者还提出了一些建设性的设想,包括"将无意识文化转化为有意识文化""抵制汉学主义化""恢复汉学和知识本来目的和功能"等,并坚定地认为有纯学术研究,要克服中国文化自卑感和挫败感,发掘传统文化的精髓,加大学术原创性研究,让西方学者正视中国文化的存在和价值,并成为他们的理论和思想资源,真正实现中西文化的平等对话、互渗、互融。

以上我从四个方面概括了《汉学主义》一书的研究特点和价值,其中贯穿着与东方主义、后殖民理论相对照及比较的视角和意识,以说明"汉学主义"作为一种替代理论具有独立的不可抹杀的建设性价值,并以它自身的成就为跨文化研究提供了另一种可供选择和借鉴的新范式。作为一种不断发展和修正的理论范畴和批评话语,《汉学主义》一书也存在体例上的不尽完善,各章节之间的逻辑关系还不够紧密,一些观念和见识也

---

① 顾明栋:《汉学主义——东方主义与后殖民主义的替代理论》,张强等译,商务印书馆2015年版,第24页。
② 同上书,第167页。
③ 同上书,第201页。

存在"重描"(overemphasis)的缺点,对中西方学术在知性思维上的差异及中西学术之间的互动、整合和新创关注不够,在研究版图上,对"东亚汉文化圈"(如韩国、日本等)的"汉学"研究也几乎未有涉及,但瑕不掩瑜,该书仍是一部别开生面、苦心经营的跨文化研究力作。我们有理由相信,随着全球化时代的到来,其学术影响和现实意义将不断彰显和放送。

(原载《文学研究》2016年第3卷第2期)

原创性·批判性·理想性
——读顾明栋的《汉学主义》

刘勇刚

西学与汉学的文明冲突由来已久，西方视阈中的汉学无疑打上了欧洲中心主义和殖民化的霸权意识。西方的中国知识生产和中国的西方知识生产中出现的种种误读和歪曲，给中国形象带来了不小的负面影响。如何厘清域外汉学研究中的殖民意识与本土汉学中的自我殖民倾向，如何引导中西学者实事求是地评判中国学术，这关乎中国的当下与未来，也关系到全球文明对话与国际关系的走向。顾明栋先生旅居美国，多年来致力于中西比较研究和跨文化研究，通过研读大量的汉学论著，观察纷纭复杂的汉学现象，洞见到西方汉学背后隐藏的深层逻辑——意识形态的无意识即文化无意识，以此为核心建构了独立自主的话语体系。"汉学主义"（Sinologism）这一理论范畴并非顾明栋第一个提出，但对汉学主义做全面深刻的反思和阐发却堪称第一人。目前，英文版的《汉学主义》已于2013年由Routledge出版公司出版。时隔两年，中文版也由商务印书馆隆重推出，在国内外汉学界引起了较大反响。《汉学主义》的义理已有不少学者论及，本文旨就该书的原创性、批判性、理想性略陈己见。

首先，《汉学主义》是一部具有原创精神的著作。老实说，作者具有"原创的焦虑"，此种焦虑促成了他多年透彻的思考，在东方主义和后殖民主义之外别创新论，自开户牖。作者认为汉学主义的出现虽离不开东方主义和后殖民主义的语境，但与东方主义和后殖民主义有着知性的分野。汉学主义绝非东方主义的翻版，亦非汉学研究中的东方主义形式，因为萨义德的东方主义是一种纯粹的西方发明，是为了推进殖民主义而对东方进行的单向构建，旨在为征服正名。后殖民话语亦无视知识和学术研究的本来目的，以政治为导向，以意识形态为动机，目的在引发文化战争，"其理论核心是以认识论和方法论的他者殖民和自我殖民为中心的一种隐性意识形态"。而汉学主义则是一种中西方人共同参与的知识产业，是中国知识的双边构建甚或多边构建。汉学主义的内在逻辑是文化无意识，这是全书实体性的理论范畴。文化无意识又衍生出知性无意识、政治无意识、学术无意识等批评话语。照作者看来，正是基于文化无意识的操控导致了对中国知识的误识和误读，即"知识的异化"。《汉学主义》秉持认识论的信念，超越了政治意识和种族意识，具有纯粹不杂的学术品格，这是东方主义和后殖民主义不可同日而言的。

其次，《汉学主义》具有犀利的批判精神。汉学主义是自觉反思的批评理论。汉学主义既充塞着西方中心主义，也涵括着中国中心主义。顾明栋在《汉学主义》一书中尖锐地批评了西方汉学家学术的自大和文化帝国主义的野心。诚然，西方他者的智慧值得中国人汲取，但西方汉学家为他者代言的强迫症却是霸权主义的表征，他们对中华文明的偏见和误读受制于文化无意识，此种意识隐藏得很深，成为汉学主义价值判断的内在逻辑。不仅如此，顾明栋还洞察到被殖民者自身对于殖民文化的态度和看法，亦即西方舶来话语的渗透导致了中国人的自我殖民化，质言之，知识分子在同化他者的过程中扮演了同谋角色。此种"同谋"表现在对本土中华文明的过度夸饰和自虐诋毁。作者对这种带有文化原教旨主义的中国中心主义也有严峻的批判。

最后，《汉学主义》具有纯粹学术的理想主义精神。顾明栋在书中多次主张"纯粹客观的学术生产"，"为学术而学术的纯学术研究"，认为"公正无偏的学术研究应当远离非学术的种种考量：意识形态的、个人的、社会的、学术的，等等。非功利的学术研究特别应超越政治和意识形态的影响"。作者这一提法不是空穴来风的，有其全球化的、历史的、当下的学术语境。西方学者打着普世价值的旗号，向亚非第三世界倾销自己的价值观，表面上看是学术，其实隐藏着话语霸权和知性殖民思想。再从中国的本土学者来看，大多学者拘囿于上层建筑，即政治意识形态，丧失学术的精神，学术沦为政治的小妾。在政治高压下，文丐奔竞，学术为政治所利用，成为政治造神运动的理论根据。鉴于中外学术研究中，政治对学术的干预，顾明栋提出"纯粹学术"的命题，是有重大意义的，其学术理想委实令人心向往之，正所谓求未来于当下，甘寂寞而鸣高。学术是学术，政治是政治，纯粹学术的天地应该是一方净土，没有政治的干预，没有权力的博弈，没有现实利害的左右。正如同为文学而文学，为学术而学术的理念充盈着理想主义精神。美妙是美妙的，但事实上是一个乌托邦。学术去政治化，去意识形态化就像中国高校的去行政化一样艰难，在当下中西方的政治、学术大背景下，是不可能实现的。何为学术？学贵探索，术重实用；学是思想，指向知性的形而上，术则指向现实，偏于功利。合而论之，学术本身既有学理性，又有实用性。著名经学家朱维铮先生在《中国经学与中国文化》一文中提出要"重视术学之辨"，"了解这一差异是必要的。自西汉以后，经学便君临于思想文化领域。它开始便重术轻学，对于中国文化传统的特征，无疑起过重要影响。"中国以后的思想界，"愈来愈重实用而轻理想，重经验而轻学说，重现状而轻未来，愈来愈将目光专注于君上心意，祖宗成法，百姓规矩"。朱先生虽然讨论的是经学，但"术学之辨"无疑有它学理上的普遍性。学术学术，"学"与"术"相反相成，难解难分，这一先天性的特点决定了学术从终极意义上难以摆脱政治功利的笼罩和局限。国家意识形态对学术的左右，在西方，在中国，都普遍存在着，中国只是更明显，介入的程度更深一点罢了。这样一来，不同文明的学术碰撞起来，就不是学术本身那么简单，学术后面有彼此政治的交锋。尽管如此，我依然为顾先生"纯粹学术"的呼吁欢欣鼓舞，至少人文社会科学领域的"纯粹学术"不上纲上线，不乱扣帽子，不肆意引申，深文罗织。有人要说顾先生的"纯粹学术"的提法矫枉过正，不食人间烟火，但我以为矫枉必须过正，如果轻描淡写，不如不提。

合而论之，《汉学主义》以原创性、批判性、理想性的学术品格而独树一帜。但此书在学理上也有不够严密之处。比如，书中论"文化无意识"，说这个概念"不具普适性"（"不具普遍性特征"）。"文化无意识"作为汉学主义的核心概念，无疑具备普遍性、特殊性和个体性，怎么会没有普遍性呢？这一表述显然有悖于学理。另外，本书的文字前后重出之处不少，有叠床架屋之嫌，还可以进一步凝练。从全球化的宏观视野来看，汉学主义的探索尚属进行时，对它的反思和重构正普遍展开，此书作为这一领域的开创之作，富于实践理性，必将引领汉学研究走向光明之路。

（原载《江苏文艺与评论》2016年第4期）

汉学主义：一种新的批判视野

陈晓明　龚自强

顾明栋先生自20世纪80年代以来一直在海外留学教学。他先后在英国伦敦大学和美国芝加哥大学求学，并且有着在美国大学多年教学的经历。纯正的英美文学根底，西方现代以来讲求理性、批判、严谨的治学风气，与来自母语的中国文学和文化相结合，这是顾明栋练就的学术功底。当然，兴许由于中西跨文化研究领域里长期挥之不去的中西二元对立的思维方式的存在，这种结合并不只是让顾明栋的相关研究更加"左右逢源"，也经常让顾明栋心生忧虑。多年浸淫于西方大学和科研机构之中，从事英美文学文论、比较诗学及跨文化研究等工作，顾明栋一定意义上也无法摆脱张隆溪所说的"文化摆渡人"的身份。所谓摆渡，也即是互通有无，起一个桥梁式的沟通作用。在跨文化的中西文学研究中，顾明栋不可避免会注意到西方人对文化差异的强调，也会注意到中西文化学术交流时的不对等状况，并由之看到文化霸权、西方中心主义等隐含的学术价值体系在中国知识生产中的潜在支配作用。在多数情况下，这些文化沟通与交流中不对等的状况被涵括在现代性意义上的思维方式和学理逻辑的运作中，看似客观公正不容辩驳。在此种情势下，身为"文化摆渡人"，顾明栋显然处在约瑟夫·列文森所说现代知识分子的那种矛盾心态之中；在理智上接受西方价值观，在情感上又眷恋中国历史。某种程度上，顾明栋的相关研究始终与这一矛盾心态相关，他要解开这一矛盾，打开其内核，看看其中的究竟。多年来顾明栋的这一执念从未松懈，显现出一以贯之的清晰图景，并因此逐渐形成自己比较有阐释力和批判力的学术见识。这就是以汉学主义理论为核心的理论建构与阐释实践。

身在美国，顾明栋的相关研究始终不能脱离中国而存在。如果说西方的学术训练给了他一种做跨文化中国研究的必要素质的话,中国——尤其是其文学、语言、思想、文化等方面的种种遗产与当下发展——则构成顾明栋学术研究的不竭源泉与根基。纵观顾明栋现有的几本研究专著,某种程度上可以将它们定义为关于中国形象的非西方观察或非西方审视。无论是英文专著《中国诠释学与开放诗学》(纽约州立大学出版社 2005 年版)、《中国小说理论:一个非西方的叙事系统》(纽约州立大学出版社,2006 年版),还是其中文专著《原创的焦虑:语言、文学、文化研究的多元途径》(人民大学出版社 2009 年版),都体现这种"非西方"视角的明确宣示与持续推进。在当前西风劲吹、唯西风是尚的学术空气中,顾明栋意欲再三强调的却是中国在阅读理论、小说理论乃至原创性思想方面的自身价值与意义。这的确令人惊奇!顾明栋很容易被视为一位文化保守主义的拥护者,但他的这些著作又分明显露其对于中国文学、语言、思想、文化等的全面把握与辩证观点,同时它们也始终注重对西方相关理论、思想等的比较阐发与论证,力图在一种并行或平行的逻辑框架内揭橥中国文学、语言、思想、文化等的内涵、意义与价值。顾明栋当然在意中西比较研究的启发性意义,但与五四以来中国学人普遍性地崇尚西学的价值观相比,在所有这些关涉中国知识的研究之中,顾明栋更为强调一种非西方的视野,强调中国自身的意义与多样性维度。在他看来,汉学对于中国知识的生产尽管不乏洞见与高见,但也应该看到其中不可避免存在的盲见与偏见。经受过一套完整、完备而成熟的西方学术谱系训练之后,顾明栋这样的选择无疑是意味深长的。暂且不说顾明栋试图阐发的开放诠释学是否足以概括中国诠释学的关键和要害,也暂且可以不去计较顾明栋梳理建构出的一种非西方的中国小说理论体系在多大程度上能够自圆其说,更不必说那些以"原创"为核心焦虑的关于中国的阐说其论证是否十分严密与周全,单单从顾明栋这种聚焦中国,站在中国的研究立场的设定上,就可以看出顾明栋治学的一大关键:努力从西方的单一视角或西方中心主义的学术界意识中走出来,将研究的立足点放在中国之上。在全球化成为一个全球事实的今天,这种研究立场的设定自然颇值得商榷,一定程度上也可视之为"偏激"。

初看上去,顾明栋似乎回到了曾经的偏执于"中国本位"的治学方式上来,以一种"一厢情愿"的中国主体性自居,其研究自然会被相当多的中国学人视为"一派胡言"。但事实上某种程度上偏激都是事出有因的,而偏激的立场也并不一定导致偏激的研究成果。如果细读顾明栋以上三本专著,并仔细领会其在阐释某一对象或现象时调动中西理论资源和研究材料时的从容与包容,相信大多数人都会为其巨大的理论探索力和独辟蹊径的知识敏锐性所震惊,并由此有机会获得一个关于中国文学、语言、文化等的更为辩证也更为接近本原的理解。顾明栋的相关研究试图在现代化等于西方化的现代语境中,清理出一条关于中国知识生产的本土路径。尽管不无偏颇或可资商榷之处,顾明栋以其常年的耐心与执着致力于清理出一条西方关于中国知识生产的偏颇线索,并对之进行不遗余力的批判,这本身构成已经自明或已然西方化的中国知识生产的一种有力反拨或补充。两者映照,足以给我们以丰富启示。

在《中国诠释学与开放诗学》一书中,顾明栋致力于发掘中国开放性诠释的历史谱系。通过对于中国古代文论做当代诠释学理论渗透下的重新审视,顾明栋令人信服地论证了中国诠释学历史悠久的开放性诠释传统,并进一步在一种"对等"的意义上论证中西开放性诠释学的同中之异:"……中国诠释传统经历了与西方传统相似的从封闭阐释走向开放阐释的发展之路……中国传统到达那一目的走过的是一条不同的路径。"[1] 同中之异与求同存异在这里并不矛盾,如果对于同与异的看待是建立在一种平等的视野之上的话。顾明栋有力批驳的恰恰是在中西之间人为地确立一些不可冒犯的红线,并在红线两边确立价值高下的中西比较方法。他不无反讽地指出:"颇有讽刺意味的是,虽然'不尽之意'一直是被珍视为好诗的标志,中国现代学者有时却要由同类的西方思想提醒才注意这一事实,即多元解释的思想存在于中国传统之中。"[2] 虽然用力于将中国知识或中国遗产以一种平等的分量与西方知识比较,顾明栋也并不是盲目自大的激进民族主义者,应该说,作为一个人文学者,顾明栋研究视野开阔,研究兴趣广泛,对中国历史、文学、哲学、语言、思想、文化、宗教等领域均有相应研究。他对中西知识和遗产的阐释均建立在其严谨的学术工作的基础之上。这一严谨性除了体现在其著作一般有严谨的结构、扎实的材料、严密的论证,尤其体现在他对概

---

[1] 顾明栋:《中国诠释学与开放诗学》,纽约州立大学出版社2005年版,导论第10页。
[2] 同上书,第6页。

念性的重视,或者说体现在他对将中国旧有知识给予概念化处理的重视。无论是关于开放性诠释的言说,还是关于中国小说理论的阐释,顾明栋都首先明确地指出虽然中国传统相关言说与资源十分丰富,但它们并未经过现代的概念化处理,也缺乏一些相应可以与国际社会通约的概念性范畴,因此并不完善,亟待"重整"。从这一起点出发,顾明栋通过对大量的文本、批评实践等的综合与批判性重整,建构其一系列有阐释力和针对性的相应概念范畴,比如"诗性小说""开放性诠释""语言缝合"等,从而一定程度上推进中国传统知识的现代转型。从顾明栋的相关学术工作中,可以看出他一方面致力于一种非西方视角的中国知识的生产,从而凸显一种中国主体性,摆脱西方文化霸权、西方中心主义等影响学术健康发展的障碍,另一方面致力于对中国已有知识的概念化重建与重塑,从而使传统的中国知识转型为现代的可以在国际学术"市场"上自由流通的知识类型,推动中国学术的发展。

然而,一种客观、公正的中国知识,或说一种不受西方文化霸权与西方中心主义渗透的中国知识的生产是可能的吗?随着对中西方关于中国知识生产的深入观察,也随着自己研究的逐步深入推进,顾明栋逐渐认识到达成这一目标的更其艰难。正如福柯所论,知识与权力从来不可分割,有什么样的权力,就可能有什么样的知识,有什么样的知识,也几乎内在地暗示了底下有一种什么样的权力。顾明栋渐渐认识到的事实是:即使采取非西方的视角去研究中国知识,在当今西方文化霸权和西方中心主义业已构成全球学术界一种潜意识或下意识的前提下,也可能并不能生产出真正客观公正的中国知识。带着这点质疑和怀疑,顾明栋的思考逐渐来到汉学主义的腹地。在谈到《汉学主义:东方主义与后殖民主义的替代理论》一书的写作缘起时,顾明栋直言:"二十多年以来,笔者一直在思考这样一些问题:西方乃至整个世界何以不断生产有悖于中国文明现实的知识?"[①] "对一个学者的最大尊重就是向其提出最尖锐的问题"[②],从芝加哥大学走出来的顾明栋信奉此信条,并在此意义上对中国知识的混乱情况

[①] 顾明栋:《汉学主义——东方主义与后殖民主义的替代理论》,张强等译,商务印书馆2015年版,导论第1页。

[②] 同上书,中文版前言,第ii页。

给予严谨地审视,从而挖掘出一条汉学主义(Sinologism)① 的幽深线索,将汉学主义摆上了中西知识研究的显要位置,以引起注意与思考。某种意义上可以由《汉学主义》这本书来重审顾明栋的学术之路,由此就不难发现顾明栋其实一直走在一条对汉学主义治学思想与路径的批判与反省的道路上,一直对西方中心主义和全盘西化的思潮与风尚有所警惕。如果说《中国诠释学与开放诗学》等著作是零散地探讨不同领域内西方对中国知识的偏见或误解的话,《汉学主义》则是集中探讨这一现象,并给予其理论化的呈现。应该说,顾明栋长久以来的踏实而严谨的学术积累为其研究汉学主义在中国人文学科内的种种表现打下基础,从而为他深入揭示其内在逻辑做了充分的准备。

顾明栋注意到自从鸦片战争以来,无论中国人还是世界上其他地区的人,当然尤其是西方人,他们对中国的误解或偏见可能有其深层原因。顾明栋指出:"并非仅仅源于信息不灵、偏见歧视和政治干预等显而易见的原因,更重要的是源于一种有认识论和方法论基础的深层逻辑,而这种逻辑业已演化成了一种文化无意识"②。而这种基于认识论和方法论的文化无意识,就是汉学主义。在顾明栋的论述里,汉学主义可以是一种研究心态,研究方式,也可以是一种综合的知识体系,而汉学主义的核心就在于这种基于有问题的认识论和方法论的文化无意识,正因其无意识的特点和其多种多样的表现方式,其对于中国知识的生产有难以估计的负面影响,却并不很容易被察觉。进一步说,汉学主义文化无意识可以概述为对西方价值观和世界观等的盲从,"在其极端形式中,汉学主义体现了一种或隐或现的知识观念及研究方式,认为唯有西方观察世界的方式才是正确的,并认为唯有西方的知识体系才是客观的知识"③。

顾明栋区分了汉学与汉学主义,同样清晰地区分了汉学主义与东方主义、后殖民主义,将一直被放在东方主义或后殖民框架内来言说的汉学主

---

① 据顾明栋的考证,汉学主义(Sinologism)最初出现于1998年,澳大利亚学者鲍勃·霍奇和雷金庆在对中国语言文化的研究中使用该词。最初被定义为"汉学研究中的东方主义"。参见顾明栋《汉学主义——东方主义与后殖民主义的替代理论》,张强等译,商务印书馆2015年版,导论第18—19页。
② 顾明栋:《汉学主义——东方主义与后殖民主义的替代理论》,张强等译,商务印书馆2015年版,导论第2页。
③ 同上书,第163页。

义独立出来,希图用它来"替代"对中国知识生产并不完全适用的东方主义和后殖民主义,可谓大胆之见解。将汉学主义与汉学区分开来,还比较能够为人所理解;与汉学的相对客观公正相比,汉学主义明显是一种带有偏见和带有问题的研究方法、思路与知识体系。将汉学主义与东方主义、后殖民主义区分开来,则要冒极大的理论风险,从而也更可见出顾明栋对于这一领域的深入思考和独到见解。在导论和第一章、第二章的相关篇幅里,顾明栋以大量的论据证明汉学主义与东方主义、后殖民主义的区别,并将区别的重点放在政治性或政治意识形态性之上:"东方主义与后殖民主义都不能解决纯粹的学术问题,因为它们强调的是政治批判。……汉学主义……不是一个政治性的批判理论,而主要是针对知识生产和学术批评所引起的问题的讨论。"① 就《汉学主义》论述之严谨、丰赡与锐利而言,人们的确有理由相信,"汉学主义"有可能替代东方主义、后殖民者主义而成为中国知识生产和中西文化交流的一个理论依靠。难怪著名的解构主义批评家 J. 希利斯·米勒在读过该书后,称"《汉学主义》是非常及时且在观念上富有原创性的著作,也是至今为止顾教授最杰出的著作"②,并认为"'汉学主义'作为东方主义和后殖民主义的替代理论具有建设性价值"③。但也应该看到,尽管汉学主义作为一种理论资源或话语有其积极意义,也不能表明顾明栋意义上的汉学主义到底是否已然成型。相对于东方主义、后殖民主义,汉学主义的确有其疏离政治或意识形态的意图,汉学主义也在与东方主义、后殖民主义的对比之中更加有其明确边界,但汉学主义是否能够覆盖汉学的全体?客观地看,一部分汉学研究可能达到了汉学主义的地步,但作为一门严谨的学科,汉学有一套成熟严密的研究体系,诞生了大量的中国研究的杰作。作为"域外成果",这些杰作极大地丰富了中国研究,给中国学人诸多启发与教益。这都是不容忽视的。尽管顾明栋指出,"汉学主义是一个全新的概念,笔者用它来指

---

① 顾明栋:《汉学主义:东方主义与后殖民主义的替代理论》,张强等译,商务印书馆2015年版,第47页。
② J. 希利斯·米勒为顾明栋《汉学主义》一书所作序。参见顾明栋:《汉学主义——东方主义与后殖民主义的替代理论》,张强等译,商务印书馆2015年版,序第3页。
③ 同上书,第7页。

称西方的中国知识生产和中国的西方知识生产中所出现的种种问题现象"[①]，但其论述展开的雄辩与激烈也有意无意将汉学主义辐射向中西比较研究的一般状况和普遍状况。这样，汉学主义就不再是一个针对中西比较研究中误解或误识现象的理论建构，而是针对一般的中西比较研究的普遍性理论建构，从而一定程度上在反拨"偏见"的同时陷入又一种"偏见"之中。

尽管排除了政治性或意识形态方面的考虑，顾明栋显然也不认为汉学主义是与政治性或意识形态绝缘的，无关的。一方面顾明栋以大量的篇幅论证：是否在初衷上或明确意图上有政治性或意识形态考量，是汉学主义与东方主义、后殖民主义的区别所在。另一方面，顾明栋又从认识论意识形态、方法论意识形态、身份政治等角度切入汉学主义，认为汉学主义尽管没有初衷或明确意图上的政治或意识形态考量，但实际的情形则是在一种文化无意识的无形影响之下，政治意识形态考量一直是汉学或中国学领域的存在事实。这在一定程度上严重影响了中西文化交流，也产生出非常不符合实际的中国知识。在第六章"知性无意识"中，顾明栋聚焦于学术族群化现象，深刻揭示了学术研究中的族群身份的自然划分如何进一步走向身份政治，并导致不客观的中国知识的诞生。接下来，在第七章"政治无意识"一章中，顾明栋又对詹明信的"政治无意识"概念进行相应改造，认为政治无意识"核心是基于民族意识、国家意识以及国际意识的政治意识形态"，并由此进入对于"学术政治学"的探讨，对于中西研究中政治力量的介入做了详细而充分的检视。通过围绕华裔学者巫鸿著作《中国早期艺术和建筑中的纪念性》的争议，顾明栋直言中西研究或中国知识的生产中学术政治的不容回避："……我们发现在学术争论的外表后面，隐藏着一个不为人们所注意的从属于国际、民族、学术政治的政治层面。"[②] 对于围绕夏商周断代工程的相关争议，顾明栋用更为让人信服的大量史料证明受汉学主义制约的中西学者所可能将学术引向的偏颇路径，并从中看出一种新殖民主义的情形。或者用顾明栋的话来说，一种"非政治意义上的政治化"："那些批评夏商周断代工程的人也许本意是要

[①] 顾明栋：《汉学主义——东方主义与后殖民主义的替代理论》，张强等译，商务印书馆2015年版，导论第18页。

[②] 同上书，第239页。

把政治和学术区分开,但结果却适得其反;造成学术研究的高度政治化。"① 这也就不难理解,在汉学主义"文化无意识"的影响之下,尽管声称要生产客观公正的中国知识,然而,在大多数情况下,无论中国学者还是西方学者,却只是采用一种单一的西方视角去处理中国材料与中国问题,从而造成一种自己并不能察觉的潜在的政治性。顾明栋的书中充满大量这样的论据。无论是魏复古的水利理论还是马克斯·韦伯的理想类型说,无论是围绕顾颉刚的疑古学派引发的巨大争议还是关于"制造儒教""发现道教"的风波,都"身在其中"。最典型的则是关于汉语书写的争议,那些在语音中心主义名号下对汉字汉语进行牵强附会阐释的"胡言乱语",听上去的确十分荒诞。顾明栋提醒人们看到,汉学主义化的中国知识生产者无不宣称在学术客观与公正的名义下进行其研究,但其结果大多却极端偏颇,缺乏对中国历史与现实的基本理解与尊重,更缺乏对中国学者相应观点与见解、知识的起码了解与尊重②,从而将汉学主义的理论建构更行完善。

面对庞杂的中西古今材料,顾明栋的论述不慌不忙,有理有据,间或迸发出一些精彩的反论,更是让人击节赞赏。在具体的论证展开中,顾明栋的论证从不枯燥,他总是在占据大量资料的情况下对论争或案例的关键要点、起因结果、内在症结等给予条分缕析,更在要害之处进行精彩的反论式论述,从而使得荒谬的汉学主义观点之丑相尽显无遗。但也应该看到,正像顾明栋在批判胡适"大胆的假设,小心的求证"的研究方法时所意识到的,"……学者们可以先在头脑中勾画一个古代史观念,然后以此观念为导向进行研究……中国古代史的资料浩如烟海,要在其中挑挑选选,找到一些材料证据支撑某一假说实在并非难事"③,在汉学的多样性实践之中,顾明栋想要找到一条汉学主义的历史谱系自然不是难事。但如此建构出的汉学主义历史谱系是否足以概括整个汉学?顾明栋从"后殖

---

① 顾明栋:《汉学主义——东方主义与后殖民主义的替代理论》,张强等译,商务印书馆2015年版,第258页。
② 在关于汉语书写及文字体系的争论中,顾明栋注意到一个事实:"……双方极少考虑在中国语言学界盛行的汉语语言学者的观点,仿佛有关汉语性质的中国语言观根本不存在或者毫不相干。"同上书,第295页。顾明栋在本书中讨论了很多著名的争议或案例,大多数情况下中国学者或中国已有的相关知识直接被忽略或被视为不值一提,以便维护西方知识的霸权地位。
③ 同上书,第214页。

民主义"意义上建构出的汉学主义历史谱系某种程度上无疑简化了汉学的多样性与丰富性。汉学的丰富可能正像中国"材料"本身的丰富性一样,都是不能断然切割或划分的领地,汉学主义要将洞见与盲见合为一体的汉学在有偏见的中国知识的意义上重新建构,正可能走向另一种"偏见"。这是汉学主义需要警惕的。事实上在顾明栋对汉学主义的批判审视之中,他也时刻没有离开对西方汉学家相关洞见的引用与参考。但由于选择了一个批判的视角,或者预约了这一视角,顾明栋只能在西方汉学家的相关洞见面前匆匆走过,他要向西方汉学家的偏见与不见那里走去,他要在那里展开其汉学主义理论探索。

或许不可不承认,多数汉学研究者主观意图生产一种客观公正的中国知识,然而,却实际上生产出一种有问题的中国知识。这是顾明栋最为核心的焦虑,也是其汉学主义理论的原创点。顾明栋认为这里的关键环节即在于汉学主义的作祟,而汉学主义的本质在于一种文化无意识,这既导致汉学主义不易被察觉,也导致其后果更其恶劣。在导论中,顾明栋明言《汉学主义》的概念性基础是文化无意识和知识的异化,并认为"……文化无意识是汉学主义之源泉、动力,而汉学和中西方研究的异化知识则是汉学主义之结果"[①]。意欲揭橥汉学主义的种种劣迹,顾明栋必须对文化无意识和知识的异化作相应深入钻研,这才能够抓住要害,形成论说的凝聚点与锋芒。知识的异化自然需要花大力气去揭示,但对于识破汉学主义的荫蔽伎俩来说,对于文化无意识的揭示显然更为当紧。这也是为何文化无意识在第一章"知识与文化无意识"中就被重点剖析的原因所在。

关于中国知识生产的偏颇、虚假乃至异化的原因自然千千万万,顾明栋是在对此问题苦恼、焦虑、多方思考的基础上提出"文化无意识"这一概念来的。顾明栋承认汉学主义存在这一事实,而欲消除之,必先探清其内部逻辑。正因为要探清内部逻辑,在混杂不一的中国知识之中,顾明栋能够轻易走出政治、意识形态的政治性考虑,走出费正清式的主观主义考虑,将目光聚焦于汉学主义的逻辑内核,并将之定位于"文化无意识"之上。而所谓文化无意识,其表现主要是认识论的意识形态和方法论的意识形态。第四章、第五章分别探讨认识论的意识形态和方法论的意识形

[①] 顾明栋:《汉学主义——东方主义与后殖民主义的替代理论》,张强等译,商务印书馆2015年版,导论第23页。

态,这两章可谓《汉学主义》的骨骼。在这两章的分析中,顾明栋显示出出色的综合概括能力,其对个案的精细解读能力也多有精辟之处。

顾明栋将文化无意识界定为"经过教化的无意识"(cultured unconsciousness)或"经过培养的无意识"(cultivated unconsciousness),并认为"'文化'不仅仅是简单地给无意识增加一个维度。它通过转为无意识的本质使其转化为一个融合概念,从而把无意识复杂化。此概念不仅保留两个本源词的所有含义,而且派生出了新的含义"①。在与弗洛伊德、荣格、李泽厚等人的辩驳中,顾明栋的"文化无意识"概念可谓相当"苛刻"和"微妙":可以通过教育而培养或教化出来,一般不用经历太长时间;在一定历史时期内相对稳定,但易于改变;不具有普适性和普遍性特征,仅与特定国家、文化和民族群体有关,类似于李泽厚"心理积淀说",但短期内即可实现;在无意识和教化、培养的有意识之间,文化无意识构成一个复杂的矛盾体。② 如此"苛刻"而"微妙"地处理"文化无意识"这一汉学主义的核心概念,其实可能无意间透露顾明栋在建构汉学主义理论时所遭遇的巨大的挑战,也透露出其意图弥合这一理论设计的全部努力。也是从文化无意识这一概念如此"烦琐"的界定之中,我们感到顾明栋汉学主义理论的某种脆弱:一方面,顾明栋意欲撇开政治、意识形态等层面谈论汉学主义,力求一种学术的公正、客观品格的论说;另一方面,顾明栋的文化无意识从如此"烦琐"的限定中无非要表明的实则是汉学主义与中国1840年以来的现代转型尤其是1949年新中国成立以来的国内外政治环境的巨变之间错综复杂的联系。究其根本,文化无意识是什么呢?顾明栋还是回到殖民主义、后殖民主义的话语中汲取力量。

整体上,顾明栋将"文化无意识"的形成归因于鸦片战争以来中国所遭遇的殖民主义和帝国主义,并认为"文化无意识中受压抑的内容从根本上来说与殖民主义和帝国主义有关。汉学主义的一个主要方面就是西方他者对中国人民思想的文化殖民,以及中国知识分子本身的自我殖民"③。这颇有些后殖民主义式的论述并非表明顾明栋将汉学主义视为又

---

① 顾明栋:《汉学主义——东方主义与后殖民主义的替代理论》,张强等译,商务印书馆2015年版,第54页。
② 同上书,第53—68页。
③ 同上书,第62页。

一种后殖民主义,这里顾明栋只是试图阐明作为汉学主义源头的文化无意识之可能根源。按照顾明栋的看法,中国是在"后"殖民和"后"帝国的意义上建立起新的国家,殖民主义和帝国主义不能不构成中西知识分子尤其是中国知识分子文化无意识的一部分。对于中国知识分子来说,他们都要经历一个约瑟夫·列文森意义上的"理智上接受西方价值观,情感上眷恋中国历史"的悖谬体验,而汉学主义的文化无意识即是指在这种长期的悖谬体验中被西方认识论和方法论自我殖民的无意识。对于西方学者来说,这一文化无意识以相反的维度呈现,导致他们将西方价值观和西方中心主义的信念凌驾于中国材料之上,却以为自己已经客观、公正地看待了中国。某种程度上可以说,顾明栋的汉学主义理论是在学术领域进行的一种反殖民主义实践,文化无意识尽管抵制政治和意识形态的侵扰,强调相对客观的知识生产,但能够看出顾明栋的内在焦虑其实依然在于对殖民主义的反抗。

因此,文化无意识的实质是对殖民主义的反应,而汉学主义理论的实质可能是后殖民主义的另一种形式而已。从文化无意识这一概念建构中的种种裂痕来看,顾明栋的汉学主义本意要摆脱后殖民主义,却其实是一种典型的后殖民主义思考。从这个意义上来看,汉学主义理论不试图发掘汉学的多样性和积极性力量,根本上源于它这种后殖民主义式的致思取径。这样也就可以理解,为何顾明栋在《汉学主义》的讨论中始终对中国学者或中国固有学术见识在汉学领域应有的重要地位念兹在兹。本位文化是否在汉学领域有一个绝对优先性?这可能是顾明栋要严肃面对的问题。在知识生产全球化的语境下,过分强调西方中心主义固然十分不妥,但为了反对西方中心主义的弊端转而过分强调本位文化的优先性,过分强调学术研究的本土优势,也定然不当。在这方面,汉学主义固然给学界以相应的启发,但对汉学主义也应辩证、理性地看待,不可不加反思地盲目接受。

事实上,与其说在围绕汉学主义的种种言说中,顾明栋要建构一个批判性意味强烈的理论,不如说他要建构一个自觉反思的批评理论。顾明栋认为,受制于一种不易被研究者本人察觉的文化无意识,汉学主义无疑造成了严重的后果,异化的中国知识就是它的真正产物,倒不在于秉持汉学主义思路的研究者是否赞美或贬抑中国。正是对这一严重后果的震惊和反思,引导顾明栋将自己多年来对于中西跨文化文学、语言、思想、文化等方面的比较研究积累整合成一个批评理论或概念,从而引起世人惊醒,并寻求破解之道。顾明栋将汉学主义作为一个文化批评概念郑重提出来,绝非仅仅止于提示人们汉学主义现象的客观存在,也非仅仅止于冷静地揭示汉学主义的内在隐蔽逻辑,他还更进一步,提示人们走出汉学主义的牢笼,将去汉学主义化作为当下研究的一大重点,对现有中国研究范式做必要的转换。而"汉学研究的终极目标是鼓励和促进客观的中国知识生产,使其远离歧视、偏见、主观态度以及任何形式的政治影响"[①]。尽管认为汉学主义与政治、意识形态等无法分离,顾明栋自认为汉学主义相关理论其目的绝非创立一门意识形态批判理论,而是建设一种自觉反思的批评理论,从而给予当下和历史上的中国研究和跨文化的中西语言、文学、思想、文化交流以必要的反省和批评。所谓自觉反思,重在一种提示,一种警醒,或一种询唤,尽管顾明栋对汉学主义理论的前景持乐观态度,认为"在中西研究领域,只要我们充分认识汉学主义的逻辑,并提防其在知识和学术中的出现,我们终将迎来一个'黄金时代'……"[②],但顾明栋显然更意识到汉学主义理论的长期性。我们理解他者,他者理解我们,这首先有一个基本的分界,主体性的问题根本上无法跨越。在未来可能有比汉学主义更加恰切的理论出现,以弥补或校正汉学主义的偏颇。但就目前来看,顾明栋从自觉反思入手建构汉学主义理论,可谓深解其中意味,有一定的积极意义。在此思路下,顾明栋认为认清汉学主义的逻辑,是摆脱汉学主义的束缚的第一步,从而也是生产真正符合中国历史与现实的中国知识的第一步。但对于现代以来深受西方思想、文化、文学、政治等影响的中国来说,真正彻底摆脱所谓"汉学主义"也极容易导致一种极端排外思想的诞生,这是应该引以为戒的。从这一意义上说,顾明栋对新文化运动等持批评态度,对较早引入西方理论研究中国材料的中国学人如王国维等有严厉批评,某种程度上这些做法都不无偏颇之处,值得三思。

但总体而言,顾明栋以《汉学主义》为代表的一系列著作、论文等对汉学主义的批判可谓适逢其时,其批判的锋芒与力度、其批判的视野与视角等都引人深思,给人启发和启示。偏好于概念性建设的顾明栋,一定

[①] 顾明栋:《汉学主义——东方主义与后殖民主义的替代理论》,张强等译,商务印书馆2015年版,第311页。

[②] 同上书,第316页。

程度上建立起中西知识生产中的汉学主义谱系，并对其做了周全的评说与批判。在他清理出的这条汉学主义道路上，后继者自当警醒。这也许提示我们中国学人对于西方理论与思想的单向度接受和学习的过程可能要告一段落了，中国学人已开始对接受的西方影响进行反思和反省。无论如何评价这种反思与反省，它都说明中国学人开始更加自主地思考与评价自己与他者，从而也更加自主地思考与评价我们所置身的这个世界。如果浸淫在人文社科界，当能注意到中国学界近年来日渐萌发出反思西方理论、文化、思想资源的呼声，文学、历史、哲学等人文学科都有此种声音发出。尽管鱼龙混杂，不乏偏激之声，但其主流无疑给学界出示新的有挑战性的议题，并持续引发热议。应该说，相对于现已提出的这类反思理论或概念来说，汉学主义理论更加丰赡、严密、科学，更少偏激之辞，更多学理阐说。在这种情势下，顾明栋围绕汉学主义所做的中西文学、语言、思想与文化的跨文化研究自有其不可取代的意义与作用，可以预见汉学主义也必将日益引起人们的关注与评说。

（原载《中国图书评论》2017年第2期）

三 关于"汉学主义"的争鸣

"汉学主义"及其反思

张 博

你生活在西方,但可以自由迁居去你的东方。(Vous êtes en Occident, mais libre d'habiter dans votre Orient.) ——阿尔蒂尔·兰波

东方与西方,始终引起诗人与学者无尽的遐想与思索。自萨义德提出"东方主义"以来,国内学界也纷纷以此为基础努力思考"汉学主义"的问题。与此相对,"中国中心主义"作为一个反向的概念也同样引起笔者的关注。西方的霸权思想如何通过汉学进入东方,东方又如何通过对西方的彻底拒绝构建起自身的霸权,在这正与反之间,无疑包含着类似的意识形态根源。而正是由于"汉学主义"将"东方主义"视为其理论先驱,因此反思"汉学主义",势必首先对"东方主义"做一次重新梳理。

萨义德在其《文化与帝国主义》的序言中强调,"叙事,或者阻止他人叙事的形成,对文化和帝国主义的概念是非常重要的"。因此,压制与反压制,成为萨义德个人学术研究的重点,东西文化的"斗争"则可谓其最内在的看法。因此,萨义德的文化观念并不指向普世,而更多指向每一个文化内部的独立性与排他性。在萨义德看来,叙事的构建,成为西方内部认同的一个重要组成部分,但对于东方,则始终是一种外在的压迫力量,因此并不真正存在所谓平等的交流对话,过去的西方文艺作品中对于东方所包含的隐形叙述往往是变相的殖民主义话语,这类"平等对话"亦非历史性的存在。这一系列定义,也同样可以视为"汉学主义"的理论基础。萨义德由于其独特的生平与经历,深切地体验到西方对东方,尤其是近东的阿拉伯世界所刻意制造的长久的歪曲和误解,但也使得他在对西方文学作品的阅读中加入强烈的主观色彩,使得他习惯于带着某种

"目的"刻意地寻找作品。在萨义德的批评话语中，外在的社会观念无限压倒作者本人的意志，并最终无限控制作品的美学情趣。这样的批评方法虽然有助于说明作品中某些潜在的意识形态因素，却从根本上无法阐释一部作品在全世界所引起的广泛反响的核心理由。假设一部西方作品作为一种对殖民帝国的美化而引起了西方读者广泛的好感与兴趣（这无疑绝非众多小说获得成功的首要原因），那么这些符码与暗号对一个遥远的东方读者来说无疑是彻底失效的，令人遗憾的是，萨义德仅仅满足于发掘小说中这类潜在的暗示，而对从人性意义上更广阔的空间置若罔闻。因此尽管他找到了西方妖魔化东方的方法与证据，但同样造成一种美学损失，因此他的方法并非一种有效的构建，而更类似一种革命性的破坏或者说扫荡。他通过对这一系列"东方主义"的否定，以期寻找一条准确而公正的东方研究法，这确实是一个良好的愿望，但这一愿望的达成是否能完全撇开西方世界，则必然成为一个问题。

必须指出，以阿拉伯地区而论，19世纪之前的殖民者并非萨义德倾注火力批判的西方世界，而恰恰是同属于东方的奥斯曼土耳其帝国，而面对此东方对东方的殖民，萨义德却奇怪地保持了沉默，同时，萨义德笔下的西方的概念中将西欧、东欧与南欧诸国进行无差别对待，可谓完全无视各个国家相对独立的历史与观念差异。因此，将此并不完善的"东方主义"理论运用到汉学中来，先天便存在着疑问。而"汉学主义"这一萨义德理论的变体究竟能够运用到何种程度，也同样需要反思。

在笔者的浅见中，西方对于东方的研究，除却萨义德所指出的为殖民与帝国主义服务的研究方式或者之外，至少存在另外两种态度：一种是以东方作为其全部的对象与目的，专注地研究东方，以此构建出这些古老文明曾经独特的面貌；另一种是通过对他者的研究反躬自身，探寻西方文明内部的缺陷与不足。

就法国来说，既有对于近东（中亚、阿拉伯、埃及）的专门化研究，所谓古埃及学、粟特学、波斯学、突厥学等，利用其完善的考古积累与文物发现对诸多古代文明做重新发现与研究，也同样有所谓反求诸己的研究方式。例如18世纪孟德斯鸠和伏尔泰分别于东方做出过无尽的想象，以此批评当时的法国社会。而对孟德斯鸠以及伏尔泰相关文字的阅读，并不会混淆我们对于中国历史与文化的认识，却恰恰可以清楚地看到在一段长久的时期内中国在欧洲所代表的形象,以及法国学者在使用这一系列形象的过程中,所指向其社会的具体问题。孟德斯鸠将中国社会描述为一种对自由的反动,而黑格尔更称中国历史根本上并没有运动,面对这一类无疑充满偏颇的判断,我们却依然可以将反思引向自身:也许中国的社会与历史命运,并非先天想象的那般完美纯粹。埃兹拉·庞德也许可以作为一个反向的例子,他对于中国文字与中国文学的狂热推崇,也同样与其自身的文学创作思路密切相关,而他对于中国文字以及早期诗歌做出的解读,虽然充满诗人的想象与误读,却也使我们注意到一个西方人面对异域时的惊叹之情,并从一个另类的角度领略到中国文化独特的美。法国当代汉学家弗朗索瓦·于连在其《迂回与迁入》中写道:"通过中国——这是一种策略上的迂回,目的是对隐藏在欧洲理性中的成见重新进行质疑,为的是发现我们西方人没有注意到的事情,打开思想的可能性。"而于连著作丰富的学术性已然在东西之间引起广泛的阅读与思考,这正应该视作西方学者在东西交融中所获得的成果。

在这两类态度中,"汉学主义"所谓"无意识的意识形态"无疑是存在的,但是这并不妨碍我们继续对其观看,并通过他者投向我们的目光对自身进行重新判断,以此打开我们"思想的可能性"。这一方式并非意味着彻底丧失自身的主体性或自由——萨特所谓"地狱","汉学主义"所谓自我殖民——而恰恰相反,我们主动将自己投入他人的视域之中,以自己的眼光观看这一他者的观看,并继而做出判断,这一主动的选择正意味着一个坚强主体的诞生。至于天堂还是地狱,这取决于东方学者本身之修为,而非西方人的内在逻辑。我们没有任何理由禁止他人对我们的想象,既然我们同样在自发或被迫虚构或掩埋着一段段历史。重要的是这些哪怕是想象而来的产物都将被我们重新观看,这不仅仅可以用来反躬自省,甚至可以在这种观看中发现对方的某些特点。而萨义德所谓真正的自由的研究方法,也并非一种彻底的隔绝,而同样可以是某种融合。他本人也曾认为"关于解放和启蒙的最有力的叙述也应是融合而非分隔的叙述",尽管他这一话语的重点落在"那些过去被排斥在主流之外,现在正在为自己的一席之地而斗争的人们",但毫无疑问,这一套路在东西强弱两边都有其长久的有效性。西方对于东方,从地理与思想上均意味着某种边界,也正是在不断突破边界的过程中,世界才会获得新的前行动力。

　　"汉学主义"所谓以西方文化入侵中国的这种研究态度，虽说在历史上并不罕见，但必须区分，西方学者是带着某种主观恶意进行政治性意识形态化的学术研究，还是无功利的纯粹学术活动。如果将这两种不同动机与态度所引出的学术研究成果做相同的处理，将西方学者的学术成果不加区分全部视为"汉学主义"的变体，则无疑是本国学界莫大的损失。一种文化如果拒绝与外界的交流沟通，却封锁起来保持所谓"纯粹性"与"正统性"，则必然逐渐衰落。在许多时候，我们恰恰需要与另一个主体进行交流，以此探寻我们自身真正的存在之谜。海德格尔曾在一次与一位日本学者的座谈中提出疑问，当西方用西方的概念探讨东方时，会不会导致东亚文化的真正本质被掩盖起来，由此被贩卖到一个格格不入的领域中去，并进一步感到一种地球与人类被全部欧洲化的危险。这恰恰说明西方学术体系从未停止过对其自身的反思，说明他们同样以东方的学问作为一个相异的观察对象，力图保持其独特性。而今天所谓"汉学主义"的危机，早在半个世纪前已被海德格尔道破。同时，海德格尔思考的核心是语言以及由语言差异所引发的文化上的理解问题，这一提法无疑更为深入。在当今世界中意识形态已不再如冷战时一般全方位地影响着世界，而语言却始终历史性地造就着人类的思维。如何积极地创造属于中国文化自身的独特批评语言，这恐怕是在对"汉学主义"的反思之外，一个真正需要思考与实践的话题。

　　另外，"汉学主义"中声称对西方汉学著作的阅读导致了中国学者学术体系的"汉学主义化"，这一论断同样值得商榷。西方汉学著作带给中国学者的更多只是认识论上的新意，而哲学、社会学以及心理学等方面的研究才真正影响了当下中国学界的学术思维，正是这些西方学者对其自身文学、政治、哲学等领域的讨论，激发起东方学者方法论上的重新思考，并不断试图以新的角度思考中国，并从根本上推动着学术体系的发展。不可否认，这其中确实存在许多生硬机械的模仿与移植，但其根源并非西方思想强大的压制力，而是东方学者自身学养的差距以及融会能力的欠缺。但这无疑早已超出了"汉学主义"的范畴。因此如果过度强调西方学术中的政治因素而忽视甚至刻意抹杀其独特的学术魅力，在对西方学术体系内部的完整考辨之前便匆忙抛出"汉学主义"的概念，却不愿正视西方学术的独特性与冲击力,甚至认为世界上一切的学问与思考都已被中国人提出甚至说尽,则无疑是从对"汉学主义"的警惕落入了"中国中心主义"的圈套之中。正视西方学术,反思西方学术,在发现自身的缺陷时努力向西方古今学人求教,那么这一普罗米修斯式的理想不仅是正当的,甚至是崇高的。这绝非暗示西方的学问代表着奥林匹斯圣山,而仅仅想指出人面对自己的无知所应该具备的勇气与毅力。古往今来的东西圣贤,无不在努力解决一切种族一切人类的生存难题,不断地做出超越的努力。而正是由于人类灵魂深处的共通性,使我们得以在阅读索福克勒斯、莎士比亚、福楼拜、陀思妥耶夫斯基、卡夫卡之时不断获得灵魂的震颤。如果文学尚没有边界,那么文学研究则更是如此。只要读者在与文本的交流中保持住起码的善意,而非先天地将自己锁闭于密室之中,就始终有可能获得超越时间与空间的理解力。

世界上是否存在"普世之真",这是一个长久的疑问,甚至只能依赖每个人内心中未必准确的判断,但我们依然可以努力追求"真"之一体,寻找一种独立的说话方式,最终形成东方汉学与西方汉学不同的特性,而非武断地从某种仅属于自己的标准出发去判断他人研究的成果,却毫不关注对方的作品中是否也能带来某种借鉴。东方学者应该有意识地构造自己的学术批评术语和方法,这不仅仅要与我们的古代汉语与现代汉语的特质紧密相关,也应该充分吸收西方学者在西方大地上所发展出的成果。在汉文化中思考中国,同时将异域之眼作为一种反思的利器,以此去构建一条有效的批评之路,这条道路尽管遥远,但并非不可能。在今日的西方哲学中已然越来越多融入了东方智慧,而东方在对西方的学习与比较中何时能真正认识自己,寻找并最终获得自己的声音,则还有待时间的考察。但无论其发展如何,西方思想终将作为一种独立眼光而存在。如果仅仅出于恐惧被西方文化同化或吞噬这一简单原因就拒斥与西方的接触,而不去向内并向外挖掘自身文化的潜力,则无异于过早预判了一种文化的安乐死。因此,"汉学主义"这一术语的发明和提出,实质上是将全部的问题指向自身,指向中国人到底应该如何做学术,如何深入透视中国文化的独特性,而非仅仅在术语层面出新,除此之外无他。

笔者在此提出此一观点当然并非希求推翻萨义德的后殖民理论,亦非全盘否定"汉学主义"的意义,正是这一系列理论的提出,使学者对西方潜在的思想方式有了更加深入的理性思考与认识。但其作为一种"主义"而言，也同样带有其必然承受的危险。以加缪为例，在1957年诺贝尔文学奖的颁奖典礼上，当有记者就阿尔及利亚独立问题问及加缪时，他回答了一句充满争议的名言："我相信正义，但是在正义和母亲之间，我首先保护我的母亲（这里指法国）。"按照萨义德的理解，这极为简单明了：加缪是一个彻头彻尾的帝国主义者。但这一判断显然无法阐释加缪始终力图保持的中间路线、他的改良主义思想以及他内心剧烈的矛盾。如果我们翻开加缪生前的一部未竟之作《最初的人》（*le premierhomme*），则可以清晰地从这部半自传体的小说中感受到加缪这个出生并成长在阿尔及利亚的法国人在其年轻时代对"法国"的隔膜，以及他对于阿尔及利亚那种农夫对土地般炽热的深情，这一切，却最终被萨义德一笔带开了。而另一位受到萨义德称赞的第三世界殖民地作家法农，却在他的《全世界受苦的人》中宣称，"生命只能产生于殖民者腐烂的尸体"。面对这样赤裸而血腥的暴力，萨义德同样选择了沉默。由此我们至少可以说，将此理论奉为阅读一切西方作品的圭臬，将一切西方文艺思想视为潜在的文化侵略工具，无疑是重大的错误。如果以此理论为基础最终停止阅读西方作品，那么即使萨义德本人也绝不会同意，诚如他在《文化与帝国主义》的序言中所言，"如果我们不只看到自己一方的观念，而能看到如吉卜林那样的艺术家（没有人比他更反动，更具有帝国主义思想了）是如何艺术地描绘了印度，该是多么令人清醒和鼓舞啊"。

　　由此我们应该清醒地注意到，将"汉学主义"视为一种警惕西方学者潜在的思维习惯和文化性格的方法，无疑是其独特的理论建树，但这亦是其唯一的贡献，因为我们不应该追随巴扎洛夫虚无主义的道路，而要在破坏之后，懂得建设。今天，在此学术待兴之时，我们更需要打破"汉学主义"中包含的夸大与歪曲，克服东方人作为弱势群体天生的胆怯与愤恨，将一切重新还原为对西方汉学的认真观看，以此重新思考西方自成体系的文化世界，并在对"异域之眼"的积极深入中，将其有意义的概念为我所用，充分地化入中国独特的文化体系之中，同时对其看似错误的观念多做一层反思，最终反躬自省，以此充分发挥西学的功效。唯有将一种长久的怀疑作为我们始终坚持的立场，在自身的文化环境中追问一切可以问与不可以问的话题，对西方采取一种正视而非拒斥的态度，而非过度夸大"东方主义"或"汉学主义"的威胁，才能不被历史的迷雾所欺骗，获得长久的洞察。学术也因此方能成为一盏明灯，照亮前方苍茫的路。

我要回到东方，回到那初始与永恒的智慧之中。（Je retournais à l'Orient et à la sagesse première et éternelle.）——阿尔蒂尔·兰波

2010 年 10 月 17 日夜于巴黎
（原载《跨文化对话》2011 年第 28 辑）

对所谓"汉学主义"的思考

张西平

一 《东方学》与后殖民主义

萨义德的《东方学》构成了一些学者提出"汉学主义"的基本出发点,而恰恰萨义德的《东方学》本身是值得反思的。

首先,萨义德的《东方学》主要研究的是西方东方学中的近东,最远涉及印度,因为他认为在讨论欧洲在近东和伊斯兰的经历时完全可以不考虑其在远东的经历。在他把汉学与西方的伊斯兰学做比较时,他说:"与此形成鲜明对照的是,印度学和汉学中的陈词滥调与大众文化的陈词滥调之间的交流关系却远没有这样繁荣,尽管二者之间同样存在着相互影响、相互借用的关系。在汉学家和印度学家与伊斯兰和阿拉伯学家所取得的收获方面,也没有多少相似之处。"[①] 萨义德也承认"东方主义"的提出与他自己的个人身份和经历是有着直接的联系的。

提出这些并不否认《东方学》的一些观点和看法对分析汉学的知识背景和文化态度是有一定价值的,但这个基本的情况也同时提醒我们,萨义德对中国和欧洲之间的文化关系了解是很少的,他的"东方主义"的分析主要建立在18世纪末到19世纪欧洲的伊斯兰研究的基础上,由此而得出的一些结论是无法完全套用在中国和欧洲的漫长文化历史关系之中的。知识的局限,决定了其理论的局限。因此,将萨义德的东方主义运用到中国和欧洲的关系时,用其作为分析西方汉学的理论支点时就明显地具

---

① [美]爱德华·W. 萨义德:《东方学》,王宇根译,生活·读书·新知三联书店1999年版,第112页。

有局限性。

即使将萨义德的《东方学》限定在欧洲的近东研究和阿拉伯学研究上,人们对其的误解也是同样存在的。对于《东方学》发表后所引起的争论,萨义德明确指出,绝不能把东方主义归结为对西方的仇恨和对民粹主义的赞同。这是从政治上讲的。如果从学术看,萨义德认为,"我的书所带来的一个不幸的后果是,此后人们几乎不可能在中性的意义上使用'东方学'一词,它几乎变成了一种骂人的话。他的结论是,仍然愿意用这一词来描述'一门有自身局限、相当乏味但却行之有效的学术研究学科'"①。他甚至声明式地写下下面这段话:"我从来就未曾说过东方学是邪恶的或令人反感的或在所有东方学家的作品中都以同一面孔出现。但我的确说过东方学这一行当与帝国主义强力有着特殊的历史关联。"②

萨义德的东方学在哲学上有两个基本的支撑点:其一,揭示出学术和政治的关系,没有所谓的纯学术,真正的学术,所有一切知识的研究都是和知识产生的政治环境连在一起的,一切知识的叙述都是和叙述者背后的权力联系在一起的。由此,欧洲关于东方的知识都是和其殖民的扩张联系在一起的。东方学不是从天上掉下来的客观知识,而是和基督教的全球扩展,欧洲的殖民政策联系的。"欧洲的殖民地覆盖了地球总面积的85%。说现代东方学一直是帝国主义和殖民主义的一个组成部分,并非危言耸听"③。其二,任何一个文化体系的文化话语和文化交流通常并不包含"真理",而只是对它的一种表述。语言本身是一种高度系统化的编码体系。就书面语言而言,萨义德认为"不存在直接在场(presence),只存在间接的在场(re-presence)或表述(representation)"。这样关于东方的书面书写和真实的东方本身是无关的。这讲的是知识的表达和知识对象之间的关系问题。

这两点基本上都来自福柯。福柯的哲学所代表的后现代主义哲学是对19世纪以来西方实证主义的解构。萨义德所立足的第一点其实质是知识

---

① [美]爱德华·W.萨义德,《东方学》,王宇根译,生活·读书·新知三联书店1999年版,第438页。
② 同上书,第439页。
③ 同上书,第159页。

的叙述和叙述者权力之间的关系，真理的产生过程和真理本身的关系。在福柯看来所有话语都是和权力相通，谁在说，说什么，话语被谁掌握，谁就有说话的权力。这样所有的知识都是权力意志，这说明我不敢说出真理和客观知识。20世纪80年代后他对殖民主义的文化霸权批判，直接成为后殖民主义的议论支撑。

萨义德的理论支撑的第二点，是语言和对象的关系问题。任何语言都是表达，任何书面语言都是对事件的记述。德里达提出文本之外别无他物，由此，历史全部化为文本，而文本都是语言的符号，真实的历史消失在语言符号之中。对本质主义的批判是后现代主义的基本立场，但在强调知识的相对性时如果走得太远，就离开了真实。关于语言与对象的关系从古希腊的高尔吉亚开始就已经揭示了人类思维与表达、词与对象之间的矛盾与关系。

后殖民主义是后现代主义在东方和第三世界知识分子中的变体，萨义德也不否认自己的理论和福柯后现代主义之间的关系。

将西方汉学作为"汉学主义"列入批判之列，在理论上基本上是套用了萨义德的理论，其理论并无多少创造。

二　后殖民主义的理论问题

首先，西方汉学在学科上隶属于西方的东方学，萨义德在《东方学》中主要讲的是西方的阿拉伯学、伊斯兰学，而且在时间上是以19世纪为主的。但他在书中也涉及汉学，他在书中也多次谈到西方对中国的研究，虽然只是一笔带过，但汉学，中国学包括在他所讲的东方学之中是明确无误的。这样，在我们从事对西方汉学的研究时，萨义德所提出的对西方东方学的评论和看法我们就不能回避。

其次，西方汉学（中国学）家已经注意萨义德的理论，并成为他们变革自己研究方法的重要的理论依据，这在美国当代中国学家柯文讲得很清楚，柯文在对他之前的美国中国学研究模式展开批评时说："我们尽可不必同意萨义德东方学的所有批评，不过仍然可以接受他的比较概括的见解，即认为一切智力上的探讨，一切求知的过程，都带有某种'帝国主义'性质……"① 如果要理解柯文的中国学研究模式,了解萨义德是个必需的前提。

同时,在中国学术界已经有学者按照萨义德的理论来评价域外汉学。有的学者认为"广义的汉学与其说是一门学问不如说是一种意识形态,包括虚构与想象,协调知识与权力。狭义的汉学学科的意识形态的倾向被掩盖在学科理论假设与建制之中隐秘而不易察觉"②。有的学者认为"在一定意义上,西方汉学可以说是西方帝国主义的殖民扩张的产物,而它反过来又服务于而且强化了这种殖民扩张的需要"③。这些学者完全按照《东方学》的理论框架来分析西方汉学,认为"汉学与其说是假设客观真理的科学,不如说是具有意识形态有效性的'叙事'"④。如果按照《东方主义》的分析,在西方的东方学中的有一种"东方主义",那么,在西方汉学中也同样有一个"汉学主义",这种"汉学主义"和"东方主义"一样,只是西方的一种意识形态,毫无真理可言。

如果以上可以成立,他们顺理成章地对 20 世纪 90 年代以来中国学术界的汉学研究提出批评。他们认为,目前中国学术界对西方汉学著作的翻译热情有余,反思不足。根本在于从未对西方汉学的合法性做过反思,作者将其称为"自我汉学化",如同萨义德说过的自我东方化一样。这样一种对汉学的翻译和介绍很可能成为"学术殖民"运动。在这些学者看来,"起劲地介绍西方汉学的中国学者们似乎患上了一种'集体遗忘症',对于一个半世纪以来的中国被西方殖民的那段历史忘得一干二净。当然,这也是出于人的本性:每个人都想得到快乐,如果他能够避免痛苦的话,不过,我却想冒昧地说,他们有意或无意地忽略了西方汉学的发展与西方殖民扩张这二者之间的若明若暗的呼应关系,未能从西方支配性的殖民话语中走出来,以清明的理性、辩证的精神和审慎的文化历史观,对待西方汉学研究和中国传统文化"⑤。

---

① [美] 柯文:《在中国发现历史:中国中心观在美国的兴起》,林同奇译,中华书局 1989 年版,第 132 页。
② 周宁:《汉学或"汉学主义"》,《厦门大学学报》2004 年第 1 期。
③ 张松建:《殖民主义与西方汉学:一些待讨论的看法》,《浙江学刊》2002 年第 4 期。
④ 周宁:《汉学或"汉学主义"》,《厦门大学学报》2004 年第 1 期。
⑤ 张松建:《殖民主义与西方汉学:一些待讨论的看法》,《浙江学刊》2002 年第 4 期,第 193 页。

这样，我们看到，如果不回答萨义德以及其对汉学质疑的学者的这些问题，不仅我们无法揭示西方汉学的历史变迁，而且在国内对西方汉学研究的合法性就不存在，我们对西方汉学的翻译、介绍和研究就可能成为帝国主义的帮凶，成为在制造学术殖民的运动。问题如此严重，对这些问题必须回答。

不可否认，萨义德的《东方学》是对长期以来的欧洲文化中的东方主义的系统研究，是对西方殖民时代所开始形成的一种文化心理的批评。西方不仅仅在实际的历史过程中奴役和压迫了东方，而且在文化和学术上形成了一整套对东方的奴役和压迫，一种文化的歧视。萨义德立足点在西方，通过东方主义的批评来批判西方主流文化在其社会生活、文学作品、思想观念上对东方所持有的根深蒂固的偏见。所以，"以萨义德为代表的后殖民主义理论研究不是东方主义与东方的关系，不是历史地求证东方主义的观点是否适用东方，也不是对东方本身的研究，而是专门研究作为一种观念的东方主义。东方主义是基于对'东方'与'西方'的区别之上的一种本体论和认识论的思维方式，它也是一种西方统治、重新建构和支配东方的话语"①。

萨义德在《东方学》中所展开的对西方文化中的东方主义批判时，尽管文风犀利，但在理论上有自身的问题。

首先，纯粹知识和意识形态之间的关系。不可否认，萨义德根据葛兰西和福柯的理论揭示了西方东方学中的知识和权利之间的关系，说明了东方学的产生于西方殖民扩张之间的微妙的关系。但在纯粹知识和政治之间究竟是什么关系，纯粹知识和意识形态之间究竟是什么关系，萨义德的说法是矛盾的。一方面，他说"当代西方（在此我主要指美国）产生的具有决定影响的知识大部分是非政治的，也就是说，纯学术的，不带偏见的，超越了具体的派别或狭隘的教条的"②。另一方面，他又坚持说没有人能把学术和政治分开，那些自称纯学术的研究实际上"这种知识并不因此而必然成为非政治知识"，"文学与文化常常被假定为与政治甚至与历史没有任何牵连；但对我来说常常并非如此，我对东方学的研究使我确信（而且我希望也使我的文学研究同行们确信）：社会和文化只能放在一

---

① 张京媛：《后殖民理论与文化批评》，北京大学出版社 1999 年版，第 5 页。
② ［美］萨义德：《东方学》，第 13 页。

起研究"①。萨义德的这个理论矛盾的原因在于"他拜过的两个老师的思想不一致,这就是福柯的话语理论和葛兰西的霸权理论"②。

从理论上说任何人文社会科学的研究都会受到其固有的潜在的政治意识的影响,这点维柯说得对,人类历史是人自身创造的历史,对其的研究不可能像研究自然对象那样。但这样一种联系是多种形态的,多层次的。它和学术的联系是深层次的,间接的。由于政治和意识形态是一种公共意识,一种集体的认知,因此作为个体学术研究的纯学术和政治、意识形态有着很大的区别。完全不承认学术和政治之间的联系是幼稚的;将学术和政治完全等同,混淆二者的区别,将学术政治化是片面的。

实际上,萨义德受到尼采的影响,从根本上否认真理与知识,认为任何真理都是幻象。③ 萨义德提出了一个关键的问题:"真正的问题是,对于任何事物,真正的再现是否可能。"④ 这就是说,真实的陈述可能吗?这个问题说明不仅由于学术和政治的紧密关系,从而使学术失去真理性,而且任何人文学术的言说方式本身也是值得怀疑的,因人文社会科学,特别是西方的东方学言述的方式就是通过自己的研究,在学术上再现东方,无论是从整体上的研究还是在个别方面的研究,都是一种再现。如果这种再现是不可能的,整个学术就不再具有真理性。任何知识和真理都是一种陈述,都是在理论上的再现,如果这个根本点受到怀疑,整个现代社会科学知识和真理都要受到怀疑。

而从理论上看萨义德的这两个方面是自我矛盾的:一方面强调学术、知识与政治是紧密相连的,将学术、知识混同化,一体化;另一方面,又认为任何对事物陈述的知识、真理都是虚幻的,都是不可靠的,对以实证为特点的19世纪以来的所有知识和真理形态怀疑,对以此为基础的西方东方学的知识和认识形式做根本的否认。萨义德在理论上面临的这些问题显而易见。

其次,纯粹知识和想象之间的关系。萨义德认为,东方作为西方的他

---

① [美] 萨义德:《东方学》,第37页。
② [美] 丹尼斯·波特:《东方主义及其问题》,载罗刚、刘象愚主编:《后殖民主义文化理论》,中国社会科学出版社1999年版,第45页。
③ [美] 萨义德:《东方学》,第259页。
④ [印度] 艾贾兹·阿赫默德:《东方主义及其后》,载罗刚、刘象愚主编:《后殖民主义文化理论》,中国社会科学出版社1999年版,第62页。

者,作为西方精神的投影,作为西方的想象。这样,在西方的东方学中,东方只是想象的东方,而不是真正的东方。"从心理学的角度而言,东方学是一种狂热的妄想,是另一种知识类型,比如说,与普通的历史知识不同的知识类型"①。实际上,西方对东方的想象有两个层面,一个是东方学家,一个是东方学的消费者(按萨义德的说法),不可否认在东方学家那里也存在想象,但主要是以知识形态出现。而在东方学的消费者那里,他们根据东方学家提供的知识做艺术的、文学的、戏剧的再创造,从而构成大众化的东方想象。尽管,在东方学家那里也有想象的部分,但不可否认,他们仍然提供了关于东方的基本的、常识性的知识。在谈到西方对东方的想象时,萨义德常常以"东方学的消费"的作品来做分析。实际上,东方学家那里作为知识形态的东方和"东方学消费者"的艺术家、文学家那里作为艺术和文学形态的东方是相互联系而又区别的。在前者那里主要是作为知识形态的东方,在后者主要是作为想象的东方。萨义德注意到了两者之间的关系,但他更多是以后者代替前者,用想象的东方代替知识的东方,将想象和知识混为一谈。因此,将整个西方的东方学虚无化,将整个西方的东方学知识虚无化,从近代西方东方学的发展历史来看,这显然是偏激的。

实际上,萨义德在这个问题上是矛盾的,摇摆不定的。他所关心的是那种在本质主义的思维下,作为一种思想体系的东方学,对东方学的学术努力和成果他并不完全反对。如他说的,"我之所以要反对我所称的东方学,并非因为它是以古代文本为基础对东方语言、社会和民族所展开的研究,而是因为作为一种思想体系东方学是从一个毫无批评意识的本质主义的立场来出发处理多元、动态而复杂的人类现实的……尽管有东方学家试图对作为一种公正客观的学术努力的东方学与作为帝国主义帮凶的东方学进行微妙区分,然而却不可能单方面地与东方学以拿破仑1798年入侵埃及为开端的现代全球化新阶段所得以产生的总体帝国主义语境分开"②。作为公正客观的东方学术和作为帝国主义帮凶的东方学之间的区分,他说得并不清楚,他关心的只是作为思想体系的东方学。实际上,他本人对阿拉伯语和伊斯兰文化的细节并不很了解。

---

① [美]萨义德:《东方学》,第39页。
② 同上书,第428—429页。

三 对汉学研究批评者的回应

中国学术界对汉学研究的批评者基本上套用了萨义德的东方主义的理论，将东方主义转换成"汉学主义"，由此展开了对西方文化中的"汉学主义"的批判。

首先，他们认为"汉学"转变为"汉学主义"的根本点在于："汉学并不具有客观性，它只是一种西方的意识形态。这些学者认为"汉学究竟是知识还是想象？究竟是'真理'还是'神话'？究竟是一个科学学科，还是一种意识形态？如果西方的中国研究某一个时期出现想当然的误解或虚构，尚可就那段历史讨论那段，如果这种误解反复出现，不同历史时期虽然有所变化，但大多不外是些感情用事，一厢情愿的想当然的虚构，那么，值得怀疑的就不是某一个时代西方汉学，而应该怀疑西方汉学或中国研究这一学科或知识领域的合法性问题。或许汉学的所谓的'客观的认识'这一假设本身就是值得怀疑的，汉学更像是一种'叙事'，一种主动地选择、表现、结构、生成意义的话语，其随意性并不指涉某种客观的现实，而是在特定文化意识形态语境下创造表现意义。"①

西方汉学的研究成果究竟是知识还是想象？究竟是对中国文化的客观研究，还是一种西方的意识形态？这是问题的核心。批评者其实并无多少创造性，不过是将后殖民主义的理论转换一下，将萨义德对东方主义的批判变为对汉学主义的批判而已。

我们不否认西方汉学的任何一个发展阶段都是和西方社会文化紧密相连的，都受到其当时西方社会主导思想文化的影响。例如，在传教士汉学阶段，来华的耶稣会士的汉学研究是在传教学的框架中展开的，宗教的热情直接影响了他们研究的深度。但这并未影响这些传教士们在对中国的认识上比马可·波罗时代的游记汉学有了巨大的进步。因为他们已经开始长期地生活在中国，并开始一种依据基本文献的真实的研究，它不再是一种浮光掠影式的记载，一种走马观花的研究。传教士汉学中确有想象的成分，但同时也有他们对中国社会的真实的报道和研究，这二者是混杂在一

---

① 周宁：《汉学或"汉学主义"》，《厦门大学学报》2004 年第 1 期。

起的。因此，并不能笼统地说是传教士们随意拼凑给西方人的一幅浪漫的图画，毫无真实可言。西方汉学在其发展的"专业汉学"时期，汉学家在知识论上的进展是突飞猛进的，法国的著名汉学家伯希和的西域研究，高本汉的中国语言研究，傅海波的蒙古史研究，这些研究的成果已经获得了包括中国学术界在内的所有中国研究者的认可，虽然，就是在专业汉学时期，汉学仍摆脱不掉西方意识形态的影响，但这样的影响绝不像这些批评者所说的"有些感情用事，一厢情愿的想当然的虚构"。在这个意义上萨义德在其《东方学》中的一些观点并不是正确的，"东方主义的所有一切都与东方无关，这种观念直接受惠于西方的各种的表现技巧"。由此，西方的整个东方学在知识论上都是意识形态化的，其真实性受到怀疑，西方的东方学所提供的是"种族主义的，意识形态的和帝国主义的定性概念"。国内的汉学研究批评者不过跟着萨义德的话说，将整个西方汉学研究归为意识形态，否认其学术的客观性。在我们看来，这是一种简单化的思考方法，同时，这样的结论也是很随意的。西方汉学几百年来在对中国的研究上取得了不少重要的具有学术意义的成果，从汉学来看，这是个常识。在我们看来，重要的不是一股脑儿地把西方汉学统统说成意识形态而扔在一边，或者毫不分析地把西方汉学的研究成果捧上天，而是具体地分析在不同的时代，西方汉学和其时代的关系，对其的影响，他们的研究成果中哪些是真实的知识，哪些是想象的成分，哪些是当时西方意识形态的表现，哪些是他们对中国研究的贡献，这二者之间是如何互动的，相互影响的，这样的研究才有意义。

另一个问题批评者是完全忽略了，中国作为一个世界上唯一连续文明的国家，一个从未中断自己传统和文明的国家，它的文化系统和知识系统与埃及古文明与消失了的两河流域文明有着重大的区别。中国文明和知识系统的解释主体是中国自己的知识分子，尽管在某些研究领域，西方汉学家曾具有很大的发言权，如敦煌研究。但绝大多数汉学家从未敢居高临下地看待中国文明，这和埃及古文明的知识系统，印欧语言系统的知识是他们所发现，从而使他们具有一种居高临下的姿态是完全不同的。

从哲学理论上讲，后现代的认知理论，尽管解释了知识与知识生产者之间的关系，从权力等角度说明知识与客观现实联系的条件性，但并不能由此而完全否认 19 世纪以来在实证主义思想下人类所获得的社会科学的知识。后现代的认知理论只是提供了一种思考的方式,提供了一个重新解释知识的角度而已,如果完全按照这些批评者的意见,完全采用这些批评者照搬的后现代理论,"社会科学理论几乎要遭到彻底的摒弃。几乎所有的社会科学都源于西方,几乎所有的西方理论都必然具有文化上的边界,并且,必然与更大的,和帝国主义纠缠在一起的话语结构结合在一起,因此,对此除了'批判性'的摒弃之外,任何汲取都会受到怀疑"。(黄宗智)

其次,这些学者在对汉学的批评中将西方汉学发展的复杂历史简单化,概念化。这些学者认为"早期汉学经历了一个'赋、比、兴'阶段。'赋'指关于中国的信息大量地介绍铺陈;'比'指牵强比附中国和西方;'兴'指借助被美化的中国形象,表达自己的宗教或世俗理想。商人们贩运丝绸、瓷器、茶叶、漆器的时候,传教士们贩运'孔夫子的哲学'或'中国的道德神学'。传教士美化的中国形象成为哲学家启蒙批判的武器,在推翻神坛的时候,他们歌颂中国的道德哲学与宗教宽容;在批判欧洲暴政的时候,他们运用中国的道德政治或开明君主典范。汉学被绞进启蒙文化的宗教之争、哲学与宗教之争、哲学与政治之争、政治之争,从宗教上的自然神论到无神论,宽容主义,从政治上的开明君主专制、哲人治国到东方专制主义,汉学成为西方现代性文化意识形态的一部分"[①]。实际上欧洲早期对中国的研究要比这里说的"赋、比、兴"三个阶段要复杂得多,来华的传教士不仅有欧洲语言的著作,也写下大量的中文著作,传教士汉学家不仅参与了欧洲现代思想文化的变迁,同样也参与了中国近代思想的变迁。欧洲早期汉学对中国的认知历经一个复杂的过程,他不仅仅是在思想文化层面上对欧洲产生了影响,在知识层面也同样产生了影响,而这些知识的积累是一个漫长而复杂的过程。对西方早期汉学在知识和思想上对欧洲近代东方知识与思想影响的研究刚刚开始,例如柏应理的《中国哲学家孔子》一书,这些批评者们肯定没有好好读过,他们只是看了一些只言片语的英文介绍,就开始做这样的评论,这在学术上是很不严肃的。这些汉学研究的评论者对欧洲早期汉学著作,特别是传教士汉学原著的阅读和研究是很有限的。

---

① 周宁:《汉学或"汉学主义"》,《厦门大学学报》2004 年第 1 期。

在谈到19世纪的汉学时,他们说:"经典汉学研究的是古代中国,纯粹文本中的中国。这种学科假设的真正语言前提是,中国是一个停滞在历史的过去、没有现实性的国家、一种已经死去的文明。"[1] 这样的判断只是揭示了西方19世纪汉学的一个方面,西方专业汉学诞生后在研究上的进展,在西方各国的发展和变化要比这样的概括复杂得多。这种对西方汉学的概括既没有把握住西方19世纪汉学的特点,更谈不上对整个西方汉学的把握。历史的实际情况是,在19世纪西方的汉学研究并不都是将中国文明看成木乃伊式的文明,当时对现实的中国研究是19世纪西方汉学的一个重要的方面。从最早来华的马礼逊到后来的卫三畏、麦都思,在中国出版的《中国丛报》都在研究当时现实的中国,对中国文明的看法也有多种观点。可以这样说,这些批评者对西方汉学历史了解很不全面,对其基本的著作、基本的人物大都没有做真正深入的研究,也没有从宏观上正确地把握西方汉学发展的历史和各个阶段不同的特点。在这样的情况下对19世纪的西方汉学做出一种定性的结论,其可靠性是很值得怀疑的。

这些文章谈起西方汉学来很潇洒,走笔几百年,轻松自如。但实际上对西方19世纪的汉学历史并未深入研究,理论太多,个案研究太少;宏观概括太多,具体文本研究薄弱;研究理论跟着西方走,理论少有创造。这是目前汉学研究批评者的主要特点。

最后,如何看待当前中国学术界对西方汉学的研究和介绍,这是我们和汉学研究批评者的重要分歧。

这些学者认为"汉学包含着'汉学主义',汉学的知识合法性出现危机,这种危机还不限于西方汉学,还可能危及中国对西方汉学的译介研究的学术理念,甚至可能质疑到中国学术的合法性问题"。这就是说,西方汉学本身是"汉学主义",在学术上没有合法性,因而今天在中国介绍西方汉学也同样没有合法性,这真是危言耸听。事情并未结束,作者认为,汉学的译介还造成了中国现代思想的"观念殖民"。因在介绍西方汉学时使中国学术"不仅进入了一个西方中心的政治经济的世界秩序,也进入了一个西方中心的学术观念的世界秩序。中国的现代思想化首先认同了一般意义上的自由与进步观念,然后才认同西方自由进步与中国专制停滞的

---

[1] 周宁:《汉学或"汉学主义"》,《厦门大学学报》2004年第1期。

观念。自由与专制,进步与停滞的二元对立的现代性观念,既意味着一种世界知识秩序,又意味着一种世界权力秩序。自由进步使西方野蛮的冲击变得合理甚至正义,专制停滞使中国的衰败混乱变成某种历史必然的惩罚。在这种汉学构筑的世界观念秩序中,西方用中国文明作为'他者形象'完成自身的文化认同,中国却从这个'他者形象'中认同自身。汉学叙事既为中国的现代化展示了某种光辉灿烂的前景,又为中国的现代化运动埋下致命的文化陷阱。西方的文化霸权通过学术话语方式达成"。①

这样的分析和推断正反映了作者对西方汉学的表面了解,因西方汉学的思想背景在不同时期,在不同的国家是很不相同的。目前,国内学术界对西方汉学著作的翻译涉及西方汉学的各个时期,各个不同的国家,这位批评者所说的那种西方汉学著作中所包含的"自由与专制,进步与停滞的二元对立的现代性观念"主要是19世纪西方汉学的一种重要思想背景(在19世纪也不可一概而论),在17—18世纪的传教士汉学时期占主导的不是这样的观念,在20世纪的西方汉学著作中就开始有了不同的声音,在当代西方汉学(中国学)研究中则有完全相反的理论倾向和思想背景,例如美国当代中国学的研究著作中有不少学者所持的是反对欧洲中心主义的学术立场,恰好和这位学者所说的相反。因此,用西方汉学一个时期的思想倾向或特点,来批评当前中国学术界对西方汉学著作的翻译,说明作者并没有很好地把握西方汉学的历史和各个时期不同的特点。在这个意义上,这样的批评是毫无意义的,因为这是一个文不对题的问题。由此,我们看出,认真地做好西方汉学史的研究,从文本和人物入手,展开扎扎实实的学术史研究是多么地重要。没有扎实的西方汉学史的研究就做宏大叙事,没有深入的个案研究就做一般性的概括和结论,这正是这位批评者的问题所在。

作者认为"必须警惕汉学与汉学译介研究中的'汉学主义'! 20世纪90年代以来中国的西方汉学热,由于缺乏学科批判意识造成的'自我汉学化'与'学术殖民',已经成为一个敏感紧迫的问题"。"学界无意识的'自我汉学化',实际上是学术文化的自我异化,非批判性的译介研究最终将成为汉学主义的一部分,成为西方学术文化霸权的工具。……中国

---

① 周宁:《汉学或"汉学主义"》,《厦门大学学报》2004年第1期。

学术界对西方汉学的译介研究，在没有明确学科意识的情况下，很可能成为新一轮的'学术殖民'运动"①。

提出学科的批判意识是对的，对西方汉学的翻译和介绍的同时也应展开批判性的研究，这一直是我们的立场。但这里有两点要加以说明：

第一，首先要做好翻译和介绍工作，而后才能展开批判性研究。对中国学术界来说前一时期的任务是翻译和介绍，如果连西方汉学的基本著作都不了解，如何进行批判性研究呢？从汉学研究的批评者的文章中，我们可以看出，正是由于对西方汉学没有深入的研究，才使作者出现了一些常识性的错误。在没有了解西方汉学的基本情况下的批判大多数是会产生问题的。因此，目前展开对西方汉学的批判性研究成为我们必须注意的问题，这点我们下面还要专门论述。但从整个学科的发展来看，对西方汉学主要著作和人物的研究，对西方汉学史的研究仍是当前我们所要继续展开的工作，这项工作仍是刚刚开始。

第二，在全球化背景下展开中国学术的研究。严绍璗先生在谈到对海外汉学研究的意义时说，对海外汉学（中国学）研究的深入"意味着我国学术界对中国文化所具有的世界历史性意义的认识愈来愈深——或许可以说，这是20年来我国人文科学的学术观念的最重要的转变与最重大的提升的标志之一"②。汉学的存在扩大了中国文化的影响，尽管在西方汉学各个时期，无论在思想背景还是在研究内容上都需要我们认真研究与批判，但绝不是像这些学者所说的，整个西方汉学都"是些感情用事，一厢情愿的想当然的虚构"，这样的结论是对汉学研究的无知。同时，我们应该承认汉学的存在对中国学术的发展起到了促进的作用，绝不是说在西方思想文化进程中有"汉学主义"，我们对汉学的介绍就会造成"中国学术的殖民"。对西方汉学著作的介绍开阔了我们的学术视野，无论将其作为学术的对象，还是作为批判研究的对象，西方汉学著作的翻译都刺激了中国学术的发展。排斥西方汉学著作，显然是一种狭隘的学术心态。

萨义德的书出版后在东方产生了他想象不到的结果，他在书的再版后记中说："每一种文化的发展和维护都需要一种与其相异质并且与其相竞

---

① 周宁：《汉学或"汉学主义"》，《厦门大学学报》2004年第1期。
② 严绍璗：《我对国际中国学（汉学）的认识》，载任继愈：《国际汉学》第五辑，大象出版社2000年版，第6页。

争的另一个自我的存在。自我身份的建构——因为在我看来,身份,不管东方还是西方的,法国的还是英国的,不仅显然是独特的集体经验之汇集,最终都是一种建构——牵涉与自己相反的'他者'身份的建构,而且总是牵涉到对与'我们'不同的特质的不断阐释和再阐释。"① 这也就是说,"所谓的身份或认同等都不是固定不变的,而是流动的、复合性的,这一点在文化交流与传播空前加剧、加速的全球化时代尤显明显。在这样的一个时代,我们已经很难想象什么是纯粹的、绝对的、本真的族性或认同"②。这样的理解也完全可以用于汉学研究。那些对汉学研究批评的学者,借着萨义德的理论,将对汉学著作的翻译和介绍看作是"学术殖民",似乎没有这些汉学著作,中国学术或许更纯粹。他们似乎站在一种更加维护中国文化,中国学术的立场上。实际上,这恰恰是萨义德所反对的那种将"西方"和"东方"本质化的认识,这里不过表现为将中国学术和汉学本质化,使之对立而已。

学术的发展如同文化的发展一样,正是在与不同文化的交锋、相遇与融合中,自身的文化得到发展,中国学术也正是在与包括汉学在内的各种学术形态的对话、交锋、批判中使中国学术得到发展。引进、介绍就是对话的开始,翻译、介绍就是文化和学术多元融合的开始。这些学者套用后殖民主义的话语,用对"学术殖民"的警觉表达其对中国学术的认同,实际上这是在确立一种新的东方与西方,中国学术与汉学的二元对立,或者说他们实际上"在延续并强化着一种本质主义的文化和族性观念,后者正是西方后殖民主义批评所要解构的"③。

所以,我们看到这些学者在理论上并无任何的创造,他们不过是在重复着后殖民主义的理论,而且这种重复是走了样的重复,是对《东方学》的一种扭曲的运用。

(原载《励耘学刊》2012 年第 2 期)

---

① [美] 萨义德:《东方学》,第 426 页。
② 陶东风:《全球化、后殖民批评与文化认同》,载王宁主编:《全球化与后殖民批评》,中央编译出版社 1998 年版,第 196 页。
③ 同上书,第 194 页。

我看汉学与"汉学主义"

严绍璗

近 30 年来,我们这些研究者结合自己在"学术个案""学术群体"与"学术史"等层面的解析与研究、体验与思考,发表提出过一些关于这一学术的"内含的哲学本体""跨文化语境的界定""学术中隐秘的世界文化网络的理解与把握"以及"意识形态与极端政治与学术异化""域外汉籍与文明的互动"等的观念,以自己的著作和论文与学界同道切磋商量。

在这样的理性需求与探索中,近期有一种"论说"引起了我的兴趣和关注,这就是有些人正在把一种叫作"汉学主义"的说辞试图引入"国际 sinology"[①] 的学术中来。这是一种什么样的"论说"呢?究竟什么是"汉学主义"呢?据说 1998 年的时候,澳大利亚裔学人鲍勃·霍奇(Bob Hodge)和不明国籍的雷金庆(Kam Louie),他们自称依据福柯的话语理论,表述说"汉学展现了萨义德称之为'东方主义'的许多特征,但是,鉴于种种原因,更有益的做法是提出'汉学主义'"。对于这样的说辞,我虽然也正做着不算全职的几十年的"国际 sinology"研究,但毕竟所知有限,感到莫名其妙,而且依我的学识经历,深知欧美有一批学者特别善于串通多种论说而以造作新论为自己的本业,一边耸动学界,造作自己的声名,故未予理睬。

2004 年《厦门大学学报》第 1 期发表了《"汉学"或"汉学主义"》

---

① 由于"国际中国文化研究"这一学术范畴在英语语境和汉语语境中学术界存在着不同的表述词汇,本文中为了不引起争论,全部使用了英语的"sinology",并无任何崇洋媚外之意。我个人关于这一学术概念在汉语语境的表述的观念,请参考《中国比较文学》2011 年第 1 期拙文《我对"国际 sinology"学术性的再思考》。

一文，此文是不是呼应鲍勃·霍奇的说法我不知道。这可能是国内早期张扬西方学者这一说辞的主要论说。

　　这位作者说："'东方学'不过是一种'主义'，'汉学'难道没有'汉学主义'的嫌疑吗？"作者自己设定了这样一个独创性的疑问，又自己回答自己说，根据阿尔都塞的意识形态理论，利奥塔的宏大叙事理论，福柯的权力、知识和话语理论，霍尔德文化再现理论，而最重要的是依据萨义德的东方主义理论来研究"汉学"和"汉学主义"，则可以说"如果中国属于东方，'汉学'属于'东方学'，那么，'东方学'的文化批评同样适应于'汉学'。"他说"西方汉学在'东方主义'中表述中国，包含着'虚构'与'权力'……就可能与权力合谋"，于是，作者断言"广义的'汉学'就可能与权力合谋"。

　　2008年，美籍华人学者王德威先生在《文艺理论研究》第5期的一则"访谈"中有如下的说法："一开始它（汉学）就是属于'东方学'嘛，就是'东方主义'对中国的好奇，研究方法也是五花八门，非常杂乱，基本是萨义德所说的'东方主义'的那一套。"

　　王德威先生的如是表述，使我大吃一惊，因为我实在不知道王德威先生所说的"一开始'sinology'就是属于'东方学'嘛"的"一开始"指的是什么时候。我的微薄的知识让我明白，无论是东亚还是欧洲开始形成"sinology"的时候，欧洲近代资本主义体系尚未形成，后世殖民主义对东方的"虚构与权力"不要说尚在襁褓之中，其实是连"种子"都没有"着床"，从何谈起"东方主义"？在当时特定时空的文化语境中对中华文化表现出热情、震惊并阐发与表述自己体验和心得的那些欧亚学人（包括商人、僧侣与旅游者等），究竟在哪些人的身上，在哪些留存至今的他们发表的论说中被王德威先生发现了竟然"就是属于'东方学'（的）嘛"的踪影？一位有威望的学者使用如此轻飘的口吻来对一门学术进行全称性定性，这种蔑视与草率，实在是有悖于我心中的敬意。（我想，难道是《文艺理论研究》记录有误？抑或是把访谈者的姓名弄错了？）

　　上述这样的表述，由于表述者在学人心目中的地位，因此就显得很有"力度"了。不久，就有人质询我："你们怎么还在搞东方主义那一套呀？"我在莫名惊诧之余，才弄清楚了说我们搞的"东方主义"那一套就是这个新名称叫作"汉学主义"的东西。不久又听说江南的一所著名大学中一个著名的研究所邀集了著名的学者"座谈'汉学主义'"了。我意识到原先自己以为是一个并不认真的"创新口号"好像要变成"真的就是这么回事了"。

"国际 sinology"研究中，忽然出现了这样一种似乎是纲领性的"主义"，使我一时堕入迷茫之中。我本人在人文学术领域中经历过很多"主义"的训导，像我这样没有什么灵性的人，例如，当年说"现代性""现代主义"的时候，虽然学术思潮汹涌，但自己不大明白它的内涵。当我在"现代主义"中挣扎着还没有醒过来时，大家又说"后现代"来了。"后现代主义"是什么？当自己刚刚知晓点"后现代"大概与"文化解构"有点什么关系时，又听理论家说，"解构的后现代主义"是"消极的后现代"，"不行了"，"现在我们要倡导积极的后现代主义"了……当看到年轻的听众们和读者们一次一次地向这些"创新思潮"欢呼起来的时候，自己实在是陷入困顿，一筹莫展，不明所以。

30 余年来，在我们这个"跨文化研究"领域里经历着不少花样翻新的"主义运动"，但我们很少检点或反省这些"创新的主义"对中国的人文学术建设究竟起了什么作用。我们究竟有什么样的"学术"获得的"成就"正是在这些"主义"的引领下为国际学术界所认可、接受，或被学术界广大同人觉得"学术由此而提升"了呢？难道我们不断地向这些"批发"来的"主义"欢呼，就是我们人文学术的"全球化"？就是我们的"走向世界"？就是我们真的"与国际学界接轨"了？中国人文学者难道真的失却了自己的智慧，在自己从事的研究中竟然提升不出一点学术的理念，而要全靠欧美学人的"脑袋"为我们自己指引思维的道路吗？

眼下有人还在为"汉学主义"积极地"呐喊"，似乎认定"国际 sinology"就是"虚构与权力"的混合物，试图用"汉学主义"来揭示它们的本质，从而拯救一批"迷途者"。这就涉及关于我们对这一学术的基本定性以及对"汉学主义"的根本价值的把握。

《学术月刊》2010 年 12 月号，刊出美国达拉斯德州大学教授顾明栋先生所著的《汉学、汉学主义与东方主义》一文，批评了"汉学主义"的狭隘和偏执。2011 年 8 月在中国比较文学会上海全会上，张西平教授、朱政惠教授以强有力的长篇讲话，以"汉学史"的事实，揭示了"汉学主义"的"伪科学"的"哗众取宠"的特征。我个人很同意诸位先生表述的见解。

关于"汉学主义"的特征,我觉得有三个层面是必须要辩论明白的。

第一,"汉学主义"的提法本身就是30余年来我国人文学术层面上"西方文化中心主义"的又一种表现。若以"汉学主义"提出者和给力者个人的学术心理状态言之,是并不为过的。

"国际sinology"是一门世界性的学术范畴,对"中国文化"的研究不仅只在欧洲存在,更不仅仅存在于美国,它是世界性的存在,这一基本事实表明了中国文化所具有的"世界历史性意义"。现在"汉学主义"的提出者与传媒人一提到"sinology",就限定在欧美,特别喜欢拿美国来说事,表明他们的学术心态"只知道有欧美,不知道有世界"。在我们已知的"国际sinology"学术史中,"美洲地区"的"中国研究"在"实发的时间表"上,是远远落后于东亚和欧洲的,其中对于涉及中国文化研究的"经典性"而言,连当年费正清先生自己也认为落后于欧亚。而欧洲对中国文化的研究,其起始的时间和涉及的内容则又远远落后于亚洲900—1000年。稍微有些学术积累的研究者几乎都明白,美国对"中国文化"的关注与研究,起始于新教传教士的介入,第一次世界大战后逐步世俗化,在中国文化研究中开始出现"学术经典性价值一般说来是在20世纪50—60年代华裔学者"或以"华裔"为"后院"的研究者的参与而逐步形成气候的。现在"汉学主义"的倡导者和给力者就拿这个只有百余年时间的"美国sinology"作为"世界中国学术"的"唯一",认为这样的学术总摄了"世界学术",从而给以全称性的定性,他们把事实上存在于"大世界"的"sinology"在自己的视野中微缩到这样的程度,其心理状态实在是不可思议的。

坦率地说,我国人文学术界在"跨文化"理论方面,30多年来,一直存在着非常奇怪的"学术悖论"。这就是,我们一些高喊"反对欧美文化中心主义"的学人,如果阅读他们直到眼下还在发表的许许多多的自我论说,则可以体会到他们关键性的理论和表述的逻辑、使用的概念和语汇,以及引用印证的资料,恰恰都是欧美文化的"翻版",极少有中国文化和中国研究的实影在内,这实在是非常不幸的。

其实,如何把握"国际中国学"研究中的理性精神,是我们从事这一学术的一以贯之的基本要求。我自己接触这个学科是从1964年开始的,当年8月，北京大学依据国务院副秘书长兼总理办公厅主任齐燕铭先生的指示，对在1949年年初由"中国人民解放军北平市军事管制委员会"将作为帝国主义侵华机构封存的原燕京大学"燕京—哈佛学社引得编撰处"的资料档案开封，我作为北大助教，奉命具体操作，指示我"在开封阅读后，把资料初步确定为三等，即'对我有用'、'一般性'、'对我无用'，再行分类登记造册，并组织相关研究者会商，争取有个初步的意见"。这是在当时文化语境中提出的"理性处理"的原则。这在事实上已经关注到"美国 sinology"的学术活动中所谓的"殖民主义的虚构和权力"了。此后在20世纪70年代后期这一学术的复兴和发展中，研究者在多层面文本的研究实践中一直保持着"理性精神"。诚如前述，我们已经反复提出了关注"国际中国学"的"哲学本质"，关注"跨文化语境的界定"，关注"学术中隐秘的世界文化网络的理解和把握"，关注"意识形态与极端政治与学术异化"等。我个人在1991年5月出版的《日本中国学史》和2009年5月出版的《日本中国学史稿》中，在阐释日本近代中国学的发展中，在对文本的解读与学术走向的把握中，已经意识到"日本中国学"中包含的哲学本质，在篇、章、节中都有明确的表述，并且明确地提出"日本中国学"本质上不是中国文化研究的"自然性外延"，而是属于日本文化的一个层面，因而它的本体性意识层面必定是与研究者本身内含的哲学本体相一致的。我国研究者在不少阐述中也已经不断地在研究这种多元的文化特征。

但是，我国学者在自身的实践中反复提升的观念，却不被理论家所关注，或许他们根本就不认为中国学者也可能具有自己的"理性观念"；相反，欧美学者的一两篇文章，乃至几句片段话语就能引发中国学界的各种跟风的"主义"和"思潮"，这是我国30年来人文学术"跨文化"领域中真正的"欧美文化中心主义"至今作祟的深刻体现。这一顽疾之所以久治不愈，原因之一就是"治疗"这一顽疾的大夫中，有些恰恰自己本身也患有这一顽疾而未能感知。

第二，我们注意到"汉学主义"的提出者和传播者，几乎没有一位可以称得上是真正从事"国际 sinology"的研究者。我在这里的话语可能很不"温良恭俭让"，但我说的却是一个基本的事实。"提出主义"和"研究文本"的脱节，正是我们"跨文化研究"领域中的一种"常见病"。只要稍微检点"汉学主义"的倡导者和热心的鼓动者的学术业绩，坦率地说，几乎不见有哪一位曾经对一个国家（地区）或一个学科的"sinology 史"做过研究，哪怕是对一位"sinologist"做过称得上的研究，或者对相关的基本资料进行过调查和编纂。这也就是说，我们滔滔言说的"主义"，在言说者的学术系统中是不存在什么"文本"支持的。

我前面提到的朱政惠先生和张西平先生以及本学术领域的许多先生，他们在自己的研究领域内，在展开与推进自己的研究中，无一不是从"文本解读"起步而引向学术的研究阐述。我这里说的"文本"是文化研究中我们常用的"大文本"概念，既包括书面的典籍，也包括相关地区国家的田野调查，还包括相关国家研究者的访问与研讨；既可以是研究"sinologist"的一部著作，也可以是研究一位"sinologist"的总体学术；既可以是人文学术中一个学术层面的研讨，也可以是国别"sinology 史"的研讨。例如朱政惠先生撰写的《海外学者对中国史学的研究及其思考》中，从解读 19 世纪中期裨治文（Elijah Coleman Bridgman）创办的《中国丛报》（China Repository）上发表关于中国史的研究论说起始，较为详细地解析了美国、加拿大、英国、法国、俄国等国 40 余位"中国史"研究者的基本论述，其中包括他在欧美与诸位"sinologist"的直接访谈对话，从而归结为 4 个层面的"思考"。张西平先生的《欧洲早期汉学史》以及一系列的论著，都是建立在他广泛又深入地对 17 世纪以来欧洲来华传教士著作的研读中引出的思考之上的，他在南欧和中欧做过十余次的学术访谈，他在梵蒂冈图书馆发现的当年来华传教士携回的关于中国文献的读书笔记和他们撰写的中国实录就有上千种（正在编目中）。我个人感悟这才是真正的人文学术研究，研究的结果和表述的观念是建立在"原典实证"的基础之上的。

人文学术研究中究竟是"主义"先行、串联"观念"、造成"空口说白话"的轰轰烈烈，还是细读"文本""原典实证""多研究些问题"，从而使"思考接近本相"？中国人文艺术史表明，这历来就不仅仅是"方法问题"，实在是学者的学风和学品的基本问题。推而广之观察整体学术，古今中外，概莫能外。

把一门学术定性为一种"主义"，这是全称性判断。把世界性的"sinology"定性为本质上与"东方主义"等同的"汉学主义"，本质上是对这一门学术的文化价值判处了"死刑"（当然，在日常生活中我们也可以从"死刑"中汲取教训，但这是另一层面的价值意义）。试想，假若一个法官把一个人判处"死刑"而竟然拿不出这个人"该死"的基本材料（包括无可辩驳的铁证和相关的旁证），那么，在健全的法制下这个法官不仅会受到广泛的舆论谴责，而且"凭空杀人"肯定要承担刑事责任。对人文学术价值的判断，如果平地起风，在没有"铁证"的状态中草菅"学"命，虽然不会流血，但在道义上是应该背负良心的谴责的。

令人痛心和深感不解的是，"汉学主义"的创导者们在对这个学科的学术进行判断定性的阐述中，论说时涉及的所谓的"sinology"，几乎都是从他人研究中摘引出来的段文片句。这就是说，"主义"的创导者和传播人士，是在没有任何"文本"阅读经验的状态中，在从未有过相关"原典实证"的思考和表述中，依据他们自身的"灵感"感知，依靠以往论说字句的概念性串联而形成新的"主义"，这就是像《厦门大学学报》文章表述的那样"根据阿尔都塞的意识形态理论，利奥塔的宏大叙事理论，福柯的权力、知识和话语理论，霍尔德文化再现理论，而最重要的是依据萨义德的东方主义理论"，整个排列中不见"确证"和"旁证"，却见"推究欧美人的一堆"理论"概念，如同生成北京的糖葫芦一般地串联起来便生成了"汉学主义"。

这实际上是在玩弄一种"理论麻将"，在这样的游戏中构思出的"主义"，难道会对"sinology"研究的实践具有什么价值意义吗？这使我回忆起40多年前在所谓"批判资产阶级学术"的疯狂时代，一位没有读过什么书的战斗者，对科学院学部委员游国恩先生说："我没有读过你的书，我照样可以批判你！"这与所谓的"汉学"与"汉学主义"，简直完全是一个模子造出来的。不过区别还是有的，50年前是在中国令人痛心的不幸的"大文化语境"中造成了他们这样的不着边际和口吐疯癫语言，充当"草菅人命的法官"，中国文化的发展进程为此付出了沉重的代价。现在是半个世纪之后了，"文化大语境"发生了重大的提升，但是，在我们这个领域中，不知道为什么仍然有这样的学人，这样不能"以史为鉴"，不能"以学术自重"，而继续着这种毫无文本时间的"假大空"的制造行业，贻害这一学术的健康发展，贻害许多追求学术的善良而又缺乏知识判断力的青年。

参天大树都有自己几乎与地心连接的深深的根,因而它们能经历百千年而常存。人文学术研究当然不是而且也不应该是一些无根的言说,自然科学以"实验"来表征它的"事实价值",人文学术是以"实证"来表征它的研究"在逐步接近本相"。"国际 sinology"作为人文学术的一个层面,研究的起步无疑是存在于相关文本的细读、解析和表述中,唯有如此,这一学科才有真实的生命体征,脱离文本的任何"主义",都是江湖郎中。①

第三,"汉学主义"的提出,是与这一论说的表述者在认识事物本相的视觉中"历时性"和"共时性"混乱、"局部"与"整体"错位的思维逻辑相关联的。人文学术在跨文化领域中常见一些离奇的叙述形式,实事求是地说大抵都是与这样的思维逻辑模式有关系的。

"sinology"是一门世界性的学术,从它在东亚地区萌发至今,从世界范围来说,已经有1500余年的历史,它的内涵的包容量在广度与深度各个层面中,都不是个人匆匆过眼就能说三道四的。在这个领域中,作为个体的研究者,无论具有多么大的能力,我觉得总不可能对这一学术的整体形势具有足够分量的把握,每一个研究者都只能在他本人相对熟悉的一个或若干个国家(地区)内进行自己的学术操作。

这里,我们可以以"儒学阐释"的三个实例为证,考察当前的研究者的研究视角是否有能力对"国际 sinology"这一学术在"文化价值"层面乃至"政治意识"层面做出全方位的"全称性"定义。

第一例,我国学者在评价儒学的世界性意义时,最普遍的实例常常举证欧洲18世纪反对宗教神学的思想革命与儒学介入的积极作用,以此说明儒学表述的精神实质在世界文明中的"永久价值"。18世纪欧洲启蒙运动是世界文明进程中具有重大意义的存在,中国"孔夫子精神"以传道士为西传的主要通道,以欧洲启蒙思想家为主要接受者而表现出的文化价值在这一特定时空中是极为生动和深厚的,在由此构成的"欧洲文明论"上具有不朽的地位。但如果由此而引申为在全人类文明的进程中"儒学具有反封建性价值"的全称性判断,则又是很不准确的,因为这样的判

---

① 当年王瑶先生曾劝诫他身边不太喜欢读书而喜欢高谈阔论的年轻教师说:"不要把自己弄成'看起来轰轰烈烈,实际上空空荡荡'的江湖骗子!"此话很朴实,作为北大精神的一个层面,历数十年言犹在耳。

断事实上缺失了文化研究的"共时性"视角。因为同样在18世纪,"儒学阐释"作为"sinology"的一个层面在东亚日本正是它作为"理论介质"而致力于强化将军幕府集权统治的意识形态,从而成为19世纪中期开始的"明治维新"最早20余年间日本致力于建立"近代国民精神"思想运动的主要"对手"。这样几乎同时发生在18世纪的欧亚地区关于"儒学阐述"的相互对立,提示了研究者在对一种学术做出"历时性"评价时,缺失了"共时性视角"的考察常常会跌入自设的"失真混乱"之中。① "汉学主义"面对这样的状态,将如何把自己的"主义"介入具体的状态中呢?

第二例,此例的考察视角恰恰与上述第一例相反,人文学界许多学者一直把日本定义为"儒学国家",也把古代东亚文明共同体称为"儒学文化圈",这个全称性判断其实也是一种"臆想性感觉"。根据日本历史学家的通识,日本古代"国家实体"形成(借用近代"国家"这一概念)至今总计大约1600年。从日本"儒学接受"的历史考察,上古时代(从5世纪中期到12世纪末期)中国道家思想观念成为创造以天皇为首的皇室神秘权威的主要思想材料,古典儒学的阐述局限在朝廷极少数华夏迁徙民中,未能构成响应社会意识的层面。从12世纪开始日本进入将近400年的武士将军的战乱局面,在全国的战火中,只有寺庙成为文化的保存地,此时古典儒学已经荒废。随着禅宗的传入,先是在镰仓,后来在京都等地建起了禅宗的大本山,其间则开始接受作为禅宗伴侣一起进入山庙的程朱理学,然只局限在大本山的僧侣中,作为禅宗同期的学识修养而存在,它与广泛的社会生存没有关系。自17世纪德川家康夺得对全国的统治权力后,在"武功文治"的战略中,"程朱理学"被迫走出山门,一批僧侣还俗而成为宋学的阐述者,由此而开始,以理学为核心的儒学开始与社会多层面接触,从而开始在250年中成为日本社会本体哲学的主要理论构架而形成气候。简单的三阶段历史昭示我们,把日本古代社会全称定义为"儒学思想"或"儒学思想占主流的社会",则与思想精神史的事实不

---

① 关于中国儒学在18世纪同一时期中,在欧洲和东亚却造成了两种截然不同社会文化效果的学理研讨,有兴趣的读者可以参考拙文《文化的传递与不正确理解的形态》(载《中国比较文学》1998年第4期。此文又载于2005年新世纪出版社刊《在北大听讲座》第13辑及2006年北京大学出版社刊《北京大学—耶鲁大学比较文学学术论坛》中)。

符。在这样复杂的状态中,"汉学主义"论说如何在引领研究者把握日本这 1400 年文化思想史中发挥它自己定义的"论说价值"呢?①

第三例,20 世纪 80 年代中期,学术界一时之间流传"日本人学资本主义说",竟然成为"研究日本"和"研究儒学"的主流,主要依据则是当时被宣传的 19 世纪后期与 20 世纪初期日本资本金融大鳄涩泽荣一(1840—1931 年)关于自己"成功"的著作《日本人读〈论语〉》。此书是涩泽荣一对《论语》的解读,在这个意义上说,涩泽荣一也可以说是一个 "sinologist"。涩泽荣一认为自己正是在《论语》"君子喻于义,小人喻于利"的精神指示下,在"心"与"行","道德"与"公利","个人教养"与"社会文明"诸层面中躬身实践,"在经营各种事业时,或是参与各种事业时,都不考虑以利益为本",从而被誉为"日本资本主义之父"②。

然而,深入的日本 "sinology" 研究揭示,19 世纪中期日本步入近代社会以来对《论语》的阐述,远远比一个日本资本家的"论语宣言"要复杂得多。

1906 年 12 月 23 日,日本举行了 20 世纪第一次"祭孔典礼",主祭人是时任日本陆军元帅兼任海军大将的伊东祐亨,此人即为甲午战争中日本联合舰队司令,他直接指挥打响了近代日本 50 年间侵略中国的第一枪;陪祭人是时任日本海军大将的东乡平八郎,此人即是甲午战争中日本"浪速舰"舰长,击沉我北洋海军"东升舰"的魁首。当日"祭孔"的近 30 名参与者皆为在甲午战争和日俄战争中参战的将官。这一祭祀起始的缘由在于告慰孔子,感谢在《论语》忠君爱国精神之下,日本终于取得了"海上全部控制权"。这一诡谲的演出引出了与涩泽荣一"读《论语》"同时代的"日本《论语》"解读的另一派别——以井上哲次郎为代表的"皇国主义《论语》说"。1891 年,东京帝国大学中国哲学教授井

---

① 关于日本社会在近代时期 1400 余年间思想的发展以及与中国文化的关系,有兴趣的读者可以参考 [日] 源了圆、严绍璗主编的《日中文化交流史丛书》第 3 卷《思想》(日本大修馆出版社 1995 年刊),中文译文见 1996 年浙江人民出版社刊《中日文化交流史大系》第 3 卷《思想卷》。

② 从日本思想史上考察,"涩泽论语观念"则是与江户时代大阪地区从商的实业者组织的"怀德堂文化"密切相关,并由此继承的一个层面。关于"怀德堂文化"的核心则是一部分富裕者"觉悟人生""在富裕中需要道德"。可以参见陶德民先生一系列的论说。

上在他为明治天皇写的《教育敕语》中做了解释，撰著《〈教育敕语〉衍义》。《〈教育敕语〉衍义》以一本"大和魂"精神为基础，使用在德国留学时受到的"普鲁士专制主义"教育为纲，对《教育敕语》中表达的以《论语》为核心的忠君信义诸观念做了"爱国之主义"的现代语言阐述。这是日本精神思想史上第一次出现"爱国主义"这一现代概念，从而开启了近代日本"sinology"历史中阐述《论语》的"皇国主义论"。

但是，与井上论语系统同时，日本的"脱亚入欧"派学者，则强力地把对《论语》的批评作为创建日本"近代国民纪念精神"的重要层面，从而在同一时间区域内出现了《论语》阐述的第三种类型。1909 年 8 月，东京帝国大学教授白鸟库吉在《中国古代之传说》中提出（儒家和孔子）虚构"尧舜禹"，他试图从"抹杀（孔学）法先王"的基本构架入手，否定孔学的文化价值，由此开启了近代日本"sinology"中的"儒学批判主义说"，其中在 20 世纪 30 年代以津田左右吉为代表的一系列著作最集中地体现了对这种批判的姿态。

第四种《论语》阐述类型产生在近代日本一批"sinology"的"实证主义"学者中，例如小岛祐马、武内义雄等，他们坚持以"原典实证"为基础，对以《论语》为起点的儒学学理进行"学术性阐述"，他们强调把《论语》这些著作从"经学"的窠臼中解脱出来，在社会思想史发展的基本逻辑中对它们进行解读，构建起至今尚有势力的"学院派学术"①。

以上是我们在没有"汉学主义"那样的些微概念中依据数量不算少的文本细读做出的解析。如果进一步细化，据不完全统计这一时期日本"sinologist"在此 70 年间出版的专门《论语》阐述著作约有 420 余种，尚可继续分析出更多层面的思想精神倾向，这样复杂的状态中呈现诸多的"乱象"，真正把握它的每一个"局部"，并与特定时空中整体的"文化生态"真正协调起来，将是多么艰巨的研究工作。我现在不知道的是，在当下有了"汉学主义"论说的语境中，"汉学主义"如何把自己置身于其中，即使不是让我们"起死回生"，总应当让我们的"观念"有一种"飞跃"而使我们关于这一"大文本"的研究更加臻于完美，只有到达了这样的境界，"汉学主义"才能显现出自己存在的价值吧！

---

① 关于日本中国学界对《儒学》阐述的基本脉络，参见拙著《日本中国学史稿》（2009 年学苑出版社刊）第四章、第七章、第十章、第十一章、第十二章、第十三章和第四十五章等。

从日本关于《论语》阐述这样一个非常具体的，在整个"国际 sinology"史中也不是特别复杂的文化事实中可以明白，研究者在没有积累足够的知识量并确立准确的思维逻辑之前，试图对这门学术望一望，弄点从以前的"理论存档"中取出的"存货"，拼接一个时髦的口号，然后对此种"研究生态"做出一种具有全称性的价值定义，试图耸动这一学术，若以正常平静的学术心态考量，我觉得几乎是不可能的，也是没有任何意义的。面对具有世界性的丰富复杂的文化事实，试图用任何一种"主义"裁定这一学术，其中必定充塞着空洞和虚构，呈现出苍白无力的病态，不可能具有学术的真实性价值。于此说一句非常不敬的话，不以文本细读做基础的任何观念性言说，其实就是"痴人说梦"！

（原载《国际汉学》2014 年第 1 期）

为"汉学主义"一辩
——与赵稀方、严绍璗、张博先生商榷

顾明栋

从 20 世纪末国外首次出现 Sinologism（汉学主义）一词，到 2004 年厦门大学周宁教授在国内率先将"汉学主义"作为一个批评范畴提出，至今已有十多年了。经过包括笔者在内的众多学者的努力，时至今日，"汉学主义"作为一个理论范畴虽不能说已为学界广泛了解和接受，但至少已不是一个陌生的概念了。"汉学主义"一词自首次出现以来，经历了一个不断演变深化的过程，其内涵与外延变得愈来愈复杂，但是，其发展的轨迹基本上遵循了从"东方主义"的变体和汉学研究中的"东方主义"，逐步演变成一个受"东方主义"和后殖民主义影响，但又有别于这两种西方理论的独立理论体系。经过十多年的积淀，是到了对汉学主义的理论进行反思的时候了。

一

根据笔者远非全面的观察，迄今为止，对汉学主义理论的评价呈现出两极分化的现象，一方面是赞成的肯定评价，另一方面是反对的否定评价。持肯定的意见以周宪和周云龙两位先生为代表。[①] 周云龙先生在《中国图书评论》上发表的一篇文章中看出了构建"汉学主义"理论的深层动机，即中国和非西方知识分子在全球化进程中关于知性思想的主体焦虑

---

① 可参见周宪《在知识和政治之间》，《读书》2014 年第 2 期；周云龙《汉学主义：北美汉学研究新范式》，《中国社会科学报》2014 年 5 月 14 日；周云龙《"汉学主义"：或思想主体的焦虑》，《中国图书评论》2014 年第 1 期。

三 关于"汉学主义"的争鸣 249

和对文化自觉的渴求:"作为一项理论建构,'汉学主义'背后的问题脉络在于,中国,乃至整个东亚知识分子在当代全球知识场域中的思想贡献是什么?"① 本文不打算回应肯定的意见,重点是反思对汉学主义理论的质疑和批评,目的是澄清一些模糊的认识。

在对汉学主义提出批评的学者中,赵稀方先生是对汉学主义有较为系统了解的学者之一,他手头有本人的英文拙作《汉学主义——东方主义与后殖民主义之外的选择》的中文初译稿,因此他的批评是很有针对性的。在其《评汉学主义》② 一文中,他从宏观的视角对汉学主义进行审视,提出了比较中肯的学理批评。我特别感谢赵先生对拙作的肯定,认为这本书的出版"标志着'汉学主义'在海内外学界的初步奠定"③。作为一位严肃的学者,他在文章摘要里也指出:汉学主义的"问题也不少"。笔者不打算重复赵先生对拙作的肯定看法,只想对其提出的批评意见做一个简略的回应,以澄清一些问题。首先,赵先生对汉学主义理论的一个批评意见是:"汉学主义的一个自以为新颖的地方,是指出中国人自身参与汉学主义的建构过程",并引用萨义德书中为数不多的信息以证明,萨义德"专门谈到当代阿拉伯世界的'自我殖民化'问题"。笔者阅读萨义德一书已有多年,为了准确起见,又查了《东方主义》英文原著的有关章节,确认了萨义德书中提到的阿拉伯人只是西方人从事东方学研究的"信息提供者",并没有参与东方主义的构建,更没有像赵先生所说的"甚至已经接受和生产""东方主义话语所构造的阿拉伯人的刻板形象"。英文原文只是说阿拉伯人在某种程度上被动地接受了西方的政治、经济、文化霸权强加给他们的阿拉伯形象,用萨义德的原话就是"So if all told there is an intellectual acquiescence in the images and doctrines of Orientalism"(因此,总的说来,存在着对东方主义形象和教条的知性默认)④。其后,萨义德才提到那句话:"现代东方参与了自身的东方化过程",这句话的含义就是说,就像第三世界被西方人强行拖入现代化、全球化的进程之中那样,东方人被动地参与了自身的东方化过程,"默认"一词表明,接受

---

① 周云龙:《"汉学主义":或思想主体的焦虑》,《中国图书评论》2014 年第 1 期。
② 赵稀方:《评汉学主义》,《福建论坛》2014 年第 3 期,以下赵先生的观点均引自此文。
③ 同上。
④ Said, *Orientalism*, New York: Vintage Books, 1978, p. 325.

也好，不接受也罢，中东人及其文化都是西方构建东方主义的原材料，东方学的历史也证明了这一点，在现代之前，东方学的创立者和研究者都是西方人，中东人真实的地位至多是原材料提供者。因此，东方主义完全是西方人的单边构建，中东人是被动地被西方的文化霸权拖入"东方化过程"之中。相比而言，汉学主义的情形大不一样，中国人是主动地接受西方的文化霸权，主动地参与到自己的他者化过程，主动地与西方霸权合谋共建"汉学主义"。因此中东人与"东方化过程"的关系完全不可与中国人主动构建汉学主义理论的现象相提并论。笔者曾用相当多的篇幅描述了不少中国知识分子从西方殖民者的立场抨击中国人和中国文化，甚至还有不少人从西方种族主义的立场自虐性地抨击中国人为劣等民族，中国文化是应该从地球上消失的劣等文明，更有著名的知识分子大声疾呼中国应该被西方殖民300年才能过上人的日子。有鉴于此，笔者不用"自我东方化"，而用"自我他者化"，因为这些中国人在抨击中国文化时站在西方人的立场上，把自己视为西方的他者。在伊斯兰世界几乎找不到像中国这样的自我他者化的自虐行为，因为伊斯兰世界对西方的精神殖民是持激烈甚至有点儿极端的反抗态度的。拉希迪（Salman Rushdie）事件就是一个典型的例子。他在《撒旦的诗篇》中只不过对阿拉伯的先知做了不为阿拉伯传统所接受的描绘，就被阿亚图拉·霍梅尼下令号召全世界穆斯林全球追杀，十多年以后才敢偶尔公开露面。在伊斯兰教强大精神力量的作用下，像中国人那样痛骂孔孟圣人、糟蹋自己文化在阿拉伯世界是不可想象的，说中东人参与了西方人构建的东方主义也是说不过去的。因此，东方主义几乎是纯粹的西方的单边构建，萨义德对此也并不否认，但笔者更想强调的是，汉学主义理论不仅不是西方人的单边构建，也不只是西方人和中国人的双边构建，而是西方人、中国人、海外华人和全世界非西方人共同参与的多边构建，汉学主义理论作为一种多边构建正是其有别于东方主义的根本不同之处。

其次，赵稀方先生认为拙作"完全没有提到中国人挪用西方话语，发出自己的声音的情形。这就是说，他们看起来批判了萨义德，但事实上复制了萨义德，他们对于斯皮瓦克、霍米·巴巴等有关被殖民者发声及东西方主体间性关系的探讨完全没有注意"。的确，拙作没有花很大篇幅去讨论斯皮瓦克和霍米·巴巴的理论，但有两点笔者在此要澄清。其一，汉学主义理论无论是早期的政治批判还是后期的反思批评，都是针对汉学研究、中国研究和国内学术研究的种种问题，中国人挪用西方话语，发出自己的声音反抗西方霸权，这并不是汉学主义理论探讨的话题；其二，这一批评事实上隐含了一个看法：复制萨义德没有创意，但复制斯皮瓦克、霍米·巴巴是高明的，有创新的。但笔者以为，无论是斯皮瓦克的属下理论和庶民研究，还是霍米·巴巴的文化混杂理论，都与中国的历史和文化没有多少直接的相关性，因此，他们的理论并不见得对中西研究有多少指导意义，笔者在拙作《结论》一章中就提到了斯皮瓦克批评英国人在印度实行殖民统治时宣布印度传统的寡妇殉夫为非法的做法，并将其与西方传教士支持中国人废除裹脚陋习的做法相比较，说明其理论的局限以及与中国问题的隔膜。笔者当然不同意西方一些学者认为霍米·巴巴完全没有新意的说法，但个人以为，他所论述的被殖民者模仿殖民者话语，通过挪用、变形和戏仿而达到反抗殖民者权威的观点，仍然是一种被动的应对策略，绝不是主动的反抗和创造，更没有对殖民主义统治的崩溃产生决定性影响。这种对殖民者话语有意或无意的曲线反抗，在我的脑海里唤起就是我们在西方经常看到的一个场景，一个身着西装，打着领带，头上却裹着中东或印度头巾的东方人，这身打扮虽然带有坚持本民族传统、宣示少数族裔文化，甚至挑战殖民者权威的意味，但总让人产生一种不伦不类的感觉。试想，如果一个中国人为了宣示中华性和反抗西方霸权而西装革履，却在头上戴着满清的瓜皮小帽，这会给人一种什么感觉？是不是有点儿滑稽？我倒十分欣赏在西方街道上、校园里经常见到的身着少数民族服装的中东人士，其中还有长袍裹身、纱巾遮面、只露出双眼的穆斯林女士，这才是对自己民族传统的真正信守。而所谓使用殖民者话语，通过挪用、戏仿、变形、转换等手法来表现对殖民主义的反抗，无论是有意或无意之举，总给人以阿Q式的反抗的感觉。

再次，赵稀方先生还认为，汉学主义理论接受了德里克的观点，即东方人的参与给东方主义提供了合法性，却忽视了德里克受普莱特（Mary L. Pratt）影响提出的"接触区"的关键概念，"在德里克看来，'接触区'不仅仅是一个殖民支配和控制的领域，同时也是一个交流的领域。在接触区内，被支配的东方文化其实也可以在不同程度上决定自己对于西方文化的吸取，而西方文化甚至也会受到东方文化的影响"。也许赵先生没有注意到，笔者确实探讨过这样的文化互渗现象，提到中国学者如何对汉学的发展进步做出了巨大的贡献，也提到经过中西文化的碰撞、交流，从事汉学研究的人力资源和身份主体性都改变了："在西方的华裔学者已经和西方学者一起在汉学的形成与发展成熟过程中发挥了同样巨大的影响力。汉学的人力资源因素模糊了汉学家之间的族裔差别，因为这儿不仅有'西化的中国人'（Westernized Chinese），也有'汉化的西方人'（Sinified Westerners）"[1]。笔者还提到并十分欣赏《中国的现代化：西化和同化》一书，该书的编辑代表所有的撰稿人发表公开声明说，"我们这些撰稿人，都是知识分子和中国研究专家，在我们的人生中都受到中国化进程的影响"[2]。由此可见，中西文化相互影响渗透的程度是多么深远了。

最后，赵稀方先生质疑笔者构思的汉学主义理论的终极目标：即把追求客观公正知识生产和不受政治意识形态干扰的学术作为终极理想。赵先生认为："这个说法，连作者自己都不敢自信……顾明栋要寻找不受政治形态干扰的知识生产如何可能呢？"这里赵先生显然对我的论述产生了误解，不是笔者要寻找"不受政治形态干扰的知识生产"，而是提倡鼓励和促进相对中正客观的中国知识生产，尽可能远离任何形式的歧视、偏见、主观性和政治干扰。就像我们相信没有绝对真理，但有相对真理一样，我们必须承认：虽没有绝对中立客观的知识，但有相对中立客观的知识。如果我们连尽可能在不受政治和意识形态干扰的情况下生产相对客观中立的知识的信念都不坚持，学术问题岂不都成了公说公有理、婆说婆有理，没有是非对错的一笔糊涂账，也就没有必要区分学术的高低优劣了。为了证明我的观点站不住脚，赵先生列举了一系列著名理论家的观点，证明一切批评都是政治批评，一切知识都有意识形态性，而这些理论家正是我提到的人，但笔者提到他们的理论，旨在说明，正是因为一切批评都是政治批评，一切知识都有意识形态性，我们才更应该认识到在学术和知识领域去政治化的重要意义，警惕学术的政治化。

总览赵稀方先生的批评意见，他似乎隐含了这样一种看法：由于汉学主义理论没有沿着后殖民理论的路径走，因而实际上是复制了萨义德的东

---

[1] Ming Dong Gu, *Sinologism: An Alternative to Orientalism and Postcolonialism*, p. 55.
[2] Kurt Werner Radtke and Tony Saich, *China's Modernisation: Westernisation and Acculturation*, Stuttgart: F. Steiner, 1993, p. 1.

方主义理论。如果这一理解没有错,笔者对这一批评是不敢苟同的。相反,笔者认为,如果我们照着赵先生指出的路径走下去,才可能会复制东方主义,结果不但不会有什么创意,只会步后殖民主义的后尘。我想在此重申一个核心思想:提出汉学主义,无论是复制萨义德,还是复制斯皮瓦克、霍米·巴巴等后殖民理论都不是我们的目的。我们的目的很清楚,就是要走不同于东方主义和后殖民理论的道路。这一目的在拙作的导论和结论中有清楚的阐述。在"导论"中,笔者特别用了整整一节阐述汉学主义的理论基础,在此仅引用几句:"本研究的概念基础既非东方主义,亦非后殖民主义,而是由另外两个概念相结合而形成的概念性基础。其一是'文化无意识',其二是'知识的异化',文化无意识是汉学主义之源泉、动力,而汉学和中西方研究的异化知识则是汉学主义之结果。"① 赵先生提到了文化无意识的理论,并肯定了其优于政治意识形态批评的价值,但遗憾的是没有提及"知识异化"这一核心概念。如果顺着文化无意识和"知识异化"相结合的路径审视拙作中的汉学主义理论,就会看出汉学主义的确是不同于东方主义和后殖民主义的别样理论。令人欣慰的是,周宪和周云龙先生在他们的评论中都提到了这一核心目的。

二

第二位对汉学主义理论有严厉批评的学者是严绍璗先生。在其《我看汉学与"汉学主义"》② 一文中,他对汉学主义理论提出了几乎完全否定的看法。对于严先生的批评,笔者的心情是矛盾的。严先生的批评涉及的一些具体意见与我的看法有些共鸣,而且严先生在文中提到我已发表的《汉学、汉学主义与东方主义》时,并没有对此提出批评,相反,还是认可的,并以此作为批判汉学主义的弹药。但是,不幸的是,笔者也被其划入汉学主义理论推手之列,而且,在提出汉学主义理论的学者中,笔者也许是用力最多的人。因此,笔者有责任对严先生的批评汉学主义理论的观点作出回应。拜读了严先生的大作以后,笔者的印象是:虽然严先生十分

---

① Ming Dong Gu, *Sinologism*, pp. 8 – 9.
② 严少璗:《我看汉学与"汉学主义"》,《国际汉学》2014 年第 1 期。本文引用的严先生观点都出自此文,不一一设注。

推崇做学问要建立在"文本阅读"和"原典实证"的基础之上，但遗憾的是，其对汉学主义理论的批评却没有体现这一精神，严先生阅读了一两篇关于汉学主义理论的文章，就急着作出反应。从文章的内容来看，严先生对汉学主义理论的主要内容和核心观点较为陌生，对汉学主义理论的提出、发展、成熟几乎没有了解，因此才出现一个小小的矛盾之处：一方面大肆抨击鼓吹汉学主义理论的人，一面以我这个鼓吹汉学主义理论十分上心的人的文章作为抨击的弹药，而且，他所批评的"汉学主义"其实是汉学主义早期阶段的理论，是东方主义在中国学研究中的应用，完全没有提及汉学主义理论的成熟阶段对早期汉学主义理论不足的批评和修正，更没有看到后期汉学主义理论对东方主义和后殖民主义缺憾的批评，以及企图超越东方主义的努力。即使是早期的汉学主义理论和学术，其对学术的贡献也是令人钦佩的，并不像严先生所批评的那样一无是处。究其原因，严先生只是看到了西方汉学（中国学）的正面，没有看到其歪曲、误读、贬低中华文明的反面。笔者在多篇文章中一直强调汉学不是东方学，汉学不等于汉学主义，但并没有忽视历史上汉学研究的问题，也没有说汉学与西方殖民主义不存在一点共谋的关系，更没有认为汉学不存在对中华文明的歪曲、有意无意的误读和偏见。对汉学研究中的问题性的批判正是早期"汉学主义"提出者的贡献，如果我们否认这种贡献，只看到其不足，同样不是实事求是的治学态度。

  由于严先生没有看到后期汉学主义理论对前期的修正和发展，因而也没有了解后期汉学主义理论的观点——汉学主义不是汉学，而是汉学的异化，更没有看到汉学主义理论所直面的中国学界受西方中心主义范式左右而导致的认识论和方法论惰性以及创造力和原创力的萎缩。他在文章中提到拙文《汉学、汉学主义与东方主义》，只是说拙文"批评了'汉学主义'的狭隘和偏执"，并没有提及拙文对汉学主义理论重新概念化的努力，将其构建成一个反思的理论，其目的既要使西方学界意识到自己有意或无意的偏见，认识到根据西方资料归纳得出的理论不一定是放之四海而皆准的普世真理，因而不能完全以其为根据对非西方学术进行评估，也要使中国学者认识到妄自菲薄和妄自尊大为何不可取，更要认识由于受西方中心主义的影响而导致的认识论和方法论的惰性以及创造力和原创性的萎缩。

严先生是一位强调治学要严谨的学者，他严厉批评汉学主义理论提倡者没有文本支撑："脱离文本的任何'主义'，都是江湖郎中"；"不以文本细读做基础的任何观念性言说，其实就是'痴人说梦'！"不幸的是，严先生对汉学主义理论的批判正犯了自己指出的大忌。阅读他的批评文章，我的感觉是，他并没有看过几篇有关汉学主义理论的文章。我甚至怀疑，他在文中批评的几位学者，如鲍勃·霍奇、雷金庆、周宁的观点，可能也没有去查看、阅读这些学者的原文。我这么说的根据在于，他批评的这几位学者正好是笔者拙文中提到的几位学者，经过把严先生的引文与拙文加以比对以后，我更加相信，严先生并没有查阅原文（英文或中文原文），而是从拙文中摘了几句，因此，引用的文字没有出处和页码。这当然不算什么大问题，但在学术批评中出现这种情况是与严先生强调"文本阅读"的原则相悖的。

严先生强调"原典阅读"为做学问的基础，本人十分赞同，但将提出汉学主义理论驳斥之为"理论麻将"，忽视了理论提出的指导价值，同样是偏颇的。更为偏颇的是，他将汉学主义理论与"文革"期间的大批判混为一谈，严文提到"文革"中一个没有读过游国恩先生的书，却口吐狂言声称完全有资格批判游先生的人，"这与所谓的'汉学'与'汉学主义'，简直完全是一个模子造出来的"。这里不单单是言过其实的问题，而是上纲上线的批判，不能算讲究学理和证据的批评。严先生仍然觉得意犹未尽，接着批评道："在我们这个领域中，不知道为什么仍然有这样的学人，这样不能'以史为鉴'，不能'以学术自重'，而继续着这种毫无文本实践的'假大空'的制造行业，贻害这一学术的健康发展，贻害许多追求学术的善良而又缺乏知识判断力的青年"。我不否认，学术界确有大量的'假大空'学术，但需要请教严先生的是：到底是哪位提出汉学主义理论的学者在没有文本实践的基础上从事这样的学术呢？

倒是有一段批评，虽然仍然没有点名，但提到具体文章："汉学主义的创导者们在对这个学科的学术进行判断定性的阐述中，论说时涉及的所谓'sinology'，几乎都是从他人研究中摘引出来的段文片句。……这就是像《厦门大学学报》文章表述的那样……"被严先生批评的文章的作者是厦门大学的周宁教授。但是我们只要翻阅一下周宁教授的论著，就可得知，其洋洋洒洒的几大本专著都是在研读西方历史和著述基础之上的

"原典实证"研究,仅以其赢得好评的《天朝遥远——西方的中国形象研究》为例,根据"后记",这是周先生耗时十年,大量阅读中西方原典,"编注了数百万字的文选",并在"写过几本相关论题的小书"的基础上,将"中西文化交流的宏大论题做到具体的中国形象研究"这个小题上写出来的,作者的目的是"将空泛的文化交流落实到实证的分析上",他还敏锐地意识到"后殖民主义文化批判作为理论工具,激进尖锐,但也偏狭尖刻"①。我们即使不相信周宁先生在"后记"中的所言,但只要翻一翻该书,看一看注释和书目,就知道周先生所言不虚。因此,严先生只看一篇理论性文章,就匆忙下结论,其实是违背自己告诫别人要搞"原典实证"的教诲的。

三

另一篇对汉学主义理论持尖锐批评意见的是张博先生在《跨文化对话》上发表的文章《"汉学主义"及其反思》②(以下简称《反思》)。该文虽没有像严绍璗教授那样彻底否定汉学主义的理论,但也认为其理论价值不大,问题却不少,这在其结论中有清晰的表述:"将汉学主义视为一种警惕西方学者潜在的思维习惯和文化性格方法,无疑是其独特的理论建树,但这亦是其唯一的贡献,因为我们不应该追随巴扎洛夫虚无主义的道路,而要在破坏之后,懂得建设。今天,在此学术待兴之时,我们更需要打破'汉学主义'中包含的夸大与歪曲,克服东方人作为弱势群体天生的胆怯与愤恨……对西方采取一种正视而非拒斥的态度,而非过度夸大'东方主义'或'汉学主义'的威胁,才能不被历史的迷雾所欺骗,获得长久的洞察。"此一结论是否客观,笔者将在下文中对此作出反思。

《反思》是一篇不可多得的文章,因为它不仅对汉学主义的理论有较为系统的分析批评,而且我们借助对《反思》进行反思可以澄清一些理论问题,有助于深入理解汉学主义理论的价值和不足。《反思》一文与严绍璗先生的文章有一点相似之处:即基本上是在不了解汉学主义理论的来

---

① 周宁:《天朝遥远——西方的中国形象研究》,北京大学出版社 2006 年版,第 861 页。
② 见张博《"汉学主义"及其反思》,载《跨文化对话》,生活·读书·新知三联书店 2011 年版,第 228—234 页。本文引用的张先生观点都出自此文,不一一设注。

龙去脉、理论依据和核心思想,仅凭想必如此就发出批评意见。首先,作者没有系统阅读有关汉学主义理论的文章就匆忙对汉学主义的理论进行批判,将早期的东方主义翻版的汉学主义理论批评与后来重新构建、并与东方主义和后殖民主义理论不同的汉学主义理论混为一谈,正因为如此,其对汉学主义理论的批评基本上是对汉学研究中的东方主义的批评,而且往往不着边际。在此仅引用一段以说明问题:

> 如果过度强调西方学术众多政治因素而无视甚至刻意抹杀其独特的学术魅力,在对西方学术体系内部的完整考辨之前便匆忙抛出"汉学主义"的概念,却不愿正视西方学术的独特性与冲击力,甚至认为世界上一切的学问与思考都已被中国人提出甚至说尽,则无疑是从对"汉学主义"的警惕落入"中国中心主义"的圈套之中。

细读这一段话,人们不禁要问:批判"西方学术众多政治因素"有错吗?是哪位学者刻意抹杀西方独特的学术魅力了?又是哪位学者"认为世界上一切的学问与思考都已被中国人提出甚至说尽"了?提出一种理论一定要完整考察西方学术体系吗?西方学者不断提出新的理论,他们都完整考察世界上的学术体系了吗?既然西方学术体系如作者所说的那样博大精深,一个中国人终生也难完整考察,那就永远不要提出中国人自己的理论了吗?至于说作者担心的"中国中心主义",作者根本没有注意到,汉学主义理论的一个特点就是左右开弓,既反对"西方中心主义",也反对"中国中心主义"。

由于张博先生可能没有全面地了解汉学主义理论,因此没有根据地批判"汉学主义"持"所谓西方文化入侵中国的态度",并抨击"汉学主义"提出者"过分夸大'东方主义'或'汉学主义'的威胁"。但他根本不屑于说明这些极端反西方的态度来自哪位学者,哪本书,哪篇文章,哪一页?更令笔者大为惊讶的是,整篇文章竟然没有一个注释说明所批评的观点的出处。因此,可以负责任地说,《反思》与其说是一篇学术性的争鸣文章,倒不如说是一种慷慨激昂的政治批判。作者在批评汉学主义理论的种种缺陷的同时,花去不少笔墨为西方学术与政治大唱赞歌。为了说明西方学者是多么心胸宽广、目光深远,作者举海德格尔为例,在与日本学者座谈时，海德格尔对西方概念是否会掩盖东亚文化本质，甚至使人类被全部欧化的危险表示忧虑，作者以此说明"所谓汉学主义的危机，早在半个世纪前已被海德格尔道破"，却绝口不提海德格尔的存在主义哲学思想深受东方哲学思想影响、但在其成名的著述中完全不提此类影响的历史事实，更不提这样的事实：即使在一些学者系统分析其成名作并以确凿的证据指出其挪用东方哲学思想，特别是道家和禅宗思想而不注明出处之后仍然装聋作哑，不发一词，使得有学者指责其近乎思想剽窃。① 为了证明后殖民学者的偏狭，张博先生批评萨义德闭口不提法农在反殖民主义的著述中提倡赤裸裸的血腥暴力，却为加缪在获得诺贝尔文学奖答记者问时公开声称在阿尔及利亚独立运动中站在法国殖民主义一边的做法热情辩护。作者好像忘记了殖民主义统治是建立在赤裸裸的血腥暴力之上这一历史事实，也好像天真地认为，第二次世界大战后席卷全球的去殖民化不是殖民地人民拿起武器武装反抗殖民统治取得的胜利，而是殖民者良心发现，主动让殖民地人民独立的恩赐。加缪在阿尔及利亚人民反抗法国殖民主义的独立斗争关键时刻公然发表引起轩然大波的言论，"在正义和母亲之间，我首先保护我的母亲（这里指法国）"②，这一表白，无论《反思》一文的作者怎样绕着圈子为其粉饰辩护，都无法改变加缪的殖民主义立场。某种意义上讲，像加缪这样的西方人在如火如荼的反殖民主义的运动席卷全球时为其殖民主义宗主国辩护并不难理解，但让我大为不解的是，一个受过殖民主义压迫的第三世界的学者怎么会公然为殖民主义立场辩护呢？这一奇怪的现象似乎证明了笔者重新构思汉学主义理论时的一个观点，即政治层面的去殖民化比较容易完成，而精神层面的去殖民化远没有那么容易。③

汉学主义理论在论及汉学主义的工作原理提到两个相互关联的方面，即"他者殖民"和"自我殖民"。其学术领域的具体表现是：（1）有意识和无意识地被西方的认识论殖民；（2）主动或被动地在内心深处接受西方的认识论殖民。对此张博先生是如何反思的呢？在轻描淡写地批评孟

---

① Reinhard May, *Heidegger's Hidden Sources: East Asian Influence on His Work*, London and New York: Routledge, 1996.
② 这句话引自张博的文章《"汉学主义"及其反思》，第233页。
③ 顾明栋：《什么是汉学主义？——探索中国知识生产的新范式》，《南京大学学报》2011年第3期。

三 关于"汉学主义"的争鸣　259

德斯鸠和黑格尔等西方思想家歪曲中国文明与历史以后,作者笔锋一转,声称:"我们却依然可以将反思引向自身:也许中国的社会与历史命运,并非先天想象的那般完美纯粹。"显然,作者对"他者殖民"并不反感,而且好像还表示欢迎。作者接着说,"'汉学主义'所谓'无意识的意识形态'无疑是存在的,但是这并不妨碍我们继续对其观看……这一方式并非意味着彻底丧失自身的主体性或自由——萨特所谓'地狱','汉学主义'所谓自我殖民——而恰恰相反,我们主动将自己投入他人视域之中,以自己的眼光观看这一他者的行为,并继而做出判断,这一主动的选择正意味着一个坚强主体的诞生"。作者似乎没有意识到,它所表述的思想正是汉学主义所批评的自我他者化和自我殖民化:主动从西方的视角观察自我,把自我转换成西方的他者,并从西方的视角审视中国文化进而批评其野蛮落后。即使在学术层面上,如果从西方的视角去思考,去体会西方学术的正确,怎么会产生坚强独立的主体呢?通过西方的眼睛去观察自我只会看到与西方人看到的大同小异的现象,而这种从西方视角去看问题,正是汉学主义理论所批评的认识论和方法论殖民,即用西方人的眼睛去观察,用西方人的耳朵去聆听,用西方人的大脑去思考,用西方人的方式去做人、做事或做学问,是汉学主义所批评的"知性殖民"的典型表现[1]。这种主动把本土的自我转换成西方的他者并审视本土的自我,正是产生逆向种族主义的根源。在此不妨引用笔者在《什么是汉学主义》一文中一段话:"在中国文化圈内,汉学主义化的奇特之处在于,相当数量的中国人和华裔西方人会主动接受西方的文化霸权主义,承认他们自己母族文化是落后的,是应该从地球上被淘汰的。这种自轻自贱的思想就是'汉学主义化'的典型表现,而汉学主义化的极端形式甚至呈现出逆向种族主义的倾向。"[2] 张博先生在文章结尾处大声发出的呼吁就有逆向种族主义之嫌:"在此学术待兴之时,我们更需要打破'汉学主义'中包含的夸大与歪曲,克服东方人作为弱势群体天生的胆怯与愤恨。"在作者笔下,东方人作为弱势群体而具有的胆怯与愤恨不是帝国主义侵略和殖民主义压迫的结果,而是东方人从娘胎里带来的低下素质,这样的高论不等于

---

[1] 参见拙文《汉学主义:中国知识生产的方法论批判》,《清华大学学报》2011年第2期。
[2] 顾明栋:《什么是汉学主义?——探索中国知识生产的新范式》,《南京大学学报》2011年第3期。

在说东方人本来就是劣等民族，一见到洋人就两腿发软，不发一声，只会背地里发泄不满，愤愤不平吗？笔者在汉学主义文章里曾批评一些中国学者站在西方殖民主义者的立场上，用殖民主义者的语言痛骂国人的民族劣根性的自虐行为，想不到在《反思》汉学主义理论一文中竟也找到如此鲜活的表现，这不正是汉学主义理论所抨击的自我殖民、自我汉学主义化吗？通观全文，读者不难看出《反思》作者的良苦用心，文章的主旨似乎并不是要反思汉学主义理论，而是好像要为西方的学术政治辩护，对汉学主义的理论进行消毒，免得"毒害"了人们的头脑，动摇了对西方理论的顶礼膜拜，不再跟着西方理论思潮后面跑了。由是视之，《反思》一文的立场和态度反映出汉学主义理论剖析的汉学主义心态，从反面证明了即使是早期的汉学主义理论也有其不可小觑的价值。

《反思》一文虽然不愿引用中国学者的观点，却对引用西方人的话语情有独钟，文章以引用兰波对东方的向往的话开头，以引用兰波钦佩东方智慧的话结尾，而且引语都附加了法语原文，其初衷也许是要说明像兰波这样的西方人心胸是多么开阔，目光是多么远大，相比之下，汉学主义理论提出者是多么狭隘可鄙！本人在国内学术界遇到持《反思》文章立场和观点的人并不少见，有些还是国内的著名学者。这一现象从一个侧面证明了汉学主义的理论价值，中国学术界的汉学主义的文化无意识根深蒂固，欲清除"他者殖民"和"自我殖民"带来的精神殖民这一任务无比艰巨，建立不以西方学术为准绳、独立自主而具有中国特色的学术体系则更是任重道远。

结　语

由于篇幅有限，不能对批评意见一一回应，但本文的辨析似乎足以显示，对汉学主义理论存在着一定的误读，并导致了对提出汉学主义理论背后的深意的误解。我们提出汉学主义的理论，着眼点并不完全是促进汉学研究和国学研究，甚至不仅仅是为了促进国内的人文社科研究，而是旨在认清近代以来中国学界以智性殖民为核心的学术无意识，克服中国学术把西方学术的认识论和方法论奉为普世真理的倾向，焕发中国学术的创造力和原创性。最终目的是鼓励恰当地看待西方他者的智慧和局限，客观地评估本土文化和学术的价值与不足,从而为发掘本土文化和学术资源,将其与外来的思想与学术资源相结合,产生全新的、具有真正世界意义的学术成果。学术界有一个基本共识:国内学术界目前虽然表面上欣欣向荣,蒸蒸日上,但主要成就却是建立在翻译、介绍、引进、复制西方学术的基础之上,原创性水平较低。中国学术(包括人文社科和自然科学)欲向更具原创性的高层次发展,需要在大力引进西方学术成果的同时克服随之而来的认识论和方法论惰性,汉学主义的批评理论和反思范式也许会有助于中国学术思想的解放,成为葛兆光先生呼唤的"涵盖了中国,亚洲和西方的顶级世界理论"的助产士。

(原载《探索与争鸣》2014 年第 10 期)

突破二元对立的汉学主义研究范式

——对顾明栋先生的回应

赵稀方

《探索与争鸣》2014年第10期发表了美国达拉斯德州大学顾明栋教授的《为"汉学主义"理论一辩——与赵稀方、严绍璗、张博先生商榷》，其中对笔者的几个观点提出商榷。就我所知，国内批评汉学主义的不乏其人，特别是做汉学研究的学者更为激烈，但我并不属于这一类，我对顾明栋教授的《汉学主义》一书持欢迎态度，认为其中很有建树但也有不足。顾明栋教授应该是看到了我发表在《福建论坛》上的《评汉学主义》这篇文章，所以在《为"汉学主义"理论一辩》的文章里第一部分就回应了我的观点。我很欢迎他的回应，觉得这是正常的学术批评。一种理论的产生，不是一个人能够奠定的，而是多次理论驳难往复的结果。这里对顾教授的商榷，再做回应。

当代东方参与了自身的东方化过程

顾先生提到，我的一个批评意见是：萨义德在《东方主义》一书中已经谈到当代阿拉伯世界的"自我殖民化问题"，并且认为，萨义德谈到当代阿拉伯人"甚至已经接受和生产东方主义话语所构造的阿拉伯人的刻板形象"。为此顾教授查阅了《东方主义》的英文原著的有关章节，并进行了征引，认为这一说法并不准确。在他看来，准确的说法是，萨义德只提到了当代阿拉伯人只是西方人从事东方学研究的"信息提供者"，并没有参与东方主义建构。

为弄清楚上下文，我在这里引出我的批评原文，再加以说明。所涉及原文，好在不长，只有一段："批评萨义德的东方主义论述没有顾及被殖民者，这是一种常见的批评，不过并不准确，至于顾明栋断言萨义德的书中没有任何关于被殖民者的'只言片语'的发挥，更加荒唐。的确，萨义德的《东方主义》一书主要是论述西方的东方学话语的，不过在这本书的最后，第三章第四节'The Latest Phase'，专门谈到了当代阿拉伯世界的'自我殖民化'问题。书中谈到，近东当代文化已受欧美文化模式的主导，本地学者操持着从欧美贩卖来的东方学话语，自身只能充当一个本地信息的提供者。东方主义话语所构造的阿拉伯人的刻板形象，甚至已经被阿拉伯本地人所接受和生产，如此等等。萨义德的结论是，当代东方参与了自身的东方化过程。事实上，自我殖民化、东方参与了东方主义的建构过程的说法都是从萨义德那里开始的。当然，萨义德并没有对此多加发挥。"①

我的原文开头指出：批评萨义德在东方主义论述中没有提及被殖民者，这种说法并不准确。顾明栋断言萨义德在书中没有任何关于被殖民者的"只言片语"，更加荒唐。这一条看来顾教授已经认了，因为他已经查阅到了萨义德在《东方主义》一书对于当代阿拉伯人的论述，哪怕仅仅是"信息提供者"，那也不是没有"只言片语"。

接下来，我谈到萨义德有关当代阿拉伯世界"自我殖民化"的基本看法，"近东当代文化已受欧美文化模式的主导，本地学者操持着从欧美贩卖来的东方学话语，自身只能充当一个本地信息的提供者。东方主义话语所构造的阿拉伯人的刻板形象，甚至已经被阿拉伯本地人所接受和生产，如此等等"。看起来，顾教授只承认我所提到的当代阿拉伯人"自身只能充当一个本土信息提供者"的说法，对于后面所说的"东方主义话语所构造的阿拉伯人的刻板形象，甚至已经被阿拉伯本地人所接受和生产"的论点不予接受。

顾教授阅读萨义德的《东方主义》已经一年有余，这次又重新查阅原文的有关章节，很让人佩服。不过也很让人奇怪，我阅读萨义德原书已经十多年，有关萨义德的"自我殖民化"的论述都引述于原书，为什么他都没看见。谨慎起见，我也像顾教授一样，重新查阅萨义德的《东方

---

① 赵稀方：《评汉学主义》，《福建论坛》2014年第3期。

主义》英文原著。查阅的结果,是证实了自己的看法。下面,我把萨义德的有关阿拉伯人"自我殖民化"以及有关"东方主义话语所构造的阿拉伯人的刻板形象,甚至已经被阿拉伯本地人所接受和生产"的论述引出几段,注明原版本章节页数,向顾先生请教。至于萨义德说当代阿拉伯人"只能充当一个本土信息提供者"的论述,因为我和顾教授已有共识,不再列出。

这里用的是萨义德《东方主义》1978年最初版本（Edward W. Said, *Orientalism*, First published in 1978 by Routledge），引文来自第三章 Orientalism Now 第四节 The Latest Phase。"的确,有理由对下列事实敲响警钟,即东方主义的影响已经扩展到'东方'自身:阿拉伯世界的书籍和报刊中（日本、各种印度方言及各种其他东方语言无疑也如此）,处处充斥着有关'阿拉伯心性'、'伊斯兰'及其他神话的二手分析。(323页)所有这一切所导致的可预期的结果是,东方学生（及东方教授）仍然希望跑到美国东方学家的脚下学习,然后向他们本国的听众重复那些我称之为东方主义教条的陈词滥调。这种再生产的系统,不可避免地使东方学者还优越于他的国人,因为他接受了美国训练,能够'操纵'东方主义系统。(324页)这产生了很多后果。这一地区出现了大规模的趣味的标准化,它不但体现在晶体管飞机、蓝色牛仔衣及可口可乐上,更体现在美国大众媒体所提供了东方文化形象上,它们被本国大众电视观众不假思索地接受下来。阿拉伯人甚至按照好莱坞所创造出来的'阿拉伯形象'来看待自己,这一悖论是我所说的这一现象的最直接的后果。"

在第一段中,萨义德谈东方主义已经扩展到东方本身,阿拉伯、日本、印度等东方国家的学者,处处都在依据西方生产的"阿拉伯心性""伊斯兰"等东方主义概念对自身进行分析。第二段谈东方学生或教授热衷于去美国接受东方主义的陈词滥调,然后回到东方后进行知识"再生产"。第三段谈好莱坞所创造的东方主义"阿拉伯形象",已经被东方人接受下来,并且按照这一形象看待自己。这难道不都是在论述"东方主义话语所构造的阿拉伯人的刻板形象,甚至已经被阿拉伯本地人所接受和生产"?难道不是在谈论东方人自身参与了"东方主义的构建",顾教授对此视而不见,不知何故?

事实上,顾教授最后自己也引用了萨义德所得出的结论,即"简言之，当代东方参与了自身的东方化过程"，英文原文是：the modern Orient, inshort, participates in its own Orientalizing，然而他又"确认"：萨义德认为东方人"并没有参与东方主义的构建"。这很让人费解。

突破二元对立的汉学主义研究

顾教授对我的回应的第二点是："其次，赵稀方先生认为拙作'完全没有提到中国人挪用西方话语，发出自己的声音的情形。这就是说，他们看起来批判了萨义德，但事实上复制了萨义德，他们对于斯皮瓦克、霍米·巴巴等有关被殖民者发声及东西方主体间性关系的探讨完全没有注意'。的确，拙作没有花很大篇幅去讨论斯皮瓦克和霍米·巴巴的理论，但有两点笔者在此要澄清。其一，汉学主义理论无论是早期的政治批判还是后期的反思批评，都是针对汉学研究、中国研究和国内学术研究的种种问题，中国人挪用西方话语，发出自己的声音反抗西方霸权，这并不是汉学主义理论探讨的话题。其二，这一批评事实上隐含了一个看法：复制萨义德没有创意，但复制斯皮瓦克、霍米·巴巴是高明的，有创新的。"[1]

在我看来，顾教授所回应的第三点和第二点是一回事，所以这里先把第三点也列出，一并回答："再次，赵稀方先生还认为，汉学主义理论接受了德里克的观点，即东方人的参与给东方主义提供了合法性，却忽视了德里克受普莱特影响提出的'接触区'的关键概念，'在德里克看来，接触区不仅仅是一个殖民支配和控制的领域，同时也是一个交流的领域。在接触区内，被支配的东方文化其实也可以在不同程度上决定自己对于西方文化的吸取，而西方文化甚至也会受到东方文化的影响'。也许赵先生没有注意到，笔者确实探讨过这样的文化互渗现象，提到中国学者如何对汉学的发展进步做出了巨大的贡献，也提到经过中西文化的碰撞、交流，从事汉学研究的人力资源和身份主体性都改变了。"[2]

顾教授提出，为什么复制萨义德就没创意，复制斯皮瓦克、霍米·巴巴就是创新？汉学主义并不是沿着后殖民理论的逻辑走的，为什么一定要

---

[1] 顾明栋：《为"汉学主义"理论一辩——与赵稀方、严绍璗、张博先生商榷》，《探索与争鸣》2014年第10期。

[2] 同上。

提斯皮瓦克、霍米·巴巴呢？这种回答看起来振振有词，事实上却经不起逻辑的推敲。我并不认为顾教授在构建汉学主义的时候，一定要提斯皮瓦克、霍米·巴巴，或者其他什么人。我的意思是，汉学主义是根据东方主义而来的，而萨义德自提出东方主义之后，受到了很多质疑，建构汉学主义必须正视和解决这些质疑，才能成立。东方主义最大的破绽既不是没有注意西方内部的反殖民传统，也不是对真正的东方人重视不够，而是单一主体，即以"我"／"他"，"主体"／"客观"二元对立的方式看待西方人和东方人，没有注意到西方东方两种主体之间你中有我、我中有你的复杂互动关系，这样也就看不到其中产生反抗的可能性。这一质疑主要由霍米·巴巴提出，所以我才提到他。事实上，汉学主义存在着同样的问题，无论你是否提霍米·巴巴，都必须要回答这一问题。

霍米·巴巴的说法有点抽象，下面接着谈顾教授第三点回应中所提到的德里克，问题会变得比较清晰。我在《后殖民理论》一书中曾提到，德里克的"接触区"概念虽然来自 Mary Louis Pratt，但他的思路其实颇为接受他所批判的霍米·巴巴。在德里克看来，东方西方不是截然二分的，而是存一个"接触区"，东方主义本身就是在西方人来东方，或者东方人去西方这样的区域里产生的，而接触交流、互相影响之后，东西方思想其实已经变得不像萨义德说的那么分明。西方在了解了东方的现实以后，虽不免对待东方有居高临下的态度，但他们可以从东方出发，批判西方社会，例如德里克提到的19世纪德国和法国在东方主义学者提出的"东方文艺复兴"。东方主义甚至可以成为批判西方中心主义的武器，例如德里克提到的当代美国柯文提出的"以中国为中心的历史"。东方主义者觉得自己比西化的中国历史学家更有资格提出中国本土历史观。东方主义者甚至可以被东方接受为一员，如杜维明将非中国人的汉学家也包括到他的"文化中国"的概念中去了。

德里克认为："与其将东方主义视为欧洲现代性的自发产物，不如将其看作'接触区'的产物更容易理解，在'接触区'里欧洲人遇到非欧洲人，欧洲现代性既生产了作为他者进入现代性话语的另一种现代性，同时又受到后者的挑战。"[1] "又受到后者的挑战"是一个很重要的

---

[1] Arif. Dirlik. "Chinese History and the Questions of Orientalism", *The postcolonial Aura*. Westview Press, A Division of Harper Collins Publishers, 1997, p. 118.

说法，它指在接触区内，被支配的东方文化其实也可以在不同程度上决定自己对于西方文化的吸取。即以 20 世纪中国对于西方现代文化的吸收而言，我们既应该看到它不自觉的自我东方化的一面，还应该看到它挪用转化西方现代性为我所用的一面。陈小眉的《西方主义》一书，顾教授应该是看过的，这本书讨论中国 20 世纪 80 年代的西学热。她认为，20 世纪 80 年代以《河殇》等美化西方贬低中国的西方主义很容易被看作是自我东方主义，但这种西方主义却为国内的知识者反对"左倾"思想提供了武器。

顾教授的汉学主义在中国人"自我东方化"这个方面，较萨义德有更多的论述，这是他的贡献。然而，汉学主义和东方主义有共同的问题，就是单一主体和二元对立，他们都只谈到了西方的东方主义话语及东方的自我东方化问题，没有注意霍米·巴巴和德里克所谈到的东西方主体互动的问题。因此既没有注意到西方汉学家可以客观地书写东方，甚至批判西方中心主义——例如德里克提到的柯文的"以中国为中心的历史"，还有我在文中提到的作为西方汉学一个部分的汉学主义可以反过来批判汉学主义，更没有注意到中国人可以策略性地转换西方知识，为我所用，而不是像顾教授那样一股脑儿地把中国人对于西方知识的接受打成是汉学主义。这里的荒谬是非常明显的，难道"五四"对于西方民主科学的引进完全是东方主义？鲁迅接受了传教士史密斯《支那人之气质》的话语，转而进行中国的国民性批判，这难道也是东方主义？

顾教授一方面说，他不需要接受霍米·巴巴，另一方面在谈到德里克的时候，又自我辩解"确实探讨过这样的文化互渗现象，提到中国学者如何对汉学的发展进步做出了巨大的贡献"。顾教授没有注意到，有关主体互动的思想，是霍米·巴巴首先提出来的，并且被知识界广泛使用；他也没注意到，霍米·巴巴的思想和德里克"接触区"论述之间一脉相承的关系。正因为如此，他虽然提到了"文化互渗"的情形，却无力解释这一现象。在全书的结构中，一边倒地论述西方的汉学主义及中国的自我汉学主义化，从而变得十分偏颇，这也是国内汉学家根本否定汉学主义的原因，因为研究汉学主义的专家深知他们所研究的汉学对象，很多都是博大精深之作，并非全部是汉学主义的产物。

提倡鼓励相对公正客观的中国知识生产

顾先生回应我的第四个问题是："最后，赵稀方先生质疑笔者构思的汉学主义理论的终极目标：即把追求客观公正知识生产和不受政治意识形态干扰的学术作为终身理想。赵先生认为：'这个说法，连作者自己都不敢自信……顾明栋要寻找不受政治形态干扰的知识生产如何可能呢？'这里赵先生显然对我的论述产生了误解，不是笔者要寻找'不受政治形态干扰的知识生产'，而是提倡鼓励和促进相对中正客观的中国知识生产，尽可能远离任何形式的歧视、偏见、主观性和政治干扰。"[1]

关于这个问题，我觉得自己和顾教授其实没有什么分歧。因为，顾教授自己在书中已经同意了我的观点，追求客观公正不受政治意识形态干扰的学术是不太可能的，他在书中的"结论"中说："有人或许会说笔者对知识去政治化的想法是不切实际的。毕竟，特里·伊格尔顿、弗雷德里克·詹明信和其他很多理论家都令人信服地证明，一切批评都是政治批评，一切知识都有意识形态性。"[2] 有关于此，我在文中指出，还可以加上一大串名字，如萨义德在《东方主义》一书中运用的福柯的知识/权力学说、葛兰西的"文化霸权"理论，即使传统的马克思主义理论也强调知识的阶级性，等等。所以我的质疑是："顾明栋要寻找不受政治形态干扰的知识生产如何可能呢？"不过，顾教授声明，他是要"提倡鼓励和促进相对中正客观的中国知识生产，尽可能远离任何形式的歧视、偏见、主观性和政治干扰"。这一说法我是同意的。尽管寻找"不受政治形态干扰的知识生产"是不太可能的，但是如果把这一目标作为理想来追求，并且促进相对客观公正的知识生产，这当然是应该的。

最后，顾教授在文中进行概括："总览赵稀方先生的批评意见，他似乎隐含了这样一种看法：由于汉学主义理论没有沿着后殖民理论的路径走，因而实际上是复制了萨义德的东方主义理论。如果这一理解没有错，

---

[1] 顾明栋：《为"汉学主义"理论一辩——与赵稀方、严绍璗、张博先生商榷》，《探索与争鸣》2014 年第 10 期。

[2] Terry Eagleton, *Literary Theory: An Introduction*, Oxford: Blackwell, 1983, pp. 194 – 217; Fredric Jameson, *The Political Unconscious: Narrative as Socially Symbolic Act*, Ithaca and New York: Cornell University Press, 1981, pp. 17 – 23.

笔者对这一批评是不敢苟同的。相反，笔者认为，如果我们照着赵先生指出的路径走下去，才可能会复制东方主义，结果不但不会有什么创意，只会步后殖民主义的后尘。"[1] 对于这一疑问，我在对于第二、第三问题的回答中已经有了足够的说明。实在并不存在是否沿着后殖民理论路径走的问题，霍米·巴巴在批评萨义德的时候，并不知道自己是后殖民理论，由萨义德、斯皮瓦克、霍米·巴巴"神圣三剑客"所构成的后殖民理论不过是后人——主要是罗伯特·扬的建构。问题是，东方主义的缺陷已经受到严重批评（无论是不是后殖民理论），我们在建构汉学主义的时候却看不到，仍然落入其陷阱，重复其缺陷。其中的教训，应当深刻总结。

(原载《探索与争鸣》2015年第2期)

---

[1] 顾明栋：《为"汉学主义"理论一辩——与赵稀方、严绍璗、张博先生商榷》，《探索与争鸣》2014年第10期。

"汉学主义"理论与实践问题再辨析
——走向自觉反思、尽可能客观公正的知识生产

顾明栋

"汉学主义"是受萨义德的"东方主义"启发而产生的一个概念范畴和批评理论，但与"东方主义"及后殖民理论又有着明显不同的理论基础和运作逻辑。有关其与"东方主义"及后殖民理论的不同，笔者已在一系列中文文章中和英文拙作《汉学主义——东方主义与后殖民主义的替代理论》一书中做了较为深入的探讨，但由于英文拙作的中文版尚未面世，而已发表的中文文章散见于多家学刊，若非有心人，很少有人去收集阅读，即使对"汉学主义"有兴趣并提出批评意见的学者也不会全部通读。因此，对"汉学主义"仍然存在着诸多误解，最大的误解就是认为"汉学主义"是东方主义或后殖民主义的翻版，是一种以政治和意识形态为主导的批判理论，而批判的矛头专门指向西方的文化霸权主义和西方学术对中国文化和社会的误读和扭曲。平心而论，"汉学主义"当然有针对西方的文化霸权和学术问题的批评，但这不是提出汉学主义的主要目的，正如笔者在拙作和拙文中多次指出，汉学主义的理论并不是主要聚焦于西方文化霸权和西方学术误读中国的表象，而是要深入到表象以下挖掘导致这些问题的内在逻辑和工作法则，因此，"汉学主义"绝不是一种政治批判理论，而是一种反思的批评理论。反思批评的对象不仅有西方人和西方学术，也包括中国人和中国学术，当然也包括我自己，我在拙作中就深有感触地指出："自从对汉学主义产生兴趣以来，我发觉本人也处于其逻辑的影响之下，不知不觉地根据其原理从事学术研究，而没有意识到其

问题。"① 这种感悟是在深入探讨"汉学主义"的内在逻辑——即知识生产中"文化无意识"的作用之后才获得的。

在国内外诸多评论"汉学主义"的学者中,基本上有三种看法。第一种认为提出"汉学主义"是有意义和价值的,应该赞扬和鼓励。第二种认为"汉学主义"虽然有意义和价值,但问题也不少,应该质疑批评以促使其进一步完善。第三种认为,"汉学主义"是东方主义的翻版,既然已有后殖民理论,就没有必要提出名目虽新却了无创意的什么"主义",而且东方主义和后殖民理论本身也问题不少,套用这样的理论在根基上就有无法克服的问题。本文对所有关注"汉学主义"的学者同人表示诚挚的谢意,对持质疑批评、甚至反对意见的学者更持有由衷的敬意,这是因为对于主要是由国内外华人提出的"汉学主义"理论而言,赞扬和鼓励固然十分可贵,但质疑批评对理论的发展和完善更有价值。因此,在本文中将重点回应后两种批评意见。

一 汉学主义与东方主义的关系

1. 萨义德的东方主义理论自相矛盾吗?

在本文中,我先从第三种意见谈起。在持反对意见的学者中,张西平先生可以说是一位很有代表性的批评者,他在 2012 年发表了长达 14 页的批评文章《对所谓"汉学主义"的思考》,其标题就显示出作者并不认可的意向。文中主要论点也表达了十分负面的看法:"将西方汉学作为'汉学主义'列入批判之列,在理论上基本是套用了萨义德的理论,其理论并无多少创造。"② 其结论也是毫不含糊的否定意见:"这些学者在理论上并无任何的创造,他们不过是在重复后殖民主义的理论,而且这种重复是走了样的重复,是对《东方学》的一种扭曲的运用。"③ 文章否定"汉学主义"理论用的是釜底抽薪之法,这篇文章有三个部分,前两个部分分析批评萨义德的东方主义和后殖民主义,最后一个部分才针对"汉学主

---

① Ming Dong Gu, *Sinologism: An Alternative to Orientalism and Postcolonialism*, London and New York: Routledge, 2013, p. 9.
② 张西平,《对所谓"汉学主义"的思考》,《励耘学刊》2012 年第 2 期。
③ 同上。

义"开展批评。文章的构思立意是不难看出的:"汉学主义"是东方主义和后殖民理论的翻版,把前二者的问题找出来,后者就成了无根之木,不推自倒了。因此,文章用了前两部分专攻萨义德的理论,力争将其理论问题暴露出来。总体而言,张先生的核心论点就是:萨义德由于理论素养不够,东方学知识不足,其理论自相矛盾,是根基不牢因而不宜套用于汉学研究的理论。文章给人印象最深刻的一点就是认为萨义德是个逻辑性较差的学者,我们请看文章的多处描述:萨义德"在理论上有自身的问题","萨义德理论上面临的这些问题显而易见",他的理论"是自我矛盾的","萨义德在这个问题上是矛盾的,摇摆不定的"。他把"作为公正客观的东方学术和作为帝国主义帮凶的东方学之间的区分……说得并不清楚"①。读了这篇批评文章,如果我是一位对萨义德一无所知、正在寻找理论指导的青年学子,一定不会去看萨义德的书籍,因为按照批评文章的描述,萨义德连基本的逻辑概念都没有,他的书还有什么值得看的价值?如果我是一个对萨义德有所了解,并耳闻他是 20 世纪下半叶美国最伟大的思想家和文艺评论家之一,看了批评文章,我一定会想,看来萨义德也是在西方学界靠忽悠而浪得虚名,他的理论竟然连简单的逻辑矛盾都解决不了。我以前看过张先生批评东方主义的文章,觉得有些看法还是有道理的。但读到这篇文章中对萨义德的评论,我自己最初的感受是大为惊异。然而,我细读批评意见以后发觉,不是萨义德逻辑不清,自相矛盾,而是批评者喜欢实证主义,不太愿意从后现代的视角去思考问题,更重要的是,批评意见是建立在完全错了的文本误读之上的发挥,在此只要分析两例就可以说明批评文章的"自相矛盾说"为何站不住脚。文中批评萨义德的核心支撑观点是:"在纯粹知识和政治之间究竟是什么关系,纯粹知识和意识形态究竟是什么关系,萨义德是自相矛盾的。"批评者是怎样得出这一结论的呢?我们先来看张先生对萨义德的一段批评:

> 从理论上看萨义德的这两个方面是自我矛盾的:一方面强调学术、知识与政治是紧密相连的,将学术、知识混同化,一体化;另一方面,又认为任何对事物陈述的知识、真理都是虚幻的,都是不可靠

---

① 张西平:《对所谓"汉学主义"的思考》,《励耘学刊》2012 年第 2 期。

的，对以实证为特点的19世纪以来的所有知识和真理形态怀疑，对以此为基础的西方东方学的知识和认识形式做根本的否认，萨义德在理论上面临的这些问题显而易见。①

这是批评者对萨义德的自相矛盾的陈述，但里面加上了批评者自己的表述，比如，无论是萨义德还是对其产生影响的福柯都不可能说"任何对事物陈述的知识、真理都是虚幻的"之类的话，他们有可能说一切知识和真理都是话语构建的叙事因而带有主观虚构性，即使我们把批评者自己的转述视为萨义德的观点，在上面这段引文中也看不出有什么"显而易见"的自相矛盾之处。批评文章中像这样的批评尚有好几处，这种似是而非的批评还不算太离谱，而支持"自相矛盾说"的关键文本因为批评者的阅读差之毫厘，其结论就失之千里了。在此我得引用文章的一段话以分析问题的关键：

> 一方面，他说"当代西方（在此我主要指美国）产生的具有决定影响的知识大部分是非政治的，也就是说，纯学术的，不带偏见的，超越了具体的派别或狭隘的教条的"。另一方面，他又坚持说没有人能把学术和政治分开，那些自称纯学术的研究实际上"这种知识并不因此而必然成为非政治知识"，"文学与文化常常被假定为与政治甚至与历史没有任何牵连，但对我来说常常并非如此，我对东方学的研究使我确信（而且我希望也使我的文学研究同行们确信）：社会和文化只能放在一起研究"。②

上面引用的生活·读书·新知三联书店1999年版萨义德《东方学》中译本的两段话，一段引自译文的13页，一段引自37页，这种把从两个不同语境中引用的两段话放在一起，并在两者之间加上自己的话，是没有说服力的组织，有说服力的分析应该来自同一语境。更关键的是，批评者的引用是脱离上下文的断章取义，其分析得出的结论来自误读，对此，我们将以萨义德的英文原著来说明。在引用的第一段话之前，萨义德说：人

---

① 张西平：《对所谓"汉学主义"的思考》，《励耘学刊》2012年第2期。
② 同上。

文学者和从事政策以及政治性工作的人之间的分别在于，前者的意识形态性是偶然与政治发生关系，而后者的意识形态是直接编进其资料之中，"的确，经济、政治和社会学在现代学术界是意识形态的科学，因而被想当然地看成'是政治性的'"①。紧接着的就是张先生引用的那一段话，但是，批评者斩头去尾，使原来的意思完全变了味。准确的原文应该译成这样的中文："然而，当代西方（在此我主要指美国）生产的大部分知识受到的决定性冲击是，知识应该是非政治的，也就是说，必须是学术的、学院派的、中立无偏的，超越派别或狭隘的信念的。"② 读者应该注意，在此，萨义德不过是陈述了学术界的理想，但这并不是萨义德自己的观点，批评者将其视为萨义德的观点是大错特错的。紧接着这个陈述以后，萨义德才表达了自己的观点："理论上我们也许无法与这样的雄心壮志吵架，但在实践上，现实要复杂得多。从来没有人设置了一种方法，可以把学者与其生活情况、其（有意或无意地）卷入某个阶级、某一套信仰、某个社会地位，或只是作为某个社会的一个成员的活动分隔开来。"③ 在此之后就是萨义德对其观点的进一步阐发。我根据英文原文的分析毫无疑问地证明，批评者不仅引用了不准确的译文，而且脱离了语境，断章取义，然后采用移花接木的方法得出了与萨义德原义完全相反的论断，这样的误读实在无法支撑"自相矛盾说"。

在得出萨义德的第一段原文的正确含义以后，我们再来看其与第二段引文的关系，一眼就能看出，两段话意思前后一致，没有任何矛盾之处。批评者用这样的误读对萨义德的东方主义理论进行解构，不要说萨义德本人会因为离谱的误读而不服气，就是稍微熟悉东方主义的学者也会觉得这样做有失公允。萨义德的东方主义自然有其不足，我自己就发表过一篇文章指出东方主义和后殖民主义的缺憾，④ 但那些缺憾不是张先生多次批评的理论"自相矛盾"，而是一味强调政治意识形态批判，忽视东西方文化相遇中的交流和对话，以及东方学者对研究东方文化所作的贡献，从而导致某种偏激与不够公允，给人以制造东西方对立，甚至反西方的印象，

---

① Edward Said, *Orientalism*, New York: Vintage Books, 1978, p. 9.
② Ibid., p. 10.
③ Ibid..
④ 顾明栋：《后殖民理论的缺憾与汉学主义的替代理论》，《浙江大学学报》（人文社会科学版）2015 年第 1 期。

一些东方学学者和西方学者就干脆把萨义德的东方主义理论称为"反西方主义"（anti-Westernism）。即使这一缺憾，也只是一种偏颇，并不是什么错误，萨义德完全可以为自己辩护说，他主要目的是批评东方学中的问题，并不是为其评功摆好，歌功颂德，批判的目的是更加客观公正的生产东方知识，对东方学起到促进作用。

　　从这个角度来看，张先生批评"汉学主义"的一些观点和方法也是偏颇的。最受张先生批评的一个观点就是周宁先生的一个著名论断："广义的汉学与其说是一门学问，不如说是一种意识形态，包括虚构与想象，协调知识与权力。狭义汉学学科的意识形态的倾向被掩盖在学科理论假设与建制之中隐秘而不宜察觉。"① 周宁先生另一个衍生出来的观点也被张先生拎出来加以批评："汉学与其说是假设客观真理的科学，不如说是具有意识形态有效性的'叙事'。"② 张先生认为这些观点是完全错误的，错误的要害是把西方汉学当作"西方的一种意识形态，毫无真理可言"③。但是在仔细分析以后，依据理性中立的学术立场来看，张先生的批评恰恰是从自己认可的视角出发而导致的偏颇。周宁把西方汉学分成"广义汉学"和"狭义汉学"，虽然性质内容有所不同，但都是"具有意识形态有效性的'叙事'"。这样的认识没有什么问题，在当下的学界，一切知识都是一种话语构建的"叙事"的观点已基本上成了不争之论，只有坚守实证主义信念的学者除外，张先生自己也在文中提到这一观点，只是由于其信守实证主义信念而不愿意认可罢了，这是导致对周宁先生观点的误解的根源。至于说西方汉学带有意识形态性，这话也不错，因为既然一切知识都是构建的叙事，而构建者都有意无意地受制于某种意识形态，当然会带有意识形态，区别只是意识形态成分的多少而已。周宁认为广义汉学的意识形态成分较明显，而狭义汉学的意识形态成分较隐晦，这实在是一种敏锐的观察和中肯的看法。

　　2. 回应对"汉学主义"的批评

　　综观《对所谓"汉学主义"的思考》这篇文章，作者对"汉学主义"理论的不认可似乎主要有这样几个看法：一是"汉学主义"照搬东

---

① 周宁：《汉学或"汉学主义"》，《厦门大学学报》（哲学社会科学版）2004年第1期。
② 同上。
③ 张西平：《对所谓"汉学主义"的思考》，《励耘学刊》2012年第2期。

方主义理论,没有创造性;二是无视西方汉学的"巨大进步"和成就;"将西方汉学的发展的复杂历史简单化";三是"理论太多,个案研究太少,宏观概括太多,具体文本研究薄弱";四是把学术和政治混为一谈,过分依赖后殖民的意识形态批判路径,有把学术和知识生产意识形态化的弊病。[①] 对这些批评,抱着有则改之、无则加勉的态度,我们表示欢迎和感谢,但也想借机作简单的辩护。对于第一点,"汉学主义"理论究竟有没有不同于东方主义的创新,我们希望批评者能先全面阅读已经发表的有关"汉学主义"的文章,在此基础上再评价才能令人心服口服。我将在下文回应另一位学者的批评中,对此问题作简要的说明,也算是对张先生批评的回应。对于第二点,汉学主义的提倡者并不是没有注意到西方汉学的成就,而是关注重点在于其问题性。至于说周宁先生用"赋比兴"的方法概括西方汉学的发展和问题性,这不失为一种形象生动地把握复杂西方汉学历史发展的一种方法,其独特性我个人觉得远比那些图书资料员式的简单堆砌研究要富有创造性。而且,任何学者都可以以自己的观察和认为有价值的治学方法构思某一门学科的历史发展,其他学者可以发表评价,但不应该以个人的好恶(这也是一种"意识形态")而作为正确与错误的标准。对于第三点,我认为张先生低估了理论和宏观概括的难度,也忽视了"汉学主义"倡导者的个案研究和文本研究,仍以周宁为例,他只是写了一两篇关于"汉学主义"的理论文章,绝大多数的研究还是实在的个案研究和文本研究,读者只要看一看其已发表的书目即可知道。关于第四点,政治和学术是一种辩证关系,在理论和实践上既可分又不可分。在此,我只要举几个已发表的个案研究就能说明。

西方的孔子研究已有数百年,1997 年美国杜克大学出版社出了一本专著《制造儒教》,作者经过研究提出其核心观点:"我认为,今日大家所熟知的孔子形象是一个长期刻意制造出来的结果。在这个制造过程中,西方知识分子一直居于主导地位。""在本世纪的中国,主要由西方人创造的孔子启发了中国人对这位民族偶像的重造。""十六世纪的中国人提供以故事形式的孔子原材料,西方孔子研究专家从中受到启发,并将其虚构形式改造成有争议的西方科学和神学表现形式。"结论是:"Confucian-

---

[①] 张西平:《对所谓"汉学主义"的思考》,《励耘学刊》2012 年第 2 期。

ism 主要是西方人的创造，用来代表儒家、儒教、儒学和儒者所指称的内容。"① 换言之，西方知识分子是发现孔子、发明儒教的领袖，而中国知识分子只是西方的追随者和信息提供者。这代表了西方研究领域一种霸权主义观点，在不少知名汉学家的著述中也不少见。再以西方的道教研究为例，这应该算是"纯学术"的研究，但众多西方道教研究学者抨击中国传统把道教和道家一分为二的做法，认为是不正确的，应该归为一类。他们反对已成定论和共识的"道家"和"道教"二分的目的何在？我在经过较为详细的分析以后获知，他们在做了大量的厚描式（也就是资料积累）研究以后，其真正的目的是要宣布，道教研究只是在当代才成熟起来，而成熟的动因和标志是西方学者的学术研究，甚至有好几位西方汉学家一再强调，道教研究是某一个西方汉学家偶然"发现"的结果。一位著名的研究道教的汉学家就如是说："可以说，与得到热衷研究的老子和庄子道家思想不同，道教研究几乎完全是二十世纪后半期的事，这在很大程度上要归功于施舟人六十年代在台湾的发现。"② 读者如有兴趣，不妨读一读本人的拙文《汉学研究的知性无意识》，对这种带有文化霸权意识的汉学研究有详细的描述。③ 以上个案清晰地表明，即使在"纯学术"的汉学研究中也难逃意识形态，那些在国学研究者听来有点儿天方夜谭式的结论反映的正是殖民主义时期西方学者对待殖民地文化的心态，当然，在当代，这种心态已被反殖民主义运动压抑到无意识层面，成了本人在构思"汉学主义"的理论基础之一时所说的"文化无意识"。

我再举拙文《中西研究的政治无意识》中两个政治与学术无法分开的例子。④《夏商周断代工程》是中国一个大型学术研究工程，工程的研究结果在发表以后，西方学者大肆攻击其学术正当性，声称是中国政府的政治宣传。斯坦福大学著名汉学研究荣休教授倪德卫在西方媒体上对其不屑一顾，声称西方学界会将其结果撕得粉碎。在质疑中国两百多位学者耗

---

① Lionel M. Jensen, *Manufacturing Confucianism: Chinese Tradition and Universal Civilization*, Durham: Duke University Press, 1997, p. 5.
② Norman Girardot, "Foreword" to Kristofer Schipper's *The Taoist Body*, Berkeley and London: University of California Press, 1992, p. x.
③ 顾明栋：《汉学研究的知性无意识》，《北京师范大学学报》2013年第3期。
④ 顾明栋：《中西研究的政治无意识——以夏商周断代工程为中心》，《南京大学学报》2013年第3期。

时数年的研究的同时,他却声称独自一人澄清了夏商周断代工程中所有的年代问题,并认为他的研究比浩大的中国专家团队的研究更为可靠,更为优秀。他甚至自信地宣称自己单枪匹马攻克了夏商周断代工程所要解决的所有的年代测定问题。另一例是2008年,普林斯顿大学出版社出版了一本由一位著名的考古与艺术史专家撰写的书《谁拥有文物?》,[①] 书中有大量篇幅涉及中国文物。在书中提到从中国敦煌洞窟中盗走二十多幅壁画和文物的哈佛大学艺术史教授兰登·华尔纳。但我们在书中看到的描绘中,华尔纳不是盗走中国文物,只是到敦煌的洞窟中去为哈佛大学"挽救"艺术品,华尔纳也不是用受到全世界考古学家谴责的破坏性方式剥离并毁坏敦煌艺术珍品;而只是"颇为笨拙"移走了"一些碎片"。那个偶然发现藏经洞、并出于个人贪欲以垃圾价格把敦煌瑰宝出卖给斯坦因和伯希和的中国道士王圆箓则被描绘成做了大量"崇高工作"的人,而盗取大量敦煌文物的斯坦因和伯希和则被描绘成对敦煌洞窟及其内容有"发现"之人。通过奇妙的文字转换,王圆箓的可耻行为变成高尚的德行,斯坦因和伯希和对中国文化遗产的劫掠被上升到可媲美哥伦布发现美洲大陆的可敬地位。[②] 我想,张西平先生在读过这些案例研究以后可能会对学术与政治的关系有不同的理解,也会对所谓知识都是一种叙事有更深的认识,也可能会重新认识意识形态的批判路径的价值。我在此冒昧预言:只要西方的政治、经济、文化霸权一天不消失,意识形态的批判路径就不会失去其价值。

二 汉学主义的范式问题

与《对所谓"汉学主义"的思考》作者不同,后殖民研究专家赵稀方先生对"汉学主义"理论的提出还是认可的,在其发表的《评汉学主义》一文中,他认为这一理论的提出是必要和有价值的,只是有很多需要改进的问题。我曾撰文与他就汉学主义理论的完善进行商榷,他在阅读了我的商榷文章以后又拨冗作了回应,写出了《突破二元对立的汉学主

---

① James Cuno, *Who Owns Antiquity? Museums and The Battle over Our Ancient Heritages*, Princeton: Princeton University Press, 2008.

② 顾明栋:《中西研究的政治无意识——以夏商周断代工程为中心》,《南京大学学报》2013年第3期。

义研究范式》。他的第二篇文章比第一篇文章提出更多的批评,有些批评也与其第一篇文章相左。其批评的主要观点在其文章标题上有清晰的表述:汉学主义理论遵循的是东西方二元对立的研究范式。其得出的结论也认为:"东方主义的缺陷已经受到严重批评……在建构汉学主义的时候却看不到,仍然落入其陷阱。其中的教训,应当深刻总结。"① 我在此首先要说的是,与一些对"汉学主义"完全持负面看法的学者不同,赵先生认为提出这一理论还是有理论意义和实践价值的,而且在第一篇评论文章中对汉学主义的理论有较好的评价。② 对此,我们再一次表示诚挚的感谢。但"汉学主义"理论是不是二元对立的研究范式呢?这是一个十分重要的理论问题,对中西研究和跨文化研究具有值得认真探究的意义。下面拟说明"汉学主义"遵循的是什么样的研究范式,并回答赵先生提出的一些细节问题。以下的讨论也是对张西平先生的回应的补充。

1. 汉学主义理论是不是二元对立的研究范式?

"东方主义"被批评的一个主要缺陷就是采用了东西二元对立的范式,汉学主义理论的构建是否重蹈了萨义德的覆辙呢?如果说早期的汉学主义研究由于受到"东方主义"的影响或许存在着东西方二元对立的现象,后来的汉学主义彻底抛弃了二元对立的范式,走向自觉反思、尽可能客观公正的知识生产范式。这是周宁先生的《天朝遥远》和本人的《汉学主义》二书中的核心思想。以周宁先生多年来精心从事的"中国在西方历史中的形象研究"为例,一些学者并没有细读周先生的《天朝遥远》就草率地批评其采取了东西方对立的研究范式。其实,只要有点耐心读完《天朝遥远》的"前言"和最后一章,然后快速浏览全书,批评周先生采用东西方对立的研究范式的指责就不攻自破。《天朝遥远》开宗明义地说明,该书是要探究西方在不同时代、不同国度、不同的知性领域以及不同的话语中生产中国形象而带来的一系列问题:"如何解释、在什么知识框架下解释这些形象?所谓中国形象的意义是什么?……为什么从文艺复兴到启蒙运动的若干世纪,西方人对中国总是好感过多,而此后一段时间,

---

① 赵稀方:《突破二元对立的汉学主义研究范式——对顾明栋先生的回应》,《探索与争鸣》2015 年第 2 期。
② 赵稀方:《评汉学主义》,《福建论坛》2014 年第 3 期。

这种好感顿然消失?……是什么因素造成了这种转变?"① 在提出一系列问题以后,该书"前言"清楚地把研究的中心思想归纳为三个核心问题:(1)西方的中国形象是如何生成的;(2)中国形象的话语传统是如何延续的;(3)中国形象是如何在西方文化体系中运作的。②《天朝遥远》上下两大本的研究得出的结论是,西方有关中国的六大类形象是西方现代历史与现代精神在自我构建和自我认同的过程中作为西方现代性观念生成必不可少的"他者"镜像。但更重要恰恰为批评的学者们所忽视的是,周先生明确指出:"西方的现代性自我确论是在二元对立的思维模式下完成的。"③ 该书的确"在古代与现代、停滞与进步、东方与西方、专制与自由的二元对立框架内,讨论西方现代性空间与时间叙事中的中国形象"④,但这种二元对立恰恰是西方在过去七百年时间内构建的,而且一直延续至今,在以亨廷顿为首的西方学者的论述中以"野蛮的东方"与"文明的西方"的对立及其变体而出现在后冷战时代。周先生一针见血地指出:亨廷顿虽然也谈文明存在着对话与和解的可能,但他的"文明冲突论续起一度中断的文明与野蛮、西方与东方二元对立的帝国主义话语谱系,也续起了中国的野蛮东方形象"⑤。正是在这样的语境下,周先生才得出这样的结论:"西方与东方、文明与野蛮、西方文明征服东方野蛮的二元对立的话语模式,根本上决定着西方现代性的世界秩序想象,"⑥ 并对西方人对中国形象进行野蛮东方化处理的做法提出批判。我的简单概括说明,中西二元对立的模式不是周宁先生创立的,而是西方在制造中国形象的话语时一直遵循的理论范式,周先生不过是以大量的历史资料揭示了这种二元对立范式的历史成因和内在逻辑,并对西方以"文明与野蛮"的范式将东方妖魔化的文化霸权主义有所批判,我实在看不出这样的研究和批判有什么不对?

尽管拙作一再申明要走出东方主义,但是,赵稀方先生仍然把本人的"汉学主义"观念归入二元对立的研究范式,他在书评和回应中都是这样

---

① 周宁:《天朝遥远》,北京大学出版社 2006 年版,第 1—2 页。
② 同上书,第 18 页。
③ 同上书,第 14 页。
④ 同上书,第 804 页。
⑤ 同上书,第 810 页。
⑥ 同上书,第 813 页。

三 关于"汉学主义"的争鸣　281

认为的。在《评汉学主义》的书评中,他指出《汉学主义》其实只是"复制"了萨义德,而没有照斯皮瓦克、霍米·巴巴等人的路径走,更没有注意和探讨德里克根据普莱特(MaryLouis Pratt)的"接触区"的概念而指出的方法,因而使汉学主义落入东方主义的窠臼。他的回应在结尾部分也重复了这一看法:"东方主义的缺陷已经受到严重批评(无论是不是后殖民理论),我们在建构汉学主义的时候却看不到,仍然落入其陷阱,重复其缺陷,其中的教训,应当深刻总结。"① 据此,我在商榷文章中推测,赵先生的意思是,汉学主义如果沿着后殖民理论的逻辑走,会更有新意。赵先生在回应中认为我是过度阅读。我的看法其实是根据赵先生的一段原话:"他们(指顾明栋和周宁)看起来批判了萨义德,但事实上复制了萨义德,他们对于斯皮瓦克、霍米·巴巴等有关被殖民者发声及东西方主体间性关系的探讨完全没有注意。"② 至于说汉学主义应该根据后殖民的路径走,我本来也只是根据赵先生的批评做了理性推测(educated guess),但阅读了赵先生的第二篇回应文章,我觉得,他的再回应进一步证实了我原来的推测。请看下面一段话:

　　汉学主义和东方主义有共同的问题,就是单一主体和二元对立,他们都只谈到了西方的东方主义话语及东方的自我东方化问题,没有注意霍米·巴巴和德里克所谈到的东西方主体互动的问题,因此既没有注意到西方汉学家可以客观地书写东方,甚至批判西方中心主义——例如德里克提到的柯文的"以中国为中心的历史",还有我在文中提到的作为西方汉学一个部分的汉学主义可以反过来批判汉学主义,更没有注意到中国人可以策略性地转换西方知识,为我所用,而不是像顾教授那样一股脑地把中国人对于西方知识的接受打成是汉学主义。这里的荒谬是非常明显的。③

在这一段话中,赵先生的用意一目了然。提请我注意霍米·巴巴等人

---

①　赵稀方:《评汉学主义》,《福建论坛》2014年第3期。
②　同上。
③　赵稀方:《突破二元对立的汉学主义研究范式——对顾明栋先生的回应》,《探索与争鸣》2015年第2期。

的理论作为一种建议也无可厚非，但我在书中清楚表明，我并不是没有注意到霍米·巴巴等人的理论，而是因为拙作就是要走与霍米·巴巴等人不一样的路。拙作的小标题"东方主义与后殖民主义的替代理论"足以表明全书的主旨。既然拙作的用心并不在于赵先生感兴趣、并认为有价值的理论，赵先生在回应结束时的批评好像有点儿强人所难，而且让我感到困惑的是，这与赵先生在前一篇书评中发表的看法自相矛盾："顾明栋不是简单地将汉学主义处理为一种殖民侵略以至政治意识形态，而是深入到了文化无意识的层面，这种解释无疑较直接套用东方主义更为深入一些。"①当时我读到此评价时真有他乡遇故知的感觉，可不知赵先生在回应中怎么就改变初衷了呢？下面我还会提到一些令人费解的评价逆转。

当然，我可以理解赵先生希望为汉学主义指出另一条路径的良苦用心，并表示高度尊重，但我不知道他所言"既没有注意到西方汉学家可以客观地书写东方，甚至批判西方中心主义"的批评有什么根据，更不知在拙作中什么地方"一股脑地把中国人对于西方知识的接受打成是汉学主义"。作为一直呼吁重视学术的相对客观中立性的人，如果我真如赵先生所批评的那样，那不仅是荒谬得很，而且可以说是偏狭得不可理喻。可是赵先生没有引用书中的任何证据（也许是因为找不到这样的证据，在下文中我会提出反证），这好像不能算是实事求是的批评。他的另一段批评更让我感到费解：

> 他〔指顾明栋〕虽然提到了"文化互渗"的情形，然而无力解释这一现象。在全书的结构中，一边倒地论述西方的汉学主义及中国的自我汉学主义化，从而变得十分偏颇，这也是国内汉学家根本否定汉学主义的原因，因为研究汉学主义的专家深知他们所研究的汉学对象，很多都是博大精深之作，并非全部是汉学主义的产物。②

赵先生在书评中批评我没有探讨"文化互渗"现象，我在与赵先生商榷的文章中，从拙作引用一大段话以证明拙作确实探讨了"文化互渗"

---

① 赵稀方：《评汉学主义》，《福建论坛》2014 年第 3 期。
② 赵稀方：《突破二元对立的汉学主义研究范式——对顾明栋先生的回应》，《探索与争鸣》2015 年第 2 期。

现象，于是，赵先生就转而说我"无力解释这一现象"，却没有意识到，我的兴趣并不在此，更不想用霍米·巴巴和德里克的理论。为什么我对此没有多少兴趣呢？因为我认为，如果说在前殖民时期，东西方文化的互渗现象还相当可观，很值得研究，在殖民时期和近现代，伴随帝国主义殖民侵略而来的西方文化大潮铺天盖地席卷东方，基本上是单向的从西向东的滚滚洪流，处于西方文化输出接受一端的东方，如果说还有一点"互渗"现象，那也是涓涓细流。有人愿意对此作深入研究应当大力鼓励，但我更感兴趣的是如何生产尽可能客观公正的中西文化知识，而我认为要达到这一目的，我们应该判析并搬走阻碍东西方文化交流的有形和无形的绊脚石。正因为如此，拙作才致力于探讨导致汉学主义和中国知识异化的内在逻辑，即影响中西学者探索中华文明的文化无意识。至于说赵先生批评笔者把汉学家"博大精深之作"视为"汉学主义的产物"，这一批评真让人莫名其妙，可以负责任地说，这一批评完全没有根据。恰恰相反，拙作不仅批评了一些学者的"中国中心主义"以及对西方汉学家的贬低，[①]而且对汉学家的学术成就作出了高度的评价，在此仅引用拙作的一段为证：

> 将汉学主义等同于汉学忽视了这样一个事实：大部分汉学家都是治学严谨的学者，他们生产了大量令人钦佩的学术作品，大大拓展了我们对中国文明的了解，受到中国学者的高度赞扬。如高本汉（Bernhard Karlgren）对古汉语研究的贡献，伯希和（Paul Pelliot）对敦煌手稿的研究，葛兰言（Marcel Granet）对中国宗教与思想的研究，李约瑟（Joseph Needham）对中国科学和技术的研究，费正清（John Fairbank）对中国历史的研究，华兹生（Burton Watson）和史蒂芬·欧文（Stephen Owen）对中国诗歌的研究，弗朗索瓦·于连（François Jullien）对中国思想与艺术的研究，以及韩南（Patrick Hanan）和蒲安迪（Andrew Plaks）对中国小说的研究，等等。如果忽视由许多汉学家所创造的严谨学术，我们就会犯学术政治化的错误，无法对中国文明和文化作出深刻了解，就像一些西方学者和思想

---

① Ming Dong Gu, *Sinologism: An Alternative to Orientalism and Postcolonialism*, London and New York: Routledge, 2013, pp. 7-8, 48-49, 139-140.

家对中国学者研究的中国传统与文明所犯的错误那样。①

事实上赵先生在第一篇书评中也曾经提道:"顾明栋自己也认为很多汉学研究是公允精深的。"②

对赵先生在回应中的没有根据的批评,我感到十分迷茫:他是怎样产生那些没有文本根据的看法的呢?重新阅读他的回应文章,我才意识到,他好像没有通读本人的拙作,可能只是跳着读了主要章节就匆忙下结论。我推测的根据是,他的文章中不知道我的拙作讨论了美国汉学家柯文提出的"以中国为中心的历史",因为他好像是对我指点迷津似的提到柯文的书,却不知我在拙作中引用了柯文的书多达三次③;不知道拙作讨论了陈晓媚的《西方主义》与汉学主义的关系。④他没有注意到拙作花了大量篇幅对汉学主义早期单一做法的批评,更没有注意到笔者的一个核心观点:汉学主义不是汉学,而是异化了的汉学研究,而且笔者认为,汉学主义存在着去异化的内在动力。至于说"在全书的结构中,一边倒地论述西方的汉学主义及中国的自我汉学主义化,从而变得十分偏颇"的批评,也能说明赵先生没有通读拙作。而且,只要浏览一下拙作的中文摘要和目录就可知道,全书的主要目的并不是要批判西方的汉学主义及中国的自我汉学主义化,而是要探讨中国知识生产中的认识论和方法论的问题极其导致的中国知识的异化。在此不妨引用 J. 希利斯·米勒教授给拙作写的序言中的一段话以证明笔者所言不虚:"顾教授并不是要去纠正几个世纪以来西方人对中国的误识,这个任务未免太过巨大。他想要做的是回答这样的问题:为什么会出现误识的情况?为什么我们无法客观地理解中国的文化?"⑤ 此外,赵先生在上面的引文中也把我的研究归入"国内汉学家根本否定汉学主义的原因",但颇为有趣的是,对汉学主义几乎持完全否定态度的严绍璗先生却把以拙作第二章改写的一篇文章《汉学、汉学主义

---

① Ming Dong Gu, *Sinologism: An Alternative to Orientalism and Postcolonialism*, London and New York: Routledge, 2013, pp. 48–49.
② 赵稀方:《评汉学主义》,《福建论坛》2014 年第 3 期。
③ Ming Dong Gu, *Sinologism: An Alternative to Orientalism and Postcolonialism*, London and New York: Routledge, 2013, pp. 88, 105, 139.
④ Ibid., p. 58.
⑤ Ibid., p. xvi.

与东方主义》看成是公允的,认为我的文章"批评了'汉学主义'的狭隘和偏执"①。

如果说我的这些辩解主要是引用了自己的书而不足为凭,在此不妨再引用美国著名汉学家、密西根大学中国研究中心主任包华石(Martin Powers)教授2014年发表在《亚洲研究》上对拙作的书评中的一段:"顾明栋的《汉学主义》雄心勃勃地试图探讨这一现象(即误读中国——笔者注)的根源。像从事中国研究的许多人一样,顾明栋认识到,无论是东方主义还是后殖民理论都不能真正处置涉及中国研究的问题……该书的目的是要对问题刨根问底。"② 当然,赵先生没有根据的批评还可能有一个原因,就是读过拙作以后忘记了书中的主旨和细节,我的根据就是赵先生在两次评论中的批评意见前后矛盾,而前后矛盾肯定是记忆疏漏造成的,就像我自己对萨义德《东方主义》书中细节的遗忘而造成的疏漏那样。

仔细拜读赵先生两次批评意见以后,笔者觉得赵先生与我的视角和兴趣是不太一样的。赵先生基本上是从东方主义和后殖民理论的视角审视拙作的,因此,很可理解的是,他看出了汉学主义与东方主义和后殖民理论的相同之处,并为汉学主义没有沿着东方主义和后殖民研究之后的理论路径走下去而感到可惜。但是,他却没有注意到拙作的目的不是要走后殖民的政治意识形态批判的路径,而是想另辟蹊径,走一条自觉的批评反思的路径。这一核心思想纵贯全书,但赵先生不知何因而视而不见。在此,笔者不想重复拙作多次论述的核心观点,只想引用读者的书评说明拙作的核心观点是什么。关于笔者所说的自觉反思的核心问题,国内外阅读过拙作的批评家们都看出了笔者的初衷。除了上文提到的米勒教授和包华石教授,笔者再举国内外另外两个与这一问题紧密相关的书评。美国的《书讯》(Book News)对英文拙作有这样的概括:"本书探讨了西方对中国的扭曲和谬误是如何普遍存在、绵绵不断以及其原因,并探索中国学者为何也误读自己的文化或完全无视西方的感知……讨论的问题涵盖知识和文化无意识,后殖民主义,方法论和认识论的意识形态,知性无意识和政治无

---

① 严少璗:《我看汉学与"汉学主义"》,《国际汉学》2014年第1期。
② Martin Powers, "Review of Ming Dong Gu's *Sinologism*: *An Alternative to Orientalism and Postcolonialism*", *Journal of Asian Studies*, Vol. 4, No. 73, 2014.

意识等。结论是提出一种自觉反思的理论。"① 美国《现代中国文学》的一篇书评也说:"虽然顾著《汉学主义》可以看作是对萨义德工作的又一个回应,但顾著与其他研究在两个方面显著不同。首先,顾在全书中一再强调其'对为学术而学术这一高尚追求'的信念和景仰。与萨义德发起的政治性的、充斥意识形态内容、并被后殖民研究进一步发展的潮流背道而驰的是,顾氏声称,他'提出汉学主义的终结目标是要为中国学术去政治化和去意识形态化寻求灵感和洞见。'"② 中国一位学者也指出:"'汉学主义'理论彰显了不同于东方主义理论的知识贡献——不再美化对西方的对抗,转向自我反思。这个反思同时指向本土的妄自菲薄和妄自尊大,进而对自我有一种清醒而理性的认识,拥有一种自信和开放的视野,同时恰当地认识他者的智慧,这正是'文化自觉'的基本内涵。"③ 因此,笔者更希望看到对汉学主义作为一种自觉反思的批评理论的不足提出建设性的批评意见。

(2) 关于"汉学主义"的几个具体问题在回答了"汉学主义"理论是不是二元对立的研究范式这一理论问题以后,我们可以探讨一些有关汉学主义的具体问题。在此有必要先回答一个枝节问题。这就是赵先生在第一次书评中指出笔者因记忆疏漏而出现的一个错误,即声言萨义德的《东方主义》书中没有关于被殖民者的"只言片语"。这里有必要解释两点,一是赵先生在回应中提到我"阅读萨义德《东方主义》一书才一年有余",为何对一些细节不如他十几年前阅读时记得那样清楚?我要解释的是,我从未说过一年前读过《东方主义》,事实上,我的原文是"笔者阅读萨义德一书已有多年"④,这里,赵先生可能是看错了。二是笔者在提交的回应文章的原稿中指出:拙作的中文初稿存在着一个翻译不准确的问题,没有关于被殖民者的"只言片语"其实是译者大肆发挥的结果。拙作的正确译文应该是"由于萨义德的理论主要关注的是西方人(既包括殖民者也包括学者)对中东文化有问题的认知、构建和评价,因而该书完全把被殖民者放置在其东方主义的图景之外。"笔者说:

---

① Book News, Inc., Portland, Oregon, http://www.thefreelibrary.com.
② Gang Zhou, Review of *Sinologism*, *Modern Chinese Literature and Culture*, Feb. 2015, https://u.osu.edu/mclc/2015/02/28/sinologism-review/.
③ 周云龙:《"汉学主义",或思想主体的焦虑》,《中国图书评论》2014年第1期。
④ 顾明栋:《为"汉学主义"理论一辩》,《探索与争鸣》2014年第10期。

"尽管是译文有偏差，但仍然必须承认，使用'完全'一词是不准确的，确切的词应该是'几乎'（nearly）。"遗憾的是，经过编辑处理的定稿则删除了这段话。如果这段话没有删除，就不会引起赵先生在回应中重提此疏漏，并劳累他花费不少笔墨说明为什么没有关于被殖民者的"只言片语"是错误的。可能也不会引起关于阿拉伯世界自我殖民到何种程度的争论。为了学术的严肃性，笔者利用本文提供的机会，向赵先生指出疏漏表示感谢。

关于"东方主义"和"汉学主义"的对比，赵先生对笔者一方面引用萨义德的结论——"当代东方参与了自身的东方化过程"，一方面又说萨义德并没有认为阿拉伯世界"参与了东方主义的构建"这样似乎自相矛盾的立场表示费解。其实，这不仅是从不同的视角看问题而带来的不同结果，而且两句话的内容也有本质区别，前者是"被动参与"，而后者是"主动构建"。我们只要从"被动参与"与"主动构建"这两个角度对中东人与东方主义的关系进行审视，看似自相矛盾之处就不存在了。在萨义德那部以政治批判为主旨的《东方主义》论著中，前殖民地人民对自身的反思批评究竟有多少分量？具体而言，在阿拉伯世界和前殖民地的第三世界，阿拉伯人和前殖民地人民对东方主义的构建发挥了多大作用？在《为"汉学主义"理论一辩》文章中，我认为，萨义德提到了阿拉伯人在东方主义的语境中是西方人从事东方学研究的"信息提供者"，只是被动地接受了西方的政治、经济、文化霸权强加给他们的阿拉伯形象，但并没有主动参与东方主义的建构，因此，阿拉伯人与东方主义的关系就不能与中国人主动构建汉学主义的现象相提并论。赵先生不以为然，把萨义德书中提到阿拉伯人的几段话悉数找出来以证明我的看法错了。但我在认真阅读了引文以后，认为我的观点并没有错。我们不妨引用并分析一下赵先生对萨义德书中几段话的概括：

在第一段中，萨义德谈东方主义已经扩展到东方本身，阿拉伯、日本、印度等东方国家的学者，处处都在依据西方生产的"阿拉伯心性""伊斯兰"等东方主义概念对自身进行分析。第二段谈东方学生或教授热衷于去美国接受东方主义的陈词滥调，然后回到东方后进行知识"再生产"。第三段谈好莱坞所创造的东方主义"阿拉伯形象",已经被东方人接受下来,并且按照这一形象看待自己。①

赵先生的概括十分到位,但细读这段概括,不难发现:这些引文中所提到的阿拉伯人与东方主义的关系确实是西方人主动构建,阿拉伯人被动接受,并没有主动构建东方主义的迹象,无论是"阿拉伯心性",还是"阿拉伯形象",都是西方生产的知性产物。"再生产"一词用得恰到好处。"再生产"与"生产"不是程度的差异,而是性质的差别,就像"翻译"是译者的"再创作",而不是作者的"创作"那样。"再生产"清楚表明,他们并没有像中国知识分子那样在接受西方强加的中国形象的同时,还主动迎合西方对东方的错误构建,进行自觉的精神殖民,也没有与西方文化霸权合谋。更为重要的是,我说阿拉伯人并没有参与东方主义的建构,是指学科建设和理论建树的问题。作为一门学科,东方主义是西方学者建立并一直控制掌握的学科,西方学者拥有绝对的学术霸权,萨义德也承认,阿拉伯人只能充当"本土信息提供者"。作为贬低中东文化的东方主义意识形态,萨义德没有提到阿拉伯人对此有任何贡献。相比之下,汉学主义就完全不同了,其母体"汉学"来源于中国的国学,中国人不仅是汉学家的老师,而且在汉学的发展和研究中占据了重要的地位。作为贬低中国人和中国文化的"汉学主义"意识,中国一些知识分子岂止是积极参与了其构建,甚至比西方人走得更远,"贡献"更大,出现了笔者批评的"汉学主义化"现象。比如,中西文明的差异被构建成"黄色的大陆文明"和"蓝色的海洋文明"的二元对立,我在此无意对这一理论构建是否恰当地概括了历史进程作出价值评判,但其要传达的主旨却是带有清晰的东方主义的价值判断:前者是落后的文明,而后者是先进的文明,只有拥抱后者才有出路。② 这样的理论性构建就是中国人主动参与构建汉学主义的典型表现。这才是名副其实的东西方二元对立范式,但有意思的是,萨义德的东方主义建立东西对立的二元范式是要证明西方对东方的文化霸权和文化侵略,而中国学者建立的中西二元对立的范式是要说明

---

① 赵稀方:《突破二元对立的汉学主义研究范式——对顾明栋先生的回应》,《探索与争鸣》2015 年第 2 期。
② 参见中国中央电视台制作的电视纪录片《河殇》,1988 年在中国首播后曾引起强烈反响和激烈争论。

西方文化的优越，中国文化的落后，目的是要为再来一次全盘西化清除理论障碍。此案例说明，"汉学主义"与"东方主义"在人力资源、理论关注和研究对象等方面还是很不相同的。

至于说中国人主动参与构建汉学主义的具体行为那就不胜枚举了，我在拙作中分析了不少的中西学者"共建"汉学主义现象，在殖民主义和帝国主义已成过街老鼠的当代，还有中国知识分子，有些还是大名鼎鼎的精英人士，公然为殖民主义和帝国主义侵略辩护，国内报纸杂志和网络上这样的辩护到处可见，在此没有必要列举。试问，阿拉伯世界有这样的殖民主义和帝国主义的辩护士吗？这一反差足以证明一些中国学者在主动参与构建"汉学主义"的道路上一骑绝尘，其他前殖民地知识分子只能望其项背，自叹不如。无数的案例说明，与阿拉伯世界的情形大不一样的是，中国人是主动地接受西方的文化霸权，主动地参与自己的他者化过程，主动地与西方霸权合谋共建"汉学主义"。笔者在拙作中用了相当多的篇幅描述了不少中国知识分子从西方殖民者的立场抨击中国人和中国文化，甚至还有不少人从西方种族主义的立场自虐性的抨击中国人为劣等民族，中国文化是应该从地球上消失的劣等文明，更有著名的知识分子大声疾呼中国应该被西方殖民三百年才能过上人的日子。① 但也许我的阅读面不够广，实在没有阅读过阿拉伯人如此糟蹋自己文化的文献。笔者曾向自己的几个来自阿拉伯世界的研究生询问，在中东是否有像中国知识分子这样与西方文化霸权合谋、贬低自己文化的现象？他们都说没有，因为无人胆敢如此，拉希迪（Salman Rushdie）只不过对阿拉伯的先知作了不为阿拉伯传统所接受的艺术虚构，就遭到了全球追杀。而且，阿拉伯人不仅没有积极参与自我殖民化，反而对精神殖民持强烈的、甚至是有点极端的反抗态度，在这样的文化情境下，说中东人参与了东方主义的构建是说不过去的。因此，笔者的观点——东方主义几乎是纯粹的西方的单边构建，汉学主义不是西方人的单边构建，而是西方人、中国人、海外华人和全世界非西方人共同参与的多边构建——还是站得住脚的。这也是汉学主义有别于东方主义的根本不同之处之一。

---

① 顾明栋：《为"汉学主义"理论一辩》，《探索与争鸣》2014 年第 10 期。

结语:走向尽可能客观公正的知识生产范式

关于"汉学主义"的争论,由于参与者持不同的视角和兴趣,产生一些不同的看法,这是学术讨论很正常的现象。黑格尔曾说过这样一段话:"我们对一个人的质疑和反驳,必须从接受他的前提开始,提出的质疑和反驳才是有效的。""汉学主义"的争论相当一部分是不同的理论视角和研究路径引发的,这可以给我们以一定的启迪。比如,张西平先生和"汉学主义"支持者信奉的理论就有不可调和的差异,前者信奉实证主义的理论,而后者则视实证主义为过时的理论,转而从后现代理论中汲取思想的灵感。再比如,我和赵稀方先生的讨论除了一些具体的细节之外,在根本的研究路径方面是持很不相同的看法的。我在前面已经说明,赵先生希望汉学主义根据后殖民以后的理论路径走,特别是应该参照霍米·巴巴等人的"文化杂糅"理论和"接触区"理论发展;而我则想另辟蹊径,把汉学主义构建成自觉反思的理论。因此,在这一理论路径上不太容易达成共识。至于说张先生认为"汉学主义"是套用"东方主义",没有任何创新,赵先生认为"汉学主义"是建立在东西二元对立基础之上的判断是否公允,我就不想进一步予以辩解了,好在拙作《汉学主义》的中译本不久将会由商务印书馆出版,读者阅后自然会有自己的看法和判断。但我很感欣慰的是,通过建设性的争论,在一个其他学者也提出质疑的问题上我和赵先生达成了共识,这就是"汉学主义"理论提倡的尽可能客观公正地生产中国知识,尽量远离任何形式的歧视、偏见、主观性和政治干扰。赵先生在第一篇文章中曾表示怀疑,在第二次回应中则表示了理解的认可。我想,张西平先生也会赞同这一观点。

在阅读了大量的所谓"知识"之后,本人深感"尽可能客观公正地生产中国知识"的目标在当下人文社科领域的意义。在后现代的语境下,对知识的理解出现了令人遗憾的偏差。培根的名言:"知识就是力量",其中"力量"的英文词是"power",而"power"既是"力量",也有"权力"之意。福柯认为"权力"和"知识"之间有一个相互依赖、相互加持的内在关系:"行使权力不断制造知识,反过来,知识总是不断引起权力的效果",① 因而将"权力"和"知识"构建成一个复合词——"权力—知识",以揭示"权力"和"知识"的合谋关系。福柯揭露"权力—知识"不为常人注意的内在工作机制对人文社科的影响是巨大的,他的理论可以说是东方主义和后殖民主义的概念性基础,也曾促成了东方主义和后殖民研究的辉煌成就,但我很同意中国社科院文研所叶隽先生的一个判断:"'权力'作为一个学术概念,发展到福柯,已经是'夕阳无限好,只是近黄昏',因为它虽然作为概念工具很好用,但其实有很大的问题。因为它绝对不能抹杀人类对美好人性、社会和谐、情感的向往和追求。"② 的确,作为一个理论工具,它的长处主要是"破",而不是"立",并不能解决知识生产的范式问题。更具嘲讽意味的是,福柯对权力的研究本意是要揭露权力和知识的合谋及其对社会的隐性控制,但他揭示出的"权力—知识"的内在规律给世界各地众多知识分子以不好的理论启发,鼓励他们通过制造特定的"知识"走向对话语权、经济权和政治权的操控,或是通过制造别样的另类"知识"以吸引眼球和博取知名度,或是制造意识形态化的知识以推进某种政治理念和诉求。一个司空见惯的现象就是,为了获得话语权,对同一个历史人物或历史事件,左派和右派、自由派和保守派、西化派和国粹派都会制造出截然不同的历史"知识"。比如为了达到某种目的,对立的双方可以围绕某个历史人物制造出截然相反的叙事,为了赞美这个历史人物,即使证据确凿的错误行为也会被似是而非地合理化和美化;而为了贬低这个历史人物,即使其明白无误的道德行为也会被解释为怀有不可告人的阴暗动机。这种"知识"由于不顾"知识"的相对中立客观性,充其量不过是主观的"意见"或偏激的"看法",实际上就是福柯所说的"权力—知识"。更有意思的是,制造这样"知识"的两派都坚信自己生产的知识是真正的历史"知识",而对方则是在制造偏见和蓄意歪曲历史,因而往往会爆发水火不相容的争吵,使得历史真相越发扑朔迷离。这种受特定意识形态左右的知识生产路径遵循的恰恰是一种极端的二元对立范式,这种意识形态化的知识往往导致激烈的文化战争,而文化战争无益于解决学术问题,并总是把知识生产

---

① Michel Foucault, *Power/Knowledge: Selected Interviews and Other Writings*, New York: Pantheon Books, 1980, p. 52.
② 叶隽:《亚洲、东方与汉学主义》,《中国图书评论》2014 年第 1 期,第 6 页。

和学术研究的本来目的置于脑后。这种不健康的知识生产方式在大众传播技术越来越发达和普及的当下有愈演愈烈的趋势，并正在撕裂社会的各个阶层，威胁社会安定和人际关系的和谐。正是在这个层面上，"汉学主义"作为一种自觉反思的理论可以弥补"东方主义"和后殖民理论的不足，在文化相对主义盛行的后现代语境下，其倡导的尽可能客观公正的知识生产方法论对"权力—知识"影响学术研究的负面效应也许能起到一点矫正作用，从而获得一点普遍意义。因此，我们应该摒弃任何性质的二元对立范式，让尽可能客观公正的知识生产方法论成为我们自觉追求的学术研究范式！

[原载《厦门大学学报》（哲学社会科学版）2015 年第 4 期]

关于"汉学主义"之辩

张西平

萨义德的"东方主义"之后，关于东方主义和汉学的关系引起了中外学者的讨论，[①] 如何理解西方汉学成为一个关键性的问题。有些学者提出"汉学主义"的概念，认为西方汉学是基于西方意识形态的一种学问，这种学问不能成为真正的知识，只是西方在思想和文化上对中国的一种文化殖民，而今国内学术界对西方汉学的翻译和研究不过是一种自我殖民化。由此，关于在国内从事西方汉学研究的合法性就成了问题。本文就西方汉学与这些学者提出的"汉学主义"展开讨论，说明在中国展开西方汉学研究的合法性。

一

萨义德的《东方学》利用福柯和德里达等西方后现代哲学理论，对西方文化中的东方研究展开了批判性研究，从而开拓出后殖民主义思潮，极大地丰富了后现代主义研究的空间。萨义德认为在西方的东方研究中，有一种西方中心主义，他们居高临下的看到东方文化，他们所创造的东方学实质是一种意识形态，一种和帝国主义对东方国家的殖民联系在一起的，这样一种学问，他称为"东方主义"。萨义德所讲东方主要是近东和中东，主要指的是西方关于阿拉伯的学问和文化研究。虽然在《东方学》

[①] 周宁：《汉学或"汉学主义"》，《厦门大学学报》（哲学社会科学版）2004年第1期；顾明栋：《汉学、汉学主义与东方主义》，《学术月刊》2010年12月；顾明栋：《汉学主义：中国知识生产中的认识论意识形态》，《文学评论》2010年第4期；张松建：《殖民主义与西方汉学：一些有待讨论的看法》，《浙江学刊》2002年第4期。

一书中也提到几次中国，但基本上他所指的是西方关于阿拉伯的学问和文化研究中的"东方主义"。但自从《东方学》出版后，开始受到中国学术界的关注。一些学者将萨义德所说的"东方主义"扩展到西方的汉学研究，从而提出，在西方的中国研究中也同样存在着一种"汉学主义"，这种"汉学主义"只不过是东方主义的一个变种而已。他们认为"汉学表示学科，'汉学主义'则表示该学科的意识形态或话语特征，表明其知识包含着虚构，协调全力，类似萨义德使用的'东方主义'。持'汉学主义'的学者有两个基本的观点"。一种看法认为，"汉学……类似萨义德使用的'东方主义'"[1]。这说明，作者所说的'汉学主义'主要是从汉学这个学科的意识形态角度来确定的。作者对汉学作为一个学科的客观性是根本怀疑的，在其所划分的"广义汉学"和"狭义"汉学的区别中，他认为，西方专业汉学学科生产的原则、学科制度与学科基本假设上都存在问题。经过作者的分析，作为学科的汉学在学科的基本假设上，经典汉学把中国文明作为一个死去的文明来研究；在学科体制上汉学是归属于现代西方学科体制的，在东方学这种体制下，汉学研究不是接近中国，而是疏远和排斥中国。这样整个西方汉学研究不过是"作为一种西方塑造文化他者的话语，本质上具有'汉学主义性'。如果将西方汉学史分为三个阶段，前学科阶段、学科化阶段、后学科阶段，与这三个阶段相应出现的是汉学早期显性的意识形态阶段、隐性的意识形态阶段与现代若隐若显的意识形态阶段"[2]。在这样的判断下，西方汉学已经不再是一中关于中国的客观知识，这个学科和研究领域的都不在具有合法性，西方汉学不再是表述关于中国的知识，而是一种西方的意识形态。

在笔者看来这样的思路基本是从萨义德的《东方学》那里来的，甚至在表述上也有些相似。我们可以从萨义德的《东方学》中找到类似的论述，萨义德在《东方学》认为："东方学不是欧洲对东方的纯粹虚构或奇想，而是一套被人为创造出来的理论和实践体系，蕴含着几个世代沉积下来的物质方面的内含。"[3]"从一开始直到现在，现代东方学作为一种处

---

[1] 周宁：《"汉学主义"：反思汉学知识合法性》，载《跨文化对话》，生活·读书·新知三联书店2011年版。

[2] 同上。

[3] 萨义德：《东方学》，王宇根译，生活·读书·新知三联书店1999年版，第9页。

理异国的思维形式典型地表明'东方'与'西方'的僵化区分所产生的下面这一令人遗憾的趋势：将思维硬塞进一个西方的或东方的狭小的车厢内。"① 阿拉伯文化与基督教文化有着长期的冲突，因此，萨义德认为"东方学不是从天而降的关于东方的客观知识，而是从以前继承过来的，为语言学这样的学科所世俗化、重新处理、重新建构的一套结构，而这些结构本身又是自然化、现代化和世俗化了的基督教超自然论替代品（或变体）"②。不仅是宗教的冲突，而且东方学是政治统治的又一个表现。萨义德说："现代东方学一直是帝国主义和殖民主义的一个组成部分，并非危言耸听。"③ 这样萨义德对整个西方的东方学提出了质疑，"因此有理由认为每一个欧洲人，不管他会对东方发表什么看法，最终都几乎是一个种族主义者，一个帝国主义者，一个彻头彻尾的民族中心主义者"④。由此，萨义德认为："我认为东方学的失败既是学术的失败也是人类的失败；……我们现在完全可以对东方学在世界范围内的霸权及其代表的一切提出挑战。"⑤

萨义德批评的是西方关于阿拉伯文化研究为其主要内容的东方学，这位学者批评的是西方关于中国的研究，这里无论是思路还是语言，我们看到相同的思路和逻辑，唯一不同的是地区换了。

另外一位学者也看到了"汉学主义"和东方主义不同，因为，东方主义主要是西方的近东研究，尚不能在地理上包括远东；另外在西方的汉学研究中并非像研究中东和阿拉伯地区那样充满着鄙视和仇恨，反之这些汉学家十分热爱中国文化，如莱布尼茨和庞德。"这种对中国文化的由衷欣赏和高度推崇在殖民主义时期的东方学中几乎是不存在的。"⑥ 由此，他提出了一种汉学主义的新的定义，汉学研究中"汉学主义首先是一套集各种观点、概念、理论、方法和范式于一体的隐性体系，它由西方构建并运用在西方与中国的接触时处理一切有关中国的事务和阐释纷纭复杂的

---

① 萨义德：《东方学》，王宇根译，生活·读书·新知三联书店1999年版，第57页。
② 同上书，第158页。
③ 同上书，第159页。
④ 同上书，第261页。
⑤ 同上书，第431页。
⑥ 顾明栋：《汉学、汉学主义与东方主义》，《学术月刊》2010年12月。

中国文明"①。"汉学主义既是认识论、方法论,又是意识形态。作为认识论,汉学主义是看待中国和与中国相关的世界事物的总体方式。作为意识形态,是由西方学者和非西方世界在中西方接触时所持有的一系列观点、信仰、态度和价值的总和。"② 在他看来,西方汉学对待中国的认识是没有从"从中国自身的角度去研究中国及其资料",而且他们的汉学研究成果也是常常大大偏离中国现实的。"由此而产生的中国学术与其说是对中国客观的研究,不如说是对中国问题西方化了的描述。"

他更为明确地提出,汉学主义不仅仅是西方汉学研究方式,也是中国学术界的问题,因为受西方汉学的影响,"中国知识分子习惯性地用西方的观察、构想和评价来看待中国,以及相应地用西方价值观、西方的首肯或反对来判断和衡量自己文化的价值和成就"③。这种观点认为汉学主义和东方主义不同在于,这种知识体系和方法不仅仅是在西方,而且在中国学者那里也是这样。由此,中国近代以来的中国学术的合法性就成了问题。

这里的两种观点既有相合之处,也有不同之处。平心而论,这些学者对近代以来西方学术对中国学术的影响忧心忡忡,对不加批判的介绍和吸收西方汉学感到十分担忧,认为应对近代以来中国学术思想界对西方文化的不加批判的接受加以讨论和批评。这些想法是有启发意义的,这里表现出他们的文化自觉,这些想法对当下中国学术界的西方汉学热有着一种警示作用和一定的积极意义。但问题在于"汉学主义"的理论构架和学术基础都存在着需要讨论的问题,需要我们从知识和思想史两个角度加以分辨。

二

对汉学的理解问题。首先,"汉学"这个称谓本是中国学术史的一个概念。原本汉学是指汉代的经学,在两汉经学中,先后发展出两种类型的解经学,即分别以今、古文经学为代表的经世与考据之学。这里的汉学是

---

① 顾明栋:《汉学、汉学主义与东方主义》,《学术月刊》2010 年 12 月。
② 同上。
③ 同上。

中国历史上一代之学问。"宋明理学代魏晋玄学、隋唐佛学而起,它同后二者的关系是孔与老、释的对抗,势难两立。而在儒学内部,其对立面则是两汉经学。在理学看来,两汉经学无论经世还是训诂,都不得圣人真传,所以才导致传统中断,释老流行。事实上,正是由于道、佛的刺激,才使宋学兴起并决定了宋学与汉学的分歧。"① 这里汉学不仅代表着一代之学问,也代表一种学问的方法,即重考据而轻义理的治学之道。但明清鼎革之后,清初的学问家认识到宋学到晚明是沉醉于义理之辩,学问日益空疏。由此,乾嘉学派自觉恢复汉学传统,将其治学方法定为"实事求是""无征不信"。其研究范围,以经学为中心,而衍及小学、音韵、史学、天算、水地、典章制度、金石、校勘、辑佚等等。而引证取材,多极于两汉。阮元在江藩的《国朝汉学师承记》中明确指出,"两汉经学所以当尊行者,为其去圣贤最近,而二氏之说尚未起也。……两汉治学纯粹以精者,在二氏未起之前也"②。

这就是中国思想史上著名的"宋汉轮回"之说。因此,汉学在中国学问中既是一代之学问,无论是汉代还是清代,也是指一种治学之方法,其代表就是清代的乾嘉考据之学。

晚清时为应对西学兴起后,章太炎等人提出"国学",以同传入的"西学"相抗衡,维持中国传统的学问。这里的国学是泛指中国本身的传统学问,要比清代的汉学的含义扩大了,但也有学者将"汉学"和"国学"都是在中国传统学问这个意义上混用。

西方人对中国传统学问的研究起源于来华传教士。但"Sinlogy"这个词的出现,按照德国汉学家傅海波(Herbert Franke,1914—)的说法"直到1860—1880年间,希腊文和拉丁文杂交的'汉学'一词才转化为通常意义上的词汇,这个时期,中国研究和中国本身才逐渐凸显出来,成为学术上一个专门的课题"③。

从晚清至民国到现在中国本土学术界对于这种外部世界研究中国的学问一直很重视,将"Siniology"翻译成"汉学"④,当时在中国学术界所

---

① 陈少明:《汉宋学术与现代思想》,广东人民出版社1995年版,第30页。
② (清)江藩:《国朝汉学师承记》,中华书局1993年版,序。
③ 张西平编:《欧美汉学研究的历史与现状》,大象出版社2006年版,第107页。
④ 莫东寅:《汉学发达史》,大象出版社2006年版。

使用的"汉学"概念已经和英文的"Sinology"的原意以及与中文原本的"汉学"原意都有了不同的理解。今天中国学术界所说的"汉学"不再是中国本土自身的学问,[①] 而是指国外对中国传统文化之研究。[②] 近三十年的对域外汉学（中国学）的研究进展,大多数研究海外汉学的学者已经可以自觉地将国人的国学研究和西人汉学之研究加以区分。顾明栋认为,"根据广为人知的用法,汉学作为西方研究中国及中国文明的一门学问有广义和狭义之分。在欧洲,汉学通常是指中国研究;而在美国学术界,它所指的范围较窄,通常是指以考证的方式为特征、对中国的传统语言、文学、历史、思想以及艺术进行的研究,这种考据式研究强调的是对中国文明的实证材料从事历史与文本的分析。……在中国,汉学的源头可以追溯到同名的研究,本义指'汉语典籍的学术研究'。汉学在中国有个对应的称谓,即'国学'"。他将"汉学"的本意说成是"汉语典籍的学术研究",这个解释过于狭小和简单了,同时,将域外"汉学"对应为"国学",也说明他对西方东方学中"汉学"的定位和近代以来中国学术界所说的"国学"含义理解尚不全面,这样的理解也说明他对近三十年来中国学术界所做的海外汉学研究进展了解不多。

目前,中国学术界在汉语学术用语中的"汉学"和"Sinology"的重大之区别在于,即它指的不是西方仅仅研究汉族的学问,而是指西方研究中国历史文化之学问,这些学问包括蒙古学、藏学等包含在中华民族内所有关于历史文化之学问。而在西方的东方学中,汉学仅仅只汉族传统文化的学问,藏学和蒙古学放在中亚学问之中,显然,西方这样的学科区分是和我们今天所使用的"汉学"或者"海外汉学"是不同的。[③]

近三十年来中国学术界对汉学的译介和研究取得了很大的成绩,这样一种基础性的翻译工作是必要的,"当今之世,在中国或者外国研究中国

---

① 顾明栋:《汉学与汉学主义:中国研究之批判》,《南京大学学报》（哲学社会科学版）2010年第1期。他这个理解显然对近三十年来中国学术界所做的海外汉学研究了解不多。

② 在这个问题理解上也有不同看法,也有学者认为国内学者研究的国学也可以成为汉学。

③ 关于如何称呼海外的中国传统文化研究,学术界至今仍未统一,因为一些学者把日本和美国的传统中国文化研究称为"中国学"而不是"汉学"。因为,前者"汉学"仅仅指日本江户时期的中国文化研究,尚不能概括整个日本的中国研究,故称作"日本中国学"更为合适。后者,则在中国研究上完全走出了传统欧洲汉学研究的模式,故称为"美国中国学"更为合适。这些分歧这里不做展开。

学问，早已是你中有我，我中有你，很难确定哪些纯粹是东方的，哪些纯粹是西方的"①。同时，在研究海外汉学中已经形成了一种跨文化的研究方法，学术界的主流并非将其僵硬的移植到中国学术界。当然，不加批判的跟随西方汉学跑的倾向是存在的，但同样与西方汉学展开平等对话，展开一种批评的中国学同样是存在的。②

三

萨义德的《东方学》主要研究西方关于阿拉伯的学问与文化。萨义德所提出的这种后殖民主义的方法对于我们反思西方汉学无疑也是有启发意义的。因为，在早期传教士汉学中，来华的耶稣会士都是为了"中华归主"来从事汉学研究的，19世纪的西方汉学发展更是与西方在中国的扩张紧密相连，德国的第一个汉学系，汉堡大学汉学系的名字就叫"东方殖民学院"。在这个意义上是可以提出这样的发问："汉学作为兴起于19世纪殖民主义语境中的一门学科，它的发展历程是否与西方帝国主义在中国的殖民扩张活动保持着同步的呼应关系？西方汉学家们所提供的关于中国'知识'是否转化为西方列强殖民中国的一种'权力'？汉学家笔下的'中国形象'究竟是对于历史的真实表述还是权力关系支配下的人为的虚构？一言以蔽之，西方的汉学研究中是否隐含着殖民话语的因素？"③ 由此说来，萨义德的后殖民主义理论也有着一定的启发意义，以上学者对西方汉学历史形成中所伴随的帝国利益的渗透给予批判，也有着积极的意义。

但将萨义德的后殖民主义理论完全套到西方汉学研究上无疑是简单化了，西方汉学作为一个复杂的知识形态不易用一种模式来简单判断。西方关于近东和远东的学问与知识体系既有相同之处，也有着重大的区别。埃及文明是一个中断的文明，埃及象形文字的解密和研究并不是埃及学者来完成的，而

---

① 程章灿：《汉学主义、中国学主义与国学主义》，《跨文化对话》第28期。
② 参阅葛兆光《宅兹中国》，这是一本从中国本土文献和思想出发与海外汉学展开对话和批评的一本十分重要的著作。
③ 张松建：《殖民主义与西方汉学：一些有待讨论的看法》，《浙江学刊》2002年第4期。

是随着拿破仑的远征，有法国学者揭示出来的。① 而中国文明是一个从未中断的文明，在耶稣会进入中国之前，中国自己有着悠久的学术传统和庞大复杂的知识体系。西方人，从来不是中国传统文化的创造者、发现者、知识体系的建构者。在这个意义上顾明栋说的是正确的："汉学并非帝国主义征服与殖民主义扩张的产物，汉学不具备'殖民官僚主义与殖民主义风格'是汉学区别于东方主义的一个基本点。"② 另外，中国与西方的文化关系绝非仅仅是19世纪开始，无论是大航海之前，还是17—18世纪中国都是世界文明的引领者，那时中国是西方的榜样，18世纪的"中国热"已经从历史上证明了这一点。这是与19世纪后西方的扩张为其背景的后殖民主义研究方式所完全不同。因此，西方汉学作为一个复杂的知识体系，仅仅用萨义德的东方主义来解释是远远不够的。这点顾明栋对汉学和东方主义的区别做了详细的分析。③

笔者认为，我们既要看到作为西方东方学一部分的汉学必然是和西方的文化、意识形态相连，从而呈现出西方文化的特点。另外，又要看到，汉学研究作为一个知识系统和知识积累与汉学作为一个东方思想在西方的

---

① 1798年，拿破仑将军远征埃及，这场对尼罗河谷的出征可谓损兵折将，然而，却使世人得以重见歌珊地湮没2000年的珍宝。法国远征军先在开罗的一处神庙附近发现了后来被称作"埃及艳后之针"（Cleopatra's Needle）的方尖碑。随后在1799年，法国远征军官布夏尔在埃及罗塞塔地区附近，发现一块非同寻常的黑色玄武石碑，碑体为磨光玄武岩，上面刻着三段文字，分别由古埃及象形文字、阿拉伯草书、希腊文组成。学者们大胆假设：这是同一篇文献的三种文字版本。而其中希腊文为人们所认识，在正确地译出那段希腊文以后，再设法找到希腊文字和那些象形文字之间的关系，由此，揭开古埃及象形文字之谜便拉开了它的序幕。

② 顾明栋：《汉学与汉学主义：中国研究之批判》，《南京大学学报》（哲学社会科学版）2010年第1期。

③ 顾明栋在"汉学主义"的认识上并不统一，一方面他将"汉学主义"和"东方主义"相区别；另一方面，他又认为"作为一种意识形态，汉学主义是建立在其他一些意识形态基础之上的，这主要包括：西方霸权主义、普世主义、文化相对主义、认识论的殖民化，和逆向族群中心主义。汉学主义内部的思想观念并不总是和谐一致的，它们之间也时常发生冲突，文化普世主义和相对主义之间的冲突即是如此。但是在关于中国的知识生产中，它们具有同样的或类似的倾向和议程即面对、解释和控制中国文明中令人目眩的复杂性。在中国的知识生产中，西方总是在两个范式之间来回摆动，从一种观点转向另一种观点，但是最终目标是企图将中国和中国问题置于西方知识体系之下。这不仅体现在反感、害怕和厌恶中国及其人民和文化的贬华派身上，而且也表现在对中国文化有强烈兴趣并倾向于用肯定的眼光来看待中国的颂华派身上。无论是贬华派还是颂华派，他们均采用一种主观立场来看待中国，好为他们自己的议程服务，在很多情况下，他们有意识地或无意识地促进了也许可以被称作是'认识论的殖民化'进程"。（《汉学主义：中国知识生产中的认识论意识形态》，《文学评论》2010年第4期），这样的观点大体和周宁的看法没有太大的区别。由于对西方汉学史的尚不能做深入研究，在论述中又未分清作为知识研究的汉学家的成果和作为中国文化影响史的西方思想家对中国的理解这两个相关而有区别的领域，从而对西方汉学的判断，对"汉学主义"的研究都有着待讨论的问题。实际上他从总的理论倾向上仍在萨义德的理论框架中。

影响是两个相连而又有区别的部分,作为知识,汉学是关于中国知识的一部分;作为对西方的影响,这种影响史是西方思想史的一部分。这两部分需要分别加以研究,仅从萨义德的理论来分析显然是不够的。"广义汉学"和"狭义汉学"这是提出"汉学主义"的学者的一个发明,实际上在西方作为专业的汉学和作为一般思想和文化观念中的中国认识或中国形象是有很大的区别的,前者是将中国作为19世纪后的东方学中的一个学科领域研究的成果,后者,是在不同时期思想文化界和一般民众对中国的想象。显然,前者作为知识体系是有着自身要求的客观性,当然这种客观性是西方知识体系观照下的,后者只是西方的思想家和民众根据西方不同时期的文化需求所做的想象。而在不同的时期,这种中国形象是完全不同的,即便在西方,在不同的国家和地区也呈现出不同的特点。提出"汉学主义"的学者的这个区分大体和萨义德也是一样的,萨义德在《东方学》中既批判西方作为知识论的东方学,同时也批判在西方文学作品中的东方主义。作为知识的中国和作为想象的中国是有着重要的区别的。作者将二者之间的区别模糊化,甚至将二者混淆起来,并将作为知识的汉学最终归属于以想象为其特点的文学中的中国形象,从而使我们对西方汉学的讨论,在讨论的对象上发生了混乱。

后现代主义的特点就是对启蒙以来的理性体系提出质疑,将知识和理性放在一定的社会规则、政治环境中加以考察,揭示其知识和理性背后的社会特点,说明知识和权力之间的关系,福柯说:"权力不是一种制度,不是一个结构,也不是某些人天生就有的某种力量,而是大家在既定社会给予一个复杂的策略性处境的名称。"[①] 萨义德也把东方学说成"某些政治力量和政治活动的产物"[②]。应该说,后现代主义的这个角度对我们全面审视人类的知识是有益的,但问题是后现代主义理论走到了一个极端。它把权力、社会处境看成知识的本质特点,这样实际上是把作为反映研究自然和社会对象的人类知识本身和产生影响知识发生的全力与社会处境完全混淆了,并用后者否认了前者的客观性。"汉学主义"发明者并未从哲学上看到后现代主义在哲学上的问题,没有理清后殖民主义作为后现代主义的一种形态,在其哲学上的不足,而是全盘接受了后现代主义哲学的前

---

① [法]福柯:《性经验史》,佘碧平译,上海人民出版社2000年版,第67—68页。
② 萨义德:《东方学》,第259页。

提，这样思维和判断的片面性就很自然了。

简单用"汉学主义"将西方汉学的客观性和在知识上的确定性抹杀掉，这是不符合海外汉学研究的基本历史事实。任何一个熟悉西方汉学史的人都不会接受这个结论。敦煌的发现和西方势力进入中国连在一起，但伯希和对敦煌的研究成就人人皆知，不能因为伯希和盗走了敦煌文献，就否认了他敦煌研究的成果，这是问题的两个方面，要具体的分析。瑞典汉学家高本汉来中国时是中国积弱积贫之时，他来中国是作为西方人的身份来的，但你不能否认他对中国音韵学的研究的成就。[①]

这点正如张伯伟所说，"不错，任何一个学者皆有其意识形态，任何一项人文研究也都或隐或显、或多或少地留有意识形态的痕迹。但是，这与从意识形态出发、为意识形态效命完全是两回事。假如从来的汉学研究就是汉学主义"，假如"汉学主义"就是以"殖民"为核心的意识形态或文化霸权，那么我们今天的讨论，就完全可能变为一场阶级斗争、政治辩论或文明冲突。[②] 用知识所具有的意识形态性来否认知识的客观性，这是一种片面的分析方法。同时，对西方汉学史，对西方汉学家的学术研究要做具体的分析。"西方学者是带着某种主观恶意进行政治性意识态化的学术研究，还是无功利的纯粹学术活动。如果将这两种不同动机与态度所引出的学术研究成果作相同的处理，将西方学者的学术成果不加区分全部视为'汉学主义'的变体，则无疑是本国学界莫大的损失。"[③] 学术界的这些看法实际上是一种学术常识，但一旦陷入一种理论框架，要用这种理论框架来解释一切，就会违背常识。"汉学主义"或者"汉学主义性"的问题就出在套用萨义德的东方主义，将其运用到西方汉学的研究中。任何理论都是有缺陷的，一旦缺乏自觉，就会违背基本的常识。西方汉学是一个复杂的知识体系，简单地用一种理论是无法解释其复杂性的。

[原载《上海师范大学学报》（哲学社会科学版）2015 年第 2 期]

[①] （瑞典）马悦然：《我的老师高本汉：一位学者的肖像》，吉林出版集团有限责任公司 2009 年版。

[②] 张伯伟：《从"西方美人"到"东门之女"》，载《跨文化对话》第 28 期，生活·读书·新知三联书店 2011 年版。

[③] 张博：《"汉学主义"及其反思》，载《跨文化对话》第 28 期，生活·读书·新知三联书店 2011 年版。

生不逢时，抑或恰逢其时？
——为"汉学主义"把脉

韩振华

初次接触学界近十年围绕"汉学主义"（Sinologism）的争论，让人生出一种恍若隔世之感。"汉学主义"这一说法"似曾相识燕归来"，它不可避免地将人的思绪导向那一座座"去年天气旧亭台"。

按照周宁、顾明栋等学者的看法，提出"汉学主义"的理论着眼点，旨在让人认清"近代以来中国社会以精神殖民为基础的文化无意识以及学界以智性殖民为核心的学术无意识"[①]，克服在文化和学术上唯西方是从的倾向，进而解放和焕发中国学术思想的创造力和原创性。这一抱负诚可谓大矣！然而，"汉学主义"这一提法本身，更像是西方文化与学术之内部反思（例如萨义德的"东方学"）的一种移植或挪用。尽管它的提倡者们会强调"汉学主义"是"东方主义""后殖民主义"之外的一种"替代品"（alternative）而非"复制品"，但它们的家族相似性远远多过它们之间的差异性。

不过，我们不能由此便想当然地认为"汉学主义"一说源自西方。比萨义德更早，在20世纪中叶的冷战时期，中、西意识形态的分歧曾经在中国催生了对于西方汉学的批判与反思。治中西交通史的学者韩振华（非本文作者）发表过一篇文章《为扩张主义服务的美国"汉学"》[②]，可视为"汉学主义"这一提法的先声。韩教授指陈柔克义（W. W. Rockhill）、费正清（J. K. Fairbank）、摩尔斯（H. B. Morse）、夏德（F. Hirth）、

[①] 顾明栋：《为"汉学主义"理论一辩——与赵稀方、严绍璗、张博先生商榷》，《探索与争鸣》2014年第10期。

[②] 韩振华：《为扩张主义服务的美国"汉学"》，《厦门大学学报》1956年第1期。

赖德烈（K. S. Latourette）、特迦尔底（F. J. Teggart）、麦高文（W. M. McGovern）等美国汉学家歪曲事实，宣扬殖民主义，歌颂种族主义，除了"抹杀中国的伟大的科学发明及其对于全世界文化的贡献"，还"为讨好垄断资本集团而盗劫搜刮中国文物"。排除跟风应景等时代因素[①]，韩教授此文所列举的大量例证，已可揭示出美国汉学的学术政治性质；这俨然成为"汉学"无法避免的劣根性。尽管韩教授没有将批评的锋芒指向中国国内学术研究，但他的观点无疑对那些亲近西方学术的"西化派"构成了针砭。

"汉学主义"的提法还让人想到二十年前中国文论学者提出的"失语症"观点。当国内学术界（尤其是人文领域）的学术话语充斥了西方舶来的概念、术语，甚至思维方式也成为西式思维的变种，那么"以西律中"的现象就无法避免，中国传统学术也就成为博物馆里的陈列品，无法继续滋养国人的性灵、智术，更无法像在传统社会里那样继续发挥"安身立命"的功效了。失去了自身的话语，受宰制于外来的话语，中国自身文化传统、学术传统之"体"就无法延续了。可以说，"汉学主义"和"失语症"的提出者一样，都敏感到了清末民初以来汉语学术受到"西学东渐"影响日深的处境，并诉诸传统汉语学术的"现代转换"实现汉语学术的自创造，以此对治文化和学术自我宰制、自我殖民的倾向。

"汉学主义"这一提法拒绝文化和学术的自我宰制，代表了当下现代汉语学术的一种自我方法论反思。然而，它似乎解构有余，建构不足。除了表征着"古今中西之争"境遇中汉语学界"思想主体的焦虑"[②]之外，似乎很难在文化和学术研究中取得相对应的现实成果。一方面，国内治海外汉学的学者即使"言必称汉学"，亦大多强调应该发挥中华文化主体性，主张应该"批判地理解国际中国学"，并非毫无批判地接受海外汉学成果，这使得"汉学主义"提出者间接批评的学术风气无从落实。这也是严绍璗、张西平等治海外汉学的学者反对"汉学主义"提法的一个重要原因。另一方面，"汉学主义"这一提法如同一把"双刃剑"，它直接

[①] 严绍璗先生曾提及，20世纪60年代他接触"国际中国学"的机缘，便是奉行政命令整理燕京大学"燕京—哈佛学社引得编纂处"的资料档案，以揭露美国汉学殖民主义、帝国主义的面目。参见严绍璗《我看汉学与"汉学主义"》，《国际汉学》第25辑，张西平主编，大象出版社2014年版，第8页。

[②] 周云龙：《汉学主义或思想主体的焦虑》，《中国图书评论》2014年第1期。

批评的主要倒还不是国际汉学这个圈子，而是中国社会和汉语学界的所谓"文化无意识""学术无意识"，问题在于，要在国内学界的研究成果中找到契合海外汉学的某些因子/影子，并非难事，但是，要让相关学者承认他们的研究进路和理论观点是精神和智性自我殖民的产物，却绝非易事！笔者认为，这并不能简单地推论出国人和汉语学者深陷各种自我殖民的"无意识"窠臼，而忽视或拒绝文化和学术层面的自我反省。倒是"汉学主义"提出者由或然现象出发，推导出了过于坐实的结论。采用这种推论失度的"强论证"（strong argument），这是让人感到遗憾的事情。

方法论反思往往是哲学或思想层面的，而具体研究往往是历史层面的，"汉学主义"提出者似乎更应补一下"历史"课，避免立论过于悬空高蹈。笔者无意于走向"问题取消主义"，特别是"汉学主义"提出者宣称"研究'汉学主义'是知识生产的研究而非知识的研究"[①]，有意凸显方法论反思而避开历史主义的责难。不过，我以为"汉学主义"的提法本身在以下几方面存在无法回避的理论缺陷。

其一，"汉学主义"提出者有意无意地突出了域外汉学与殖民主义的历史纠葛，但这其实有以偏概全之嫌。总体而言，19世纪中叶至20世纪中叶的域外汉学，与彼时的殖民主义、帝国主义关联较深，充当了殖民主义的帮凶与前哨。但这还无法证成汉学本身就具有殖民主义的劣根性。众所周知，16—18世纪的早期传教士汉学，19世纪初诞生的学院派汉学，在知识生产模式和理论构成上与殖民主义并无多大关联。当然，殖民时代的域外汉学与殖民时代之前、殖民时代之后的域外汉学之间，在学理上具有某种隐秘的传承性。例如，笔者在一篇论文中曾指出，19世纪末理雅各（James Legge）与谢卫楼（D. Z. Sheffield）围绕孟子"性善"说的一场宗教辩难，在20世纪末安乐哲（Roger T. Ames）与华霭仁（Irene Bloom）关于孟子"性"论的哲学论争中得到了某种程度的重演。[②] 不过，这种知识系谱学（intellectual genealogy）意义上有限的"影响—受容"关系，并不能扩大化为对于汉学的一种整体判断。否则，要么以偏概全，要么以源代流，终归会导向一种"化约还原论"（reductionism）立场。

[①] 顾明栋：《"汉学主义"：一种跨文化研究的新选择》，《学术月刊》2013年第4期。
[②] 韩振华：《从宗教辩难到哲学论争：西方汉学界围绕孟子"性善"说的两场论战》，载《中山大学学报》（社会科学版）2012年第6期。

其二,"汉学主义"提出者过度突出、强化了中外思想、文化、学术的相异性迷思(myth),落入了文化本质主义的窠臼。"汉学主义"这一提法本身就蕴含着这样一个逻辑前提:中国文化是一回事,其他文化是另一回事,运用其他文化中生长出来的理论、方法来研究中国文化,便必然导致"汉学主义";中国文化必须用中国自身的理论方法来研究。这是一种未经反思的、想当然的思路,在汉语学界支持这一文化主义逻辑的向来代不乏人。而在域外汉学界,特别是在欧美(所谓的"西方"),强调中、西文化范式之间的根本差异性和不可通约性(incommensurability),更是大有人在。例如,法国汉学家朱利安(François Jullien)在其一系列影响巨大的论著中,将中国视为欧洲的"异托邦(hétérotopie)",强调中国文化相对于西方的他异性。朱利安甚至认为,"差异"这一词语本身即蕴涵了它的相反面("同质性"),有被后者消解的可能,所以他提出要以"间—距"(l'écart)概念来取代"差异"。与之相应,因为比较研究的传统方法需要界定同一与差异,仍会执着于自己原本熟悉的范畴,所以"比较"法亦不可取。① 显然,这种表面看来充满"洞见"的观点盲视之处亦多,表现出一种极端排斥普遍性和相似性的"深刻的偏执"②。"汉学主义"提出者不但没有质疑这种盛行于西方汉学界的相异性迷思,反而强化了这一迷思。其对汉语学术界宰制于汉学逻辑的方法论反思,亦只是停留于皮相之谈,而未及腠理之议。

其三,"汉学主义"提出者视"汉学主义"是"一种跨文化研究的新选择",然而,他们却忽视真正有"孕育力"(fertility;fécondité)的跨文化立场。由于他们有意无意强化了中外文化的相异性迷思,他们自诩的"跨文化研究的新选择"也只能使中、外文化停留于一种死板僵化的、避免"受孕"的、各居其位的静态分析,而无法进入真正的互动交流。依照这种逻辑,陈寅恪《王静安先生遗书序》所概括的"二重证据法"之

---

① 韦宁(Ralph Weber):《有关"于连"之论争——在哲学意义上,中国何谓?中国何在?》,《世界汉学》第13卷,2014年6月,第25页。
② 在2015年出版的新著《从"存有"到"生活":中欧思想关键词》中,朱利安分析了20组欧洲和中国思想的对应语汇,如"因果性"(Causalité)与"势"(Propension)、"自由"(Liberté)与"虚待"(Disponibilité)、"天启"(Révélation)与"中庸"(Régulation)。然而,朱利安的真正关切是揭示这些对应语汇之间的不可通约性质。参见【法】François Jullien:*De l'Etre au Vivre. Lexique euro-chinois de la pensée*,Paris:Gallimard,2015.

一种表现"取外来之观念，以固有之材料互相参证"，就失去了意义。可以说，"汉学主义"提出者既忽视了域外文化的跨文化潜能，也忽视了中国文化自身的跨文化潜能。这一故步自封的自恋态度似乎只能导向一种相互绝缘的对比研究模式，而闭塞了"跨文化研究"的真正通路。

从历史的角度看，任何一种思想和学术传统的形成，本身即是文化冲撞和文化交融的产物。域外文化如此，中国文化亦不例外。而中国思想和学术的当代诠释早已成为一项"跨文化"的事业。这一跨文化的问题意识与视野，赋予思想对话以新的可能，而中国文化的思想潜能借由这种对话不断得以开显。当然，交流和对话的过程总是伴随着误读、异化，不过，理论的"旅行"、主体的"游移"却是生发性的——就此而言，"误读"和"异化"仍然是有意义的。"汉学主义"提出者对这一层道理其实并不隔膜，然而，他们寄望于通过"汉学主义"这一面目模糊、歧义重重的提法，来为中国思想和学术研究端本清源，似乎徒增名相之累，而全无实际建功。

（原载《浙江工商大学学报》2015年第6期）

当中国学术遇上西方范式

——从"汉学主义"争论谈起

王 兵

21世纪以来,有关"汉学主义"的争论方兴未艾。其论争源头主要来自于同为批判视野下的两种观点:其一是厦门大学周宁教授从学科反省之角度,指出西方汉学与生俱来的意识形态色彩,进而质疑汉学学科建立的合法性和当下中国域外汉学研究的"自我殖民"倾向[①];其二是华裔学者顾明栋教授所诠释的文化无意识,亦即西方人在处理各种中国事物时使用的隐性系统,同时指出正是此隐性系统控制了人们对中国的观察、有关中国知识的生产,以及对中国的学术研究。[②] 上述观点见诸学术刊物之后,引起了中国学术界尤其是域外汉学研究领域的广泛关注。在此,笔者无意梳理"汉学主义"十多年来的发展史和争论史,只欲遵循"多研究些问题,少谈些主义"的理念,审视与反思中国学术在全球化语境和跨文化研究中需要秉持的理论原则和应对策略。

实际上,不论周宁反对中国学界顺服于西方汉学的权力话语而在无意识之中助成"学术殖民",还是顾明栋呼吁走出汉学主义,寻求处理中国知识真正科学而又客观的研究方法,他们都在反思同一个问题:当中国学术遇上西方范式,我们该怎么办?借用托马斯·库恩关于科学范式的理论阐释,可将人文社会科学领域的学术研究范式界定为,在研究立场、价值取向、学术资源、研究方法、学术话语乃至学术精神等方面为特定学术共

---

① 周宁:《汉学或"汉学主义"》,《厦门大学学报》(哲学社会科学版)2004年第1期。
② 顾明栋:《汉学主义:中国知识生产的方法论之批判》,《清华大学学报》(哲学社会科学版)2011年第2期。

同体所认同的某种自明性预设。① 可见，意识形态倾向、理论话语和批评实践等皆为学术范式的有机组成部分，西方学术是这样，中国学术亦然。

首先谈一下中西方学术研究中的意识形态问题。若以"汉学主义"争论为切入点谈论此话题，我们首先应该明确研究对象的归属。在这场争论中，西方汉学研究与中国海外汉学研究显然分属讨论焦点的两端，而这两个关键词却处于截然不同的两个学术畛域。前者是西方汉学家对中国传统或当代学术的研究，属于西方学术的范畴；后者则为中国学界对于西方汉学研究的译介和评论，属于中国学术的范畴。在明晰这两个研究对象的归属以后，我们就很容易看出"汉学主义"论争中激进有余、建构不足的缺陷。因为西方汉学本来就是西方学术的一部分，当然带有西方意识形态的倾向，中国学术难道没有意识形态的倾向吗？顾明栋强调的文化无意识，尽管淡化了西方汉学主义的政治性，但也有单向解读之嫌。西方学者观照中国经验和知识时具有文化无意识，中国学者在进行西方汉学的引进和评论时，同样也具有文化无意识。既然中西方学术在观照对方时都不可避免地带上"有色眼镜"，那么二者交流的核心问题已经不是意识形态和文化无意识的相互博弈了，而是理论话语和操作实践的取长补短。

毋庸置疑，自晚清以来西方学术话语称霸全球，中国学术尤其是人文学术在理论话语方面始终处于被动地位。回首西学东渐的百年历程，我们既有成功的经验，也有失败的教训。值得注意的是，在此期间凡是成功的案例都是立足中国学术语境适当吸纳西方理论话语的成果，如民国学者利用包括甲骨文等出土文物结合传世文献，并吸收域外汉学的研究成果，在文史领域所取得的成就，单在研究方法和视野上就已突破了清代学者的藩篱。② 而所有失败的案例皆可归因于融会中西理论的失度，20 世纪 80 年代中后期的西方理论引进热潮即为显证。由此笔者认为，在西方学术范式仍处强势的当下，中国学术唯有秉持以下理论原则和应对策略，才有可能在全球化语境和跨文化研究中占有一席之地。

其一是端正学术对话的态度，既不能妄自尊大，也无须妄自菲薄。这看似是一个老生常谈的话题，但是自晚清以降直至当下这样的错误仍时有

---

① 谢青松：《"马魂、中体、西用"与当代中国学术范式之建立》，《马克思主义研究》2014 年第 9 期。
② 彭国翔：《为什么是"民国学术"？》，《文汇报》2014 年 11 月 21 日。

发生。在中西学术的对话中,我们常见两种视角——或俯视,或仰视,罕有平视之态度,在如何对待西方汉学家的研究成果方面体现得尤为明显。部分人文学者认为,对于中国传统文化、历史的研究中国学术界占据天时地利之优势,西方汉学家之研究只能隔靴搔痒,难解其中三昧;而也有少数学者认为本土学术思想僵化,观念陈旧,方法单一,希冀通过西方学术范式来解决中国学术之理论困境。实际上,这两种主张早在晚清驻外使臣们的言论中就已存在,沿用至后来的学术界同样如此。一方面,闭关锁国、故步自封的社会思想环境让中国文人形成了妄自尊大的心态;另一方面,思想开放、经济全球化的新时期却让中国学术界曾经出现过"失语"的尴尬局面。"汉学主义"讨论中,一味地强调西方汉学的意识形态性,势必会造成中西学术在此领域交流对话的中断,当然,一厢情愿地将西方汉学家的理论套用在有关中国知识的研究之中也会弱化自身的话语权。显然,树立平等对话的学术心态至关重要,这是中西学术交流的前提和基础。当然,这种心态的养成也不可能一蹴而就,需要有时间的积淀和经验的积累。笔者曾经梳理过中国学术界对于宇文所安汉学研究的接受过程:在初始引入阶段(1983—2002年),研究者多持一种新奇和谨慎的态度;至集中评介阶段(2003—2006年),中国学界对其汉学成就尤其是中国文论研究的兴趣空前高涨,甚至达到近乎狂热的程度;而至多元拓展阶段(2007年至今),中国学界的接受心态总体趋于客观理性。[①]

其二是正视差异,有缝对接。中西学术在基于平等对话的前提下,重在实质性的体察自身和务求创新。身处当下的全球化时代,中国学术欲回归至传统的经史子集学术体系已无可能,必然会受到西方或异质学术思想的冲击和影响。而在此过程中,能否认识并正视中西学术固有的差异成为二者对话交流的基础。如"气""法""道"等术语意涵丰富复杂,西方学者很难明确其所指,然而这些看似混沌模糊的术语在解释中国古典哲学或文论问题时,却非常恰切。显然,这些理论术语产生于中国古代特定的学术语境之中,并为阐释中国学术问题服务。倘若将西方学术常用的后现代、后殖民话语移植于此,定然会出现水土不服之情形。当下在经济领域,常用"与国际接轨""无缝链接"等词汇来形容市场经济的全球化,

---

① 王兵:《论中国学界对史蒂芬·欧文汉学研究的接受》,《汉学研究通讯》2011年第1期。

但这种观点未必适合思想文化领域的交流与对话。因此,在面对西方学术范式时,中国学术界需要在正视差异的前提下,适当借鉴那些适合中国语境的前沿理论。

此处所言之"有缝对接"主要包含两层意旨:首先是认识层面,指面对强势的西方学术范式,中国学术应保持自主性和独立性,不能丧失自身主体性;其次是策略层面,即中西学术应该实行跨学科、新视野的对接,而不是照搬照套、人云亦云。在新近召开的世界海外华人研究学会区域会议上,中国社科院张继焦研究员运用其导师李培林的"社会结构转型理论"和西方人类学的相关研究成果,梳理了马来西亚华文教育与民族重构、民族认同的关系。[①] 这种理论话语的创新与运用在重视资源理论不足的马华教育研究领域中实属罕见,颇具启发意义。汉学研究领域也是如此。在经历三次典范大转移当下,汉学研究开始关注汉学与物质文化研究的新领域。此番研究转向不仅是跨学科领域的研究策略,更是一种中西方学术合作的新视野。[②]

其三是在合理吸纳和理性批判中建构自身学术话语体系。有学者曾将中外学术思想发展以及知识传播与文明对话的演进过程归纳为三种情形:首先,强势文明体的知识传播与弱势文明体的被动接受;其次,弱势文明体通过引进、吸收、消化强势文明体的学术思想、学术话语,提升自己的学术反思能力,并在本土的根基上,建构自己的学术话语体系。最后,弱势文明体通过自我更新与自我发展,开展了自我的强势传播以及与他者的文明对话。[③] 需要指出的是,此处所谓的"强势文明体"和"弱势文明体"是相对某一时期而言,如晚清以前,中华文明早已盛名天下,然鸦片战争以降,引领世界潮流者则非西方莫属。因此,西方学术范式在当今的学术思想领域仍处于领先地位,属于强势文明体范畴。不过,伴随着中国经济的腾飞和世界影响力的增强,中国学术界有必要也有条件在合理吸纳和理性批判中建构出自己的学术话语体系,为实现中华文化的伟大复兴贡献一分力量。

[①] 此观点引自张继焦在韩国首尔大学举办的世界海外华人研究学会区域会议"East Asia and the Chinese Overseas"上的发言,会议日期:2015年5月28—30日。

[②] 陈珏:《中文世界的汉学研究还比较年轻》,《文汇报》2012年10月22日。

[③] 韩璞庚:《文明对话与中国学术话语体系构建》,《光明日报》2015年4月16日。

"汉学主义"的系列论争有一点非常值得称道，即蕴含在论争中的内省意识与批判精神，这是树立中国学术自主与自信的基础。然而仅仅如此还不够，学术话语体系的构建才是中国学术的最终目标。这种学术话语体系首先要富有本土特色，用国人原创的话语，努力解决中国学术界和现实社会遇到的实际问题；其次是具备国际化视野，在坚持中国视角的同时放眼世界，以开放的心态吸纳全球的研究成果，以批判的精神抵御强势话语的干扰，积极构建自身的学术话语体系。

　　当中国学术遇上西方范式，有关"汉学主义"的论争终会告一段落，然而中国学术话语体系的构建却永远在路上。

（原载《浙江工商大学学报》2015 年第 6 期）

"汉学主义"引发的理论之争

——与张西平先生商榷

顾明栋

"汉学主义"是一个关于汉学、中西研究和中国知识生产的理论,也是一个主要由国内外中国学者提出的文化批评理论。① 经过国内外众多学者的努力,汉学主义作为一个新的理论范畴和批评话语变得逐渐清晰和成熟起来。但由于"汉学主义"理论的最初灵感来自萨义德的"东方主义"和后殖民理论,再加上早期的"汉学主义"实践基本遵循了后殖民的路径,因此人们自然而然地会以"东方主义"和后殖民主义为理论参照系而对汉学主义予以审视,并据此对汉学主义理论的不足和有待改进之处作出批评,这些批评意见对"汉学主义"理论的完善和进一步发展具有不可多得的建设性作用。我在《为"汉学主义"理论一辩》的文章中对此表示了诚挚的欢迎和感谢;对一些误读和误解,也在文章中作了回应。② 在国内外诸多评论"汉学主义"的学者中,国内西方汉学史研究专家张西平先生可能是关注最深切、研究最认真的一位,也是迄今为止第一位从哲学和理论的高度评价汉学主义的学者。他在2012年发表了《对所谓"汉学主义"的思考》,有14页之多,从分析东方主义和后殖民主义的理论不足入手,进而分析"汉学主义",批评其理论没有什么值得称道的创意,是扭曲地套用了自身有问题的东方主义。③ 对张先生的批评意见,我

---

① 此处删去了一段介绍国内外学界关注"汉学主义"以及发表评论的情况,因为与本文集的前言大同小异,为节省篇幅,故予以删去。
② 顾明栋:《为"汉学主义"理论一辩》,《探索与争鸣》2014年第10期。
③ 张西平:《对所谓"汉学主义"的思考》,《励耘学刊》2012年第2期第46页。

在不久前发表在《厦门大学学报》上的一篇文章中做了详细的回应。① 但在文章付印之时获知,张先生又发表了《关于"汉学主义"之辨》的另一篇长文,洋洋洒洒有16页之多。与前文相比,不认可的观点基本未变,而且把前文的论点进一步发挥,不同之处是,前文主要是从后殖民视角批评汉学主义的不足,后文主要从哲学和后现代理论的角度对"汉学主义"的实践和理论进行了更为广泛深入的批评。通观张先生的两篇文章,其可贵之处在于,他不是像通常的评论那样发表一些赞美之词,然后不疼不痒地指出一些问题;也不是像有些评论者那样,只是读了一两篇有关"汉学主义"的文章,尚没有对"汉学主义"理论和实践有基本的了解,就发出与实际情况相去甚远的批评,如认为"汉学主义"的提出与国内学者的意识和实践相去甚远,有捕风捉影、陷入差异性迷思的问题,更有将不同民族的交流置于虚无主义的境地云云。他更没有像有的学者那样要么居高临下地声称要为"汉学主义"把脉,要么纠缠于细枝末节问题,② 而是秉承问题意识,从大处着眼,对汉学主义的理论和实践进行剖析,提出学理性批评。第二篇文章的中心思想是:汉学主义的发明者由于"对西方汉学史知识的缺乏"③ 以及"在跨文化理论的运用和分析上也有着明显不足",再加上"所依据的理论基础是萨义德的《东方学》"而又没有意识到萨义德及后现代理论的局限,因而"用概念代替历史,用中国来代替世界,用简单的概括来解释复杂的西方思想文化史,用西方理论来解构西方,而又被西方中心主义的话语所支配,从而出现理论上的混乱,这是主张'汉学主义'的学者的问题所在"。

张先生的批评可以说是集中反映了国内不少研究西方汉学和中国学学者对"汉学主义"的质疑意见。我在此首先要说明的是,汉学主义的倡导者们应该诚挚地感谢张先生,因为一个理论的完善需要学理上的批评,而不仅仅是赞扬和鼓励。与一些对"汉学主义"完全持负面看法的学者

---

① 顾明栋:《关于"汉学主义"理论和实践问题再辨析》,《厦门大学学报》2015年第4期。

② 这种无的放矢的现象,在不久前发表的一组文章中就有较充分的表现,见《当"汉学"被缀以"主义":汉学主义笔谈》,《浙江工商大学学报》2015年第6期。正文中对《浙江工商大学学报》《汉学主义笔谈》的回应在文章付印前被编辑删去,本文集予以恢复,刚好可以作为对收入本文集的"汉学主义笔谈"文章的回应。

③ 张西平:《关于汉学主义之辨》,《上海师范大学学报》2015年第2期。

不同，张先生并没有简单地未审先判，给"汉学主义"理论一枪毙命，而是从他自己认为有问题的理论缺陷和知识不足对"汉学主义"展开剖析，企图从学理上证明"汉学主义"作为后殖民主义和后现代理论结合而生的畸形儿没有什么存在的价值。不论他的批评意见有几分中肯，本人认为对汉学主义理论的进一步完善有一定的促进作用，因为他的批评引出了这样几个值得认真反思的理论问题："汉学主义"的理论基础是不是后殖民主义？研究范式是不是二元对立的东方主义？"汉学主义"的提出者对东方主义的局限有没有自觉反思？汉学主义理论基础究竟是什么？汉学主义是一种什么样的学术理论？究竟有没有不同于东方主义和后殖民主义的创意？汉学和中国知识生产应该遵循什么样的范式？这些是十分重要的理论问题，对中西研究和跨文化研究具有值得深入探讨的价值。因此，以张先生为代表的批评者引发的不仅是汉学研究的问题，而是涉及知识生产和跨文化研究的理论问题。本文一方面拟针对张先生的批评意见引出的问题探讨"汉学主义"与东方主义、后殖民主义、解构主义、新历史主义和后现代主义等理论的关系问题，另一方面也想借机探讨汉学研究、中西研究和跨文化研究的范式问题。

一 汉学主义与东方主义的关系

毋庸讳言，"汉学主义"是汉学和中西研究领域受萨义德的"东方主义"启发而产生的一个概念范畴和批评理论，但"汉学主义"是不是东方主义的翻版，这是一个关键问题。像"东方主义"一词那样，"汉学主义"是一个含义多元而且容易令人混淆的概念，在进行探讨之前，有必要先厘清有关"汉学主义"的概念问题。根据笔者对现存的理论和实践的观察和归纳，这一概念可能涉及八个方面：（1）一个从外部对中国和中国文明进行探索的知识系统；（2）一个由对待中国的意识形态所操控的一个知识处理系统；（3）是中国知识生产中的问题性；（4）是一种对汉学研究中的问题进行批判的理论；（5）一种由多个国家和地区的知识分子共同创造的智性产品；（6）是中西研究中被异化了的知识和学术；（7）是中西研究中的认识论和方法论转化为知性意识形态的产物；（8）是一种自觉反思、提倡尽可能客观公正地生产中国知识的批评理论。这八个方面可以归纳成两大类：汉学主义现象和汉学主义理论。这些问题在拙作《汉学主义——东方主义与后殖民主义的替代理论》一书中有系统的阐述。① 但是，张西平先生在长文中所描绘和批评的汉学主义的问题与我在此归纳的内容只有前4条大致吻合，而后几条基本没有反映。

汉学主义是一个不断完善的理论，其发展经历了两个阶段：（1）前期阶段，其发展深受"东方主义"和后殖民理论影响，重视对中西研究中出现的种种问题进行政治性和意识形态性的批判和研究；（2）后期阶段，其发展扬弃了东方主义和后殖民主义的影响，力求超越政治意识形态批判，反思造成汉学主义现象的内在逻辑，强调政治和学术的分野，提倡尽可能客观公正的知识生产方式。汉学主义的理论基础不是东方主义和后殖民主义的意识形态批判理论，而是"文化无意识"和"知识的异化"。两个阶段是相辅相成的，没有前者的批评实践和理论探索就没有后者对东方主义的超越。即使在当下，前期的意识形态批判路径仍然有着不可小觑的价值，而且国内外不少学者沿着这一路径继续不断地做出令人钦佩的成果。比如，2012年，西方学者丹尼尔·武科维奇（Daniel F. Vukovich）就按照东方主义的理论和研究方法发表了专著《中国与东方主义：西方的知识生产与中华人民共和国》，并由著名的路德里奇出版社出版，该书在国内已有中文书评。② 作者并不因为东方主义理论的不足受到严厉批评而避讳使用东方主义理论，也不避讳东方主义的政治意识形态批判方法，得出的结论与"汉学主义"前期的研究成果的性质基本一致。更有意思的是，该书考察的资料不是殖民主义时期或以前的资料，而是西方学界对毛泽东时代、"大跃进"运动和当代中国电影等领域的研究，作者认为：当前西方研究现代中国的主流话语体系仍然是东方主义的，作者直接称其为"汉学东方主义"，而这一称谓正是与早期汉学主义同义的批评话语。在"汉学东方主义"这一知识生产框架内，他批评说，西方有关现代中国的知识生产主流观点和话语大多是东方主义的，因而不可避免地扭曲甚

---

① *Sinologism: An Alternative to Orientalism and Postcolonialism*, London and New York: Routledge, 2013, pp. 109, 220 – 223. 译文请见中文版《汉学主义——东方主义与后殖民主义的替代理论》，商务印书馆2015年版。

② 见李红霞《反思汉学东方主义式的话语体系——〈中国与东方主义：西方的知识生产与中华人民共和国〉一书评介》，《国外社会科学》2014年第1期。

至有意歪曲了中国的实际状况。[1]

二 汉学主义与意识形态的关系

武科维奇的书并不避讳东方主义的批评方法，走的正是后殖民主义的意识形态批判路径，不少汉学主义的批评研究也常采用这一批评方法。对这种以政治意识形态为理论导向的研究，不少学者颇有微词，认为其偏狭的政治意识形态的路径正是汉学主义和后殖民主义的短处。比如张先生批评文章的主旨就是："萨义德的《东方学》在中国出版后，中国学术界开始将这种后殖民主义理论运用于对西方汉学的研究，并提出了'汉学主义'的概念，认为西方汉学是一种意识形态而不再是一种客观知识。"他的核心观点就是：把西方汉学视为一种西方的意识形态是错误的。我们必须承认，前期的汉学主义理论的确把西方汉学，特别是"广义汉学"视为一种意识形态，但这一观点在理论上是站得住脚的。张先生在文章中提到周宁先生把汉学分为"广义汉学"和"狭义汉学"，并赞扬其是一个有创意的发明。但张先生在批评周宁先生的观点时却常常忘记了这个分类。说"汉学"是一种意识形态主要指的是"广义汉学"。更重要的是，张先生之所以认为把"汉学"说成意识形态没有根据，是因为他所理解的意识形态是狭义的意识形态，即政治意识形态。意识形态可以说是现代理论中最复杂而又令人困惑的概念之一，其定义和含义有好几种。我们通常使用和接触到的基本上是根据马克思、恩格斯、葛兰西和阿尔都塞等左翼思想家的思路而做出的政治性定义。马恩把"意识形态"简要地定义为"虚假意识"，指的是资本主义社会的物质、思想和制度等以看是正确其实是虚假的方式误导人民大众。阿尔都塞则把意识形态定义为"个人与其真实的存在情况的想象性关系"，几乎等同于幻觉和暗示，[2] 他也强调意识形态在一个权力结构取代另一个权力结构的革命中以及在维护国家机器的运转时所起的决定性作用。因此，这种政治性的意识形态是东方主义

---

[1] Daniel F. Vukovich, *China and Orientalism: Western Knowledge Production and the P. R. C.*, London: Routledge, 2012.

[2] Louis Althusser, "Ideology and Ideological State Apparatus," in *Lenin and Philosophy*, London: New Left Books, 1971, p. 162.

和后殖民理论的概念性基础之一。但人们常常忽略,意识形态的概念并不起源于马克思,也不仅限于政治和权力。雷蒙德·威廉斯在其对该词追根求源的研究中说,意识形态作为一个特定群体或利益集团的一系列思想的看法与意识形态作为虚假意识的看法一样被广泛使用。① 如果我们把汉学主义理论所说的意识形态不是看成马克思主义者所说的掩盖社会现实真相的虚假意识和社会实践②,而是视其为产生于汉学研究领域、并左右着学者们在生产中国知识时的一系列主张、信念、见解以及治学方法,以此评价西方汉学而将其视为一种意识形态并不离谱。一切知识皆有意识形态,只是程度、性质、功能不同而已,广义汉学的政治意识形态成分多,而狭义汉学较少带有政治意识形态,但并不是没有政治意识形态,而是更多地受制于知性意识形态(即治学的认识论、方法论等),这种意识形态同样不利于中国学术和知识的生产,这就是本人认为"汉学主义"可以在特定情况下被定义为"认识论的意识形态"的理由,张先生在其文章中引用了这一定义。本人在《汉学主义》一书中以不少案例表明知性意识形态是如何导致一些并没有政治偏见的学者生产出歪曲中国文化和传统的知识。以对汉语汉字的研究为例,从事这方面的西方汉学家几乎无人是从政治意识形态视角研究中国的语言文字,但由于不少学者把西方语言学理论视为普遍真理,并以根据拼音文字归纳出的语言理论研究中国语言文字,竟然认为汉字与西方拼音文字没有本质差异,也是一种"语音文字系统"(a phonetic system of writing)③。这里对中国语言文字性质的歪曲并不是什么政治意识形态的误导,而是知性意识形态误导的结果。颇有嘲讽意味的是,本来没有政治意识形态意味的学术问题,由于一些学者坚持以西方的语言学理论评价汉语文字而使他们的研究蒙上了东方主义的偏见。比如,有一位西方学者秉承语音中心主义的理论,居高临下地把中国人和一些西方学者认为汉字有象形表意特征的看法称为"汉字拜物教"(character fe-

---

① Raymond Williams, *Keywords: A Vocabulary of Culture and Society*, Oxford: Oxford University Press, 1983, p. 156.
② Louis Althusser, "Ideology and Ideological State Apparatus", in *Lenin and Philosophy*, London: New Left Books, 1971, p. 162.
③ John DeFrancis, *The Chinese Language: Fact and Fantasy*, Honolulu: University of Hawaii Press, 1984, p. 111.

tishization)①。更有意思的是,他竟然用"汉学主义"一词批评一些西方学者赞同中国学者的观点,正如我在一篇英文文章里批评的那样,他丝毫没有觉察到自己套用西方理论而并没有消化的问题,也没有意识到自己完全陷入了"汉学主义"的陷阱:其文章将中国传统重视汉字与拼音文字的不同特点视为"神话",并冠以贬义的"汉字拜物教",这样的观点不经意间暴露其东方主义的心态,从而证明了"汉学主义"理论以"文化无意识"作为其理论基础之一的意义。②

三 汉学主义有没有走出东方主义?

张先生在文中一再强调的一个观点就是,"汉学主义"并没有超出东方主义的范围,他多次表达了相同的看法:"提出'汉学主义'的学者所依据的理论基础是萨义德的《东方学》,该书构成了提出'汉学主义'基本出发点。"围绕这一观点,张先生在文中多次强调汉学主义与东方主义的"思路和表述都是基本完全相似"。这一看法对于早期的汉学主义,特别是"汉学研究的东方主义"来说比较贴切,但对于后期的汉学主义就格格不入了。比如他对我在一篇文章中对汉学主义的定义予以大段引用,其中有这样一句:"汉学主义也许应该在概念上定义为'认识论的意识形态'。"他没有注意到这个观点与东方主义的观点在本质上的不同。虽然都是"意识形态,"但两者是有着本质不同的。简而言之,东方主义的意识形态是伴随帝国主义和殖民主义扩张的政治意识形态,而汉学主义的意识形态是学术研究中以特定的认识论和方法论为中心的知性意识形态。张先生认为我的观点与前期的汉学主义"既有相合之处,也有不同之处",有趣的是,不知何因,虽然在正文中并没有宣称我提出的汉学主义仍然是东方主义的翻版。但是他在文后一个很长的注释里,分析了我的汉学主义提法与周宁先生的提法,却得出了这样的结论:"这样的观点和周宁的看法没有太大的区别,由于缺乏对西方汉学史的深入研究,在论述中又未分

---

① Edward McDonald, "Getting over the Wall of Discourse: 'Character Fetishization' in Chinese Studies", *Journal of Asian Studies*, Vol. 68, No. 4, 2009, pp. 1189–1213.
② Ming Dong Gu, "Linguistic Sinologism in Language Philosophy", *Philosophy East and West*, Vol. 64, No. 3, 2014, p. 712.

清作为知识研究的汉学家的成果和作为中国文化影响史的西方思想家对中国的理解这两个相关而有区别的领域，从而对西方汉学的判断、对'汉学主义'的研究都有着待讨论的问题。实际上，他从总的理论倾向上并未摆脱萨义德的理论。"

张先生的判断好像是根据分析获得的言之有据的看法，但其实是站不住脚的，因为有这样几个问题：第一，张先生没有看出其引用的最后一句话的含义："无论是贬华派还是颂华派，他们均采用一种主观立场来看待中国，好为他们自己的议程服务，在很多情况下，他们有意识地或无意识地促进了也许可以被称作是'认识论的殖民化'进程。"这段引文来自同一篇文章，"有意和无意的认识论殖民化"与前面提到的"认识论的意识形态"虽然不同，却是遥相呼应的。第二，张先生引用的只是我在中文期刊上发表的一篇文章中的一段话，我在中文期刊上迄今为止发表了十余篇有关汉学主义的文章，但张先生文中只提到两三篇文章。引用一个学者某一篇文章中的一段话，然后将其作为该学者的全部核心观点，这样以偏概全的做法恐怕难以称得上是公正的评价。当然如果说张先生没有机会看到本人 2012 年年底出版的著作，因而仅凭手头两三篇文章而得出汉学主义没有走出萨义德的理论，似乎也可以理解，有人会说既然你的英文书还没有中文版，评价当然应该以已有的中文文章为准。但问题是，拙作的主要部分都已改写成中文发表在国内的主流学刊上，很容易查找。特别是那几篇阐述汉学主义核心观点的文章，张先生不知何因没有提到，而仅根据某一篇文章的观点就下定论，这似乎有点欠慎重吧？第三，张先生是汉学史研究的专家，对西方汉学的历史有精深的研究，本人甚为敬佩，我虽不敢妄称汉学家，但毕竟从事的是与汉学和国学有直接关系的专业，在西方的中国研究学刊上发表过二十余篇文章，对西方汉学历史和西方思想史也有一定的了解，因此。如果张先生因为自己是汉学史专家，就批评别人连西方汉学家和西方思想家都不能区分，这一方面低估了本人对汉学的了解，另一方面没有注意到，"汉学主义"的研究范围既涉及狭义的传统汉学，也包括广义的中国学，还包括古今中外生产中国知识的问题性。第四点也是实质性的一点，已经发表的文章中早已对张先生所关心的问题有清楚而又系统地回答。在本人已发表的系列中文文章中，只要浏览一下文章标题就可知道正是不同于东方主义的内容。表述汉学主义理论基础的文章有:《汉学主义——中国知识生产中的方法论之批判》(《清华大学学报》2011 年第 2 期)、《文化无意识:跨文化的深层意识形态机制》(《厦门大学学报》2013 年第 1 期)、《汉学主义——一种跨文化研究的新选择》《学术月刊》(2013 年第 4 期)、《汉学主义是被异化的知识》(《探索与争鸣》2013 年第 1 期),反思东方主义和后殖民理论局限的文章有《汉学、汉学主义与东方主义》(《学术月刊》2010 年第 12 期) 和《后殖民理论的缺憾与汉学主义的替代理论》(《浙江大学学报》,2014 年 10 月网络版,2015 年第 1 期) 等。这些文章都是在张先生的批评文章之前发表的,可以很容易获得。在此仅从《学术月刊》2013 年第 4 期的那篇文章中摘出有关"汉学主义"的理论基础的阐述:

> "汉学主义"理论的概念基础既非东方主义,亦非后殖民主义,而是由另外两个概念相结合而形成的概念性基础。其一是"文化无意识",它包含一系列次无意识:"智性无意识""学术无意识""认识论无意识""方法论无意识""种族无意识""政治无意识""语言无意识"以及"诗性无意识"等。这诸多无意识组合而成的大范畴构成了"汉学主义"研究的概念性基础,它广泛涉及的所有问题,并将对汉学主义的认知与东方主义及后殖民主义区分开来。其二是"知识的异化",就异化的知识而言,汉学主义可视为汉学和中西知识的异化形式。"文化无意识"和"知识的异化"这两大概念的结合构成了一个新的概念框架的理论核心。根据这一概念核心,人们可以用大量的个案分析对文化无意识进行理论探索,并可探讨汉学主义是如何演化成为中西方研究中的异化知识。总之,文化无意识是"汉学主义"之源泉、动力,而汉学和中西方研究的异化知识则是汉学主义之结果。[1]

在理论层面,文化无意识和知识异化的结合构成了汉学主义的理论基础;在实践层面,造成汉学主义现象的是学者的文化无意识。因此可以说,文化无意识是造成汉学主义现象的动因、源泉,而汉学主义现象是汉

---

[1] 顾明栋:《汉学主义——一种跨文化研究的新选择》,《学术月刊》2013 年第 4 期。

学研究和中国研究受文化无意识支配而导致的知识异化。总而言之：拙作《汉学主义》不仅要超越东方主义的二元对立范式，而且要摆脱后殖民主义的政治意识形态路径，这一点正是拙文《后殖民理论的缺憾与汉学主义的替代理论》的核心思想，拙文的论点就是："后殖民理论虽然提供了发人深省的新颖视角，但并不完全适用于跨文化研究、特别是中西研究中出现的种种现象。正是由于这一原因，中国学界提出了'汉学主义'这一受东方主义启发、但又有别于东方主义和后殖民理论的替代理论。对东方主义和后殖民理论的政治层面进行反思，可以了解后殖民理论在跨文化研究方面的不足，探讨意识形态和政治批评如何影响学术的客观、中立和公正性，也可了解汉学主义理论为何是一个可以弥补后殖民理论之不足、促进文化自觉和学术创新的替代理论。"[1] 这段话表明，笔者不仅看到了"东方主义"的不足，也看到了后殖民理论的缺憾。《汉学主义——一种跨文化研究的新选择》的要点也指出文化无意识是"汉学主义"的内在逻辑："中西方文化人的观点不断在两个极端之间徘徊……对于历史悠久的中国学术及其在西方的对应学科——汉学，亦怀有同样矛盾的情感。一方盲目崇信汉学的效力和价值，热情效法；另一方则应用萨义德的'东方主义'和'后殖民主义'理论，慷慨激昂地批评'汉学'是殖民主义的话语。中西双向的误读并非仅仅源于信息不灵、偏见歧视和政治干预等显而易见的原因，更是源于一种有认识论和方法论基础的深层逻辑，而这种逻辑业已演化成了一种文化无意识。这种文化无意识已构成了一种涵盖广泛的知识体系的内在逻辑——'汉学主义。'"[2]

没有必要引用更多的已发表过的观点，上述引文足以说明，"汉学主义"的研究目标不是仅仅局限于揭示对中国的偏见和歧视，纠正对中国文明的歪曲和讹传，辩驳对中国资料的误识和误读，而是要考察在汉学主义现象之后和之下的动机、精神框架、态度以及原理，揭示导致这些中西研究中学术问题产生的内在逻辑，更是要反思基于西方中心主义理论和科学主义目的论的现有范式和方法，发起一次中国研究现有范式的可行转变，使其从西方中心主义的模式和伪科学目的论走向真正科学的中国知识

---

[1] 顾明栋：《后殖民理论的缺憾与汉学主义的替代理论》，《浙江大学学报》2014 年 10 月网络版，2015 年第 1 期。
[2] 顾明栋：《汉学主义——一种跨文化研究的新选择》，《学术月刊》2013 年第 4 期。

生产的道路。最重要的是,《汉学主义是被异化的知识》一文指出:"汉学主义研究的终极目标是鼓励和促进尽可能客观的中国知识生产,使其远离歧视、偏见、主观态度以及任何形式的政治影响。"[①] 以上的简要辨析说明,"汉学主义"理论基础既不是东方主义,也不是后殖民主义。

四 "汉学主义"与后现代主义的关系

除了东方主义,张先生认为"汉学主义"的另一个理论基础是后现代主义,而且,正因为如此,"汉学主义"有着后现代主义不可克服的哲学问题。张先生虽然承认汉学主义的学者对后现代理论十分热衷,但其理论素养也只是半瓶子醋,运用在汉学研究中也只能是拾人牙慧,难以有新的创意。他如是说:"提出'汉学主义'的学者不仅在知识上有不足,在跨文化理论的运用和分析上也有着明显不足";他们的"观点其实并无任何新意,不过拾起了西方后现代史学的话语而已。"为了说明自己对后现代理论的熟悉,以反衬汉学主义学者的食洋不化,张先生对汉学主义的理论基础追根溯源,从萨义德的东方主义追溯到福柯的权力—知识和话语理论,再从德里达的解构主义追到后现代主义理论,然后在文章结论中为"汉学主义"打娘胎里带来的病根作出诊断:"'汉学主义'发明者的问题在于,没有从根本上反思后现代主义的哲学问题,而是完全将其理论和方法移植到自己的研究中,这样,后现代主义本身的问题就成为其永远无法克服的问题。"

张先生的文章对后现代理论着墨不少,显然花了不少时间做了研究,但遗憾的是,由于对后现代理论的发展状况了解得不够全面,而且采用的基本上是二手甚至三手资料,因而似乎并没有认识到后现代理论的复杂性和微妙之处及其对当代学术的指导意义。首先,张先生并没有能准确把握后现代主义产生的历史背景和哲学动因。后现代主义的出现在哲学上是自康德把人类的理性推至极致以后的强力反弹,后现代的先驱尼采和后现代的哲学奠基理论家海德格尔都是对理性主义强调精神的超验作用而忽视感性的现实和具体人生的不满而另辟蹊径,倡导对当下的把握和体验感性的

---

① 顾明栋:《汉学主义是被异化的知识》,《探索与争鸣》2013年第1期。

人生，李泽厚先生对此有一简明扼要的认识，他在简要回顾马克思、杜威、弗洛伊德、尼采、胡塞尔、海德格尔等西方哲学家的核心思想以后，对后现代产生的哲学动因有一个很好的概括："总之，都可以说是回到Kant 认为不可知的'物自体'又再向前。'物自体'不再采取 Fichet、Hegel 的纯灵方向，而共同采取了现实生活的感性人生方向。这也正是由理性、逻辑普遍性的现代走向感性、人生偶然性的后现代之路。"[①] 张先生认识到后现代主义是对西方现代性的反叛，但却简单地把后现代主义的理论基础说成是福柯所代表的哲学："福柯的哲学所代表的后现代主义是对 19 世纪以来西方实证主义的解构"，显然没有看到后现代主义的哲学基础来自尼采和海德格尔。对后现代主义的认识论，张先生仅引用一位汉学家对后现代的研究，就认可其局部判断可以涵盖后现代主义。那位汉学家的文章指出："后现代主义最重要的认识论立场是客观现实并不存在。自后现代主义者看来，只有心灵的概念才是真正的存在。总之，心灵并非由现实存在决定，而是心灵决定了现实存在。"这位汉学家所描述的与后现代的哲学基础相悖，可能只是描述了后现代主义的一个支流，而且是极端的一面，并不是后现代主义的主流思想。那么，后现代主义的主流思想是什么呢？我们得从真正从事后现代研究、而且是公认的权威学者和思想家那里去获得。最早研究后现代主义而且是公认的权威是法国哲学家让—弗朗索瓦·利奥塔（Jean-Francois Lyotard），他在那已成为后现代纲领性文献的《后现代状况：一份有关知识的报告》里指出，现代科学知识的权威性基于一种"元叙事"（metanarrative），又称"宏大叙事"，即可以对所有事物进行解释的一种"叙事的叙事"。而在后现代，叙事已经产生危机，"宏大叙事"已经破产，甚至连自然科学的叙事也失去了往日不可动摇的合法性。因此他把"后现代"简单定义为"对元叙事的不信任"[②]，并指出因为叙事是传统知识的典型形式，后现代的主要目的就是要还原知识作为一种"叙事"或"话语"的本来面目。利奥塔的书只有区区 80 余页，我找遍全书，也找不到所谓"客观现实并不存在""只有心灵的概念才是真正的存在"之类的观点。我们再看看另一位后现代研

[①] 李泽厚：《人类学历史本体论》，天津社会科学出版社 2003 年版，第 67—68 页。
[②] Jean-François Lyotard, *The Postmodern Condition: A Report on Knowledge*, Minneapolis: University of Minnesota Press, 1984, p. xiv.

究的权威詹明信对后现代的定义:"捕捉后现代概念最稳妥的办法就是视其为在一个本来已经忘记如何历史地思考的时代对当下进行历史的思考。"① 换言之,后现代仍然试图对现实进行历史的思考,尽管人们早已忘记如何去进行历史的思考了,颇有点"知其不可为而为之"的精神。我简要回顾后现代主义的核心理论旨在说明,所谓后现代强调"只有心灵的概念才是真正的存在""心灵决定了现实存在"等言论不是后现代的核心思想,倒更像是后现代主义批判的康德的"纯粹理性"和黑格尔的"绝对精神"。简而言之,后现代主义的核心思想就是对用所谓科学、真理、普世、客观性等概念构建起来的宏大叙事的怀疑,而不是否认存在真理、历史事实和知识,后现代在还原了那些所谓"客观"真理和知识不过是"叙事"的本来面目以后,因而强调研究具体和局部知识的叙事,提醒人们更加注意知识产生的历史语境以及后现代主义产生的文化逻辑的社会基础,詹明信的《后现代主义,或晚期资本主义的文化逻辑》,洋洋洒洒四百多页,其中一个主题就是探究"被压抑的历史性的回归"②。

与后现代理论相关的是,张先生也从哲学的高度对汉学主义的理论基础进行批评:"从哲学上来说,后现代主义强调真理和知识的主体性特征,但夸大了这种特征,从而否认了客观知识;强调了解释对文本理解的变异性,但忽略了文本本身的意义价值。任何历史都是文本记载的,后现代主义强调了文本的意义,而文本只是语言;当说文本之外无事实时,已经完全走到了尽头;后现代主义江郎才尽。"在此,张先生以德里达的名言"文本之外空无一物"来批评解构主义和后现代主义,这里有一个误读,重复了国内外不少学者对德里达那句名言的误解,以为他只顾语言文本,认为文本之外并无所指涉之物,但是,"*iln'y a pas de hors-texte*"译成"文本之外空无一物"只是法文原文的一个可能译法,那句话在德里达的文章的语境中应该译成"不存在什么外部的文本",斯皮瓦克在翻译德里达的《论文字学》(*Of Grammatology*)一书时就为了避免误解而加了"There is no outside-text"的英文。③ 德里达的那句话集中反映了他的一个

---

① Friedric Jameson, *Postmodernism or the Cultural Logic of Late Capitalism*, Durham, NC: Duke University Press, 1991, p. ix.
② Jameson, *Postmodernism or the Cultural Logic of Late Capitalism*, p. xv.
③ Jacques Derrida, *Of Grammatology*, tr., G. C. Spivak, Baltimore and London: Johns Hopkins University Press, 1976, p. 158.

信念，即文本之外并没有可以被合法地用作阐释工具的超验诠释结构，或所谓"超验能指"，他质疑语词和文本因指涉外部真实存在的事物而获得意义的观点，认为语词指涉的不是事物，而是其他语词，但是他并不是说文本之外没有事物，而他关于文本之外事物的性质的思想十分复杂，不是三言两语就能说清的，但基本上继承了尼采和海德格尔等西方哲学家的思路。纯粹的"现实"在康德的思想里指的是"实体"（noumenon），又称为"物自体"（thing-in-itself），康德认为人作为有感知能力的主体是无法直接认识"物自体"的，只能认识现象，而现象则因为是我们感知的结果而使"物自体"被扭曲，因此，我们感知的"现实"只会存在于现象之中。在德里达的解构主义理论中，语言就是这一现象。语言在海德格尔的思想里是存在之家，并创造出无限的可能性，就像尼采说"真理"不过是"一支由隐喻、转喻以及拟人手法所组成的流动大军，"[①] 我们也是在使用语言创造"真理"和"意义"，一切均在语言的掌控之中。正是在这一意义上，德里达才声称"文本之外空无一物"[②] 像众多西方哲学家们一样，德里达对所谓"客观真理"是持怀疑态度的，但他并不是不承认有"真理，"正如一位德里达研究专家所言，他对真理的拷问"并不意味着完全拒绝真理，也不是简单地相信有许多真理，而是走向考察真理发源的形式"[③]。换言之，德里达关心的是所谓"客观真理"是如何产生的，强调的是其主观性。

公平而言，解构主义理论由于集中关注语言、文本，而被人批评为有忽视历史的倾向。于是，新历史主义就应运而生了。新历史主义其实是对解构主义的偏颇之处的修正，但是，像许多学者那样，张先生对后现代史学理论与解构主义理论之间的关系也存在着误读，他批评说："德里达提出文本之外别无他物，由此，历史全部化为文本，而文本都是语言的符号，真实的历史消失在语言符号之中。"这种误解在某种意义上情有可原，因为即使像李泽厚这样睿智的思想家也有类似的误读，李先生在其

[①] Friedrich Nietzsche, "On Truth and Lying in a Non-Moral Sense", in Vincent Leitch et al. , eds. , *Norton Anthology of Theory and Criticism*, New York: Norton, 2010, p. 768.

[②] Jacques Derrida, *Of Grammatology*, translated by Gayatri Chakravorty Spivak, Baltimore, MD: John Hopkins University Press, 1998, pp. 158 - 159.

[③] Jacques De Ville, *Jacques Derrida: Law as Absolute Hospitality*, New York: Routledge, 2012, p. 6.

《人类学历史本体论》一书中说："新历史主义……干脆甩开承认有最终所指的实在,将历史归结为文本。""新历史主义由此而完全否认任何'真相',否认能指有任何所指,一切不过是文本游戏,所谓历史不过是不同文本之间的竞争和选择,这当然也就完全否认有所谓'经济决定'之类,我以为是谬误的。"① 但是,与张先生不同的是,李先生首先承认新历史主义的可取之处:"在戳穿理性主义历史观所宣扬的'价值中立'、'客观真理'、'科学研究'的虚伪方面,大有裨益。"而这些可取之处,正是虔信有"客观真理"的张先生所不能接收的。我们再来看看张、李二位先生的误读错在什么地方?作为一种后现代理论,新历史主义者对解构主义是持批评态度的,他们批评解构主义对历史的关注不够,但并不是抛弃解构主义重视语言文本的做法,而是把语言文本与历史研究重新构思成一种能动的辩证关系,这一点反映在新历史主义的核心观点之中。新历史主义的首倡者斯蒂芬·格林布赖特(Stephen Greenblatt)引用一位新历史主义者的话把新历史主义的核心观点总结成一个简单明了的公式:新历史主义的"目的是同时捕捉文本的历史性和历史的文本性"②。这句会可以转换成另一种明白易懂的说法,"历史是文本的,文本是历史的"。张、李二位先生都只注意到"历史的文本性",而没有注意到"文本的历史性"。历史文本是在特定历史条件下产生的文字,但历史不是指已经发生的事件,而是记载历史事件的文本叙事,这并不是否认历史事件的真实性,而是强调历史的文本性和文本的历史性之间的互动对历史叙事产生的影响。新历史主义的代表理论家海顿·怀特(Hayden White)就曾说过,历史事件是真实的,其价值是中性的,但是如何选择历史事件并把它们缀连成首尾一致的历史叙事需要"建构性想象"(constructive imagination)和"情节设置"(emplotment),因而,历史与小说作为叙事,只有程度的差异,没有本质的不同。同样是法国大革命,一位史学家把它写成一部具有嘲讽意味的悲剧,而另一位史学家却把它写成超越的浪漫剧。③ 对同一历史事件的两种诠释差别何其巨大!因此,新历史主义并不是拒绝承认历

---

① 李泽厚:《人类学历史本体论》,第 76—77 页。
② Stephen Greenblatt, "Resonance and Wonder", in *Norton Anthology of Theory and Criticism*, New York: Norton, 2010, p. 2159.
③ Hayden White, "The Historical Text as Literary Artifact", in *Norton Anthology of Theory and Criticism*, p. 1539.

史事件的真实性，而是强调这些历史事件在撰写历史著作时被有意无意地根据某种主观意识而编织成历史叙事的情况，实际上，这种理论的思路不是否定历史真相，而是力求尽可能接近历史真相。

张先生对后现代理论和"汉学主义"理论的误读可能不仅是因为信息不全，还有其哲学根源。这就是在哲学层面上，张先生虔信知识和真理的客观性，这一点多次出现在他的文章中，我前面引用了一处，在此再引用一处："汉学作为西方学科的一支，其知识的客观性是毋庸置疑的。"由此，他相信汉学"作为知识体系有着自身要求的客观性，"并首肯另一位学者的看法，认为有"无功利的纯粹学术活动"。对于后现代主义的一些潮流轻视历史，过分强调语言的作用，我与张先生一样，认为是剑走偏锋，标新立异、哗众取宠，很不可取，但张先生虔信知识和真理的客观性，在知识哲学的研究已高度深入的当下，似乎又走向另一个极端。我仅相信学术和知识是相对中立的，因而具有相对的客观公正性。因此，本人在《汉学主义》一书中一再强调学术和知识的相对中立性，并把汉学主义的终极目标定位为"尽可能科学、客观、公正地生产有关中西文化的学术和知识，"在这一表述中，"尽可能"三字十分重要，因为这不仅认为没有所谓的"客观"知识，而且含有辩证的意思：虽然没有绝对客观的知识，但有相对客观的知识，而且通过不懈的研究，我们可以不断接近客观真理。尽管我的观点有"尽可能"这一修饰语，仍然受到好几位学者的质疑，可以推想，那些学者可能会毫不客气地批评张先生认为汉学是客观知识、大部分汉学家从事的是无功利的纯粹学术活动的观点。

五　有关汉学主义的几个误识

张先生的文章对"汉学主义"及其提出者有几个误识或值得商榷之处。第一个值得商榷之处是，"汉学主义"理论在批评汉学研究的问题的同时，也批评中国学界不顾中国的国情，照搬西方理论范式和方法，导致自我殖民和精神殖民，其集中表现在认识论的惰性和创造力的萎缩。这本来针对的是学界的不良现象、偏颇心态和有问题的治学方法而进行的反思，反思的目的之一是要使中国学者认识到妄自菲薄和妄自尊大皆不可取，应恰当地看待西方他者的智慧和局限，客观地评估本土文化和学术的价值与不足，在其基础上获得自我开放的视野和独立自信的心态，从而为发掘本土文化和学术资源，将其与外来的思想与学术资源相结合，产生全新的、具有真正世界意义的学术成果。事实上张先生自己在一些文章中发表了类似的看法[①]，但由于"汉学主义"理论把这些问题上升到认识论殖民的高度，张先生误将这种批评性反思理解为对中国近代知识体系和总体成果的质疑和否定："如果因为近代以来的中国学术界吸收了包括西方汉学的学术成果和方法，形成了区别于以往经学研究传统的新方法，就说'中国学术的合法性'成了问题，就是'自我殖民化，这实在是危言耸听'；并且这样的判断违背了中国近代学术发展的基本历史事实。"他因此花费了大量篇幅为中国近代以来的学术体系、特别是国学研究进行辩护，并得出结论："因此，用'汉学主义'来概括中国近代知识体系显然是不妥的。同样，由此怀疑中国近代以来学术研究成果的合法性，是完全说不通的。"这样的反驳和批评是自立靶子，然后发起抨击，不要说这样的批评对象在汉学主义的文章中找不到，就是张先生文章引用的几段话，无论用什么样的分析方法也解读不出来对中国近代以来的学术体系的总体质疑和否定，也读不出用"汉学主义"覆盖中国近代知识体系的简单化观点。用汉学主义关于"知识的异化"理论来说，汉学主义不是质疑"中国学术的合法性"，而是批评反思中国学术的异化。

第二个值得商榷之处是，张先生说："再来谈'汉学主义'观点在历史知识方面的缺乏。这些学者对启蒙时期欧洲历史和文化观念的表述有着常识性的错误，对启蒙时期的欧洲中国观念也有常识性错误。"接着用整整一节两页半纸分析批评汉学主义提出者的常识性错误。张先生使用的仍然是如"前文一些学者"这样泛泛的说法，并不具体举例说那个学者，更不具体说犯了那些常识错误，周宁先生是这一节中被点名的汉学主义学者，但颇有嘲讽意味的是，他一方面被归入"混淆了18世纪前和19世纪两个不同历史发展时期"的汉学主义倡导者，另一方面又被说成"在文章中似乎也承认西方对中国的认识分为两个阶段"。虽然他不同意周宁所说的西方对中国印象改变的一个原因，但忽略了周

[①] 张西平：《汉学（中国学）研究导论》，原文载于朱政惠主编《海外中国学评论》（第一辑），上海古籍出版社2006年版。

宁使用了"据说"等表示揣摩意味的用词,而且我觉得张先生完全没有注意周宁先生在《天朝遥远》一书中对几个阶段的精细划分。此外,在这一节中,张先生对周宁先生使用"肯定的、乌托邦的东方主义"的说法不以为然,理由是:"这里用'肯定的、乌托邦的东方主义',显然与'东方主义'既定的概念是矛盾的。我们只要把其对东方主义、汉学主义的定义看一下,就知道该学者在逻辑上的混乱。"也许张先生喜欢形式逻辑,不喜欢辩证逻辑,但张先生似乎没有意识到,形式逻辑虽然严谨缜密,但只能在已知概念范围里兜圈子,无法解释新现象和产生新知识,也无法探究汉学这门丰富多彩、充满矛盾现象的领域。即使从简单的修辞角度来说,一个概念无论其初始定义如何,人们仍然可以对此进行反义修饰,比如"好人纳粹""人民民主专政""社会主义市场经济"都是似乎自相矛盾的说法,但它们都恰当地描绘了历史上复杂的社会现象。因此,"肯定的、乌托邦的东方主义"的概念完全成立,因为它准确地描绘了东方主义的一种现象。

第三个值得商榷之处是,张先生主观想象汉学主义提出者只是后现代理论的信徒,了解一些现代理论,但汉学的知识储备不足,因而其提出的汉学主义理论是建立在没有地基的沙滩上:"还有'汉学主义'观点对西方汉学史知识上的缺乏……以上学者对西方汉学的历史知识有着严重的缺陷和不足。""因此,用后现代史学的观点对两百年来的西方汉学做出简单的评价,用一句这些成果都是'意识形态的叙事'来加以否定,是给出的轻率结论。"张先生在书中花了大量篇幅叙述自己对汉学历史的了解,以此作为批评汉学主义提出者汉学知识不足的弹药。这样的批评使人很容易想起萨义德的《东方主义》发表以后遭到的批评,不少东方学学者批评萨义德的一个有力武器就是:萨义德受的是文学训练,是个英美文学专家,东方学知识储备不够,没有资格对东方学说三道四。对于这一批评,好像萨义德没有做过正面回应,是否真的底气不足也未可得知。但是,从事汉学主义研究的学者可不是这样的情况。他们大都经过汉学或国学训练,至少掌握一门西方语言,并能直接使用西方汉学的原始材料。以周宁先生为例,皇皇几大本专门探讨西方关于中国形象的研究都是在西方图书馆里根据外文原始资料写成的,不是像国内一些学者名义上研究西方某一领域,却连外语资料都不能直接阅读。再以才疏学浅的本人为例，我虽不敢给自己戴上"汉学家"的桂冠（说句实话，汉学在西方其实只是一门边缘学科，并不为主流学界重视，只是到了汉学的发源地中国才成了热门，得到有时是超出应有的尊重），但毕竟在美国的汉学重镇接受过较为系统的汉学训练，也读过相当多的西方汉学书籍，甚至还被归入汉学家之列。如果以"汉学历史知识不足"而批评我们这些热衷于汉学主义研究的人，是不是有点儿居高临下，让人难以心服口服？而且，张先生大谈汉学史只能说明自己的汉学史知识渊博，并不能说明汉学主义提出者的知识不足以研究和批评汉学的问题。我前面已经证明张先生指出的几个所谓"常识错误"为什么站不住脚，但并不是说"汉学主义"提倡者拒绝批评，而是想说，如果能指出令人信服的汉学知识错误，我想，汉学主义的倡导者不仅会虚心地修正错误，还会表示衷心的感谢。

结　语

我在上文中较为详细地回应了张先生的批评，其实并不是仅仅为了针对张先生的质疑，而是要分析"汉学主义"与东方主义、后殖民理论以及后现代主义之间的关系，澄清关于当代理论争论的一些模糊认识，主要目的是要说明，认为"汉学主义"有着与后现代理论一样无法克服的问题性是不能成立的。这是因为"汉学主义"的理论基础既不是东方主义和后殖民主义，也不是后现代主义，而是借鉴了多种现代理论重新构思的新理论，即上文所说的"文化无意识"和"知识的异化"相结合的反思理论。后现代理论被一些学者推向极端，甚至走向诡辩和忽悠，这是不可取的，但后现代理论并没有走向穷途末路，而是深入到当代学术研究的方方面面，极大地影响着知识生产。当然，后现代理论是一柄双刃剑，一方面它可以警示人们注意知识的主观叙事性，从而不轻易接受所谓科学、客观、公正但实质上是受制于某种意识形态而产生的"知识"或"真理"；另一方面，它也给了一些怀有不可告人目的的人一种十分好用的知性工具，可以解构甚至曲解特定的历史人物和历史事件，为某种意识形态和政治事业服务。这后一种情况使我们能够充分理解张先生对客观知识、无功利学术所持的坚定信念，也许，在

"尽可能科学、客观、公正地生产有关中西文化的学术和知识"这一理念上,"汉学主义"理论可以和张先生的信念找到共同的认识论基础。我在阅读张先生发表的文章中发现许多与"汉学主义"的观点相同或相似之处,在英文版的《汉学主义》书中,我曾引用过张先生对东方主义的批评,在《汉学主义》中文版前言中,我引用了张先生更多的看法以说明"汉学主义"的目的,我相信有像张先生这样热心关注"汉学主义"发展的学者,"汉学主义"理论一定会得到进一步深化,并对汉学研究、跨文化研究和中国知识生产乃至学术范式的革新做出有益的贡献。

[原载《南京大学学报》(哲学·人文科学·社会科学)2016年第1期]

附录一　国外关于"汉学主义"的评论一览

1. J. Hillis Miller, "Foreword" to *Sinologism: An Alternative to Orientalism and Postcolonialism*, London and New York: Routledge, 2013, pp. xiv – xix.
2. Jonathan Stalling, Review of *Sinologism: An Alternative to Orientalism and Postcolonialism*, *Chinese Literature Today*, 3: 1/2, 2013, p. 177.
3. Martin J. Powers, Review of *Sinologism: An Alternative to Orientalism and Postcolonialism*, *Journal of Asian Studies*, Vol. 73, No. 4, 2014, pp. 1094 – 1095.
4. Shaoling Ma, Review for *Sinologism: An Alternative to Orientalism and Postcolonialism*, *Journal of Chinese Philosophy*, Vol. 41, Issue S1, December 2014, pp. 770 – 774.
5. Gang Zhou, Review of *Sinologism: An Alternative to Orientalism and Postcolonialism*, *Journal of Modern Chinese Literature and Culture*, February 2015.
6. T. H. Barrett, Review of *Sinologism: An Alternative to Orientalism and Postcolonialism*, *The China Quarterly*, Vol. 222, June 2015, pp. 585 – 587.
7. Steven Burik, Review of *Sinologism: An Alternative to Orientalism and Postcolonialism*, *Philosophy East and West*, Vol. 65, No. 3, July 2015, pp. 997 – 999.
8. Zhou Xian, "Reflections on Reading Ming Dong Gu's Sinologism: An Alternative to Orientalism and Postcolonialism", *Philosophy East and West*, Vol. 65, No. 4, October 2015, pp. 1273 – 1279.
9. Weihua He, "Who Owns China?" Review of *Sinologism: An Alternative to Orientalism and Postcolonialism*, *Postcolonial Studies*, Vol. 19, Issue 1, 2016.

附录二　作者简介
（以目录文章排列为序）

韩振华（1921—　），厦门大学教授，曾任厦门大学南洋研究所历史研究室负责人，中外关系史专业博士生导师，国务院学位委员会历史学科评议组成员等职务，主编《南海诸岛史地考证论集》、代表作《公元二世纪至公元前一世纪间中国与印度、东南亚的海上交通》等。

周宁，厦门大学人文学院教授、博士生导师，人文学院院长，长江学者特聘教授。主要著作包括《比较戏剧学》《中国形象：西方的学说与传说》《天朝遥远》《跨文化研究：以中国形象为方法》等。

温儒敏，山东大学特聘人文社科教授，曾任北京大学中文系主任，教授、博士生导师，北大语文教育研究所所长。主要著作有《新文学现实主义的流变》《中国现代文学批评史》《中国现代文学三十年》（合著）等。

顾明栋，扬州大学外国语学院特聘教授，美国达拉斯德州大学中国文学和比较文学教授。英文专著有《中国阅读理论：诠释学与开放诗学》《中国小说理论：一个非西方的叙事系统》《汉学主义：东方主义与后殖民主义的替代理论》，英文编著有《为西方读者翻译中国》等。

张伯伟，南京大学文学院教授、博士生导师，南京大学人文社会科学高级研究院特聘教授，南京大学域外汉籍研究所所长。主要著作有：《禅与诗学》《钟嵘诗品研究》《中国诗学研究》等。

程章灿，南京大学文学院教授、博士生导师，教育部长江学者特聘教授，现任南京大学古典文献研究所所长。主要著作有：《魏晋南北朝赋史》《汉赋揽胜》《世族与六朝文学》等。

耿幼壮，中国人民大学文学院教授、博士生导师，中国人民大学汉学研究中心副主任、《世界汉学》主编。主要专著有：《破碎的痕迹——重读西方艺术史》《书写的神话：西方文化中的文学》《倾听——后形而上学时代的感知范式》等。

钱林森，南京大学文学院教授、博士生导师，曾任南京大学比较文学与比较文化研究所所长、国际双语刊物《跨文化对话》执行主编。专著有《牧女与蚕娘》《中国文学在法国》《法国作家与中国》等。

方维规，北京师范大学文学院文艺学研究所教授、博士生导师，长江学者特聘教授，德国埃尔朗根—纽伦堡大学哲学院兼职教授。主要著作有（德文）：《觉醒与反抗时代的自我认识——中国现代文学1919—1949》《互联网与中国——数字化生存》《德国文学中的中国形象，1871—1933——比较文学形象学研究》等。

季进，苏州大学文学院教授、博士生导师。曾任美国哈佛大学访问学者（2004）、香港中文大学访问学者（2005）、台湾东吴大学客座教授（2008）。主要著作有《钱锺书与现代西学》《围城里的智者》《李欧梵季进对话录》《陈铨：异邦的借镜》等。译著有《隐秘的火焰——布鲁姆斯伯里文化圈》等。

周云龙，文学博士，福建师范大学文学院副教授，现执教于比较文学与世界文学教研室。主要著作有：《越界的想象：跨文化戏剧研究（中国，1895—1949）》《呈述中国：戏剧演绎与跨文化重访》等。

周宪，南京大学艺术研究院院长、教授、博士生导师，南京大学人文社会科学高级研究院院长，长江学者特聘教授。主要著作有《美学是什么》《崎岖的思路——文化批判论集》《20 世纪西方美学》《当代中国审美文化研究》《超越文学——文学的文化哲学思考》等。

赵稀方，中国社会科学院文学所研究员，博士生导师。主要著作有：《翻译与新时期话语实践》《后殖民理论与台湾文学》《中国翻译文学史》《翻译现代性——晚清到五四的翻译研究》等。

任增强，中国石油大学（华东）文学院副教授，中国石油大学（华东）海外汉学研究所研究员。主要论文：《多维视野中的传教士汉学研究》《移动媒介语境中的受众生态问题》《美国汉学界的汉赋批评思想研究》等。

叶隽，中国社会科学院外国文学研究所研究员，中北欧研究室副主任，兼任北京大学德国研究中心特聘研究员、北京师范大学教育历史与文化研究院客座教授、南京大学中德文化比较研究所客座研究员等。专著有：《德语文学研究与现代中国》《异文化博弈——中国现代留欧学人与西学东渐》《主体的迁变——从德国传教士到留德学人群》《另一种西学——中国现代留德学人及其对德国文化的接受》等。

陈军，扬州大学文学院教授、博士生导师，江苏省中国现代文学学会副会长、江苏省鲁迅研究会副会长、中国老舍研究会常务理事、江苏省作家协会理事等。已出版《工与悟——中国现当代戏剧论稿》《戏剧文学与剧院剧场》《专与钻——戏剧与文学论集》等著作，并在《文学评论》《文艺研究》《中国现代文学研究丛刊》等刊物发表论文 70 余篇。

陈晓明，北京大学中文系教授、博士生导师，教育部长江学者特聘教授，中国文艺理论学会副会长、中国当代文学研究会副会长。主要著作有：《无边的挑战——中国先锋文学的后现代性》《解构的踪迹：历史、话语与主体》《不死的纯文学》《德里达的底线——解构的要义与新人文学的到来》《中国当代文学主潮》《守望剩余的文学性》等。

龚自强，北京大学中文系博士生，主要从事中国现当代文学研究。

刘勇刚，扬州大学文学院教授。主要专著有：《云间派文学研究》《水云楼诗词笺注》《水云楼词研究》《李清照》《秦少游文精品》等，并在《文学评论》《北京大学学报》《浙江大学学报》《南京师范大学学报》等刊物发表论文七十多篇。

张博，法国巴黎第四大学法国文学博士生，主要从事20世纪法国文学研究。

张西平，北京外国语大学教授、博士生导师，曾任北京外国语大学亚非学院院长、中国海外汉学研究中心主任等职，现任北京外国语大学国际中国文化研究院名誉院长，《国际汉学》主编。主要著作有：《历史哲学的重建》《中国和欧洲宗教与哲学交流史》《西方早期对汉语学习调查》（主编）等。

严绍璗，北京大学中文系教授、博士生导师，北京大学比较文学与比较文化研究所所长，"中日两国历史问题共同研究"中方专家组成员，并兼任香港大学名誉教授等职。著有《日本中国学史稿》《日藏汉籍善本书录》《中日古代文学关系史稿》等。

韩振华（1979—　），北京外国语大学中国语言文学学院副教授。主要著作有：《王船山美学基础：以身体观和诠释学为进路的考察》等。

王兵，新加坡南洋理工大学国立教育学院助理教授，主要从事明清诗文和新加坡华文教育研究。主要著作有《清人选清诗与清代诗学》等。

鸣　　谢

　　本书在编辑过程中得到多方面的支持和帮助，首先，我们要感谢文集中的各位作者，是他们的积极参与才使得本书的出版成为可能，尤其要感谢发表评论、批评和反思的学者，他们的意见才使得汉学主义的探讨能有今日之深度。其次，要感谢本文集编写的合作者周宪教授，他一直是汉学主义理论探索的强力推动者，不仅在国内组织"汉学主义"批评探索的研讨会，在《读书》上发表评论"汉学主义"的文章，还在国外的《东西方哲学》上发表反思文章。没有他的提议和努力，本文集也许就不会问世。我也要感谢对文集资料的收集、整理和校对做了一定工作的学者，他们是中国三峡大学的杨冰峰博士、陈月红博士和达拉斯德州大学博士生冯涛。文集中有数篇文章本来是 pdf 文本，排版需要转换成 WORD 文本，德州大学两位博士生段国重和张强对转换后的文章做了认真的校订。在此特别要感谢扬州职业大学的李霞老师，她在百忙之中将无法转换成 WORD 文本的首篇文章逐字逐句重新打印出来，其奉献精神确实令人感动。最后，要感谢中国社会科学出版社的王茵编审和责编张潜博士，她们对文集的出版做了大量细致的编辑工作，其敬业精神令人钦佩。我们深知，书中一定存在着不少问题，因此诚恳地欢迎读者批评指正。